广东江珠高速公路

项目管理 设计监理 工程技术

● 左宜莹 主编

人民交通出版社

内 容 提 要

全书从不同角度翔实记叙了广东省首条由民营企业独家投融资并全程主持建设的江珠高速公路，在工程建设中开拓进取、自主创新的基本实践和经验体会，深刻揭示了民营企业在高速公路投资建设领域的志向、价值、奉献，生动反映了民营企业主持高速公路建设管理的特色。本书对民营企业投融资并全程主持建设高速公路项目，提供了有益的资讯，具有一定的示范、指导和借鉴作用。

图书在版编目（CIP）数据

广东江珠高速公路 项目管理 设计监理 工程技术/左宜莹编.—北京：人民交通出版社，2007.9

ISBN 978-7-114-06692-4

Ⅰ.广… Ⅱ.广… Ⅲ.高速公路－道路工程－广东省 Ⅳ.U412.36

中国版本图书馆CIP数据核字（2007）第106400号

书　　名：广东江珠高速公路　项目管理　设计监理　工程技术
著 作 者：左宜莹
责任编辑：师　云
出版发行：人民交通出版社
地　　址：（100011）北京市朝阳区安定门外外馆斜街3号
网　　址：http：//www.ccpress.com.cn
销售电话：（010）85285838，85285995
总 经 销：北京中交盛世书刊有限公司
经　　销：各地新华书店
印　　刷：北京交通印务实业公司
开　　本：880×1230　1/16
印　　张：19.25
字　　数：554千
版　　次：2007年9月第1版
印　　次：2007年9月第1次印刷
书　　号：ISBN 978-7-114-06692-4
定　　价：70.00元

谨以此书

献给——

祖国母亲蓬勃发展的民营经济事业

献给——

所有为广东江珠高速公路

工程建设作出过奉献的人们

编 委 会

主　编：左宜莹

编　委：童　斌　熊先富　谢松青

编　辑：唐纯勇　高鸣岗　李　丹　曾国凡

周振华　杨黎华　袁兴发　朱碧华

曾小兵　朱孟君　王　丹

顾　问：关荔降

《广东江珠高速公路　项目管理　设计监理　工程技术》撰稿人员表

章　名	内　容	作　者
第一章		陈　惠　朱碧华　周振华　袁兴发
第二章	第一节	黄异豪　曹　越
	第二节	陈　惠
	第三节	段东明
第三章	第一节	郑小英
	第二节	熊先富
	第三节	熊先富　曾国凡　汪泉
	第四节	熊先富
	第五节	沙小云　袁兴发　李玉虹
第四章	第一～四节	王志仁
	第五节	唐纯勇
第五章	第一节	唐纯勇
	第二节	熊先富
	第三节	周振华　郑小英　袁兴发
第六章	第一节	林全富　周小刚　周振华
	第二节	周小刚　周振华　连子萌　王永槐
	第三节	熊先富　连子萌　伍浩彬
	第四节	熊先富
第七章	第一节	沙小云　李　丹　冯小锋
	第二节	袁兴发　李玉虹　沙小云
	第三节	唐纯勇
	第四节	唐纯勇　伍浩彬　朱碧华
第八章		左宜莹
第九章		朱孟君　何　坚　崔铁万
第十章	第一节	曾小兵　李观水
	第二节	王　丹
第十一章	第一节	谢松青
	第二节	谢松青　李世一
	第三节	常志斌
	第四节	钟宏杰
	第五节	谢松青　高　思　罗　坚
	第六节	王志仁　曾国凡
	第七节	高鸣岗　赵学春　谢松青
第十二章		唐纯勇
第十三章		王志仁　谢松青　朱孟君　赵学春 代希华　杨黎华　曹卫力　何　坚
第十四章		唐纯勇　杨黎华
第十五章	第一节	邵明东　李　清　熊先富
	第二节	祝建宏
	第三节	王永槐　郭朝阳
第十六章	第一节	唐纯勇　林全富
	第二节	唐纯勇

序

《广东江珠高速公路 项目管理 设计监理 工程技术》，是具体反映广东江珠高速公路投资和建设基本实践的一本书。

江珠高速公路，是广东省重点建设项目，珠江三角洲外环高速公路网的重要组成路段，全长53.3公里，调整后的概算总投资为30.67亿元。像这样规模的高速公路，在广东乃至全国，比比皆是，确实寻常；但江珠高速公路又有一点不寻常之处，它是改革开放先行一步的广东省首条由民营企业独家投融资并全程主持建设的高速公路，对高速公路投资领域体制改革进行了积极而有益的探索。

马克思曾经说过：货币资金，是生产发展的第一推动力，是劳动者、劳动资料、劳动对象的黏合剂。在我国进入全面建设小康社会的重要时期，高速公路交通需求在一个较高的平台上持续增长，因而对货币资金发挥好"第一推动力"和"黏合剂"的特殊功能提出了新的更高的要求。在新的形势下，仅靠政府财政性资金的投入和交通规费，已经远远不能满足高速公路建设发展的需要；货币资金的紧缺，成为当前和今后一个时期制约高速公路建设发展的主要因素。2004年7月颁布的《国务院关于投资体制改革的决定》，放宽了社会资本的投资领域，允许民营企业资本进入包括高速公路在内的基础设施建设领域。然而在5年前，珠海新长江建设投资有限公司（民营企业），利用珠海特区的"窗口"优势和允许进行试验的特殊政策，悄然而又毅然地摸着"石头"趟入了独家投融资并全程主持建设江珠高速公路的先河。此举得到了珠海、江门市的支持和广东省政府的批准。《广东江珠高速公路 项目管理 设计监理 工程技术》一书，翔实记叙了江珠高速公路民营企业投资者和项目法人，按照"谁投资，谁决策，谁收益，谁承担风险"的原则，大胆探索和积极尝试"市场引导投资，企业自主决策，银行独立审贷，融资方式多样"的高速公路新型投资机制。他们脚踏实地的基本实践，求真务实的心得体会，向人们展现了民营企业这个颇具活力的经济成分进入高速公路投资建设领域，具有积极的现实意义。

江珠高速公路投资建设期，既处于我国经济快速发展的战略机遇期，又处于各类社会矛盾凸显期。广东省政府和江门、珠海市政府及其有关部门，依照法律和行政法规，以清晰的改革思路和明确的发展方向，鼓励、支持和引导民营经济的发展，为民营资本进入高速公路建设领域营造了公平正义、规范有序的投资环境；在项目建设过程中，各级政府和有关部门的领导同志亲临施工现场，协调和化解征地拆迁和工程建设的多元化利益主体的矛盾和纠纷，为项目营造了平安和谐的外部建设环境。《广东江珠高速公路　项目管理　设计监理　工程技术》一书，真实展现了广东省各级政府和有关部门对民营企业的关心、支持和爱护，在法律和行政法规范围内维护好民营企业的合法权益。实践证明了这些做法和经验，对于当前消除体制性障碍，妥善处理好高速公路基础设施的公益性与民营企业资本的盈利性矛盾，做到趋利避害，扬长避短，推进高速公路投资领域深化改革，更好地贯彻落实广东省委、省政府制定的"建设大交通，促进大发展"战略决策，同样具有积极的现实意义。

在《广东江珠高速公路　项目管理　设计监理　工程技术》一书里，就其每篇文章而言，平凡朴实，大多尚属一般之作；就其整体而言，全书毕竟实实在在地凝聚了民营企业投资者和工程建设者的心血和汗水，确确实实是由他们从亲身经历的深切体验中并通过辛勤的笔耕著述而成，再现了当年在崎岖泥泞道路上艰辛跋涉的轨迹，留下了余音绕梁的回声和引发耐人寻味的咀嚼。我以为这是值得赞赏的。江珠高速公路的民营企业投资者和工程建设者，既向社会奉献出江珠高速公路工程的物质文明成果，在建设广东经济强省中有所作为；又向社会奉献出《广东江珠高速公路　项目管理　设计监理　工程技术》著作的精神文明成果，在建设广东文化大省中竭尽绵薄之力。我以为这是难能可贵的。

"路漫漫其修远兮，吾将上下而求索"。

憧憬未来，伟大的祖国前程似锦。在国家鼓励、支持和引导民营经济持续快速健康发展的大政方针指引下，珠海新长江建设投资有限公司将与民营企业的同仁们一道，把握好我国发展的重要战略机遇期，肩负起时代赋予的崇高而又神圣的使命、重大而又光荣的责任，脚踏实地，上下求索，自主创新，开拓进取，为全面建设小康社会、加快推进社会主义现代化建设而不懈努力奋斗！

是为序。

广东省江珠高速公路有限公司董事长

二〇〇七年三月

前　言

江珠高速公路是珠江三角洲外环高速公路网的重要组成路段，广东省重点建设项目。它起于江门市四村，止于珠海市鹤州北，全长53.3公里，划分为珠海段、江门段同步建设，初步设计概算投资为24.71亿元，经批复调整后的概算投资为30.67亿元。它的建成通车，江门市到珠海市只需30多分钟，这对于江门市能共享珠海空港、海港的发展成果，实现“一路两港海陆空，江珠共享大交通”的目标，加快江门侨乡和珠海特区的经济社会发展，加强珠海特区与粤西地区的经济联系，发展泛珠三角“9+2”区域合作，有着积极意义。

江珠高速公路由珠海新长江建设投资有限公司全额投资，在广东省开创了由民营企业独家按BOT模式投融资建设经营高速公路的先河。项目法人为江珠高速公路珠海段有限公司、江珠高速公路江门段有限公司，均属民营企业。2003年2月，广东省政府批准该项目列入当年建设计划；同年8月，珠海段拉开建设帷幕；2004年9月，江门段正式动工；2007年5月，全线建成通车。

江珠高速公路的投资者和工程建设者，学习和借鉴了国内外高速公路建设先行者的经验，“站在巨人的肩膀上”，打造了江珠高速公路优质工程。与此同时，他们以理论指导实践，积极探索和研究高速公路投资领域和工程建设领域的新情况新问题，开拓进取，技术创新，努力开辟认识真理的道路，从中积累了心得体会，产生了写作冲动。《广东江珠高速公路　项目管理　设计监理　工程技术》一书，全部由本项目的建设、设计、施工、监理单位的领导者、管理者和工程技术人员撰写成文，真实而又具体地反映了民营企业投资者和工程建设者跋涉前进的足迹。

《广东江珠高速公路　项目管理　设计监理　工程技术》一书，分上、中、下三篇：上篇，以项目建设管理为主轴，具体总结了民营企业投资者和管理者在市场经济投资主体多样化、利益主体多元化的条件下，加强质量、进度、成本管理，建设“人本、平安、环保”江珠，维护民营企业投资者合法权益的实践体会，这是全书颇具民营企业特色的关键篇章；中篇，以设计监理为主轴，具体总结了项目设计和监理工作的实践体会；下篇，以工程施工技术为主轴，具体总结了在施工建设中突破项目“三大难点”、打造“五大亮点”的实践体会。全书既为铸造江珠高速公路辉煌的投资者和工程建设者留下了值得纪念和回忆的历史轨迹，又为后来者推进日新月异的高速公路建设事业，尤其是为民营企业投融资建设高速公路基础设施项目，提供了一些有益的资讯和借鉴。

由于实践经验、写作水平、技术管理水平的局限，本书难免会有粗糙、疏漏和不足之处，敬请广大读者赐教和雅正。

编委会

二〇〇七年三月

目　录

中篇　设 计 监 理

下篇　施 工 技 术

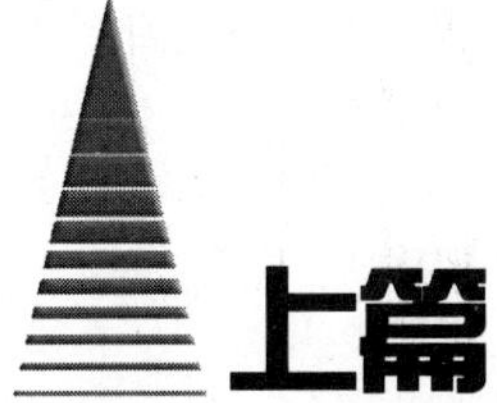

上篇

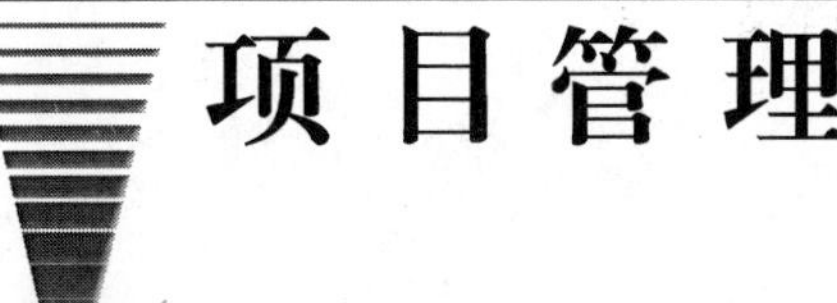

项目管理

·第一章·

项目概况

江珠高速公路是广东省首条由民营企业独家投融资并全程主持建设，按 BOT 模式运营的高速公路。项目的建设规模、标准和基本建设程序，对区域经济社会发展的作用，工程建设的难点和亮点以及工程招投标的相关概况，在本章分述于下。

第一节　项目建设规模标准和基本程序

根据 1995 年广东省政府审查同意并经省人大讨论通过的《珠江三角洲经济区现代化建设规划纲要(1996～2010)》，江珠高速公路列为珠江三角洲外环高速公路网络的重要组成路段，并于 2003 年列入广东省重点建设项目。

一、项目建设规模

江珠高速公路北起江门市江海区四村，经睦州镇进入珠海市斗门区上横镇，跨越西江主干流荷麻溪水道，南下莲溪镇、六乡镇、白蕉镇和红旗区，于鹤洲北与珠海大道交汇，全长 53.3km。

江珠高速公路由于跨越江门和珠海两市辖区，为充分发挥两市的积极性，因地制宜地组织好项目实施，特划分为江门段和珠海段。由江珠高速公路有限公司(以下简称江珠公司)属下的江门段有限公司和珠海段有限公司分别负责项目建设的具体组织实施。

(一)珠海段

珠海段全长 32.62km，初步设计概算总投资 13.87 亿元，调整后的概算总投资为 19.83 亿元。主要工程量包括大型互通立交 2 座、分离式立交 4 座、大桥和特大桥 11 座、中小桥 17 座(桥梁总长 7.13km)、涵洞 48 道、路基土方 490 万立方米、石方 162.5 万立方米、沥青混凝土路面 80.1 万平方米，处理软土地基 21.9km。

(二)江门段

江门段全长 20.66km，初步设计概算总投资 10.84 亿元。主要工程量包括大型互通立交 3 座、分离式立交 2 座、大桥和特大桥 10 座，中小桥 10 座(桥梁总长 4.47km)、涵洞 16 道、隧道 2 座、路基土方 283.4 万立方米、石方 70.4 万立方米、沥青混凝土路面 54 万平方米，处理软土地基 13.2km。

(三)全线总投资和主要工程量

江珠高速公路初步设计概算总投资为 24.71 亿元，经批准的调整后概算总投资为 30.67 亿元。全线主要工程量见表 1-1-1。

江珠高速公路主要工程量

表 1-1-1

序　　号	项 目 名 称	单　　位	工 程 数 量			备　　注
			江门段	珠海段	全线	
1	修建里程	km	20.659	32.622	53.281	
2	土方	m^3	2 833 842	4 899 942	7 733 784	
3	石方	m^3	704 130	1 625 256	2 329 386	
4	防护工程	m^3	55 522	152 498	208 020	
5	软基处理	km	13.239	21.938	35.177	
6	水泥混凝土路面	m^2	8 123	22 816	30 939	
7	沥青混凝土路面	m^2	539 703	801 353	1 341 056	含桥面的沥青数量
8	涵洞	道	16	48	64	
9	小桥及中桥	m/座	418.8/10	831.54/17	1 250.34/27	
10	大桥及特大桥	m/座	4 055.3/10	6 308.82/11	10 364.12/21	
11	互通立交	处	3	2	5	
12	分离立交	处	411.6/2	701.84/4	1 113.44/6	
13	通道	道	5	19	24	
14	征用土地	亩	1 904.66	3 320.43	5 225.09	1 亩≈666.6m^2
15	拆迁房屋	m^2	8 125	8 756	16 881	

二、项目建设标准

江珠高速公路按全封闭、全立交、完全控制出入的平原微丘区四车道高速公路标准设计施工；路基宽 26m，中央分隔带宽 2.0m，路缘带宽 2×0.5m，行车道宽 2×3.75m，硬路肩宽 2×3.25m（含路缘带），土路肩宽 2×0.75m；桥梁设计荷载为原汽车-超 20 级，挂车-120；主线采用沥青混凝土路面；设计行车时速 120km。

三、项目建设基本程序

1995 年，江珠高速公路项目经珠海、江门市有关领导召开第一次联席会议研究达成共识后，开始按国家规定的基本建设程序，启动立项审批运作。江珠公司作为民营企业，严格遵循国家规定的基本建设程序规范行为，在这方面与国有企业相比，毫不逊色。按照“一个项目，两段建设”的模式，珠海段、江门段实施基本建设程序的情况，见表 1-1-2 和表 1-1-3 所示。

珠海段履行基本建设程序

表 1-1-2

序号	建 设 程 序	批 复 文 件	文　　号
1	项目建议书	《关于江珠高速公路珠海段项目建议书的批复》	粤计交[1997]089 号
2	预可行性研究报告	《关于印发江珠高速公路预可行性研究报告评审意见的通知》	粤交计函[1996]1181 号
3	可行性研究报告	《关于江(门)珠(海)高速公路珠海段工程可行性研究报告的批复》	粤计交[1999]387 号
4	公路经营收费	《关于江珠高速公路珠海段项目建设经营问题的批复》	珠计交能字[1999]33 号
		《关于江珠高速公路珠海段收费问题的复函》	粤办函[1999]283 号
5	建设用地批文	《江珠高速公路珠海段用地预审意见》	粤规预审[1999]9 号
		《关于江珠高速公路珠海段用地问题的批复》	珠国土函[2003]282 号

续上表

序号	建 设 程 序	批 复 文 件	文　　号
6	使用林地	《使用林地审核同意书》	粤林地审字[2001]9 号
7	初步设计	《转发关于江门至珠海高速公路珠海段工程初步设计的批复》	粤交基[2003]700 号
8	施工图设计	《关于印发江珠高速公路江门段施工图设计审查意见的函》	粤交基函[2003]1734
9	环境影响报告	《关于江门至珠海高速公路环境影响评价大纲的批复》	粤环建字[1997]57 号
		《关于江门至珠海高速公路环境影响报告书的批复》	粤环建字[1998]47 号
10	地震安全性评价	《关于珠海市荷麻溪大桥工程场地地震安全性评价报告评审意见的函》	粤震安函[1999]42 号
		《关于江珠高速公路珠海段工程场地地震安全性评价报告评审意见的函》	粤震安函[2000]24 号
11	地质灾害危险性评估	《广东省江门至珠海高速公路珠海段地质灾害危险性评估报告评审意见书》	广东省地质学会 2004 年 11 月评估
		《地质灾害危险性评估报告备案登记证明》	
12	矿床压覆调查	《关于江珠高速公路珠海段建设项目用地有无压覆矿床的审查意见》	粤国土资矿查[2004]55 号
13	文物考古普查	《关于江珠高速公路沿线文物调查、勘探工作已完成的函》	粤文物[2004]225 号

江门段履行基本建设程序　　表 1-1-3

序号	建 设 程 序	批 复 文 件	文　　号
1	项目建议书	《关于江珠高速公路江门段段项目建议书的批复》	粤计交[1997]215 号
2	预可行性研究报告	《关于印发江珠高速公路预可行性研究报告评审意见的通知》	粤交计函[1996]1181 号
3	可行性研究报告	《关于江珠高速公路江门段工程可行性研究报告的批复》	粤计交[2003]1128 号
4	公路经营收费	《关于江珠高速公路江门段收费问题的复函》	粤办函[2003]169 号
5	建设用地批文	《关于江珠高速公路江门段用地的预审意见函》	粤国土资(预)函[2003]51 号
		《建设用地规划许可证》	江规(海)地字编号 2005028
6	使用林地	《使用林地审核同意书》	粤林地审字[2004]506 号
7	初步设计	《关于江门至珠海高速公路江门段初步设计的批复》	粤交基[2004]439 号
8	施工图设计	《关于印发江珠高速公路江门段施工图设计审查意见的函》	粤交基函[2005]197 号
		《关于印发江门至珠海高速公路路面施工图设计审查意见的函》	粤交基函[2005]1057 号
9	环境影响报告	《关于江门至珠海高速公路环境影响评价大纲的批复》	粤环建字[1997]57 号
		《关于江门至珠海高速公路江门段工程环境影响复核报告书审核意见的函》	粤环函[2005]1325 号
10	地质灾害危险性评估	《广东省江珠高速公路江门段建设用地地质灾害危险性评估报告》	广东省地质学会 2003 年 12 月评估
11	矿床压覆调查	《关于江门至珠海高速公路江门段建设项目用地有无压覆矿床的审查意见》	粤国土资矿查[2004]3 号
12	水土保持方案	《关于江珠高速公路江门段工程水土保持方案的批复》	粤水农[2004]39 号
13	文物考古普查	《关于江珠高速公路沿线文物调查、勘探工作已完成的函》	粤文物[2004]225 号

1999年1月15日，民营企业投资者——珠海新长江建设投资有限公司（以下简称新长江公司），组建了项目公司——江珠高速公路珠海段有限公司，与珠海市签订协议，取得江珠高速公路珠海段的建设经营权；2004年11月，新长江公司与江门市交通局签订协议，取得江珠高速公路江门段的建设经营权。2000年4月29日，省政府常务会议作出决定：由于江珠高速公路预测交通量偏小，在“十五”期间暂缓建设。项目前期工作因而停顿下来。2003年2月，省政府批准了珠海市政府的请示，把江珠高速公路列入当年全省建设计划。珠海段于2003年8月动工，江门段于2004年9月动工，全线于2007年5月建成通车，投入营运，成为广东省第一条民营企业全额投融资建设并按BOT模式运作的高速公路。

第二节　项目对经济社会发展的作用

江珠高速公路作为珠江三角洲外环高速公路网络的重要组成部分，它的建设对于完善珠海和江门市的快速交通运输体系，提升珠三角乃至全省高速公路网络整体运输能力，促进泛珠三角区域合作，有着重要作用。

一、对珠海市经济社会发展的作用

1980年，珠海市设立经济特区，20多年来，全市已建立起以工业为主，商贸、旅游、金融、房地产、信息、运输、农渔等各业协调发展的综合性外向型经济格局。城市发展重点一直放在占全市总面积三分之二以上而且拥有大水源、大港口优势的西部地区。20世纪80年代末，珠海市委、市政府就明确提出“工业西进、城市西拓”的发展战略，确定以建设珠海港和珠海机场为龙头，带动西部开发，把西部建设成为集大型基础工业和高新科技产业于一体的临港工业区。

2005年，珠海市GDP为634.58亿元，“十五”时期年均增长13.8%，高出“九五”时期3个百分点；人均GDP由2000年的2.67万元增加到2005年的4.67万元；工业和农业总产值年均增长19.1%和8.2%。“工业西进”成效显著，西部地区工业总产值占全市比重由2000年的22.2%提高到2005年的46.6%。全市“十一五”发展的主要目标是：力争在2010年基本实现现代化，2010年GDP比2005年翻一番，三大产业比例调整为1.4∶53.6∶450。未来五年珠海交通发展目标是：以“一桥两港”为龙头，配合广珠铁路、城际轻轨及相应路网等对外交通设施的建设，真正实现珠海成为区域性交通枢纽城市的目标。

在珠三角经济圈加速融合的进程中，珠海正在成为一个传承内地与港澳地区、珠三角东部与西部的重要交通枢纽。至今，珠海港已建成两个2万吨级泊位码头，中期吞吐量每年1 313万吨，远期吞吐量可达1亿吨以上；两个5万吨级集装箱码头和两个8万吨级化学品码头已开工建设；正在报批的25万吨级原油码头、四个10万吨级集装箱码头、两个15万吨级矿石码头及一个10万吨级煤码头将在“十一五”期内投入建设，必将加快珠海“建设大港口、发展大工业、带动大物流、实现大跨越”的步伐。珠海机场正式通航，并经过6年的“爱情长跑”，与香港机场走进“婚姻圣殿”，两者将于2008年实现海空联运。两者的“联姻”，不仅将整合珠三角的航空资源，并使珠海临空产业获得新的发展机遇。珠海机场的发展目标是，2010年客运量增加到150万人次，货运量将由2006年的约1万吨增加到2010年的5万吨。在未来几年中，珠海将逐步繁荣航空市场，建设珠江口西岸区域性物流中心，发挥“双港”作用，实现临港、临空工业与现代物流业的协调发展，加快建设海港、空港等物流园区，规划建设珠海航空产业区。

随着全市经济快速发展，西部地区客流量和货物周转量迅速增加，珠海市尤其西部地区现有交通运输能力显得不相适应，“双港”的配套路网建设需要不断完善。江珠高速公路作为“双港”配套的关键工程，其建成通车使珠海成为珠江西岸交通枢纽城市注入了新的内涵，珠海“双港”客货集散成为重要通道，有效地改善西部地区的陆路交通条件，完善了全市海陆空立体化、现代化的综合运输体系，使“双港”的潜力得以充分发挥，促进全市经济社会发展。

二、对江门市经济社会发展的作用

江门市位于珠江三角洲西南沿，地理位置优越，扼西江与粤西沿海交通之门户。江门市作为我国著名侨乡，国外侨胞和外籍华人近 300 万，遍布全世界 95 个国家和地区。经过 20 多年的改革开放，全市经济发展迅猛，经济实力不断增强，市场化程度较高，具有加快发展的良好基础和有利条件，已跻身中国城市综合实力 50 强行列，辖下各市(区)全部列入珠三角经济区，各镇也全部成为经济区的工业卫星镇。在 2006 年全国“千强镇”名单中，江门市有 8 个镇入选，享受沿海开放城市的特殊政策和优惠措施。

2005 年，全市生产总值达 802.16 亿元，比 2000 年增长 65.2%。“十五”时期，全市生产总值年均增长 10.58%，三大产业比重由 13.8∶46.6∶39.6 转变为 9.9∶49.6∶40.5，固定资产投资年均增长 16.8%，外贸出口总额年均增长 15.1%，社会消费品零售总额年均增长 11.8%。“十一五”时期全市发展目标是：在优化结构、提高效益和降低能耗的基础上，保持经济持续快速健康发展，全市生产总值年均增长 11%以上，年均生产总值 2010 年比 2000 年翻一番以上，三大产业比例达到 6∶53∶41，社会消费品零售总额年均增长 12%以上。江门市在生态文明建设方面取得显著成绩，荣获“中国优秀旅游城市”、“国家园林城市”、“国家卫生城市”、“国家环境保护模范城市”、“全国双拥模范城”和“中国人居环境范例奖”，成功创建“广东省文明城市”。

经济的迅猛发展，对江门市的海、陆、空立体交通运输提出越来越高的要求，单靠自身的条件远不能满足经济发展的需求，必须凭借整个珠江三角洲，尤其是珠海市的优势，方能更有效地促进经济的发展。江门和珠海两市交通运输历来比较频繁，经济社会发展互补性强。珠海需经江门而直接进入粤西地区和广袤的大西南腹地，江门则需经珠海“两港”快速挺进澳门、香港特别行政区。随着珠海机场与香港机场的“联姻”及港珠澳大桥、广珠铁路和珠三角城际快速轨道的兴建，将进一步为珠海市加快发展提供资源和地域优势。站在江门市的角度看，在江珠高速公路开通后，江门到珠海只要半个小时，这样江门就能共享珠海“两港”的发展成果，实现“一路两港海陆空，江珠共享大交通。”的目标，从而更拉近了江门市与珠三角其他城市及港澳地区的“距离”，必将加速江门市人流、物流、资金流、信息流等生产要素的流动，降低经营成本，使其招商引资的地域、交通优势更加明显，有利于进一步扩宽区域合作和发展空间，为江门市后发争先，迎接新一轮产业转移提供一个巨大契机，使江门市更紧密地融入珠三角经济圈，纳入港澳一个半小时生活圈，真正实现“港澳－珠海－江门”三地商业圈的设想，促进江门市经济质的飞跃。

三、对珠三角和泛珠三角经济社会发展的作用

广东珠三角地区作为我国改革开放的前沿地带，是全国市场经济启动较早，经济发展势头迅猛，区域一体化的先发地区，已形成一个强大的密不可分的经济圈。2005 年，珠三角地区生产总值 18059 亿元，占全国的 10%；经济增长 15.8%，高于全国 10.2%的平均水平；实现贸易总额 4107 亿元，占全国的 28.9%；外商直接投资额为 114 亿美元，占全国的 17.9%。随着珠三角经济快速发展及 CEPA 协议的签署，由粤港澳三地组成的大珠三角经济圈辐射范围不断扩大。泛珠三角是顺应经济发展趋势，从大珠三角(含广东珠三角、香港、澳门区域)演化而来，是大珠三角及其所辐射地区在内的经济地带，包括广东、福建、江西、湖南、贵州、云南、四川、广西、海南等 9 个省区以及香港、澳门 2 个特别行政区，简称为“9＋2”经济圈。2004 年 6 月，“9＋2”经济圈政府领导共同签署了《泛珠三角区域合作框架协议》，标志着我国迄今为止规模最大的区域经济合作正式启动。

根据未来规划，在 2010 年以前，珠三角地区将建设成为一个城市化水平达 70%，拥有 6 个百万以上人口的城市，形成以广深(香港)、广珠(澳门)两条发展主轴和六条拓展轴，在亚太地区形成具有强大经济实力的城市集团。2010 年，珠三角出口总额将达到 2 000 亿美元。区域经济的发展，必须从整合区域交通资源，构建区域交通网络着手。交通运输条件的改善和运输成本的下降对于泛珠三角区域经济发展具有决定性的作用，有利于推进区域经济合作在更大范围、更高层次上展开。珠三角交通发展的近

期目标之一是以高速公路、干线公路为骨架，以普通公路为网络，建成联通珠三角、辐射国内、连接港澳的现代公路网体系交通远程规划已提出实现高速公路一体化的泛珠三角快速公路运输网络。

江珠高速公路既是珠三角外环高速公路网络必不可少的组成部分，也是发展泛珠三角区域合作的快速通道之一。它北端东向经江中高速公路，可与广珠高速公路连接，进而穿越虎门大桥直抵东莞、深圳和粤东地区；西向经江鹤高速公路可与广湛高速公路相通，直达湛江和海南经济特区；中段连接西部沿海高速公路，可开辟另一条进入粤西的高速通道；西北向与在建的江肇高速公路衔接，可经广西梧州和桂林与黔、滇、川三省高速公路联网；南端直通珠海港和珠海国际机场，往东经珠海大桥可抵达澳门国际机场，还可经未来的港珠澳大桥直达香港、澳门特别行政区。在珠海市中长期规划中，江珠高速公路将继续往南延伸，跨越西江磨刀门水道直通横琴岛，开辟另一条进入香港、澳门特别行政区的快速通道。这些四通八达的交通运输“触角”，不仅打通了珠三角的经脉，带动起珠三角西部的发展，促进大珠三角经济圈的成长，而且可使大珠三角对外辐射东盟自由贸易区，对内影响广西、海南、云南、贵州、四川等泛珠三角广大腹地，大大提升珠三角乃至泛珠三角经济体系的活力及区域整体竞争力，进一步推动珠三角和泛珠三角经济社会的快速发展。

第三节 项目的难点和亮点

在江珠高速公路，难点与亮点紧密联系在一起，相辅相成，互为因果。难点的突破，创造了亮点；亮点的光芒，折射出攻克难点的艰辛。

一、项目建设的难点

江珠高速公路建设的难点，突出体现在以下三个方面。

(一)软基路段长

江珠高速公路位于珠三角西南端沙泥沉积平原微丘区，地层上部为全新滨海相沉积淤泥，工程上称为“特殊性路基土层”，临海天然含水量处于饱和状态，各项性能指标差；需处理的软土路段长达35.2km，占全线总长的65.8 %，其中相当部分路段淤泥深度超过20m，最深达46m，施工程序复杂，质量控制难度大，沉降稳定时间长。

(二)桥梁工程大

江珠高速公路沿线溪涧纵横交错，有通航河流18条，河涌数十条，鱼塘难以胜数。项目设计建设大桥和特大桥21座，中小桥27座，总长11.62km，占全线总长的21.78%。其中荷麻溪特大桥是我国目前主跨最长的部分斜拉桥，工程难度大。

(三)征地拆迁难

江珠高速公路建设须征用土地5 225.1亩(1亩≈666.6m^2)，拆迁房屋16 881m^2。在市场经济利益主体多元化条件下，处于各类社会矛盾凸显期的高速公路工程建设，征地拆迁是一项最艰难的工作。江珠高速公路由民营企业全程主持建设，又适逢宏观实施最严格的土地管理措施，征地拆迁难上加难。

二、项目建设的亮点

江珠高速公路建设者们面对重重困难，毫不气馁，坚定执着，奋力开拓，用自己的聪明才智和顽强进取的精神，不断克服前进路上的重重困难，留下了五大亮点。

(一)民营企业在广东独家投融资并全程主持建设的高速公路

江珠高速公路是在广东省政府和珠海、江门市政府的热情关怀和支持下，首条由民营企业独家投融资建设并按 BOT 模式进行运作的高速公路，先于《国务院关于投资体制改革的决定》正式颁布实施将近 5 年。珠海经济特区作为改革开放的“窗口”，为民营企业进入高速公路投资建设经营领域提供了必不可少的外部条件；决策者超前的投资意识和战略眼光，是孕育和催生这一开先河之举的决定因素。

1999 年初，民营企业新长江公司，决定投资建设江珠高速公路，其决策依据概括起来就是言简意赅的四个字：“看好西部”。公司决策层预见到珠海西部、广东西部、泛珠三角西部这三个层次的西部地区经济社会发展态势和前景，认准了江珠高速公路在“三个西部”发展中的作用，坚持既定的投资意向不动摇。

(二)成为珠三角区域近年建设成本控制较好的高速公路项目

近年来，珠三角高速公路项目建设的工程造价飙升，成为社会普遍关注的热点问题。由民营企业投资和主持建设的江珠高速公路，全长 53.3km，其中软土路基占 65.8%，桥梁占 21.78%，包括特大桥和大桥 21 座，这些工程项目历来都是资金投放大。江珠高速公路初步设计概算总投资 24.71 亿元，以地方政府要求设计变更为主要原因，致使项目建设突破概算，经批准调整后概算总投资为 30.67 亿元。江珠公司作为民营企业，深知项目建设资金来之艰难，肩负还本付息的责任更是重于泰山，因而在建设全过程中，坚持践行毛泽东同志倡导的“勤俭办一切事业”的原则，用大力气严控工程造价，在创优质工程前提下，努力在内部消化造价攀升的因素，累计降低成本 6.17 亿元。按调整后的概算总投资 30.67 亿元计算，平均每公里造价 5 754 万元；按项目实际总投资为 29.2 亿元计算，平均每公里造价 5 478 万元，成为珠三角区域近年建设成本控制较好的高速公路项目。

(三)探索民营企业特色的项目业主公司内部管理模式

江珠公司从民营企业实际出发，积极探索和创新项目业主公司内部管理。在内部管理的指导思想上，公司高度重视我国的传统文化精华与现代管理科学的创新理念有机结合，把孔子的“仁者爱人”、孟子的“爱人者，人恒爱之；敬人者，人恒敬之”、孙子的“上下同欲者胜”等古典文化睿智，融合到现代科学发展观“以人为本”的核心理念上来。在践行江珠人本管理中，推进“四个合一”：精神动力与使命责任合一，人本管理与制度约束合一，知人善任与人尽其才合一，感情投资与仁爱至善合一。在建设江珠企业文化中，力行“五个坚持”：坚持奉献社会的核心价值观，坚持科学发展观的人本文化精髓，坚持上下同欲的可贵平等风格，坚持注重细节建设的突出特色，坚持规章制度的文化规范。践行江珠人本管理与建设江珠企业文化相融合，创新了项目业主公司的内部管理模式，培育了同心同德、协调合作的团队风格，锤炼了“和谐、诚信、高效、创新”的团队精神，增强了企业对员工的凝聚力和向心力，开拓了企业和员工的战斗力和创造力。春秋战国时代的爱国诗人屈原有诗云：“路漫漫其修远兮，吾将上下而求索”。具有民营企业特色的江珠公司内部管理模式，已经在求索中成型，必将在继续求索中成熟。

(四)建好全国目前主跨最长的部分斜拉桥——荷麻溪特大桥

荷麻溪大桥横跨荷麻溪水道，全长 1 895m，主桥位于宽约 220m 的一级通航标准航道，主跨度 125m＋230m＋125m，采用预应力混凝土双塔单索面部分斜拉结构，主塔为双圆构成的哑铃形截面。这种桥的结构简洁、线条流畅、行车舒适、通行视野好、维护费用低，且无需连续梁桥型的大吨位支座和体系转换，是目前我国最新型的部分斜拉公路大桥，在国内同类型桥梁中名列第一。由于通航净空大，主墩较高，加之采用预应力混凝土部分斜拉结构，主墩为双薄壁墩，有较大柔度可满足温度变化收缩引起的桥墩顶部纵向水平位移，同时又有足够能力抵抗由于不平衡施工和营运车辆行驶对桥墩引起的内力，因此工艺、技术的复杂程度和施工难度相当大。为确保这座最新型的特大公路桥安全、优质、高效地建成通车，江珠公司特邀国内优秀的桥梁专家召开专题研讨会，为这座大桥的设计施工提供指导性意见；从华南理工大学聘请高素质高水准的监控人员，对这座特大桥施工技术和工程质量进行全过程全方位全天候监控。经过建设者们合力奋战，终于使这座特大桥横空出世，成为江珠高速公路的标志性工程。

(五)技术创新的十一项成果转化为现实生产力

江珠公司坚持技术创新的方针，紧紧围绕着以提高工程质量为中心，引进新技术研究成果，采用先进的软土地基施工检测方法，建立关键项目技术咨询和专家论证体系，建设工程检测监控信息集成系统，加强对重点难点工程检测监控，技术创新了十一项科技成果，如含水量饱和状态下的超长超深软基路段处理技术、袋装砂井灌砂质量检测新技术、绿色高边坡生态防护和生态排水的"环境友好技术"等。江珠公司及时把这些技术创新的科技成果在工程建设中推广应用，迅速转化为现实生产力。如江珠公司投入近千万元，开展含水量饱和状态下的超长超深软基路段检测技术研究，取得成功后立即在软基路段施工中推广应用，确保软基路段处理合格率100%，质量优良。

第四节 工程招标

守法经营，这是民营企业安身立命必须遵守的基本行为准则。而要守法，必须学法、懂法。江珠公司首次涉足错综复杂的高速公路项目招标投标，高度重视学习和研究国家和广东省以及主管部门制定的招标投标相关法律法规:《中华人民共和国招标投标法》、《工程建设项目招标范围和规模标准规定》、《工程建设项目自行招标试行办法》、《评标委员会和评标方法暂行规定》、《公路工程勘察设计招标投标管理办法》、《国家重大建设项目招标投标监督暂行办法》、《公路工程施工招标投标管理办法》以及广东省政府、珠海和江门市政府以及有关主管部门颁布的地方法规文件。江珠公司依据法律法规文件的精神，严格遵循公开、公正、公平、择优、廉洁的原则，规范开展工程招标。

一、严格按照法定程序规范招投标行为

江珠高速公路建设项目工程招标，按省发改委的规定，分三个阶段进行。

(一)准备阶段

江珠公司根据对设计、施工管理力量及工程项目复杂程度，首先，确定项目的勘察、设计、监理以及材料和机械设备招标方式、合同类型和合同数量；其次，根据招标方式和合同类型编制招标文件，报送上级主管部门审定；最后，编制标底，报上级主管部门审核。在实施准备阶段中，江珠公司着重规范好招标文件按如下审核流程运行:公司领导根据总体安排，提出招标要求——→合约部根据总体安排，做好招标各项准备工作，包括标段划分、草拟资审文件和招标文件，上报公司初审——→公司初审资审文件和招标文件，广泛征求各部门意见——→合约部汇总公司领导及各部门意见，修改招标文件，再次送审，定稿后送省交通厅核备——→核备意见下发后，对招标文件进行最后修改，在指定媒体发布招标公告，开始招标。

(二)招投标阶段

首先，发出资格预审文件，审查确定合格的投标人名单；其次，发出招标文件，组织现场考察及标前会议，回答投标人提出的各类问题；最后，接受投标申请和投标保函或保金，召集开标会开标。在实施招投标阶段中，江珠公司着重分析投标人情况和现场情况，对照审核招标文件。通过情况分析、招标文件再次审核、召开标前会议等方式，添遗补漏，不断完善招标文件，尽可能减少今后履约扯皮现象。

(三)评标、定标及签订合同阶段

首先，审查投标文件和检查投标文书是否满足招标文件要求，纠正其中可能出现的错误；其次，选出投标人，澄清标书中需要进一步明确的问题；再次，按各标书投标报价，分析计算评估标价，对标价、投标人的素质、技术力量、设备、技术措施、质量保证体系、信誉以及优惠条件进行评审比较；最后，根据评标委员会提出的评标报告和推荐，从中标候选人中确定中标人，发出中标通知书，约定中标人进行合同谈

判和签订合同。在实施这一阶段中，江珠公司着重完善并严格实施开标、评标、定标及合同签订机制。根据招标工作需要及法律规定，江珠公司成立评标工作小组，负责相关工作。开标时，由公司代表、省专家库专家、省质量监督站人员等组成评标委员会，在政府部门监督指导下开展评标工作。开标、评标、定标全过程，在严格保密和封闭的状态下进行。在主管领导主持下，由合约部汇总各部门的意见，与中标单位进行合同条款谈判，直至达成共识，签订合同。

江珠公司在实施上述三个阶段中，始终严格遵守国家基本建设程序和相关法律规定，严格执行招投标制度。根据广东省发改委核准的意见，江珠公司一律采用公开招标的形式，而且考虑到公司本身技术力量比较雄厚，全部自行组织招标。为确保招标公开、公正、公平、择优、廉洁和符合法律程序，杜绝任何形式的"暗箱操作"，招标全程接受政府主管部门的指导监督，并分别在珠海市、江门市建设工程交易中心公开进行。所有资审文件、招标文件、资审结果和招标结果，及时上报省交通厅审核备案，确保整个招投标工作循着法制化、规范化的轨道操作和运行。

二、注重提高工程招标质量

江珠公司以预见性和前瞻性，招投标阶段力求减少日后实施建设可能产生的合同纠纷，在提高招标质量上下功夫。

(一)力求招标工作与项目建设相适应

江珠公司注意掌握工期需求、工程规模、设计方案、施工人员素质和施工设备等情况，广泛收集有关信息和材料，防止片面性和疏漏给今后工程实施带来的不利影响，并在招标过程中多次到邻近兄弟单位参观学习，邀请专家讲座，博采众长，为我所用，力求招标工作与日后项目实施建设相适应。

(二)加强合同条款和技术条款的研究磋商

合同条款和技术条款是招标文件中关键的两个环节。随着经济发展，合同管理在工程建设中所起的作用越来越大，对民营企业尤其重要。尽管交通部2003年颁发的招标范本对此作出了比较详细和明确的规定，但实际情况千变万化。为满足一些工程项目的特殊需求，在不违背《合同法》和《招标法》等相关法规的前提下，对有关合同条款进行适当的修改或增删，使合同条款和技术条款不断完善。

(三)实行严格的保密制度

严格保密既是法律的要求，也是公司维护本身合法权益的需要。江珠公司采取了一切可能采取的措施，建立了严密的保密制度，保证招标在高度保密状态下进行，确保了招标的公开、公平、公正和合法性。

(四)重视合同谈判过程

合同谈判是合同签订前最后一项工序，这项工作相当重要。在招标过程中，由于工程项目实施情况可能出现某些变化，业主有了新的需求，或中标人在中标后又有新的想法，因此合同双方必须面对面地认真进行平等磋商，增进了解，增强信心，增强信任，共同寻找成功合作的途径。江珠公司的信条是：既重视谈判结果，更重视谈判过程，因为结果源于过程。

三、工程招标的成效

江珠高速公路工程公开招标取得了如下明显效果。

(一)优选了参建单位

通过公开招标选择优秀队伍，是确保工程质量的关键环节，也是工程建设管理的源头工作。在公平竞争中，江珠公司选定了具有 50 多年历史、被国家建设部评为全国勘察设计综合实力前 10 名、曾荣获近百项设计奖的全国著名设计单位——铁道第四勘察设计院承担本项目设计任务。设计方案敲定以后，又通过全国范围招标，对报名竞标一级施工企业的资质、业绩、信誉、技术力量、财务状况和标价等方面进行综合评估，从中优选施工、监理队伍。珠海段确定了 14 个路基桥涵单位，1 个路基桥涵监理单位；江门段确定了 9 个路基桥涵单位，1 个路基桥涵监理单位。路基桥涵中标施工、监理单位见表 1-4-1。

江珠高速公路路基桥涵中标的施工、监理单位 表 1-4-1

路 段	合 同 段	施 工 单 位	资 质 （级）
珠海段	1	深圳市交运工程有限公司	壹
	2	中铁十五局集团有限公司	壹
	3	北京城建集团有限责任公司	壹
	4	广东长宏公路工程有限公司	壹
	5	中铁十四局集团第五工程公司	壹
	6	辽宁省路桥建设总公司	壹
	7	阳江市公路局公路工程公司	壹
	斗门互通 A	中国地质工程集团公司	壹
	8B	深圳市道路工程公司	壹
	9	中铁七局集团有限公司	壹
	10	中铁十九局第三工程有限公司	壹
	11	中铁十六局集团第一工程有限公司	壹
	12	中铁四局集团第五工程有限公司	壹
	13	中铁一局集团第一工程有限公司	壹
江门段	1	中铁十九局集团第三工程有限公司	壹
	2	中国地质工程集团公司	壹
	3	中铁大桥局集团第二工程公司	壹
	4	中铁十二局集团有限公司	壹
	5	中国地质工程集团公司	壹
	6	中铁十三局集团第一工程有限公司	壹
	7	中铁十三局集团第一工程有限公司	壹
	8	广东省佛山公路工程有限公司	壹
	四村互通	中铁十六局集团第一工程有限公司	壹
路面	1	路桥集团国际建设股份有限公司	壹
	2	深圳市市政工程总公司	壹
	3	广东冠粤路桥有限公司	壹
工程监理	珠海段	广东翔飞公路工程监理有限公司	壹
	江门段	育才一布朗交通咨询监理有限公司	壹

江珠公司从工程进展实际出发，将珠海段和江门段的路面工程、交通工程和机电工程等集中一起招标，共确定了 3 个路面施工单位、2 个交通安全设施施工单位、1 个机电工程施工单位和 1 个监理单位。此外，为适应某些工程项目的特殊需要和专业化施工要求，江珠公司还通过邀请招标的形式，珠海段、江门段确定了 2 个真空预压施工单位、2 个软基监控单位、3 个绿化施工单位及 2 个房建单位。

（二）降低了项目建设成本

招标文件和施工合同，是控制造价、降低成本的基础环节。在工程招标中，江珠公司采取了有效的控制招标人的报价措施，并通过签订施工合同的环节，依法、严谨、完备地控制工程造价水平。据初步统计：全线通过招投标节约投资 3.28 亿元，工程招标为控制造价作出了贡献。

（三）防止滋生腐败，维护法律法规的尊严

实行工程招标，江珠公司把施工队伍的选择、设备材料的购置和项目实施方案设计等与项目建设密切相关的一切，全部推向市场，置于高度透明中，并且对招标工程实施严格的监督和工序检验制度，杜绝了腐败现象的滋生，从源头上防止出现“豆腐渣工程”。

江珠公司在招投标中，坚定实施国家和省政府有关法律法规，依法规范招标投标行为，对规避招标、串通投标、转让中标项目等各种非法行为作出处罚的规定，并通过行政监督部门实施监督，还允许当事人提出异议或投诉。通过公开招标投标，用法律手段使项目建设成本得到降低，项目质量得到保证，国家利益、社会公共利益和当事人合法权益得到维护。

·第二章·

项目投资决策依据

民营企业与国有企业一样，都是以盈利为目的的依法经营实体。在企业经营决策中，投资决策是最重要的决策；重大项目的投资决策正确与否，关系到企业的兴衰成败。由于江珠高速公路项目涉及30亿元投资，项目建设经营期长约30年，在此过程中存在着技术风险、财务风险、市场风险、政策风险等一系列不确定的因素，凸显了探讨项目投资决策依据的必要性和重要性，它直接决定了民营企业的大额资金该不该投放，项目投资回收期如何确定，能否按BOT模式运营。据此，江珠公司高度重视项目评估，投入人力、财力先后对项目进行了三次评估，以指导投资决策的制定和收费期限的调整。

本章运用了贴现现金流分析法与非贴现现金流分析法两种经济评价方法，对珠海段、江门段进行了国民经济分析与财务分析，力求比较确切地评价项目投资的直接和间接的经济效益，为项目投资决策提供科学依据。

第一节 珠海段投资效益分析

江珠高速公路按BOT模式运作，具有部分商品性和可经营性。据《世界银行1994年发展报告》对基础设施可经营性程序分类，收费高速公路可经营指数为2.4(最高3.0，最低1.0)。因此，江珠高速公路归类为可经营性项目。

高速公路虽然经营指数较高，且具有收益稳定和受市场变化影响较小等特点，但由于建设期长、投资量大、资金负担重、收费价格完全由政府控制，交通流量分布受政策变化和建设规划影响等原因，其主要效益毕竟是社会性的。因此，对江珠高速公路珠海段的投资效益，有必要从社会效益、国民经济评价以及企业财务评价等诸方面，进行全面的科学的分析。

关于珠海段的社会效益，本书第一章对此已经作比较全面的分析，不再赘述；国民经济评价，本文也不作具体论述，而是运用定量与定性相结合的分析方法，着重从财务方面分析珠海段的投资收益，为项目投资决策提供科学依据。

一、国民经济分析

根据《公路建设项目经济评价方法》，国民经济效益评价的评价指标主要有以下三个：国民经济净现值、国民经济内含收益率和国民经济投资回收期。国民经济评价结果表明珠海段在经济上是可行的，国民经济效益较为显著。国民经济累计净现值ENPV为50 551.67万元(折现率10%)、国民经济内含收益率EIRR为12.05%、国民经济投资回收期为14.31年(包括建设期)。

二、投资收益能力分析

高速公路具有公益性与盈利性双重特征。民营企业投资高速公路建设，必须充分考虑到与投资收益密切相关的有利因素和不利因素、普遍性因素和独特性自身因素，概括起来，综合分析如下。

(一)有利因素

1. 高速公路行业自身优势明显

高速公路行业投资大,风险高,但收益也相当可观。以我国公路类上市公司为例:2004 年,19 家上市公司共实现主营业务收入 160.35 亿元,同比增幅达 15.95%;2005 年,公路类上市公司三季度公布的报告显示,高速公路主业毛利率平均达 70% 以上,通行费收入最低毛利率也达到 49%,远高于其他行业。

随着我国经济持续快速健康发展,高速公路行业在今后相当长一段时间内,有着很好的增长潜力与发展前景。数据显示,2006 年第一季度,我国公路货运周转量同比增长 9.0%,客运周转量同比增长 7.4%。专家预测,随着经济的持续增长,交通业务还将进一步放量,尤其公路货运量与客运量的进一步增长,势必使高速公路行业利润与高速公路企业价值进一步提升,行业的自身优势以及投资价值将进一步凸显。

2. BOT 经营模式有利于降低项目投资成本

根据有关文件规定,江珠公司在建设管理权、运营管理权和车辆通行收费权、广告经营权等特许权方面,拥有 25 年的经营期限。珠海段建设资金的 35%为公司资本金,65%利用国内银行贷款。这种情况使江珠公司财务状况处于一种比较理想的良性状态。

首先,从企业财务管理技术角度看,通常情况下固定资产与长期负债的比率以 2∶1 为安全状态。而在竞争程度较低的高速公路行业,因营业收入和利润呈稳定增长趋势,其资本结构中的负债比重可略高一些,尤其当高速公路投入正常营运时,公司甚至可以在有限时间内维持 1∶1 的比率。BOT 模式在珠海段的采用,使公司的负债规模、期限和结构处于一个比较合理的水平和范围,公司负债筹资和权益筹资的比例也比较适当,较好地解决了财务杠杆与企业筹资效益的问题,把握了资本结构的最佳点,从而优化财务杠杆效益,有利于提高公司的筹资效益和提升公司的价值。

其次,珠海段建设投资发挥民营经济的优势,引进市场竞争机制,在合理范围内尽可能压缩基建成本,降低工程耗费,提高项目效率,使珠海段的环保、通行、社会和经济效益得到较好发挥。由于营运期道路养护也计入企业成本,有利于早日收回投资,减少建设期可能出现的各种腐败现象,避免出现豆腐渣工程,进而降低项目的整体投资成本。

建设期投资成本的减少,意味着经营期折旧成本相应降低;建设期业主在公路质量上下足功夫,使公路寿命和使用能力得以提升,延长维修周期,降低日常维修与大修的支出,使公司费用效益比率处于良好状态。

3. 路段沿线及周边经济良性循环带来交通量持续稳步增长

车流量是通行费收入的关键,它在很大程度上取决于路段沿线及周边地区经济发展状况。

改革开放以来,珠海市经济快速发展,经济总量大幅增长,为珠海段增加营运收入创造了良好条件。据珠海市 2030 年经济发展蓝图,珠海将划分为东、中、西三个城市带:东部沿海城市带——将打造成为珠三角西岸区域交通枢纽、生产服务中心、中央商务中心、技术创新海岸和海滨休闲之都;中部沿江城市带——将打造成为以空港带动的制造业集群以及具有区域竞争力的工业产业基地;西部沿海城市带——将围绕主枢纽港的发展,建设高栏港经济区临海产业基地和区域性海陆物流中心。

江珠高速公路是打通珠海至粤西的另一条快速通道。而粤西是广东西翼的发展战略区。随着珠三角、泛珠三角区域经济合作以及 CEPA 和中国与东盟自由贸易区的加速推进,粤西地区将迎来新一轮乘势崛起、跨越发展的历史机遇。

综上所述,珠海段沿线及其周边地区经济持续、稳定、快速发展,尤其工业、物流、旅游等产业的快速发展,珠海段车辆通行费收入增长是势在必然的。

4. 其他有利因素

除上述有利因素外,珠海段增加收费收益还有其他一些有利因素。比如国家"治超"措施的出台和计重收费制度的实施，意味着相对提高了车辆通行的收费标准；2002 年以来，全国能源全面告急，油电煤气价格存在明显继续上涨压力，车辆行驶高速公路比绕道行驶普通公路合算，在一定程度上也会增加高速公路的车流量；2005 年公布的《财政部、国家税务总局关于公路经营企业车辆通行费收入营业税政策的通知》，规定从当年 6 月 1 日起，公路经营企业收取的高速公路车辆通行费统一按照 3%的税率征收营业税，比原先 5%营业税降低了 2 个百分点，在一定程度上减轻了公司的税务负担，对民营企业显然又是一个利好。

（二）不利因素

在乐观地估计珠海段投资收益有利因素的同时，必须客观地分析当前乃至今后一段时期内不可避免地存在的某些不利因素，这是科学与理性地评价项目实际投资收益所必须的。

1. 国家产业政策风险

民营企业进入高速公路行业，最大风险莫过于政策变动带来的风险。2005 年 11 月，国家出台的《收费公路管理条例》规定每个经营性公路项目的收费年限不得超过 25 年，比原先规定的投资高速公路项目建设回报预期缩短了 5 年。由于公共产品的定价权掌握在政府手中，民营企业在实践中难以把握高速公路项目回报周期的计算尺度。我国至今尚未形成一套完善的高速公路收费经营法规，目前仍是由各省、市、自治区根据各自具体情况自行制定收费标准，这也会造成业主公司价值的不确定性。

2. 竞争性交通线路陆续开通

珠海段当前所处的路网，竞争性线路本来就比较多；随着经济与社会的发展，不收费或收费较低的竞争线路还将会不断出现，与珠海段争夺车流量，给珠海段收费还贷与盈利增加压力。

3. 还贷利率上调

从我国经济发展态势看，贷款利率尚有继续向上调整的趋势与空间。2006 年 4 月 28 日，中国人民银行宣布上调金融机构贷款基准利率，其中 5 年以上贷款基准利率由 6.12%上调到 6.39%，同年 8 月 19 日五年期以上贷款基准利率再次上调 0.45 个百分点，由 6.39%上调到 6.84%。珠海段 65%的资金来自银行贷款。贷款利率的提高将直接增大项目建成通车后的还贷压力，增加公司的负债成本。

三、珠海段财务分析

珠海段财务分析是在国家现行财税制度和价格体系基础上，根据项目投资估算的结果，分析项目直接发生的财务费用和财务收益，对项目的盈利情况和偿还能力所作出的评价。

（一）公路收费收入

1. 收费标准

（1）广东省高速公路收费是按车辆车型分类收取的。现行车辆车型以车辆的物理参数，即车辆的轮数、轴数、车头高度和轴距进行分类，详见表 2-1-1。

广东省高速公路收费车辆车型分类标准 表 2-1-1

车辆分类	车型分类标准				主要车型车种
	轴数	轮数	车头高度(m)	轴距(m)	
1	2	2～4	＜1.3	＜3.2	小轿车、吉普车、货车、摩托车
2	2	4	≥1.3	≥3.2	面包车、小型人货车、轻型货车、小型客车
3	2	6	≥1.3	≥3.2	中型客车、大型客车、中型货车
4	3	6～10	≥1.3	≥3.2	大型豪华客车、双层大客车、大型货车、大型拖（挂）车、20 英尺集装箱车
5	＞3	＞10	≥1.3	≥3.2	重型货车、重型拖（挂）车、40 英尺集装箱车

(2)广东省高速公路收费标准为 4 车道 0.45 元/公里,6 车道 0.6 元/公里 。参考相邻高速公路收费标准,结合本项目的投资和交通量预测,确定收费标准为:2007 年 0.45 元/公里(以折算小客车计),根据车辆对高速公路损耗程度和车辆使用高速公路所产生的不同效益,将车辆分为 5 类(如表 2-1-1 所示),各类车的基准收费标准一般按 1∶1.5∶2∶3∶3.5 的系数比确定。

2. 车流量预测分析

根据交通部 1998 年 6 月颁布的《水运、公路建设项目可行性研究编制办法》的规定,高速公路交通量预测年限为公路建成后 20 年。结合本项目实施情况,交通量预测工作采用“四阶段”法进行,即预测珠海段所在地区的经济社会发展情况、交通发生量、交通量分布和路网分配,预测特征年设定为 2007 年、2008 年、2015 年、2020 年和 2026 年,预测工作基年为 2006 年,预测结果见表 2-1-2。

江珠高速公路珠海段未来特征年交通量(辆/天)　　表 2-1-2

年份	2007	2008	2009	2010	2011	2012	2013	2014	2015
交通量	19855	25923	27983	30104	32125	34204	36344	38547	40815
年份	2016	2017	2018	2019	2020	2021	2022	2023	2024
交通量	43152	45560	48041	50598	53142	55671	58181	60669	63132
年份	2025	2026	2027	2028	2029	2030	2031	2032	2033
交通量	65567	67973	70368	72748	75109	77450	79768	82081	

3. 收费期限

根据国务院颁布并于 2004 年 11 月 1 日开始实施的《收费公路管理条例》规定,经营性公路收费期限按收回投资并有合理回报的原则确定,东部沿海地区经营公路的收费期限最长不得超过 25 年;中西部省、自治区经营性公路收费期限最长不得超过 30 年。本项目位于东部沿海地区,财务评估采用收费期 25 年,即至 2032 年。

(二) 财务费用计算

1. 建设费用

江珠高速公路资金的筹措方式为:35%资本金,其余 65%国内商业银行贷款。珠海段投资总额预计为 19.83 亿元,其中项目公司出资 6.94 亿元,国家政策性银行提供的以项目收益抵押项目贷款12.89 亿元。根据项目资金来源分析,考虑目前国内商业银行贷款利率,保守地确定珠海段贷款部分按中长期贷款利率 6.39%取定,综合财务折现率为 4.15%。因为实际发生的资金支出非常复杂,故只能简化计算。设定建设期 4 年,第一至四年分别为 35%、30%、20%与 15%。

2. 养护管理和大修费用

高速公路养护管理是高速公路运营管理的重要组成部分,是保证高速公路优良服务水平的主要手段之一。高速公路建成通车后,随着运营时间的推移、交通量和设施使用频率的增加,高速公路及其配套设施必然出现不同程度的损坏,及时发现并有效修复这些损坏是高速公路养护管理的责任,旨在保持高速公路良好使用状态和服务水平,向使用者提供安全、快捷、舒适、经济、优美的行车环境,树立高速公路的对外形象,最终达到提高高速公路的经济效益和社会效益的目的。在本项目评价期内共有两次大修,大修的时间安排在公路全部建成通车后的第 8 年和第 15 年,大修费按年养护管理费的 13 倍计算,大修当年不考虑一般养护管理费。

3. 其他财务费用

(1)融资和建设期保险等费用

根据本项目资金筹措方式和建设运营方式,需考虑项目建设资金融资费、建设期保险费、投产流动资金和运营公司开办费等项费用。经测算,上述各项费用约占建设资金的 0.5%,计入项目总投资。

(2)营业税和所得税等税费

根据项目性质,项目运营公司须交纳营业税、城市维护建设费和教育费附加,合计税率为收费收入的5.5%。项目运营公司所得税率为33%。

(3)法定公积金和公益金

法定公积金和公益金分别按税后利润10%和5%提取,两者合计提取比例为企业税后利润的15%。

(4)折旧

本项目折旧采用直线折旧法,折旧年限25年,残值取本项目公路建设固定资产形成的5%。

(5)财务费用

运营期的利息支出即为项目财务费用,建设期当年贷款利息按一半计算。

(三)财务指标分析

投资项目财务评价通常使用的指标分为两类:一类是贴现指标,即考虑时间价值因素的指标,主要包括净现值、现值指数、内含收益率等;另一类是非贴现指标,即没有考虑时间价值因素的指标,主要包括投资回收期、会计收益率等。根据分析评价指标类别,投资项目财务评价分析方法,可分为贴现现金流分析法与非贴现现金流分析法两种。对珠海段采用这两种评价分析方法中最具代表性的净现值法、内含收益率法和投资回收期法(投资回收期法依据考虑时间价值与否分为动态投资回收期法与静态投资回收期法,详见本文论述),着重从财务角度评价项目的可行性。

1.净现值法

净现值指的是反映项目投资获利能力的指标,即按企业所要求达到的折现率将各年的现金净流量,换算成零年之值的总和。而净现值法指的是在投资项目所涉及的年限内,将所有成本和效益,按照一定的贴现率折算为成本现值和效益现值,如果效益现值减去成本现值后的差额大于零,则该投资项目就是可行的。如下式:

$$\mathrm{NPV}=\sum_{k=0}^{n}(I_k-O_k)(1+i)^{-k} \tag{2-1-1}$$

式中:n——投资涉及的年限;

I_k——第k年的现金流入量;

O_k——第k年的现金流出量;

i——预定的折现率。

在预测珠海段项目2003~2031年各年的现金净流量,即(I_k-O_k)的基础上,采用$i=4.15\%$的折现率,我们可以得出,2031年本项目自有资金所得税前后的财务净现值FNPV累积值为15 364.51万元;2031年本项目全投资所得税前后的财务净现值FNPV累积值分别为95 250.68万元与59 464.26万元。所得税前后的财务净现值FNPV均大于零,故本项目是可行的。

2.内含收益率法

内含收益率法是根据方案本身内含收益率评价方案优劣的一种方法。内含收益率是指能够使未来现金流入量现值等于未来现金流出量现值的贴现率,或者说是使投资方案净现值为零的贴现率。内含收益率大于资金成本率则方案可行,内含收益率越高则方案越优。内含收益率数值是特定形式的高次方程的数值解,其方程一般形式可表述如下:

$$A_1/(1+a)^0+A_2/(1+a)^1+A_3/(1+a)^2+A_4/(1+a)^4+\cdots+A_n/(1+a)^{(n-1)}=0 \tag{2-1-2}$$

式中A_1必须是负值,其后A_2、A_3等可负可正,取决于项目建设期长短;其负值代表建设期各年净投入,其后各项一般为正值,代表经营期各年净收入,但也可能出现负值和零。n代表自开始建设到项目终止全部计算期年数,即投资涉及的年限,解出数值a就是内含收益率(IRR)。

利用表 2-1-3 与表 2-1-4 中珠海段各年现金净流量的预测数据，将其代入公式，可计算出自有资金与全投资的 a 值，本项目所得税前后的自有资金财务内含收益率(FIRR)为 5.24%；所得税前后的全投资财务内含收益率(FIRR)分别为 7.59%与 6.56%，均大于资金成本率，故本项目是可行的。

3. 投资回收期法

投资回收期是指投资引起的现金流入累计到与投资额相等所需要的时间。它代表收回投资所需要年限。回收年限越短，方案越有利。

投资回收期可分为静态投资回收期与动态投资回收期。静态投资回收期也称偿还期，是指在不考虑货币时间价值的情况下，用企业经营期回收投资的资金来源抵偿全部原始投资所需要的时间；动态投资回收期是指在考虑货币时间价值的条件下，以投资项目现金净流量的现值抵偿原始投资现值所需要的全部时间。

计算投资回收期首先要算出各年现金净流量 A_1、A_2、A_3、A_4、…、A_n(其中 A_1 必须是负值)，设定一个折现率 i 的数值，然后算出各年现金净流量现值(下式左边的 n 个分式就是各年现金净流量现值)，再将各年现金净流量现值相加，称为净现值(NPV)，表达为下式：

$$A_1/(1+i)^0 + A_2/(1+i)^1 + A_3/(1+i)^2 + A_4/(1+i)^4 + \cdots + A_n/(1+i)^{(n-1)} = \text{NPV} \tag{2-1-3}$$

综合珠海段项目的实际情况，在分析其投资回收期时，采用了 i=4.15%来计算项目静态投资回收期与动态投资回收期。自有资金投资所得税后的静态投资回收期与动态投资回收期分别为 22.80 年与 26.79 年；全投资所得税前后的静态投资回收期分别为 15.32 年与 15.72 年，所得税前后的动态投资回收期分别为 19.64 年与 21.36 年。计算结果显示，包括建设期的静态投资回收期大于项目计算期的一半15 年，不包括建设期的静态投资回收期大于运营期的一半 12.5 年，但主要指标 FNPV＞0 与 FIRR＞4.15%(资金成本率)，说明项目基本具有可行性。

第二节　江门段投资效益分析

江门段投资效益分析，主要为社会效益分析、国民经济评价及财务评价。由于本书第一章已全面介绍江珠高速公路项目的社会效益，囿于篇幅和避免重复，本节只简述国民经济评价，重点分析财务收益，为项目投资决策提供科学依据。

一、国民经济分析

根据江门段的国民经济效益和建设费用进行国民经济评价，截至 2032 年，即本项目终止 BOT 运作的最后 1 年，预计国民经济内含收益率 EIRR 为 12.14%，大于社会基准折现率 10%；累计经济净现值 ENPV 为 66 095.94 万元，远大于零；经济投资回收期为 18.58 年。这证明本项目具有良好经济效益和较强的抗风险能力。

二、企业财务分析

江门段财务分析是在国家现行财税制度和价格体系基础上，根据项目投资估算的结果，分析项目直接发生的财务费用和财务收益，对项目的盈利情况和偿还能力所作出的评价。

(一) 公路收费收入

1. 收费标准

广东省高速公路收费车辆车型分类标准(表 2-1-1)，结合江门段的投资和交通量预测，确定收费标准为：2007 年 0.45 元/公里，表 2-1-1 的 5 类车的基准收费标准按 1∶1.5∶2∶3∶3.5 的系数比确定。

2. 车流量预测分析

根据交通部颁布的《水运、公路建设项目可行性研究编制办法》(1998 年 6 月)的规定，高速公路交通量预测年限为公路建成后 20 年。结合本项目实施情况，交通量预测工作采用“四阶段”法进行，即预测江门段所在地区的社会经济发展情况、交通发生量、交通量分布和路网分配，预测特征年设定为 2007 年、2008 年、2015 年、2020 年和 2026 年，预测工作基年为 2006 年，预测结果见表 2-2-1。

江珠高速公路江门段未来特征年交通量(辆/天) 表 2-2-1

年份	2007	2008	2009	2010	2011	2012	2013	2014	2015
交通量	19394	25321	27333	29405	31378	33409	35499	37651	39867
年份	2016	2017	2018	2019	2020	2021	2022	2023	2024
交通量	42150	44501	46924	49421	51907	54377	56829	59259	61665
年份	2025	2026	2027	2028	2029	2030	2031	2032	
交通量	64044	66394	68733	71057	73364	75651	77914	80173	

3. 收费期限

按照国务院颁布的《收费公路管理条例》规定，江门段的财务评估的收费期限采用 25 年进行，即至 2032 年。

(二)财务费用计算

1. 建设费用

根据《珠海、江门两市协商江珠高速公路工可研究阶段有关问题的会议纪要》，江珠高速公路资金的筹措方式为:35%资本金，其余 65%国内商业银行贷款。江门段投资总额 10.84 亿元，其中项目公司出资 3.79 亿元，国家政策性银行提供占投资总额 65%的项目收益抵押贷款(项目贷款)7.05 亿元。根据项目资金来源分析，考虑目前国内商业银行贷款利率，保守地确定江门段贷款部分按中长期贷款利率 6.39%取定，综合财务折现率为 4.15%。

2. 养护管理和大修费用

在江门段评价期内共有两次大修，大修的时间安排在公路全部建成通车后的第 8 年和第 15 年，大修费按年养护管理费的 13 倍计算，大修当年不考虑一般养护管理费。

3. 其他财务费用

一是融资和建设期保险等费用，约占建设资金的 0.5%，计入项目总投资；二是营业税和所得税等税费，公司须交纳营业税、城市维护建设费和教育费附加，合计税率为收费收入的 5.5%，项目运营公司所得税率为 33%；三是法定公积金和公益金，分别按税后利润 10%和 5%提取；四是折旧，江门段折旧年限 25 年，残值率为 5%；五是财务费用，建设期当年贷款利息按 50%计算。

(三)财务指标分析

根据以上各项收入和费用，本项目投资收益财务评价结果为：

全部资金财务内含收益 FIRR=7.46%；

全部资金财务净现值 FNPV=43758.42 万元；

全部资金财务投资回收期 N=19.03 年(动态，含建设期)。

本项目自有资金财务评价结果为：

自有资金财务内含收益率 FIRR=7.3%；

自有资金财务净现值 FNPV=26469.39 万元；

自有资金财务投资回收期 N=22.5 年(动态，含建设期)。

(四)财务分析结论

(1)本项目全部资金财务内含收益率 FIRR 为 7.46%，自有资金财务内含收益率 FIRR 为 7.3%，均大于贷款利率 6.39%。说明本项目实际盈利能力较强，即使考虑各种难于预见的风险补偿因素，实际收益水平也依然较高。

(2)全部资金累计净现值 FNPV 为 43 758.42 万元，自有资金累计净现值 FNPV 为 26 469.39 万元，均远大于零，评价指标可行。

(3)全部资金财务投资回收期为 19.03 年(动态)，自有资金财务投资回收期为 22.5 年(动态)，均小于经营期 25 年，说明项目投资回收能力较强，投资风险较小，财务效益较好。

(4)本项目借款投资偿还期为 2020 年，从清偿能力角度考虑本项目是可行的。此外，借款偿还期只占主营期的 60%，偿还风险可以承受。

第三节　项目投资决策评估结论

江珠高速公路建设属大型基础设施项目。对项目投资建设经营的必要性和可行性，必须进行科学、客观、全面的评估，尤其是民营企业投资者更需这样做。

在本项目筹备阶段，有关部门分别就对珠海段和江门段的投资效益，进行大量深入细致的调查研究，从经济环境、项目前景、项目投资预期和主营业务风险等方面进行了科学论证。

综合珠海段和江门段投资效益分析，可以清楚地看到：江珠高速公路建设项目，无论从行业前景、社会效益、经济效益及企业财务收益等方面来看，均是可行的。

一、项目前景预测

国内外统计资料表明，高速公路客货流量，与 GDP 的波动密切相关；高速公路建设项目的前景，往往取决于国民经济发展前景。改革开放 20 多年来，我国国民经济一直保持着持续增长态势。广东经济尤其珠江三角洲经济更是突飞猛进，全省 GDP 年均增长率一直保持在 9.5%以上，江门、珠海市的经济发展也红红火火。“十五”期间，珠海市 GDP 平均增长 13.9%，江门市平均增长 11.9%。随着全国“开发西部”、广东“两翼齐飞”和珠海市“工业西进，城市西拓”发展战略的实施，整个西部地区的经济建设热浪滚滚。宏观和微观经济如此良好的发展前景，预示着江珠高速公路项目建设具有良好的投资价值。

二、项目社会效益估计

关于本项目的社会效益，前文已作阐述，指出了江珠高速公路建设在实现“一路两港海陆空，江珠共享大交通”的目标后，有利于促进江门和珠海两市社会经济发展，有利于加快沿线农业开发和社会主义新农村建设，有利于完善珠三角高速公路网络并提升网络整体运输能力，在促进珠三角乃至泛珠三角经济社会发展中发挥积极作用，带来多方面的社会效益。

三、项目经济效益分析

(一)国民经济评价

结合珠海段、江门段两节对国民经济的评价结果，对本项目全线投资效益进行国民经济敏感性分析，分析结果表明，本项目全线经济净现值大于 0，约为 107 536.68 万元；经济投资回收期短于本项目的经营期限，约为 21.41 年；国民经济内部收益率为 12.90%，略高于目前国民经济发展速度，具有一定的抗风险能力，同时也说明本项目建设确实很有必要，必将对江门、珠海两地经济发展起积极的促进作用。

(二)财务评价

江珠高速公路全程约53.3km,概算总投资30.67亿元,其中珠海段投资19.83亿元,江门段投资10.84亿元。结合珠海段和江门段的财务分析,可以得出全线的财务相关指标如下。

1.净现值指标

利用4.15%的贴现率,求出本项目全线全部资金净现值为105 304.8万元,自有资金净现值为45 027.18万元,均大于0,说明投资本项目是可行的。

2.内含收益率指标

通过测算,全线全部资金的内含收益率指标为6.95%,自有资金的内含收益率指标为6.17%,均大于本项目计算净值所使用的基准贴现率4.15%,这一指标也表明投资本项目可行。而且全部资金内含收益率为6.95%,大于贷款利率6.39%,说明本项目具有一定的抗风险能力。

3.投资回收期指标

本项目全部投资动态回收期为20.69年(含建设期),自有资金投资动态回收期为25.24年(含建设期),均小于本项目规定的经营期。从这一指标来看,本项目也是可行的。

综合上述各项分析,可以得出结论:本项目具有理想的赢利能力和抗风险能力,因而具有较大的投资价值。

四、客体原因对项目抗风险能力的影响

根据国务院《收费公路管理条理》第十四条第二款规定:“经营性公路的收费期限,按照收回投资并有合理回报的原则确定,最长不得超过25年”。故本项目第三次财务评价采用了25年(不包括建设期)进行。

财务评价的结果分别表明,珠海段与江门段的投资建设均是可行的。但在江珠高速公路建设过程中,一是执行省政府决定,推迟了项目建设;二是珠海、江门市政府从当地经济社会发展需要出发,提出了若干重大的变更设计项目,致使投资大幅度突破初步设计概算。以上两项客体原因,都涉及顺延收费期限,维护民营企业投资者合法权益,提高项目的抗风险能力的核心利益问题。对此,本书第八章将作专题阐述。

·第三章·

工程质量管理

江珠高速公路建设的质量目标是：分项工程合格率100%，优良率90%以上；项目交工验收综合评分92分以上；杜绝重大质量事故，基本消灭质量通病，确保优良工程，创广东省优质工程；杜绝重大安全责任事故，安全生产死亡率为零。为实现上述目标，江珠公司向科学管理要质量，以科学管理创优质。

第一节　工程创优的指导思想——五项原则

为实现江珠高速公路建设的既定质量目标，江珠公司在管理的指导思想上坚持以下五项原则。

一、质量第一的原则

质量是工程建设的永恒主题，是江珠高速公路的生命。实现质量目标，关系到各参建单位的形象，是江珠建设者立足本职、践行"三个代表"重要思想的具体行动。建设者们在江珠水乡泽国架桥筑路，实质上是在书写历史。崛起的一座座桥梁，在软土地基上铺筑宽敞的坦途，表面看来是冰冷的钢筋混凝土、沥青混凝土构造物，实质上是各参建单位和全体建设者聪明才智和艰苦奋斗的文明标志。江珠高速公路建设创优良工程，树立了优质丰碑，人民会感谢我们，历史会记住我们，就像都江堰工程那样"千古流芳"；如果建成了"金玉其外、败絮其中"的劣质工程，建成像綦江大桥那样的"豆腐渣"工程，我们会成为人民的罪人，会在历史上留下"千古骂名"！

各参建单位以对国家负责、对人民负责、对社会负责、对历史负责、对自己负责的高度责任感和使命感，认真贯彻"百年大计，质量第一"的方针，把质量创优、铸造精品作为项目建设的根本"大计"，切实放在"第一"的位置上，下工夫做精、做细、做实、做好，确保工程质量经得起"百年"的历史检验。

二、安全第一的原则

工程质量，包含着安全生产质量；工程质量，需要安全生产作保证；没有安全就没有质量，安全生产责任重于泰山。安全生产关系到参与项目建设每个员工的生命安全，关系到每个员工当代乃至几代人的幸福，关系到江珠高速公路建设的速度、质量、效益的整合和统一，从更大更广的层面看，还关系到全社会的大局稳定。

胡锦涛总书记深刻指出："实现安全生产，是事关人民群众生命财产安全的大事，也是坚持以人为本的必然要求。党的十六届五中全会特别强调要实现安全发展，体现了中央对安全生产的高度重视"。各参建单位必须牢固树立"安全第一，预防为主，综合治理"的方针，把质量与安全同样置于"第一"的重要地位，实行质量与安全"两手抓，两手都要硬"。全面落实国务院关于《进一步加强安全生产工作的决定》和交通部颁发的《高速公路交通安全设施的设计及施工技术规范》(JTJ 074—94)，健全安全生产管理体制和机制，强化安全生产责任制，严格执行安全生产的各项规章制度，加大对安全生产的投入，进一步提高安全生产的制度化和法规化水平，全面实现项目建设的安全生产目标。

三、以人为本的原则

以人为本，是科学发展观的核心，是全面建设小康社会的内在要求。创优质工程的力量源泉，蕴藏在全体建设者之中。各参建单位必须坚定相信和依靠广大员工，尊重员工的首创精神，着力提高员工的素质，规范员工的行为；必须坚决克服在工程建设中各种侵害员工权益的现象，依法处理好员工维护自身权益的正常诉求；必须引导好、发挥好、保护好员工的积极性、主动性和创造性，并具体体现在做好关心员工生产生活的各项工作上，体现在为员工办实事、办好事上，以每个员工的工作优质保证项目的整体优质。

四、科学管理的原则

以科学管理为重要手段，规章制度须充分体现高质量、高标准、高要求、高效率，科学确定质量创优的阶段目标和总目标，严格制订最佳方案，提出具体措施，有效地组织人力、物力、财力去逐一实现阶段目标，最终实现总目标。要充分发挥好科学管理的联结力、调控力、决策力，在各参建单位之间形成协作和谐创优质工程的优势合力，坚持对工程质量严格要求、严格检验、严格监督，全面实现项目既定的整体功能。

五、技术创新的原则

技术创新，是质量创优的灵魂，是引领项目建设的动力，是立足在自己力量基点上创造辉煌的筋骨。要善于借鉴和运用国内外、省内外建设高速公路的科学技术资源，以我为主，为我所用，在移植和吸收基础上进行再实践、再创新，使本项目能够站在“巨人的肩膀上”实现创优质工程的目标。

第二节 工程创优的重要途径——技术创新

江珠公司在项目动工之初，就设定了创优质工程的建设目标。而要实现这个目标，必须逾越许许多多技术难关。为此，江珠公司以技术创新为重要途径，把技术创新作为攻克技术难关的法宝，采取多种措施开展技术创新活动，引领项目质量上水平。

一、增强技术创新意识

江珠高速公路穿越珠江三角洲西南端水网纵横交错的沙泥沉积平原微丘区，地层上部为全新滨海相沉积淤泥，天然含水量处于饱和状态，工程上称为“特殊性路基土层”。这种地质条件给项目建设带来了诸多复杂的技术问题，其中有两道大难题：一是软土地基长达35.2km，占线路总长的65.8%，大部分路段淤泥超过20m，最深46m，沉降稳定时间长，质量控制难度大，施工程序相当复杂，由此引发施工方案、填土速率、路基碾压、路面结构、整体工期等一系列技术问题；二是跨越荷麻溪航道的荷麻溪大桥，受周边桥梁上限和下限高程限制，采用了一种新型的预应力混凝土双塔单索面部分斜拉结构，这是我国目前主跨最长、桥型最新的部分斜拉特大公路桥，工艺、技术复杂，施工难度大。

江珠公司将这些难题和盘托出，全面分析，寻找解决问题的办法，从理论与实践结合上，深化对技术创新的认识。

（一）技术创新才能解决技术难题

江珠高速公路建设面临的种种技术难关，给项目建设创优质埋下了深重危机。不冲破这些技术难关，创优质工程就会变成一句空话。然而，冲破这些难关的出路在于开展技术创新，通过辛勤探索、奋力开拓和顽强进取，征服软基路段，建好特大桥梁。

(二)技术创新才能把握成功机遇

事物无不是有双重性。江珠高速公路建设面临重重技术难关,一方面对项目建设创优质提出了严峻的挑战;另一方面又为项目建设者提供了难逢的机遇和创造了难得的平台。

江珠高速公路的建设、设计、施工、监理和材料供应单位,为了创优质工程这个共同目标走到了一起,理想愿望和荣辱得失与项目建设的成败紧紧捆到了一起。项目建设成功,则一得俱得,一荣共荣;项目建设受挫,则一损俱损。

(三)技术创新才能提升企业核心竞争力

科学技术是企业的核心竞争力,而这个核心竞争力的核心环节,就是技术创新。世界交通科技在迅猛发展,路桥的新结构、新技术、新材料、新装备不断涌现,智能化、信息化和远程控制自动化的技术正被广泛运用。交通运输领域日益激烈的竞争,意味着企业核心竞争力必须通过不断创新技术,才能不断得到提升,立于不败之地,一成不变和一劳永逸的核心竞争力是不存在的。对于江珠高速公路来说,不断提升核心竞争力意味着技术创新这个核心环节,不仅在项目建设阶段要紧紧抓住,以便克服各种技术难题,确保工程质量和胜利建成通车;转入营运阶段以后同样需要紧紧抓住这个核心环节,以便依靠技术创新,不断的改善经营管理手段和方法,确保公路行车快速、安全、环保、舒适,提高服务质量和水平,使江珠公司在日益激烈的交通运输领域的竞争中稳操胜券。

通过联系项目建设实际进行学习和思考,从具体到抽象,从眼前到长远,看清了技术创新对江珠项目建设的重要性和迫切性。在这个基础上,进一步开阔视野,放宽胸怀,从国家和社会技术创新的广角,强化创新技术的紧迫感和使命感,使大家深切地看到:技术创新不但对江珠项目建设很重要,对国家对社会更重要,它是社会生产力和综合国力的核心,没有技术创新,社会生产力便难以长足发展,综合国力更难以不断增强。江珠公司作为国家和社会这个“母体”的一个细胞,有责任积极开展技术创新活动,在发展壮大自我的同时,为“母体”生产力的发展和综合国力的增强贡献一份力量。

二、设定技术创新目标

江珠公司开展技术创新活动,包括学习、引进、应用和推广最新科技成果,并且在博取众长的基础上,进一步改进、完善和提高,重在转化为现实生产力。据此,江珠公司确定了技术创新的原则、方针和总体目标。

(1)坚持“依托项目建设,服务提高质量”原则,紧密围绕项目建设需要和紧跟交通科技发展形势开展技术创新。

(2)认真学习借鉴和积极引进国内外新技术成果,实行“拿来主义”与改进提高相结合,为我所用,不断提高技术创新能力。

(3)走“产、学、研”相结合的道路,把项目建设的难点作为技术创新攻关的重点,主动“走出去”,借用高等院校和科研机构的“外脑”,为项目建设铺平道路和扫清障碍。

(4)逐步建立和完善企业技术创新体系和机制,以适应项目当前建设和今后运营需要,把江珠公司逐步建设成为创新型现代企业。

根据上述方针原则,江珠公司对项目建设技术创新总目标进行分解,确定了以下八大重点攻关课题。

(1)创新软土地基处理及配套技术。挑选典型的软土路段,提前进行软土路基填筑碾压试验,检验软土路基技术处理方案的实用性和可靠性,探索路基填土控制新技术和新方法,获取科学数据,指导全线施工。

(2)探索袋装砂井施工质量检测新方法。目前,国内外尚缺乏袋装砂井井长及灌砂率的简便、可靠、有效检测方法。积极探索这种新的方法,以确保软基处理的质量。

(3)软土路基过渡式路面结构研究。旨在综合考虑和正确处理工期、质量与节省资金三者之间的平衡,尽可能减少软土路基的沉降对工程质量的影响。

(4)大跨径矮塔部分斜拉桥设计、施工及监控成套技术研究。旨在解决荷麻溪特大桥受上下高程限制及通航防洪对跨径的特殊要求,采取230m跨度矮塔部分斜拉结构的工艺技术问题。

(5)探索高速公路建设生态环境保护技术应用与创新。旨在更加有效和更加美观地保护周边生态环境,将江珠高速公路建设成为生态环保路和人文景观路。

(6)路面ATPB沥青基层的研究。旨在研究解决目前普遍存在的柔性路面半刚性基层开裂及沥青面层结构排水难题。

(7)桥梁预应力管桩基础成果推广应用。结合项目独特的地质条件,引进桥梁预应力管桩基础科研新成果,节省投资和缩短工期。

(8)项目建设过程中遇到的其他复杂技术问题。

上述八大课题的确定,为公司的技术创新攻关活动设立了明确的目标和要求,有利于集中力量有的放矢地开展技术创新活动。

三、发挥技术创新优势

江珠公司充分发挥民营企业集技术创新活动投资的主体、技术创新活动运作的主体和技术创新成果应用的主体于一身的优势,培育创新意识,倡导创新精神,构筑创新平台,大力营造敢为人先、敢冒风险、敢创新路、宽容失败的技术创新氛围,为技术创新活动扎扎实实地开展创造了有利条件。

(一)技术创新的投入

技术创新要求大量资金投入。江珠高速公路建设的资金并不十分充裕。项目动工建设以来,由于各种客观原因,概算外投资大幅增加,使江珠公司承受着巨大的资金压力。尽管如此,江珠公司为了支持技术创新,仍然下最大决心和尽最大努力,以"优先安排,一步到位"的原则,注入巨资支持技术创新。凡是技术创新必需的各项费用,经过精密匡算和严格核实,均由公司董事长一支笔审批,实际需要多少给多少,什么时候需要就什么时候到位。仅课题前期研究阶段就投入近2 000万元;软基路段填筑试验观测,由于沉降稳定达不到设计要求,必须对填筑、碾压、技术方案作进一步改进,为此又追加近1 000万元费用;聘请经验丰富的单位进行合作,严格按照新的技术方案进行填筑和碾压,直到问题彻底解决为止,为技术创新免除了无米之炊和后顾之忧。

(二)技术创新的运作

江珠公司成立了技术创新领导小组,全面策划、组织和领导技术创新活动的开展。领导小组每半年召开一至两次技术创新专题研究会议,总结和部署技术创新工作,解决技术创新过程中遇到的重大问题。江珠公司属下各部门作为技术创新的办事机构,为开展创新活动做好对外协调联络、经费划拨、信息沟通和物资供应等后勤保障工作。各参建单位相应成立了技术创新机构,在开展本单位的质量创新和技术革新活动的同时,积极配合和参与业主公司组织的各项技术创新活动。业主、设计、施工、监理单位共同组成技术攻关小组,负责领导、指导、督促和检查各重点项目技术攻关情况;联合大专院校和科研单位的技术力量,为技术创新提供理论指导和技术支持;组织有关专家学者讨论研究技术创新计划方案,并对各项技术创新成果进行严格审查和科学鉴定。

(三)技术创新的激励

江珠公司领导十分理解创新任务的艰巨,体恤科技人员创新技术的劳苦,高度评价创新成果的价值。为积极支持和鼓励创新活动开展,江珠公司制订了明细的技术创新奖励办法,及时论功行赏,给技术创新有功人员以必要的奖励。凡被采纳的技术创新提案,一次性给予提案人2 000～10 000元奖励;

每个技术创新项目，按其实际应用产生的综合效益，奖励主持创新单位以效益部分的50%，奖励直接参与创新活动人员5 000～50 000元。

（四）技术创新成果的应用

江珠公司技术创新课题和项目建设融为一体，做到从项目建设的需要出发确定技术创新课题，结合项目建设实践开展技术创新活动，技术创新成果即时运用到项目建设中去，不存在创新成果找不到出路的现象。然而尽管如此，整个创新活动还是难免会受到各种非技术性因素的困扰，影响创新活动的开展和创新成果的应用。为此，江珠公司又分出相当一部分力量做"消防"工作，及时预防一些可能出现的矛盾，排解一些意想不到的纠纷和克服一些突如其来的困难，为创新活动开展和技术成果的应用铺路搭桥，疏通渠道，消除扯皮现象，使每项创新成果都能及时转化为现实生产力，在项目建设中发挥应有的作用。

四、形成技术创新合力

江珠公司的专业技术力量比较单薄，单靠自己的科技人员难以解决项目建设中遇到的各种技术难题，为此，公司领导层注重发挥团队智慧，整合技术创新的资源，形成技术创新合力。

（一）上下一心的合力

江珠公司的技术创新活动要很好地开展起来，首先要求公司上下同心同德，汇聚团队智慧，形成群体合力。为了在公司内部营造一个人人关心和积极支持技术创新活动的氛围，公司领导提出了员工职务行为规范："对自己负责，对江珠负责，对社会负责"，上至公司高层领导，下至普通员工，都要用"三负责"的精神来警醒自己和约束自己，努力使自我从事的每一项工作，都能对得起自己，对得起公司，对得起社会，人人都为高质量高标准地建成江珠高速公路作出应有贡献。这"三负责"精神成为上下同心同德的纽带和奋力开拓顽强进取的号角，形成一种由上而下和由下而上的纵向合力，发挥出团队的整体效应，产生了一种1+1>2的力量。

（二）左右协同的合力

除了上下一心的纵向合力，江珠公司还着意形成一种左右协同的横向合力。公司属下各部门在技术创新活动领导小组的统一领导下，在各得其所、各司其职、各尽其责的基础上，相互之间紧密配合，为开展技术创新活动而各展其长和推波助澜，总工室——负责整个技术创新活动的策划、组织、指挥和调度工作，充当技术创新主力和尖兵；财务部——根据创新活动进展需要，及时做好资金审查、报批和划拨，为技术创新及时提供财力支撑；合约部——根据公司技术创新领导小组的指示，与各有关单位磋商合作事宜，草拟和签订相关协议，使技术创新项目的开发研究和创新成果的实际应用受到法律保障；工程部——负责包括创新成果在内的所有工程项目实施过程的监督检查，确保工程质量和技术创新成果的应用；信息中心——为创新活动收集有关技术信息资料，及时提供领导小组、工程技术部门和科技人员参考；办公室——做好各部门之间的联络、组织、协调工作，从生产生活各方面为创新活动提供可靠的后勤保障。

此外，江珠公司还和各参建单位建立了技术创新资源配置和信息交流制度，使项目技术创新活动一盘棋，形成了横向的合力，避免了重复立项，防止资源分散和浪费。

（三）内外联动的合力

江珠公司充分利用项目建设提供的技术创新平台，一方面积极发挥本公司员工，尤其工程技术人员在创新活动中的主力军作用；另一方面大力加强与公司外部科研单位、高等院校以及相关企业之间的合作，形成了内外联动、创新技术的合力。项目动工以来，公司根据不同技术攻关需要，分别与下列科研单位和高等院校建立了紧密的合作关系：沥青混凝土路面技术的研究，有华南理工大学、长沙理工大学和武汉中咨路桥设计院有限公司；荷麻溪特大桥设计与施工监控，有铁道第四勘测设计研究院和华南理工大学；软基观测与检测方法研究，有武汉思鸣科技服务部和中山市勘测设计院；生态水沟研究，有铁道第四勘测设计研究院和长安大学等。这些单位和部门均与江珠公司以合同形式建立起紧密合作伙伴关系，成为江珠公司技术创新蓬勃开展的外源动力。

上下一心、左右协同、内外联动三种合力，从根本上改变了江珠公司专业技术力量比较单薄、科研手段比较粗放和科研体系不够完善的状况，使其原始创新能力、集成创新能力和引进吸收再创新的能力大大增强，不但克服了项目建设过程中遇到的各种技术难题，而且在生态环保等方面也走出了新路子，取得了新突破。更为可喜的是江珠公司通过技术创新活动，创造了一个尽管技术力量比较单薄、技术设备比较简陋、技术手段比较粗放的企业，也能颇有成效地开展技术创新活动的成功范例，有力地促成了江珠公司向创新型企业迈进。

五、技术创新结硕果

江珠高速公路建设紧紧围绕以确保工程质量上水平为中心，大力开展技术创新，取得了十一项创新成果。

(一)含水量处于饱和状态的超长超深软基路段处理技术

江珠高速项目面临最大的技术难题是软土地基占全线总长 35.2km，最深达 42m，含水量超过 70%。为探明软基处理、软基沉降观测、路基填土速率控制设计方案的可靠性，探索用以指导全线软基处理、填土速率的施工控制指标，江珠公司选取软基最深 42m、长 200m 的试验段作为本项目软基路段施工的实用性研究课题，在路基全面施工前完成试验路施工，全面系统地得出了软基施工过程控制指标，并长期对试验路段进行科学观测，系统分析，为优化软基处理方案、全线软基大规模施工、全线路基填筑、路面结构方案选定和整体工期目标的确定，提供了一系列科学系统的依据。

(二)袋装砂井灌砂质量检测新技术

袋装砂井施工质量中的砂井长度和灌砂率的质量检查控制，都是通过现场管理人员来实施的，受人为因素影响较大，国内外至今尚无较好的检测技术和手段控制这两项施工技术。江珠公司为确保软基处理工程的质量，与软基观测单位研制了袋装砂井施工长度及灌砂率抽检试验设备及检测方法，解决了袋装砂井施工质量难于检测控制的难题，对保证袋装砂井施工质量起到了关键作用。这一新技术填补了国内外该项质量检测技术的空白。

(三)荷麻溪特大桥设计施工技术

设计人员打破常规，大胆创新，在结构理论上作出了新的突破，设计出 230m 跨径的矮塔部分斜拉桥。该桥在同类桥管径中型中属于国内第一。江珠公司的决策者敢为人先，敢担风险，毅然决定采用该设计方案，不仅解决了本项目的一大难题，也推进了桥梁建设理论和技术水平。特大桥的全幅挂篮施工、斜拉索安装、施工监控、一次施工成优等施工技术进一步提高，是桥梁建设领域的新突破。

(四)过渡式路面结构方案及风险决策研究

2003 年年底，珠海段的试验段完成路基填土，经过 1 年沉降稳定期，超过了设计稳定期 9 个月的要求，但每月沉降值还有 5～8cm，远大于设计要求连续 3 个月每月沉降不大于 5mm 的沉降稳定标准值；2004 年年底，珠海段完成路基填土后，每月路基沉降值仍达 10cm。按照 2006 年年底通车目标倒排进度计划，路基必须在 2006 年 3 月卸载，8 月完成。根据试验路段沉降观测数据进行回归分析，预测珠海段到卸载时软基沉降值还会有 0.5～1.5cm；2004 年年底江门段才开始施工，软基沉降值仍无法预测，如果软基沉降无法满足设计要求，那么原设计的路面结构科学合理性将受到质疑。

在现实工期、进度、投资等条件限制下，如何设计基本安全、经济适用的路面结构，成了一大技术难题。为此，江珠公司于 2004 年 7 月，组织武汉中咨路桥设计研究院、华南理工大学、长沙理工大学的路面专家、学者，对新的路面结构方案进行风险性决策研究，并持续长达 16 个月。最后通过广东省交通厅组织评审，最终确定新的路面结构方案为：全线软基路段路面分两期实施，第一期路面为过渡式路面，软基路段分为两种路面结构类型：一是路基沉降基本稳定时的路面结构，总厚度为 78cm，其中沥青面层两层，厚度 10cm，还设置了一层 AC－25I 沥青基层，厚 8cm；二是路基沉降不稳定时的路面结构，总厚度为 82cm，其中沥青面层两层，厚度为 10cm。

新路面结构风险决策因素一是软基路段工后沉降难以避免；二是通车后的交通流量预测不会很大，可以在 3～5 年后实施第二期路面，具体方案届时依路面状况重新研究。这样一来，第一期路面的沥青面层结构不需完全满足规范要求，但须加大基层结构厚度以满足总体强度要求；新的路面结构在通车后 3～5 年内是安全的，没有风险，从而减少了第一期路面的投资，保证了通车目标的实现。

（五）“代表断面领先观测法”应用技术

江珠公司聘请具有丰富软基施工观测经验的单位进行软基施工观测，充分吸收国内外软基观测技术，改变传统观测方法，采用了“代表断面领先观测法”，加快了路基填筑速度。

“代表断面领先观测法”，即在同性质的软基路段选取最不利的一段，提前施工 3～5 层土，提前进行观测，增加观测手段，加大观测频率，综合分析各类观测数据，试探性分级突破某一项规范控制指标，然后加载；再次观察分析观测指标的变化情况，寻找其变化规律及与其他指标变化的吻合程度，及时巡查工地现场工程实体及周围地表变化情况，如无异常则表明此项指标可作为施工控制指标，并以此观测数据作为后续路段的施工控制指标。此种观测控制技术方法是以路基安全实践结果为基础，通过科学数据的采集、分析，突破规范指标，加快路基填筑速度的技术方法，对加快江珠高速公路软基段路基填筑和保证工期，起到了关键性的作用。

（六）引进边坡防护新观念、新技术

公路边坡表面防护以往只注重圬工防护，使得公路周边环境遭到破环，既增大投资，又浪费资源，已不符合当今环境友好和节约资源的科学发展观要求。江珠公司更新观念，引进高边坡生态防护理念和技术研究成果，将全线边坡表面圬工防护改为以植草和灌木为主体的生态防护。经两个雨季的考验，防护效果和生态景观效果明显，节约了 500 多万元投资和不少国土资源。

（七）改进和应用路基生态排水技术成果

公路路基排水系统常规技术是采用圬工体系，环保和景观效果差，投资大而且浪费资源。长安大学与广清高速公路联合研究的生态排水系统已形成研究成果，但这项成果具有地域的适应性，比较适宜于北方干燥的路基使用。能否在雨量充沛的软基地带路基，尤其是稳定性特别重要的江珠高速公路软基直接应用？江珠公司以创新精神吸收别人的研究成果，结合本项目特点，通过试验加以改进和完善，形成了新的技术成果，在江珠高速公路全线推广。经过一个雨季的考验，证明该方案景观环保效果佳，而且施工便捷，节省投资，每米经济指标比圬工体系节约 70％。

（八）桥梁预应力管桩基础的推广应用

本项目桥梁多，桩基也多。由于受软基沉降影响，桥台和邻台的两排桩基只能留待路基沉降稳定后才能动工。在施工后期，由于桩基多，工期紧，给施工质量管理形成很大压力。为保证工期和工程质量，决定引用广东省公路设计院研究的桥梁打入桩基础设计和施工技术成果，从而解决了工期和质量两道难题，节约投资近 500 万元。

(九)路面ATPB沥青基层开裂预防及面层结构排水技术

江珠公司与武汉中咨路桥设计研究院、华南理工大学和长沙理工大学共同研究,解决了目前普遍存在的柔性路面半刚性基层开裂及沥青面层结构排水难题。

(十)关键项目的技术合作研究

在荷麻溪矮塔斜拉桥施工监控、路面施工质量控制、竣工资料编制和生态排水系统设计等方面,与华南理工大学、长沙理工大学、长安大学进行技术合作,依托大学雄厚科技力量的支持,攻克关键项目技术难关,取得圆满成功,收到很好效果。

(十一)项目建设系列技术难题攻关研究

本项目在建设过程中遇到的一系列难题,如路基横断面局部软基的处理、软基地段涵洞基底承载力的提高、软基路段现浇箱梁支架基础处理及支架预压、隧道施工技术方案和悬浇梁施工技术方案等,这些技术难题都由江珠公司组织设计、施工、监理一道研究解决方案,同时邀请专家审查鉴定技术方案,确保一一取得成功。

第三节 工程创优的制度机制——质量体系

好的制度机制,是创优良工程的保证。在江珠高速公路工程建设中,业主、设计、监理、施工单位四位一体,同心协力,建立健全质量管理和质量保证体系及其运行机制,在实践三个"努力做到"上下功夫。

一、完善质量管理工作机制,努力做到质量管理规范化、制度化

为使项目质量管理上台阶,江珠公司在工程招标文件中发布了《项目管理办法》,其中包含《工程质量管理办法》和《工程质量管理实施细则》,形成了各方必须实施的七项质量管理工作机制,实现质量管理规范化、制度化。

(一)施工组织设计的审批机制

各施工单位在项目开工前,必须提交总体施工组织设计;分项工程开工前,必须提交分项工程开工报告和施工组织设计。先由驻地监理组、总监办测量队、中心试验室会同江珠公司工程部分别审查后,由总监审批。为此,各标段项目部对施工方案从质量、进度、安全等必须认真核查和分析,必要时聘请专家研究,提出具体意见。对关键工程的重大方案,由业主组织的专家会进行精心审核。如荷麻溪特大桥,是我国目前最长的部分斜拉桥,业主就组织大型专家会,邀请了国内、省内著名专家,对施工方案进行评审。

(二)业主代表派驻标段项目部的工作机制

为及时掌握施工动态,落实有关质量、进度、安全等方面的措施和要求,江珠公司向每个标段都派出业主代表。他们代表业主在工地现场与承包单位、监理、设计代表商讨处理有关工程事项,协调有关工作关系,负责所辖范围内施工管理与监控工作,在各方之间既起到"桥梁"作用,同时又是各项决策、措施、要求的执行者和监督者。业主代表对工程质量的管理任务如下。

(1)根据国家和行业的有关规范、规程、规定,对施工实行全过程的管理与监控,做好"上情下传,下情上报"的工作。

(2)认真审核研究设计图纸和资料,参与施工组织设计和施工方案的编制与审定。

(3)根据工程的特点,做好重要工序的工前检查、施工过程监督和工后复检工作。

(4)每日、每周、每月都在公司OA平台上提交工作报告，反映所管辖工地的工程情况，其中有关质量的内容包括各种检测、工地检查情况、存在的质量隐患和尚待处理的质量问题等。

(三)质量网络信息化的管理机制

为便于参建各方的信息及时沟通，江珠公司投资开设了专门的OA办公信息化平台，申请专门的IP地址(网址)，各参建单位都可在OA平台上接收和发布各种关于质量管理方面的信息。业主要求各标段每天申报工程日报，将每天工程的完成情况在网上予以通报，工程周报、工程月报也必须在网上申报；要求监理单位及时申报监理日报、周报与月报。质量网络信息化管理的及时性、便捷性，较好地起到了对工程质量及时管理与监控的作用。

(四)各个标段"三会"的运作机制

各个标段的"三会"，是指施工组织方案讨论评审会、技术交底会、试验段总结会。

(1)各个标段所有新的分项工程开工前申报的施工组织方案，必须组织评审会，评审具体的范围与规模、掌握的尺度，由总监办确定。一般小的、简单的分项工程，由驻地监理组参加；大的、重要的分项工程，由总监办和业主代表参加；重大的、技术复杂的分项工程，由业主相关部门或邀请专家参加。讨论确定后的施工组织方案不可以更改，并且作为业主代表和监理人员现场检查、检测的重要依据。

(2)各个标段的所有新的分项工程，在开工前或新的施工作业班组施工前，必须组织召开技术交底会，按批准的施工组织方案，由施工单位的技术负责人对作业班组进行技术交底，现场监理必须参与签证。交底签证记录作为质量大检查的重要项目之一。

(3)各个标段所有新的分项工程开始大规模施工前，必须进行试验段的施工。试验段完成施工后，由总监办组织相关单位进行首检；首检完成后，召开试验段总结会，及时总结试验段施工相关规范、规定的执行情况、各种试验检测数据是否满足规范要求、对比各种经验数据、找出存在问题和需要改进的地方，据此确定分项工程是否可以进行大规模施工。

(五)工艺质量管理细则和规程的实施机制

抓工程质量，关键是要抓好工序质量。针对一些重点和易产生质量通病的工序，江珠公司有预见性地制订各种操作规程和管理实施细则；除业主在招标前发布的《项目管理办法》中有明确要求外，在施工过程中还要不断补充、不断完善。已经形成并具体实施的工艺质量管理细则和规程主要有：《软土路基填筑管理办法》、《钢筋混凝土现浇整体化层施工注意事项》、《结构物反开挖施工及台背回填规定》、《沥青混凝土路面施工质量管理细则》、《桩基施工质量管理规定》、《防撞墙施工工艺要求》等。这些文件针对性非常强，既具体强调对施工规范的重点内容，又根据创优目标提出更具体详细的质量标准和操作要求，使施工单位心中有底，及早按照高标准进行施工准备，并在施工中按规范要求严格实施。

(六)质量预警和检查机制

江珠项目的质量预警和检查机制，涵盖以下内容。

1.质量控制事前通告

江珠公司在制定招标文件时，在合同的技术规范和项目管理办法中，将重大的质量、技术、管理方案确定下来，成为合同的组成部分，用合同法律约束力进行质量控制。如软基填土速率的控制、软基地段现浇箱梁的支架搭设、外露混凝土面的模板要求、台背回填、袋装砂井施工深度和灌砂率控制、沥青混凝土路面等，都在合同文件的补充技术规范中给予明确说明。

2.质量问题事前预警

针对现场质量管理容易发生的事故和问题，江珠公司认真总结省内外发生质量事故的教训，在项目管理办法中详细列出了100余项容易发生的违反规程施工并导致质量问题的操作和作业，并明确如在本项目施工中出现这些质量问题时，对其处以1 000～50 000元不等的罚款，同时列出了20项对现场监理失职行为的处罚。

3. 施工过程质量检查

江珠项目的质量检查有四种形式：一是承包人自检；二是总监办抽检；三是业主与总监办联检；四是省交通质量监督站检测监督。其中江珠公司与总监办每月联合质量大检查制度，对提高桩机混凝土浇筑、现浇箱梁、悬浇箱梁、预应力张拉、沥青混凝土施工、斜拉索安装张拉、隐蔽工程等关键工序的施工质量，督导监理工程师加强全过程旁站，起到了重要作用。

(七)奖罚分明的质量激励机制

为充分调动施工、监理单位的积极性和责任心，促使他们由“别人要我干”转变成“我该怎么干”，江珠公司建立和实施了“奖得令人心动，罚得令人心痛”的激励机制。

江珠公司在项目建设过程中先后组织了三次“百日大干”和“四大战役”等劳动竞赛，拿出近两千万元奖金，重奖进度与质量俱佳的标段、项目经理、总工。还设立样板工程质量单项奖，先后奖励了路基样板工程、路基卸载交验样板工程、桥梁立柱样板工程、桥梁防撞墙样板工程等，出现了一批赶超样板工程标段。某标段铺筑砂垫层厚度不够厚，经业主检查发现后，对监理处罚1万元、施工单位处罚5万元，此后，全线砂垫层验收时再没有发现厚度不合格的问题。累计全线质量单项奖励22次，奖励金额达200多万元；全线处罚现场监理10次，处罚承包人30次，质量处罚7次，处罚金额70余万元，对推动全面质量管理上台阶起到积极作用。

二、实行严格质量检测的工作机制，努力做到质量管理数据化、标准化

为提高工程整体质量水平，杜绝质量事故发生，实现工程质量创优目标，江珠公司建立健全承包人自检检测、监理抽检检测、业主监督检测的三大检测体系，通过严格的质量检测，拿出具有真实性、可靠性的体现质量指标数据，实现质量管理数据化、标准化。

(一)抓好试验检测工作的机构建设

江珠公司依据《公路水运工程试验检测管理办法》和国家相关的法律、法规，根据业主招标文件和《项目管理办法》的要求，设立项目总监办。业主委托总监办的中心试验室对全线的试验检测工作进行统一管理，包括统一标准、统一内容、统一方法，并制订了一系列的试验检测工作制度，明确其职责范围、权限、责任，努力做到工程质量检测管理工作标准化、规范化。

江珠公司要求参建的所有施工单位必须设立工地试验室，按照监督管理要求申报临时资质认证，由中心试验室对全部工地试验室的试验仪器设备进行常规检查，重点对试验检测工程师进行考试，人员素质与业务水平合格后方可开展工作。

(二)发挥中心试验室在质量检测中的核心作用

江珠公司要求中心试验室对全线试验检测工作进行总体监控，加大对承包人工地试验室的检查力度，切实抓好验证试验、标准试验、工艺试验、抽样试验、验收试验及试验检测全过程的各个环节，做好以下七项工作。

(1)评估初验

对工地试验室的用房、设备(安装、标定、运转性能)、人员(资历、上岗证)、管理制度、质保体系、试验环境等进行评估验收。

(2)验证试验

对各种原材料、商品构件等，按施工企业承包人提供的样品、产品合格证和试验报告等进行订货前

预检，以决定是否同意采购。

(3)标准试验

对各种配合比试验、土工试验(主要是标准击实)、标准砂的标定、集料组合设计等进行平行复核试验，以决定是否同意批复使用。

(4)工艺试验

参与承包人有关路基、路面试验段、拌和楼预拌(机械性能、拌和物性能)、钢筋焊接(环境、设备、工艺、拉伸)工艺性试验等。

(5)抽检试验

在施工过程中，按规定频率对工程所用原材料、成品或半成品材料、混凝土拌和物、路基、路面各结构层等进行全部抽检，以合格与否决定是否进行质量跟踪或返工等处理。

(6)验收试验

参与工程质量验收小组，对已完工的分项、分部、单位工程进行试验检测，提供检测数据，准确评价工程质量，以决定是否接收及交付使用。

(7)监管作用

对工地试验室包括试验操作、各项制度、资料管理进行全面指导监督服务工作，定期对全线工地试验室进行检查，向业主和总监办提交具体的检查报告。

(三)强化试验检测工作的规范化管理

江珠公司和总监办对工程分项检测项目的试验检测频率，制定了相应的规范与规定的强制要求，要求参建各方必须严格遵守。同时严格要求中心试验室和工地实验室必须按以下要求规范自身行为：

(1)在承包人的工地实验室进行标准试验的同时或以后，必须进行平行复核(对比)试验，以肯定、否定或调整承包人的标准试验的结果。标准试验是指各种标准击实试验、集料的级配试验、混合料的配合比试验、结构的强度试验等。

(2)在工地试验室按技术规范和相关规定进行全频自检试验的基础上，中心试验室按不低于20%的频率独立进行抽检试验，按5%频率进行外委试验，以达到相互验证的目的，确保试验检测结果的真实可靠。

(3)对中心试验室不能完成的复杂试验检测项目，为了确保试验的可靠性和便于管理，监理工程师在现场抽样后，委托经业主同意的、具有交通行业试验资质且通过计量认证的单位完成。在委外试验检测过程中，监理工程师须通过有效手段予以监督，并对试验检测结果予以签认。如桩基检测，声测和动测，业主全部委托给珠海市交通工程质量监督站进行检测，检测频率为100%；抽芯检测委托给广东省物料实验检测中心，确保桩基质量。

(4)对经监理工程师审查并经业主批准的承包人采用的新材料、新技术或新工艺的特殊项目，当合同未列明或无现成标准可循时，要求承包人提供相关的科技资料及鉴定报告，拟定出符合工程实际的暂行标准或规程，经审查批准后执行。对十分重要的新材料、新技术或新工艺的特殊项目，江珠公司都委托咨询公司对项目进行检测跟踪。如软基段的填土，为确保路基的稳定与安全，业主聘请了软基观测监控单位对填土进行全面监控与监测，软基路段上每一层填土都必须有观测监控单位的同意填土指令方可施工。在软基观测监控单位的控制与指导下，路基的安全、稳定与进度得到有效的控制与保障。对珠海段的荷麻溪特大矮塔斜拉桥，业主委托华南理工大学对全桥施工进行监控与监测。

三、全面分解落实质量责任，努力做到质量管理各司其职各尽其责

全面质量管理，包含全面的质量标准、全过程的质量管理、全员参与的管理、全面运用各种管理方法和技术，是科学管理方法和行为。江珠高速公司通过调动各参建单位和建设者参与质量管理的自觉性

和主观能动性，把质量管理层层分解，落实在基层、在班组；把质量管理的重点落实在全过程的质量控制上，形成“政府监督，社会监理，承包人自检，业主控检”的四级质量保证体系，全方位保证质量目标的实现。

（一）业主层次的质量管理责任

分解落实在业主层次的质量管理责任如下。

(1)建立健全界面清晰、控制严谨的业主质量保证体系和质量岗位责任制，成立了以总工程师为组长的质量管理领导小组。

(2)加强对设计工作的管理。在设计阶段，从地质钻探到路线走向、桥涵位置及高程，业主随同设计人员全过程现场踏勘，确保设计质量，力求减少日后的变更设计。业主高度重视通过设计的技术创新，确保工程实体质量创新，目前全国同类桥梁第一跨径的荷麻溪特大桥、路基高边坡防护、路基路面排水系统、软基地带过渡式路面结构的设计，都采用最新的工程技术。对专业性很强的特殊项目，业主单独组织专业设计单位进行设计。本项目总体设计由铁道第四勘测设计院完成，业主考虑到铁道系统的设计院在路面、交通工程、房屋工程、绿化工程等专业方面的局限性，将这些项目单列出来，交给有较丰富专业设计经验的单位设计。如路面工程，交由武汉中咨路桥设计研究院设计；交通工程，交由北京交科公路勘察设计研究院设计；绿化工程，交由湖北省林业勘测设计院设计；房建工程，交由珠海市建筑设计院设计。专业化的分工设计确保了设计质量，确保工程质量。

(3)江珠公司是民营企业，没有对口的上级主管部门，在质量问题上自觉接受政府监督。在工程开工后，业主主动申请并接受广东省交通建设工程质量监督站的监督。对省质监站检查发现的问题，业主主持和督促参建各方认真整改，及时采取措施处理。

(4)加强技术管理，积极参与各标段项目部“三会”机制的运作。在各重要分项工程开工前，业主组织技术交底，组织施工方案审查，对重大的施工技术方案聘请资深专家评审，只有通过审查的方案才允许实施。如荷麻溪桥上部构造的施工方案，软基路段现浇箱梁支架的地基处理及支架预压方案，都由业主聘请省内知名桥梁专家进行方案评审；三门海、涝涝溪、睦州围三座大型桥梁的悬浇梁施工方案、隧道施工方案，由业主组织设计、施工、监理三方共同进行方案审查。对软基处理、软基路段路基填筑控制及软基观测、隧道施工、悬浇梁施工、沥青混凝土路面施工，均由业主单独组织设计单位进行技术交底，确保了施工质量。

(5)加强对监理工程师管理，一方面支持监理工程师严把工程质量关，另一方面督促监理工程师对所有施工环节进行有效控制。

(6)加强招标及合同管理，划分标段科学合理，挑选优秀的施工队伍，审查考核中标队伍的真正实力，清除“挂羊头，卖狗肉”的施工队伍。全线清退了三支已中标但不满足合同要求的施工队伍，其中两支队伍是在进场施工后才清退的，从源头上确保工程质量。

(7)建立业主定期质量检查与不定期质量抽查和巡查制度，对检查发现的质量问题和质量事故隐患，及时通知监理工程师和承包人整改和处理，较大问题进行全线通报。业主共发出全线质量通报16份。

(8)坚持实施质量预警和检查制度，加强对施工过程的控检。业主将桩基无破损检测、路基交验、桥梁荷载试验、隧道衬砌混凝土检测等中间质量控制，统一委托给广东省交通工程质量检测中心和珠海市交通工程质量检测站检测，确保重要工序质量检测的准确性和质量评定的均衡性。对技术性很强、对质量影响起决定性的过程控制工作，业主单独委托有相应专业丰富经验的咨询机构承担。如荷麻溪特大桥的施工监控，沥青路面施工质量监控，软基沉降观测与分析，袋装砂井长度与灌砂率检测等，交由华南理工大学和中山水利水电勘测设计院承担，专业化的质量控制保证了工程质量。

(9)坚持实施奖优罚劣的质量激励机制，开展创建优良工程、树立榜样工程活动，推动全线质量管理水平上台阶。

(二)设计层次的质量管理责任

分解和落实在设计层次的质量管理责任,集中体现为“四个加强”。

1.加强设计协调

总体设计单位把专业化分工设计与总体设计相结合,加强与专业化设计单位之间的协调、沟通,确保每一项专业设计的质量水平,同时又能与其他专业设计相衔接、相融合。全线共有专业化设计单位4家,总体设计单位2家,由于设计工作的协调一致,确保了专业设计质量和总体设计质量。

2.加强变更设计管理

抓好施工图设计的质量,确保设计的准确性、合理性、先进性;尽量减少变更设计内容,对发生的变更设计严格按设计审批程序报批,重大变更设计报广东省交通厅批准。坚持变更设计的及时性、科学合理性、真实性原则,既要满足工程需要,又要满足规范要求,不搞人情、关系变更。

3.加强设计交底

在业主组织下,开工前进行全面的设计交底,及时解答施工单位提出的设计疑问;每一个重要单项工程开工前,进行设计交底,以设计为依据提出具体要求和指标,提醒施工单位重视。

4.加强设计跟踪服务

设计单位常驻的5人设计服务组,经常下工地现场了解设计实施情况,及时掌握和及时处理设计存在问题,及时解答现场提出的设计疑问,对关键工点加强现场指导。

(三)监理层次的质量管理责任

分解和落实到监理层次的质量管理责任如下。

1.加强监理队伍配套建设

全线设江门、珠海段路基桥涵监理机构各1个,路面、交通工程、绿化、房建工程监理机构各1个。全线配置了3人/公里监理工程师,实行专业化分工监理。为了方便监理工程师加强现场管理,全线配置16台汽车,为每个现场监理工程师配置一台轻型摩托车。对监理工程师的办公、驻地建设、通信、试验室等在监理合同中提出明确要求,规范监理工作的硬件建设,改善监理工程师的工作环境,增强监理工程师的凝聚力和责任感。

2.实行“三控两管一协调”的监理工作任务

监理工程师始终把质量放在第一任务,一切为了质量目标落实到位。抓质量坚持以预防为主,始终把事前控制放在监理工作的第一位。严审每个分项工程的开工条件是否满足质量要求,是否进行了认真、详细的技术交底,人、机、料是否满足工程持续、均衡施工的需要,达不到条件的不许开工。施工过程中抓好每一环节的质量控制,对不满足质量要求的,指令及时整改或返工,确保每一分项工程完工检验一次性合格、成优。

3.强化监理程序到位

监理程序是质量保证体系的重要组成部分,是业主对监理工程师的授权,符合项目自身的特点。在施工中严格遵守监理程序,对违反程序施工的,要求承包人返工、全线通报并处以罚款,确保监理程序的执行到位。

4.加强现场监理

监理工作把现场监管放在重中之重,80%的监理人员从事现场监督、管理,加强现场巡视,坚持关键工序全过程旁站,混凝土浇筑、预应力张拉、斜拉索安装、隧道支护、沥青混凝土面层施工等都实施全过程施工旁站。

5.加强试验工作管理

每个总监办设置一个中心试验室,严格按照监理规范要求的频率进行抽检,严格管理、热情指导承包人工地试验室的工作,运用质量检验和试验数据来判别质量的优劣,用数理统计的方法来对质量进行控制，使质量管理科学化。

(四)施工层次的质量管理责任

分解和落实到施工层次的质量管理责任，主要体现为“五个认真”。

1.认真建立健全承包人质量保证体系

承包人要求进场的技术管理人员，其数量、素质均须满足合同要求和施工需要；每个标段都成立以项目经理为第一责任人的质量管理小组；每个分项工程均建立了质量责任卡片，建立健全质量岗位责任制和奖罚制度；对所有技术、质量管理人员，由业主培训并考核合格后才能上岗，质管人员带牌上岗，持证作业，试验人员单独考核上岗，对工人定期组织质量培训和质量教育；在作业班组成立 QC 小组，带动全员、全面质量管理和质量水平的提升；施工质量保证体系健全健康、运行有序、控制有力，确保工程质量管理源头无漏洞。

2.认真制定施工方案

承包人建立内部审查制度，对每个分项工程开工前都认真制定详细的施工方案。对于一般性施工方案，由项目部总工组织技术、质检、施工等方面的人员内部会审通过后，报监理工程师审查批准实施；对重大技术方案，如连续箱梁支架、挂篮方案、隧道方案，交由承包单位总工组织公司技术专家会审通过，报监理工程师审查批准实施；对斜拉桥的施工方案，由承包单位组织专家会审通过后，再由业主组织设计、监理、施工、监控及国内桥梁专家进行方案评审，通过后方能实施该方案。优化方案保质量，以达到事半功倍。

3.认真实施技术交底运行机制

除业主组织的设计交底和重要项目的技术交底外，承包人在每个分项工程开工前，对批准的施工方案、设计图纸、技术规范、操作规程进行施工作业技术交底，对质量标准、技术要求、设计要领做到心中有数。

4.认真落实提高质量的物质保障条件

原材料、半成品、机械设备，是质量保证的物质条件。对影响工程质量的主要材料钢筋、水泥、沥青、预应力钢筋、钢绞线、斜拉索、桥梁伸缩缝、支座、路面面层碎石、袋装砂井袋、土工格栅等，一律由业主组织供应或指定生产厂家，从源头上把好质量第一关。对地方砂石材料，由承包单位、监理单位、业主材料部三级控制把关，不合格材料坚决清退出现场。圆管涵、桥梁预制空心板(30m、25m、20m、16m)、预应力 T 梁(30m、40m)，由两个大型预制标段集中预制，确保构件的质量均衡、稳定。对影响施工质量的机械设备，必须按照中标合同履约，既要满足数量和质量，又要满足施工现场需要。比如：压路机要满足自重 18t 以上的振动压路机，且 1km 不少于 1 台；平地机功率不小于 160kW，且 3km 不少于 1 台，一个路基标段至少要一台；水泥混凝土必须采用集中拌和、水泥混凝土搅拌车运输，拌和机必须不少于 2 台 750kW 强制式搅拌机，且带电子配料装置，每 2 万立方米混凝土必须设置一个搅拌站；袋装砂井的灌砂塔高度必须大于 1/2 井长。沥青混凝土拌和必须是近 3 年出产的 300t/h 的生产量、带 5 个以上冷配料仓的拌和机；每个标段至少配置 2 台自动找平的进口摊铺机，梯队平行摊铺，保持纵向接缝的热接合；沥青混凝土压实设备，保证每个工点两台 16t 以上轮胎压路机及双钢轮振动压路机联合压实作业；结构混凝土外露面模板要采用大块钢模板。这些都为保障工程质量提供了物质条件。

5.认真开展试验检测工作

承包人须组建符合合同要求、满足施工检测需要、通过质检考核合格的工地试验室，配齐合格的试验人员；试验检测操作严守试验规程，试验检测数据严禁弄虚作假，用真实、准确的数据指导施工、监督施工。

通过落实业主、设计、监理、施工四个层次的全面质量管理责任，使江珠高速公路的质量管理水平和实体质量上台阶。尽管本项目是广东省首条由民营企业全额投融资建设与管理的，但整体质量水平保持与省内由政府或国有企业投资和建设的高速公路同起点、同水准，得到了省交通厅、建设厅以及省交通工程建设质量监督站的好评。

第四节　工程创优的得力举措——以点带面

树立样板，以点带面，是我国经济建设事业很传统、很有效的一项管理办法。江珠公司在项目质量管理上，借鉴和运用了这一管理办法，推动了质量管理上台阶。

一、试验工程在每个标段“以点带面”

江珠高速公路全线划分为30多个标段。在施工组织中，江珠公司把每一个标段划作一个单元“面”，每个标段在每一同类分项工程第一次开工前，都要确定一项试验工程作为“点”。试验工程划分为路基、桥涵、路面、交通、绿化工程五大类。通过试验工程的实践，总结“点”上的施工方案的可行性、施工组织的合理性、质量保证措施的有效性、操作工艺的先进性。如果在这些方面都能满足要求，则在本标段的“面”上同类分项工程组织推广应用，并按试验工程的经验实施；如不能完全满足要求，则分析原因，明确对策，再实施一次试验工程，以确保“以点带面”的成功，指导每个标段的规范施工。各标段试验工程的划分，见表3-4-1。

试 验 工 程 划 分　　表3-4-1

工程类别	序号	试验工程内容	工程类别	序号	试验工程内容
路基工程	1	袋装砂井施工，200m路基长度	桥涵工程	18	悬浇梁0号块，一个
	2	砂垫层施工，200m路基长度		19	悬浇梁悬浇块，一对
	3	土工隔栅，200m路基长度		20	斜拉索主塔，一个滑模段
	4	路基填筑(填高1m)，200m路基长度		21	钢筋混凝土防撞墙，20m
	5	真空预压，一个桥头段		22	桥面混凝土整体化层，一跨单幅
	6	圆管涵、箱涵，各一道	路基工程	23	路面各结构层，各200m单幅路基长
	7	挖方段盲沟，以自然挖方段长		24	机电管道(含人手井)，200m路基长
	8	生态水沟(每一形式)，200m路基长	交通工程	25	标志牌(每一类型)，一个
	9	上边坡锚梁防护，一个自然边坡(一级台阶)		26	路面标线，200m路线长
	10	路基交验(挖方、填方)，各200m路基长		27	波形防护栏(每种形式)，100m单边长
桥涵工程	11	桥梁桩基，每一孔径的桩基各一排		28	隔离栅(每种形式)，100m单边长
	12	系梁、承台、桥台，各一个		29	收费岛，1个
	13	立柱、墩身，各一墩	绿化工程	30	路面超高段排水(含横向排水)，100m
	14	盖梁(预应力、非预应力)，各一个		31	中央分隔排水(含横向排水)，100m
	15	预制桥梁空心板(安装)，各种跨径的板各一片(安装1跨)		32	上边坡绿化，一个自然边坡
	16	预制T梁(安装)，各种跨径的梁各一片(安装1跨)		33	下边坡绿化(土、石质路基)，各200m单边路基长
	17	现浇箱梁，一联或一跨			

二、样板工程在全线“以点带面”

江珠公司分别在江门段和珠海段的路基、桥涵、路面、交通、机电、绿化工程所完成的“点”上试验工程中，实行“点”中选优，评选工程质量评分为95分以上的分项工程作为该类分项工程的样板工程，分别在全线的同类工程中大力组织学习推广。

(一)样板工程的划分

全线样板工程的划分,如表 3-4-2 所示。

样 板 工 程 划 分 表 3-4-2

工程类别	序号	样板工程内容	工程类别	序号	样板工程内容
路基工程	1	袋装砂井施工	桥涵工程	13	悬浇箱梁悬浇段
	2	路基填筑(挖方、填方)		14	斜拉桥主塔
	3	圆管涵		15	钢筋混凝土防撞墙
	4	箱涵		16	桥面混凝土整体化层
	5	生态水沟(每种形式)	路面工程	17	路面基层、沥青面层
	6	路基交验		18	路面标线
桥涵工程	7	桥梁桩基	交通工程	19	波形防护栏
	8	桥梁立柱、墩身		20	收费岛
	9	盖梁(预应力)	绿化工程	21	路面超高段排水
	10	20m 空心板预制、安装		22	中央分隔带排水
	11	30mT 梁预制、安装		23	上、下边坡绿化
	12	现浇箱梁			

(二)样板工程的评选条件和标准

江珠公司按照以下八项条件和标准评选样板工程:

(1)开工报告内容齐全,审批手续符合监理程序;

(2)现场施工组织合理;

(3)施工方案切实可行、技术性能先进、施工工艺规范;

(4)质量保证措施具体、可靠;

(5)在日常检查中未发现质量问题;

(6)安全生产有保障,文明施工形象好,施工过程未发现安全问题;

(7)按照分项工程验收标准,对已完成的施工项目中间验收质量评分在 95 分以上;

(8)对于桥梁的灌注桩,经无损检验的结果属Ⅰ类桩;混凝土外露面表面密实、平整、光亮,无蜂窝麻面,颜色均匀一致。

(三)样板工程评选程序和方法

承包人在总结、验收试验工程基础上提交样板工程申报材料→驻地监理核实资料→总监办考核,上报业主→业主组织设计、监理、施工在现场检查施工质量和内业资料→按照评选条件评定出样板工程→业主组织样板工程现场会→颁发奖励,在全线通报学习推广。

样板工程不受名额限制,只要符合条件就授予;不符合条件的,业主与总监办重新确定样板工程培育方案,有目标地组织落实样板工程。

(四)样板工程的奖励

被评为样板工程的分项工程,由业主颁发"样板工程证书",视工程规模给予项目部 1~5 万元奖金,给予项目经理和总工 0.5~1 万元奖金,并行文全线通报表扬,号召各施工单位学习,同时作为新闻媒体宣传报道的窗口。

(五)推广样板工程的成效

江珠高速公路实施试验工程、样板工程的质量管理方案，得到了各参建单位的高度重视、热情参与，认真组织实施，在全线形成了比、学、赶、帮、超，争创样板工程的热潮，作业队伍之间、施工单位之间、总监办之间，都加强了学习交流、取长补短、互不保留、支持帮助。业主和总监办从中加强引导和协调，使样板工程推广活动有声有色，良性循环。

江珠高速公路全线共树立3样板工程48个。江珠分别召开了以下样板工程学习推广现场会议：珠海2标桩基工程；珠海5标立柱、盖梁工程；珠海A标防撞墙和桥面整体化层工程；江门5标箱涵工程；江门2标现浇箱梁工程；珠海5标悬浇箱梁工程；江门8标预制空心板工程；珠海2标主塔、桥墩工程；绿化2标高边坡绿化防护；珠海6标路基交验；路面2标基层施工；路面3标沥青面层、超高段排水项目。榜样的力量是无穷的。通过树立样板，以点带面，全面推动了质量管理水平的提高，整体提升了全线的实体质量水平。

第五节　工程创优的基础工作——档案管理

江珠高速公路作为广东省首条由民营企业独家全额投融资建设的项目，在建设过程中形成了大量重要的科技档案资料。这些档案资料是整个项目从酝酿、决策到建成使用全过程应当归档保存的文件，包括项目的提出、调研、可行性研究、评估、决策、计划、勘测、设计、施工、竣工、使用等工作中形成的文件材料、图纸、图表、计算材料、声像材料等形成与载体的文件材料。对此，江珠公司切实加强档案管理，认真做好这些档案资料的收集、整理和案卷的组卷、编制，最后形成系统、完整、有序的科技档案，既为加强质量管理，优化工程质量，提供了基础性服务；又为建设期搞好成本管理、资金管理、技术创新，提供了重要依据。江珠公司把强化档案管理作为创优质工程的一项基础性工作，采取以下三项得力措施。

一、增强全员档案意识，树立“大档案”新理念

为了使项目档案工作真正跟上高速公路这个创新型行业的步伐，从项目开工伊始，江珠公司就注重抓思想认识，增强领导和各参建单位的档案意识。

(一)增强领导者的档案意识，构建项目档案领导机构

提高江珠公司领导层对档案工作重要性的认识，将档案工作内容纳入领导的岗位责任制，这是档案管理工作顺利进行的前提条件和重要保证。公司领导成员通过学习《档案法》及《关于进一步加强民营企业档案工作的若干意见》等文件，学习国内外、省内外高速公路工程建设在档案管理中正反两方面的经验，深刻认识到：项目档案管理工作贯穿项目建设的全过程，是项目管理的基础和重要组成部分；作为项目建设实践活动产物的项目档案，在项目建设中起着至关重要的作用。强化档案管理，为工程建设提供数据、信息、标准和资料，这是项目决策层正确实施计划、决策、组织、指挥、协调和控制等管理职能的客观依据；是工程建设建立健全正常的施工生产秩序，有效提高工程质量不可或缺的重要手段；形成完整的项目建设档案材料，不仅是项目竣工验收以及今后的使用、管理、养护、改建扩建的需要，而且可为其他高速公路建设项目的档案管理提供借鉴。

基于这样的认识，江珠公司把档案与档案信息的保护管理，视为项目建设管理基础工作，列入公司工作计划，切实抓好档案工作。公司组建了以总工程师为领导的档案工作网络小组，下设信息管理中心，作为专职统筹指导项目建设档案工作的领导机构。

(二)组织学习和宣传，增强员工的档案意识

江珠公司档案工作领导小组和信息管理中心，在公司员工和参建单位中开展对《档案法》的学习和

宣传，逐步增强全员档案意识，让员工理解支持并协助档案管理人员搞好档案工作，要求参建单位主动收集、上交应归档的材料；公开档案管理程序，充分利用OA办公平台、《江珠简报》、公司各种会议、举办讲座等多渠道、多形式，对档案管理进行宣传，加强全员档案法制法规观念。

（三）树立“大档案”新理念，确立档案工作新思路

档案收集工作，是档案管理永恒的主题。无论是江珠公司还是其他参建单位，文件材料的收集归档是档案管理工作的基础。项目建设没有文件材料的收集归档，就没有档案材料的积累；没有档案材料的积累，项目建设档案工作就成了无源之水。

江珠公司从项目建设的实际出发，把档案管理的制度、规范和机制落实到位，实现民营企业档案管理从老板重视到科学管理再到文化管理的良性发展。在项目内部，建立“统一管理，分级负责”的档案工作机制，在参建单位的指导思想上形成“大档案”的新思维，真正把项目建设档案当成是企业的重要资产、企业资信的凭证、企业维护自身合法权益的有力依据，深刻认识加强项目建设档案管理对保护企业自身权益的重要性。进而用这样的思想指导实际的档案工作，把文件材料归档是否齐全、完整、准确，作为衡量档案工作是否有效完成的重要标准，用原始、真实、有效的档案检验企业各部门及负责人的工作能力和业绩，并纳入绩效考核。在项目建设和工程质量管理的各个方面、每个环节，都落实档案管理责任，构建阳光的、公开的、各参建单位监督的档案工作监督机制，形成“有做必有记、有记必有档”的档案管理规范，全方位构建项目建设的档案文化，充分发挥档案管理在项目建设中的作用。

二、提高档案管理人员综合素质，加强档案工作硬件设施建设

江珠公司在实践中体会到，搞好项目建设档案工作，必须狠抓“两个落实”：落实项目公司档案管理人员、参建单位专职档案资料员，落实档案管理工作必不可缺的硬件设施，其具体做法如下。

（一）构建档案管理工作网络，落实档案人员配置

江珠公司构建的档案管理工作网络，如图3-5-1所示。

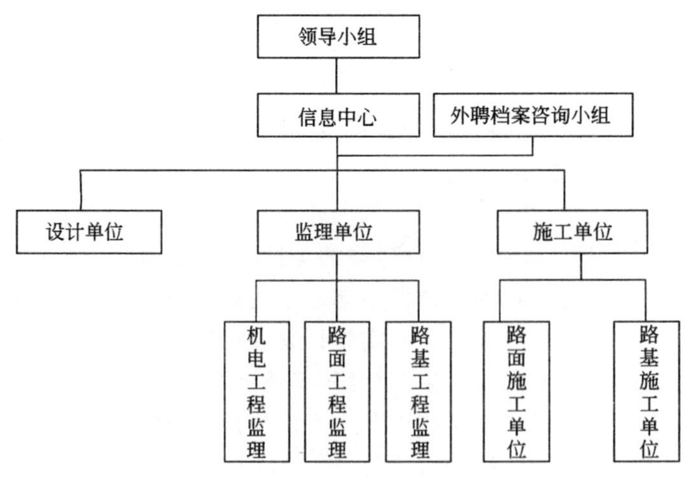

图3-5-1　档案管理工作网络

在江珠公司，档案管理领导小组由项目总工程师负责，信息中心配备2名专职管理人员；在参建的设计、监理、施工单位，专职档案资料员共配备30多人，做到上下联网、人员落实、专人负责。

江珠公司招聘了四名有经验、且业务工作熟练的人员，专职管理档案，指导和培训各级档案资料员，负责运作项目建设档案工作网络，收集和完善项目档案材料。

(二)加强档案业务培训,提高档案管理人员的综合素质

在组织落实、人员落实的基础上,江珠公司一方面组织档案管理人员虚心向省内高速公路项目业主公司学习档案管理工作经验;另一方面,又因地制宜,采用多种形式和方法,组织业务培训,举办地点近、时间短、操作性和针对性强的各类培训班,多次邀请广东省档案局和广东省交通厅信息中心领导和专家,对全线30多个参建单位的档案资料员进行系统培训,提高专职档案人员的基本素质和技能,为档案管理打下良好基础。

在江珠公司招聘的四名高素质档案管理人员的悉心指导下,各参建单位的档案资料员认清了高速公路档案工作的内涵,弄明白在项目建设中哪些方面资料的收集和管理要提高到档案管理层面上来;能够按照档案管理工作程序和规范要求开展档案工作,把本单位在工程建设中形成的主体档案资料比较齐全、完整地收集起来,及时归档,保证案卷质量,使之免于遭到人为和自然因素的破坏,保护档案的实体安全和信息安全。通过档案可以真实和系统地看到本单位工程建设各项工作活动的记载,看到工程质量的优化和管理,看到新型技术和材料的使用,看到在现代企业制度下的企业管理和项目管理。在此基础上,公司有的素质较高档案管理人员,还开展了档案管理的研究工作,总结档案建设经验,注意学习和运用现代科技理论指导档案工作,使档案管理与项目建设同步。

(三)配备档案管理的必要硬件

江珠公司在指导思想上明确认识档案工作是一项立足现实、面向未来的事业,必须树立长远的观念,把项目档案工作与现代科技发展和公路部门的长期发展紧密联系起来。为此,江珠公司配备了计算机等现代档案管理手段,把扫描仪、声像等设备运用到档案管理中来,为档案管理人员开创新的档案管理提供条件,使他们在立卷、归档等实际操作过程中创新工作方式方法,推进了档案、信息、图书、资料一体化管理和动态化管理,实现了民营企业档案管理信息化和企业信息资源利用的最大化,满足企业和工程管理对档案工作的要求和需要。

三、加强档案管理的机制建设,发挥好档案资料的作用

在江珠公司,加强档案管理的机制建设与发挥好档案资料的作用,是互相联系、互相促进、互为因果的统一体。

(一)保持档案人员的相对稳定,建立健全档案管理制度

档案管理是一项系统的基础工作,贯穿于项目建设始终。在民营企业中,一个项目的档案工作从实施到完工可能几易其人,如果按传统习惯只靠几个兼职档案员,要做好民营企业档案管理是很难的。人员流动频繁,使得项目建设档案难度和管理成本增大,直接危及档案管理的延续性和执行力,对项目建设档案从库藏数量的递增到内在质量的有效控制都是一种挑战,面临着档案工作是否能可持续的问题。为此,江珠公司配置了既具有档案管理专业知识和相关能力,又熟悉公司情况的档案管理专业人员,能对公司档案的形成、整理、编目、鉴定、保管、统计、检索和利用等进行有效管理,发挥企业档案资料库的职业储备功能,为公司的日常管理活动服务,同时也有助于企业档案管理战略规划的实施。江珠公司还要求各参建单位务必要保持档案资料员的相对稳定。与此同时,建立了项目档案收集、保管和利用制度,着重规定统一的整理标准和有效的档案收集积累控制措施,严格项目建设各类文件材料特别是重点工程、关键工序和部位的归档范围、归档时间、归档质量标准和手续,对涉及内容保密的档案严格规定保密保管利用的要求,逐步实现档案管理的规范化和标准化,使之在档案管理中分工明确,责任清楚,环环相扣,互相衔接,实现对文件资料的有效控制,保证文件资料的完整、准确和齐全。例如在合同、招标档案资料的归档整理中,按规范要求归档整理,使存档具备原始的、直接的、完整的法律证据作用,避免档案资料不全或流失的情况发生。

(二)注重对质量原始记录的统计分析,从中掌握质量动态

江珠公司在全线建立健全质量原始记录,从材料进场、加工料转工序、工序完工直至质量缺陷的返工和处理,都要做记录和凭证,并由签证人员签证认可。原始资料记录定期汇总入档,据此作出质量变化的原因分析报告,找出影响工序能力和工程质量的主导因素;通过对技术规范、工序能力、操作情况、质量记录等资料的分析,找出质量问题的原因和责任,进而在质量的统计分析中比较准确地掌握质量动态,能动指导工程建设。

(三)注重合同档案的动态管理,提高企业档案的管理质量

在法制逐步健全的市场经济条件下,合同的作用直观重要,它是约束合作各方强有力的法律依据和纽带,有了合同就有了工作的主动权和法律保障。江珠公司在项目实施中将合同管理纳入档案管理,注意在合同、协议中设立有关档案的专门条款,规定提交项目档案资料的责任人、期限(或约定提供的日期和份数)、质量要求、费用以及其他协作条件等条款,以取得档案工作的主动权,保证项目档案的完整、准确和系统,为保障公司权益和化解纠纷提供了依据。

江珠公司将档案工作和项目实施同时纳入程序管理,与项目实施建设的各阶段同步进行,使档案工作做到“源头管理、同步管理、全程管理”。这就是说,从项目立项开始,建档工作随即启动,着重做好项目文件的收集工作,从源头开始就抓好项目档案的基础工作,把项目档案的事后整理从末端移到前端;项目文件的收集、整理、归档和项目档案的验收,与项目的立项准备、规划设计、实施建设和竣工验收同步进行;档案工作始终贯穿于项目档案管理每一个工作环节,形成首尾相接、全程控制的动态管理记录体系。

(四)发挥档案工作在项目建设中的基础性作用

档案工作在保障江珠公司项目建设的正常开展,辅助公司发展决策,加强基础管理,提高公司效益,丰富公司文化,提升公司信誉度和维护公司权益,处理危机事项和纠纷等,都发挥了基础性积极作用。在项目建设中,公司领导层树立档案管理思路和模式,把档案管理和公司管理紧紧的联系在一起:决策——用档案谋划战略;管理——用档案构建网络和提高管理水平;应诉——用档案提供法律依据。江珠公司根据项目建设和企业的不同情况,对档案工作及其利用提出了不同层次的要求,发挥了档案工作在项目建设和企业生存发展中的基础性作用。

·第四章·

荷麻溪特大桥质量内控机制

荷麻溪特大桥在主线里程 K26＋830 处，跨越珠江三角洲西江水系南端靠近入海处的荷麻溪水道。特大桥主桥为(125＋230＋125)m 预应力混凝土部分斜拉桥，引桥为 30m 预应力混凝土简支 T 梁和 20m 先张预应力混凝土宽幅空心板梁，桥梁全长 1 895m，部分斜拉桥主跨长度居目前全国同类桥型的首位。

开工伊始，江珠公司明确提出荷麻溪特大桥工程“确保省优，力争国优”的创优质工程目标。为此，大桥施工单位——中铁十五局集团江珠荷麻溪特大桥项目部，制订了“创优规划”；大桥监理单位——广东翔飞监理单位总监办制订了“创优计划”。在此实践基础上，项目业主江珠公司组织大桥施工和监理单位认真借鉴广东西部沿海高速公路新会段崖门特大桥的经验，将荷麻溪特大桥“创优规划”和“创优计划”加以升华，将各项技术指标进一步量化和细化，形成了一个高于行业规范要求的企业质量控制标准，规范和指导荷麻溪特大桥“确保省优，力争国优”实践活动的开展，实现如下的具体质量目标：所有分项工程一次检验合格率 100%，优良率 95%以上；分部工程优良率 98%以上，单位工程优良率 100%；构造物表面光洁、桥面平整、线形顺适、环境美观；项目总评分优良。

第一节　质量内控机制的技术标准和基本要求

一、主要技术标准

按照江珠高速公路施工图设计的规范要求，荷麻溪特大桥的质量内控机制，必须确保达到以下 11 项主要技术标准。

(1)公路等级：双向四车道高速公路。

(2)计算行车速度：120km/h。

(3)荷载等级：汽车超-20 级，挂车-120。

(4)桥面宽度：2×(0.4＋12.0＋0.4)m＝2×12.8m，中缝宽度 0.4～2.7m，对应桥面全宽为 26.0～28.3m。

(5)风荷载：基本风压 1 200Pa。

(6)地震：地震基本烈度 VII。

(7)最高通航水位：采用 20 年一遇水位，最高通航水位 3.09m。

(8)通航要求：荷麻溪所属的虎跳门水道为国家 I 级航道，主孔通航 3 000t 级海轮，净宽不小于 180m，通航净空不小于 22m，上底宽不小于 150m，侧高不小于 8m。

(9)桥梁纵坡：≤3.5%；横坡：2%。

(10)与横坑大桥相交处桥梁净空：大于 5.0m。

(11)与江乾公路相交处桥梁净空：大于 5.0m。

二、基本要求

为达到上述11项主要技术标准，实现既定的质量目标，荷麻溪特大桥的质量内控机制的运作，必须达到以下9项基本要求。

(1)在业主指导和管理监督下，以大桥施工单位“创优规划”和监理单位“创优计划”为基础构建的质量内控机制，科学制订了大桥工程严格质量要求、操作、监督、检查、控制和验收的内控统一标准。施工过程中必须始终如一地严格贯彻、认真执行。

(2)荷麻溪特大桥质量内控机制，以江珠高速公路施工招标文件中的技术规范、《公路桥涵施工技术规范》(JTJ 041—2000)以及当时实行的《公路工程质量检验评定标准》(JTJ 071—98)(后简称《评定标准》)为依据，借鉴常见质量通病以及现行有效的根治措施、做法，本着预防为主，根治质量通病，不断改进质量的原则，并通过质量内控机制的有效运行，确保提高大桥施工工艺技术水平，做到开工必优，一次成优，单位工程和整体工程创优。

(3)大桥施工必须符合批准的设计文件；工程材料、构(配)件和设备的质量必须符合设计要求，采购及检验试验资料的出厂合格证齐全、标识正确。

(4)单项工程内实外美，混凝土圬工不修、不补、不装饰，表面光洁，接缝整齐划一，颜色一致，棱角清晰。

(5)各种质量保证资料(记录)完整、有效，按要求及时编制竣工文件。

(6)项目质量管理高起点、高标准、严要求，质量保证体系完善健全运行正常，大桥质量实行全过程控制、全方位努力，强化“确保省优，力争国优”的工作力度。坚决调离或撤换个别质量意识差、管理松懈、我行我素的人员，着力防范干出粗劣工程。

(7)注重和加强外部劳务工程质量管理，坚持“以我为主，查、清、育、管”的原则，坚决消除“以包代管”或“包而不管”。

(8)总测项目。荷麻溪特大桥总体质量控制的实测项目见表4-1-1。

荷麻溪特大桥总测项目 表4-1-1

项次	检查项目		规定值或允许偏差	内控标准	检查方法和频率	规定分
1	桥梁中线偏差(mm)		10	10	用经纬仪检查3～8处	20
2	桥宽(mm)	行车道	±10	±5	用钢尺量每孔3～5处	25
3	桥长(mm)		+300,−100	+200,−100	用测距仪检查	15
4	引道中心线与桥梁中心线的衔接(mm)		±20	±15	分别将引道中心线和桥梁中心线延长至两岸桥长端部，比较其平面位置	20
5	桥头高程衔接(mm)		±3	±2	用水准仪测量	20

(9)外观鉴定。①车辆通过桥头搭板时不存在跳车现象，不符合要求时减3～5分；②踏步顺直，与边坡一致，不符合要求时减1～2分；③桥梁的内外轮廓线条顺滑清晰，不符合要求时减1～3分。

第二节 引桥质量控制

荷麻溪特大桥引桥，为30m预应力混凝土简易T梁和20m先张预应力混凝土宽幅空心板梁，采用桥面连续构造。江门段侧引桥桥面宽度均为28.3m；珠海段侧引桥因受下穿横坑大桥的影响，桥面宽度则由28.3m渐变为26.0m。

一、引桥设计要点

(一)引桥下部结构

1. 桥墩

(1)引桥桥墩采用整体三柱式墩。墩柱横向间距根据桥面宽度确定，30m 桥跨时墩柱直径采用 ϕ1.2m。

(2)墩顶设有盖梁，盖梁顶面横坡与桥面横坡相适应。由于盖梁跨度较大，采用预应力混凝土结构。

(3)钻孔灌注桩基础，按摩擦桩设计，30m 跨桩头最大反力为 7 900kN，最大桩长为 64m；20m 跨桩头最大反力为 4800kN，最大桩长为 51m。

2. 桥台

(1)桥台采用坐板式结构，横向分幅设置。

(2)台帽为钢筋混凝土结构。

(3)钻孔灌注桩基础，按摩擦桩设计，最大桩长为 38m，桩头最大反力为 2 700kN。

(二)引桥上部结构

1. 30m 预应力混凝土 T 梁

(1)30m 预制 T 梁高 2.0m，预制部分中梁和边梁的宽度分别为 2.0m 和 2.2m。T 梁横向布置间距 2.6m，横桥向共布置 10 片 T 梁。

(2)预制 T 梁顶面设有 9cm 混凝土整体现浇层。T 梁采用 4 孔一联的桥面连续结构。

2. 20m 先张预应力混凝土宽幅空心板

(1)20m 预制空心板梁梁高 0.9m，梁长为 19.94m，计算跨度为 19.24m。横向布置间距 1.5m，横桥向共布置 16 片空心板梁。

(2)预制空心板梁顶面设有 9cm 混凝土整体现浇层。空心板梁采用 4 孔或 3 孔一联的桥面连续结构。

二、钢筋加工安装及钢筋网的质量控制

(一)基本要求

(1)钢筋、钢筋连接器(或套筒)、焊条品种规格和技术性能应符合国家现行标准规定和设计要求，并对其进行抽检。

(2)冷拉钢筋的机械性能须符合规范要求，钢筋顺直，无局部弯折，成盘的和弯曲的钢筋均应调直。

(3)钢筋接头双面焊接的长度不应小于 $5d$，单面焊接的长度不应小于 $10d$。

(4)钢筋两接头间距离不小于 1.3 倍搭接长度，当主钢筋为绑扎接头时，其接头的截面面积占总截面面积在受拉区不超过 25%，在受压区不超过 50%。当主钢筋为焊接接头时，在受拉区不超过 50%。

(5)受力钢筋端部设置的弯钩，其形式和尺寸须满足规范和设计要求。

(6)有关钢筋锚固(预埋长度)须满足规范和设计要求。

(7)钢筋骨架和钢筋网须具有足够的刚度和稳定性。

(8)钢筋加工、安装及钢筋网的允许偏差和质量标准，须遵循规范的有关规定。

(二)实测项目

钢筋加工安装及钢筋网实测项目见表 4-2-1 和表 4-2-2。

钢筋加工及安装实测项目　　表 4-2-1

<table>
<tr><th>项次</th><th colspan="3">检测项目</th><th>规定值或允许偏差</th><th>内控标准</th><th>检查方法和频率</th><th>规定分</th></tr>
<tr><td rowspan="4">1</td><td rowspan="4">受力钢筋间距(mm)</td><td colspan="2">两排以上排距</td><td>±5</td><td>±3</td><td rowspan="4">每构件检查 2 个断面,用尺量</td><td rowspan="4">30</td></tr>
<tr><td rowspan="2">同排</td><td>梁板、拱肋</td><td>±10</td><td>±7</td></tr>
<tr><td>基础、墩台、柱、锚碇</td><td>±20</td><td>±15</td></tr>
<tr><td colspan="2">灌注桩</td><td>±20</td><td>±17</td></tr>
<tr><td>2</td><td colspan="3">箍筋、横向水平筋、螺旋筋间距(mm)</td><td>+0,−20</td><td>−15</td><td>每构件检查 5～10 个间距</td><td>15(25)</td></tr>
<tr><td>3</td><td colspan="3">弯起钢筋位置(mm)</td><td>±20</td><td>±10</td><td>每骨架检查 30%</td><td>20(0)</td></tr>
<tr><td rowspan="2">4</td><td rowspan="2">钢筋骨架尺寸(mm)</td><td colspan="2">长</td><td>±10</td><td>±6</td><td rowspan="2">按骨架总数 30%抽查</td><td rowspan="2">20(25)</td></tr>
<tr><td colspan="2">宽、高或直径</td><td>±5</td><td>±3</td></tr>
<tr><td rowspan="3">5</td><td rowspan="3">保护层厚度(mm)</td><td colspan="2">柱、梁、拱肋</td><td>±5</td><td>±3</td><td rowspan="3">每构件沿模板周边检查 8 处</td><td rowspan="3">15(25)</td></tr>
<tr><td colspan="2">基础、墩台、锚碇</td><td>±10</td><td>±5</td></tr>
<tr><td colspan="2">板</td><td>±3</td><td>±3</td></tr>
</table>

注:不设弯起筋时,可按括弧内规定分评定。

钢筋网实测项目　　表 4-2-2

项次	检查项目	规定值或允许偏差	内控标准	检查方法和频率	规定分
1	网的长、宽(mm)	±10	±7	用尺量	35
2	网眼尺寸(mm)	±10	±7	用尺量,检查三个网眼	35
3	对角线差(mm)	10	7	用尺量,检查三个网眼对角线	30

(三)外观鉴定

(1)外观鉴定:钢筋表面无铁锈及焊渣,不符合要求时减 3～5 分。

(2)多层钢筋网须有足够的钢筋支撑,保证骨架的施工刚度。不符合要求时减 1～3 分。

三、钻孔灌注桩的质量控制

(一)基本要求

(1)孔径和孔深必须符合要求。

(2)钻孔时泥浆指标须控制在比重 1.2 以下,黏度 20～25s,含砂率<4%,失水率 10mL/s,泥皮厚 2cm,从而使泥浆性能稳定,沉淀时间慢,护壁好,成孔质量高。

(3)清孔方式有条件时,须采用气举式反循环清孔(沉渣厚不大于 5cm),清孔的泥浆比重不大于 1.2。

(4)成孔后须测量孔径、孔深、孔位、倾斜度和沉淀层厚度等指标。在确认满足时上述要求后,才能灌注水下混凝土。

(5)所用的水泥、砂、石、水、粉煤灰及添加剂的质量规格,须符合有关规范的要求,并按规定的配合比施工。

(6)灌注桩孔位中心以钢筋笼中心为准,钻孔顶面中心允许偏差±5cm,倾斜率不大于 1/200。群桩中心与设计中心的允许偏差为±10cm。钻孔直径大于或等于设计直径。

(7)水下混凝土须连续灌注。

(8)钢筋笼不得上浮,嵌入承台的锚固钢筋长度不得低于规范规定的最小锚固长度要求。

(9)按施工规范的要求,对有代表性的桩、对质量有怀疑以及因灌注故障处理过的桩,须采用无破损

法检测桩的质量。重要工程或重要部位的桩，须逐根进行无破损检测或钻取芯样。

(10)桩的无破损检测结果须经设计单位确认。

(11)凿除桩头混凝土后，无残余的松散混凝土。

(二)实测项目

挖孔浇筑桩的实测项目，见表 4-2-3。

钻孔灌注桩实测项目　　表 4-2-3

项次	检查项目		规定值或允许偏差	内控标准	检查方法和频率	规定分
1	混凝土强度(MPa)		在合同标准内	在合同标准内	按附录 D 检查	35
2	桩位(mm)	群桩	100	60	有经纬仪检查纵、横方向	15
		排架桩	50	30		
3	钻孔倾斜度		1%	0.5%	查灌注前记录	20
4	沉淀厚度(mm)	摩擦桩	符合设计要求	符合设计要求	查灌注前记录	20
		支撑桩	不大于设计规定	—		
5	钢筋骨架底面(mm)		±50	±30	用水准仪测量	10

(三)外观鉴定

需嵌入承台内的混凝土桩头及锚固钢筋长度应符合设计要求，不符合时减 1～3 分。无破损检测桩的质量有缺陷，但经设计单位确认满足设计要求时，应减 3 分。

四、梁(板)浇筑及架设的质量控制

(一)基本要求

(1)混凝土用料及配合比须符合钢筋混凝土的一般规定，可掺入适量的外加剂，但不得掺入氯化钙、氯化钠等氯盐及引气剂，亦不宜掺用引气型减水剂。

(2)浇筑混凝土时，须避免振动器碰撞波纹管、预埋件等。须经常注意检查模板、管道、锚固端钢板及支座预埋件等，以保证其位置及尺寸符合设计要求。

(3)预制台座应坚固，无沉陷，采用大块钢模板做底模，保证底模挠度不大于 2mm。

(4)预制梁、板的架设，按设计规定实施。

(二)实测项目

梁(板)浇筑及架设的实测项目，见表 4-2-4、表 4-2-5 和表 4-2-6。

就地浇筑梁(板)实测项目　　表 4-2-4

项次	检查项目	规定值或允许偏差	内控标准	检查方法	规定分
1	混凝土强度(MPa)	在合格标准内	在合格标准内	按《评定标准》附录 D 检查	35
2	断面尺寸(mm)	+8，−5	+5，−5	检查 3 个断面	15(10)
3	长度(mm)	+0，−10	0，−5	用尺量	20
4	轴线偏位(mm)	8	5	用经纬仪测量 3 处	15
5	平整度(mm)	5	3	用 2m 直尺检查	5
6	支座板平面高差(mm)	2	2	查浇筑前记录	10
7	预埋件(钢筋)位置(mm)	10	10	用尺量	(5)

注：有预埋件时，按括弧内规定分评定。

预制梁(板)实测项目 表 4-2-5

项次	检查项目		规定值或允许偏差	内控标准	检查方法和频率	规定分
1	混凝土强度(MPa)		在合格标准内	在合格标准内	按附录 D 检查	35
2	梁(板)长度(mm)		+5,−10	+0,−5	用尺量	15
3	宽度(mm)	干接缝(梁翼缘、板)	±10	±8	用尺量 3 处	15
		湿接缝(梁翼缘、板)	±20	±12		
		箱板顶宽	±30	±15		
		腹板或梁肋	+10;−0	+7,−0		
4	高度(mm)	梁、板	±5	±3	用尺量 2 处	15(20)
		箱梁	+0,−5	+0,−3		
5	跨径(支座中心至支座中心)(mm)		±20	±16	用尺量	5
6	支座表面平整度(mm)		2	1	查浇筑前记录	5
7	平整度(mm)		5	3	用 2m 直尺检测	5
8	横系梁及预埋件位置		5	3	用尺量	5(0)

注:无预埋件时,按括弧内规定评定。

梁(板)安装实测项目 表 4-2-6

项次	检查项目		规定值或允许偏差	内控标准	检查方法和频率	规定分
1	支座中心偏位(mm)	梁	5	3	用尺量,每孔抽查 4~6 个支座	50(60)
		板	10	5		
2	竖直度		1.2%	1%	吊垂线,每孔 2 片梁	20(0)
3	梁、板顶面纵向高程(mm)		+8,−5	+5,−3	用水准仪抽查,每孔 2 片,每片 3 点	30(40)

(三)外观鉴定

(1)混凝土表面平整,施工缝平顺。不符合要求时每处减 2 分。

(2)混凝土蜂窝麻面的面积,不得超过该表面积的 0.5%,深度不超过 10mm。不符合要求时,每超过 0.5%每减 5 分。

(3)混凝土表面出现非受力裂缝,减 1~3 分。缝宽超过 0.15mm 者必须处理。

(4)封锚混凝土须留密实、平整。不符合要求时每条缝减 2 分。

(5)梁、板的填缝须平整密实。不符合要求时每条缝减 2 分。

五、预应力筋的加工和张拉的质量控制

(一)基本要求

(1)预应力的各项技术性能,必须符合国家现行标准规定和设计要求。

(2)预应力钢丝束应梳理顺直,不得有缠丝、扭麻花现象。

(3)同一截预应力筋接头面积,不超过预应力筋总面积的 25%,接头质量须满足施工规范的要求。

(4)预应力钢丝采用镦头锚时，镦头须头形圆整，不得有斜歪或破裂现象。

(5)孔道压浆的水泥浆强度须符合设计要求，压浆时排气孔、排水孔应有水泥浓浆溢出。

(6)单根钢绞线不允许断丝；锈蚀严重的以及被焊点烧伤或被划伤的预应力筋不得使用。

(7)预应力锚具和连接器的张拉力须符合设计要求，并经检验。钢绞线的破断强度和弹性模量，须进行检验。

(8)应对钢筋冷拉、预应力钢材编束、孔道预留、施工预应力、孔道压浆等项目进行施工检验。

(9)张拉机具须与锚具配套使用，事先应进行检查和校验，千斤顶与压力表应配套校验，以确定张拉力与压力表读数之间的关系曲线。

(10)预应力张拉，严格按设计规定工艺及流程施工，预应力的张拉应由张拉力和延伸量双控。梁的张拉龄期与强度须符合设计要求。

(11)制孔管道须安装牢固，拼凑密合，弯曲圆顺。锚垫板平面须与孔道轴线垂直。

(12)所有张拉记录及各工序施工质量检验，均经施工单位报监理单位检审签认后，方可实施下道工序。

(13)压浆前须将孔道冲洗洁净，积水排尽，压浆工作按施工规范要求进行。排气孔、排水孔应有水泥浓浆溢出。压浆的水泥浆强度须符合设计要求并保证密实。

(14)封锚混凝土的强度等级应符合设计规定，外露金属锚具须防锈处理。

(15)对进浆口低于出浆口的管道压浆时，严禁浆液回流，压浆工艺须报监理审查。

(16)水泥浆应和易性好，但其水灰比不大于0.4，泌水率最大不超过4%，拌和后4h泌水率宜控制在2%，24h后泌水应全部被浆吸回。

(二)实测项目

预应力筋的加工和张拉的实测项目，见表4-2-7、表4-2-8和表4-2-9。

钢丝、钢绞线先张法实测项目　　表4-2-7

项次	检查项目		规定值或允许偏差	内控标准	检查方法和频率	规定分
1	镦头钢丝同束长度相对差(mm)	束长>20m	L/5000及5	5	每批抽查2束	20
		束长6～20m	L/3000	L/4000		
		束长<6m	2	2		
2	张拉应力值		符合设计要求	符合设计要求	查张拉记录	35
3	张拉伸长率		±6%	±6%	查张拉记录	15
4	同一构件内断丝根数不超过钢丝总数的百分数		1%	1%	查张拉记录	30

注：L为钢丝长度。

粗钢筋先张法实测项目　　表4-2-8

项次	检查项目	规定值或允许偏差	内控标准	检查方法和频率	规定分
1	冷拉钢筋接头在同一平面内的轴线偏位(mm)	2及1/10直径	2	抽查30%	30
2	中心偏位(mm)	4%短边及5	3	用尺量	15
3	张拉应力值(mm)	符合设计要求	符合设计	查张拉记录	35
4	张拉伸长率	±6%	±6%	查张拉记录	20

后张法实测项目 表 4-2-9

项次	检查项目		规定值或允许偏差	内控标准	检查方法和频率	规定分
1	管道坐标(mm)	梁长方向	30	20	抽查 30%，每根查 10 个点	15
		梁高方向	10	6		
2	管道间距	同排	10	6	抽查 30%，每根查 5 个点	20
		上下层	10	6		
3	张拉应力值		符合设计要求	符合设计要求	查张拉记录	30
4	张拉伸长率		±6%	±6%	查张拉记录	15
5	断丝滑丝数	钢束	每束 1 根，且每断面不超过钢丝总数的 1%	不允许	查张拉记录	30
		钢筋	不允许	不允许		

第三节 主桥质量控制

荷麻溪特大桥的主桥为 125m+230m+125m 预应力混凝土部分斜拉桥，但由于主桥及索面布置的需要，主桥范围内桥面宽度由 26m 加宽至 28.3m。

一、主桥设计要点

(一)主桥上部结构

(1)主桥、主墩、主塔采用固结形式，边墩除设置竖向支座外，另设横向限位挡块。

(2)主梁为预应力混凝土结构，采用变高度单箱三室截面。主梁零号块长度为 18m，标准阶段长度为 4m，全桥共设 3 个合龙段，其长度均为 2m，悬臂施工的节段最大质量为 290t。

(3)主桥采用三向预应力体系，按全预应力构件设计。

(4)主塔布置在中央分割带上，采用钢筋混凝土结构，截面为双圆构成的哑铃形截面，塔高 39.0m，顺桥向宽 5.0m，横桥向宽 2.5m，圆柱直径为 ϕ2.5m。斜拉索在塔顶的锚固采用双钢管鞍座结构。

(5)斜拉索为单索面，布置在中央分隔带上。塔根附近无索区长度为 44.0m，梁上索距 4.0m，塔上索距 0.8m。拉索采用双排索，单根最大索力控制在 5 700kN。全桥共 64 对。斜拉索，采用高强度环氧喷涂钢绞线，并设有防腐措施。

(6)斜拉索由厂方按设计要求提供成品，并由厂方控制斜拉索制备质量。

(二)主桥下部构造

1. 主墩及基础

(1)主墩采用墩梁固结，实体薄壁墩结构形式，宽 15.0m，壁厚 1.2m。墩高约 20m。

(2)主墩承台为混凝土结构，承台的顶面高程采用 3.50m，略高于最高通航水位(3.09m)。

(3)钻孔灌注桩基础，每墩设 24 根桩，按行列式布置，桩径 ϕ1.8m。按摩擦桩设计，最大桩长 88m，桩头最大反力 16 000kN。

2. 边墩及基础

(1)主桥边墩为主桥与引桥的过渡墩，采用整体式空心墩结构形式。墩顶帽梁高度为 391.7cm，宽度为 2.3m。

(2)承台为钢筋混凝土构件，平面为矩形截面，承台厚度 2.8m。

(3)钻孔灌注桩基础，每墩设 10 根桩，按摩擦桩设计，桩头最大反力 6 000kN，桩长为 44.0m。

二、混凝土基础、承台与系梁混凝土浇筑的质量控制

(一)基本要求

(1)所用的水泥、砂、石、水、粉煤灰及添加剂的质量规格,须符合有关规范的要求。按规定的配合比施工。

(2)混凝土基础的地基承载力须满足设计要求,严禁超挖回填虚土。

(3)水下混凝土封底时,须布设足够导管,保证封底混凝土的供应,全部连续一次完成,导管埋入混凝土的深度应不小于 0.5m。封底过程中箱内水位上涨应有排水措施,箱内与箱外水面允许高差+20cm～0cm,需要导管重新移位安装时,不得超过混凝土初凝时间。

(4)浇筑混凝土前,模板须堵塞严密,不得有缝隙。

(5)不得出现露筋和空洞现象。

(6)主墩承台混凝土要选用低热的水泥,禁止使用新出炉的水泥。

(7)分层浇筑时,分层若在同层则须设剪力企口,分层之间的施工缝须凿毛、冲洗,并注意接缝钢筋的可靠连接。

(8)嵌入承台内的混凝土桩头及受力钢筋数量和锚固长度,必须符合设计要求。

(9)浇筑混凝土时,须严格按有关施工规范、规程或经监理批准的工艺流程和具体方案进行操作;不得造成钢筋骨架、冷却管、预埋件的变形位移。

(二)实测项目

混凝土基础、承台与混凝土的质量控制,见表 4-3-1 和表 4-3-2。

混凝土基础实测项目　　表 4-3-1

项次	检查项目		规定值或允许偏差	内控标准	检查方法和频率	规定分
1	混凝土强度(MPa)		在合格标准内	在合格标准内	按《评定标准》附录 D 检查	35
2	平面尺寸(mm)		±50	±30	用尺量长、宽各 3 处	20
3	基础底面高程(mm)	土质	±50	±30	用水准仪测 5～8 点	10
		石质	+50,－100			
4	基础顶面高程(mm)		±30	±20	用水准仪测 5～8 点	15
5	轴线偏位		25	20	用经纬仪测量纵横各 2 点	20

承 台 实 测 项 目　　表 4-3-2

项次	检查项目	规定值或允许偏差	内控标准	检查方法和频率	规定分
1	混凝土强度(MPa)	在合格标准内	在合格标准内	按附录 D 检查	35
2	尺寸(mm)	±30	±20	用尺量长、宽、高各 2 点	20
3	顶面高程(mm)	±20	±16	用水准仪测量	20
4	轴线偏位(mm)	15	10	用经纬仪测量纵横各 2 点	25

(三)外观鉴定

(1)混凝土表面平整,施工缝平顺。不符合要求时每处减 2 分。

(2)混凝土蜂窝麻面面积不得超过该表面面积的0.5%,深度不超过10mm。不符合要求时每超过0.5%减5分。

(3)混凝土表面出现非受力裂缝,减1～3分。缝宽超过0.15mm者必须加以处理。

三、墩台身、盖梁混凝土浇筑的质量控制

(一)基本要求

(1)所用的水泥、砂、石、水、粉煤灰及添加剂的质量规格必须符合有关规范的要求。

(2)混凝土必须采用机械拌和。

(3)必须采用大块模板形,要有足够刚度,表面光滑。

(4)浇筑混凝土前,模板如有缝隙,应填塞严密。

(5)不得出现露筋和空洞现象。

(6)连接钢筋数量和锚固长度,必须符合设计要求。

(7)分段浇筑时,段与段之间不得有错台。

(8)预埋件必须进行防锈处理,竣工后不容许钢件永久外露。

(9)每一整体结构的浇筑须连续进行,若因故中途停工,须按施工缝处理。

(二)实测项目

墩面身、盖梁混凝土的质量控制,见表4-3-3、表4-3-4和表4-3-5。

台身实测项目　　表4-3-3

项次	检查项目	规定值或允许偏差	内控标准	检查方法和频率	规定分
1	混凝土强度(MPa)	在合格标准内	在合格标准内	按附录D检查	35
2	断面尺寸(mm)	±20	±10	检查3个断面	15
3	竖直度或斜度(mm)	0.3%H且不大于20	0.2%H且不大于10	用垂线或经纬仪测量2点	10(15)
4	顶面高程(mm)	±10	±5	用水准仪测量3处	15
5	轴线偏位(mm)	10	6	用经纬仪测量纵、横各2点	15
6	大面积平整度(mm)	5	3	用2m直尺检查	5
7	预埋件位置(mm)	10	6	用尺量	5(0)

注:①H为墩、台深高度;

②无预埋件时按括号内规定分评定。

柱或薄壁墩实测项目　　表4-3-4

项次	检查项目	规定值或允许偏差	内控标准	检查方法和频率	规定分
1	混凝土强度(MPa)	在合格标准内	在合格标准内	按附录D检查	35
2	相邻间距(mm)	±15	±8	用尺量或测距仪测量(顶、中底)3处	10
3	竖直度(mm)	0.3%H且不大于20	0.2%H且不大于15	用垂线或经纬仪,每柱纵、横各检查2点	15
4	柱(墩)顶高程(mm)	±10	±5	用水准仪测量	10
5	轴线偏位(mm)	10	5	用经纬仪定出轴线检查4处	20
6	断面尺寸(mm)	±15	±10	检查3个断面	10

墩、台帽或盖梁实测项目　　表 4-3-5

<table>
<tr><th>项次</th><th colspan="2">检查项目</th><th>规定值或允许偏差</th><th>内控标准</th><th>检查方法和频率</th><th>规定分</th></tr>
<tr><td>1</td><td colspan="2">混凝土强度(MPa)</td><td>在合格标准内</td><td>在合格标准内</td><td>按附录 D 检查</td><td>35</td></tr>
<tr><td>2</td><td colspan="2">断面尺寸(mm)</td><td>±20</td><td>±15</td><td>检查 3 个断面</td><td>15</td></tr>
<tr><td>3</td><td colspan="2">轴线偏位(mm)</td><td>10</td><td>5</td><td>用经纬仪测量纵、横各 2 点</td><td>15</td></tr>
<tr><td rowspan="3">4</td><td rowspan="3">支座处顶面高程(mm)</td><td>简支梁</td><td>±10</td><td>±5</td><td rowspan="3">水准仪每支座检查 1 点</td><td rowspan="3">20</td></tr>
<tr><td>连续梁</td><td>±5</td><td>±3</td></tr>
<tr><td>双支座连续梁</td><td>±2</td><td>±1</td></tr>
<tr><td>5</td><td colspan="2">支座位置(mm)</td><td>5</td><td>3</td><td>用尺量</td><td>10</td></tr>
<tr><td>6</td><td colspan="2">预埋件位置(mm)</td><td>5</td><td>3</td><td>用尺量</td><td>5</td></tr>
</table>

(三)外观鉴定

(1)混凝土表面平整,施工缝平顺。不符合要求每处减 2 分。

(2)混凝土蜂窝麻面面积,不得超过表面积的 0.5%,深度不超过 10mm。不符合要求时,每超过 0.5%减 5 分。

(3)混凝土表面出现非受力裂缝,减 1～3 分。缝宽超过 0.15mm 者必须处理。

四、预应力箱梁混凝土浇筑的质量控制

(一)基本要求

(1)所用的建筑材料及添加剂的质量和规格,必须符合规范和设计的要求。混凝土必须采用机械拌和;千斤顶及油表必须事先经过检查和标定。

(2)采用大块钢模板,要有足够刚度,表面光滑。

(3)斜拉桥穿索前须将锚箱孔道毛刺打平,避免钢索损伤。

(4)悬臂施工必须对称进行,并确保轴线和挠度达到设计要求和在允许误差范围之内。箱梁顶板预埋钢筋、泄水孔以及各种预埋件必须符合设计要求。

(5)在施工过程中,梁体不得出现受力裂缝。一旦出现裂缝,必须查明原因,经综合处理后,方可继续施工。

(6)混凝土浇筑后,要及时对其表面进行覆盖和洒水养护,减少混凝土内外温差,防止混凝土开裂。

(7)连续梁的合龙段两侧的高差,必须在设计允许的范围内,按设计要求的温度合龙,一次完成。桥涵标准预埋件须符合设计要求。

(8)必须确保接头质量,保证接缝严密不漏浆。

(9)浇筑用挂篮或支架必须有足够的强度和刚度,稳固可靠,模板尺寸和位置要准确,安全措施可靠。

(10)浇筑的施工记录齐全,各工序质量检验必须报监理签认。

(11)斜拉桥施工过程中必须对索力、高程及塔柱变形进行观测监控,以正确指导施工。

(二)实测项目

预应力箱梁混凝土浇筑的实测项目,见表 4-3-6 和表 4-3-7。

悬臂浇筑梁实测项目 表 4-3-6

项次	检查项目		规定值或允许偏差	内控标准	检查方法和频率	规定分
1	混凝土强度(MPa)		在合格标准内	在合格标准内	按附录 D 检查	35
2	轴线偏位(mm)	$L\leqslant100$m	10	5	用经纬仪检查,每跨 5 处	15
		$L>100$m	$L/10\,000$	$L/15\,000$		
3	顶面高程(mm)	$L\leqslant100$m	±20	±10	用水准仪检查,每跨 5 处	15
		$L>100$m	$L/5\,000$	$L/8000$		
		相邻阶段高差	10	5	用水准仪检查	
4	断面尺寸(mm)	高度	+5,-10	+3,-5	检查施工记录,每跨 5 个断面	25
		顶宽	±30	±15		
		顶底腹板厚	+10,-0	+5,-0		
5	同跨对称高程差(mm)	$L\leqslant100$m	20	10	用水准仪检查,每跨 5 处	10
		$L>100$m	$L/7\,000$	$L/7\,000$		

斜拉桥钢筋混凝土索塔实测项目 表 4-3-7

项次	检查项目	规定值或允许偏差	内控标准	检查方法和频率	规定分
1	混凝土强度(MPa)	在合格标准内	在合格标准内	按附录 D 检查	35
2	地面处水平偏位(mm)	10	5	用经纬仪或全站检查	10
3	倾斜度(mm)	塔高的 1/3 000,且不大于 30;或设计要求	塔高的 1/6 000,且不大于 20	用经纬仪或全站仪纵、横向各检查 3~4 点	15
4	断面尺寸(mm)	±20	±10	用尺量,每 5m 检查一点	10
5	锚固点高程(mm)	±10	±5	用水准仪或全站仪测量	10
6	系梁高程(mm)	±10	±5	用水准仪或全站仪测量	5
7	孔道位置(mm)	10,且两端同向	5,且两端同向	用钢尺量	15

(三)外观鉴定

(1)混凝土表面平整,施工缝平顺。不符合要求时每处减 2 分。

(2)混凝土蜂窝麻面面积,不得超过该表面面积的 0.5%,深度不超过 10mm。不符合要求时,每超过 0.5%减去 5 分。

(3)混凝土表面出现非受力裂缝,减 1~3 分。缝宽超过 0.15mm 者必须处理。

(4)小型构件外形轮廓清晰,线条直顺,不得有翘曲现象。不符合要求时减 1~3 分。

(5)封锚混凝土须密实、平整,不符合要求时减 3~5 分。

五、索塔施工的质量控制

(一)基本要求

(1)所用的水泥、砂、石、水、粉煤灰及添加剂的质量规格,必须符合有关规范的要求。混凝土必须采用机械搅拌。

(2)必须采用大面积模板,有足够刚度,表面光滑。浇筑混凝土前,模板如有缝隙,须堵塞严密。

(3)不得出现露筋和空洞现象。

(4)连接钢筋数量和锚固长度,必须符合设计要求。

(5)分段浇筑时,段与段之间不得有错台。

(6)预埋件须进行防锈处理,竣工后不容许钢件永久外露。

(7)每一整体结构的浇筑须连续进行,若因故中途停工,须按施工缝处理。

(8)混凝土脱模时的强度宜为 0.2～0.5MPa,脱模后如表面有缺陷,须经监理批准后予以修理。

(9)混凝土浇筑后,要及时对其表面进行覆盖、洒水养护,减少混凝土内外温差,防止混凝土开裂。

(10)索塔施工时,塔基、塔身平面位置和水平高度须严格控制,保证塔顶的平面和水平高度的正确性。

(11)索塔的索道孔及锚箱位置,以及锚箱锚固面与水平面的交角须控制准确,锚板与孔道须互相垂直,符合设计要求。

(二)实测项目

实测项目见表 4-3-8。

悬臂浇筑混凝土斜拉桥的实测项目　　表 4-3-8

项次	检查项目		规定值或允许偏差	内控标准	检查方法和频率	规定分
1	混凝土强度(MPa)		在合格标准内	在合格标准内	按附录 D 检查	30
2	轴线偏位(mm)	$L \leqslant 100$m	10	5	用经纬仪或全站仪检查,每段 2 点	10
		$L > 100$m	$L/10\ 000$	$L/20\ 000$		
3	斜拉索拉力(kN)		符合设计要求	符合设计要求	用测力仪测每索拉力	30
4	断面尺寸(mm)	高	+5,−10	+3,−7	用尺量,每段 2 个断面	15
		顶宽	±30	±20		
		板厚	+10,−0	−5,−0		
5	梁锚固点高程(mm)	$L \leqslant 100$m	±20	±10	用水准仪或全站仪检查	10
		$L > 100$m	$\pm L/5\ 000$	$\pm L/10\ 000$		
6	锚具轴线与孔道线偏位(mm)		5	3	用尺量,抽查 25%	5

(三)外观鉴定

(1)混凝土表面平整,线形顺直,色泽均匀。不符合要求时减 1～3 分。

(2)在任一塔宽乘以塔宽同高的面积中,混凝土蜂窝麻面不超过该面积的 0.2%,深度不超过 10mm。不符合要求时,每超 0.2%减 3 分。

(3)锚箱混凝土不得有蜂窝。不符合要求时减 3～5 分,并进行整修。

(4)混凝土表面出现非受理裂缝,减 1～3 分。缝宽超过 0.15mm 者必须予以处理。

六、拉索安装的质量控制

(一)基本要求

(1)计算主索的切割长度时,除按实际的索塔斜拉索锚固槽口高程、主梁斜拉索锚固槽口高程及中心水平距离计算主索的设计长度外，还须考虑两端套筒长度、插入套筒散头后需增长度和主索受力后的弹性、非弹性伸长及切割时要求的各种预留量。

(2)测量时的温度变化对测量结果影响较大，应使用温度计贴在主索上面测出其温度，并按照设计规定的温度对测量的主索长度予以调整；测量工作避免在烈日下进行。

(3)测量的钢尺经过校定，并按照规定的拉力测量。

(4)应对每根主索进行预拉，所施预拉力可取用设计恒载的1.1～1.15倍，施力持续10～50min，以消除主索非弹性延伸值和主索受力后延伸不一致的影响；在预拉同时可进行主索丈量。

(5)在预拉主索时，应测定主索在设计恒载时的弹性延伸值并与计算值进行校核。

(6)在张拉主索时必须掌握拉力大小，可使用振动式应力仪、电子秤量仪或带压力表的千斤顶测定。

(7)钢索切断后，应将端部钢丝散开，并整理成与锚头套筒相似的锥形，以便插入套筒后浇筑合金熔液时使熔液均匀分布在钢丝间。

(8)锚具套筒须用超声波或射线探伤检查，无内部损伤方可使用。

(9)为了使钢丝插入锚头套筒内与浇铸的合金固结，浇铸合金前必须将套筒和钢丝表面的油脂、污泥和防锈层、锈迹等清洗干净。

(二)实测项目

拉索安装实测项目，见表4-3-9和表4-3-10。

预应力锚固系统安装实测项目 表4-3-9

项次	检查项目	规定值或允许偏差	内控标准	检查方法和频率	规定分
1	拉杆张拉力	符合设计要求	符合设计要求	查张拉记录	30
2	前锚面孔道中心坐标偏差(mm)	±10	±6	用经纬仪或全站仪每孔道都检查	15
3	前锚面孔道角度(°)	±0.2	±0.1	用经纬仪或全站仪每孔道都检查	15
4	拉杆轴线偏位(mm)	5	3	用经纬仪或全站仪每拉杆都检查	20
5	连接器轴线偏位(mm)	5	3	用经纬仪或全站仪每拉杆都检查	20

索鞍安装实测项目 表4-3-10

项次	检查项目	规定值或允许偏差	内控标准	检查方法和频率	规定分
1	纵向最终偏位(mm)	符合设计要求	符合设计要求	查张拉记录	40
	横向偏位(mm)	10	6	用经纬仪或全站仪测量	
2	高程(mm)	+20,－0	+10,－0	用经纬仪或全站仪测量	30
3	四角高差(mm)	2	1	用经纬仪或全站仪测量	30

(三)外观鉴定

(1)架设后索股钢丝顺直，如有鼓丝现象，每处减1～3分；

(2)索股顺直,不交叉,如有扭转现象,每处减 3～5 分;

(3)缠丝镀锌钢丝保护完好,不符合要求时,每处减 1～3 分。

第四节　主要附属结构质量控制

荷麻溪特大桥主要附属结构,包括桥面铺装、防护撞栏、伸缩缝。

一、主要附属结构设计要点

(一)桥面铺装

全桥桥面铺装层,采用厚 5cm 中粒式沥青混凝土+4cm 细粒式沥青混凝土面层,桥面铺装层总厚度为 9cm。

(二)防撞护栏

采用钢筋混凝土重型防撞护栏,全桥共四道。

(三)伸缩缝

主桥梁端设 240 型浅埋式"三防"伸缩缝。引桥伸缩缝采用 HJF 耐腐铝合金伸缩缝。

二、桥面铺装的质量控制

(一)基本要求

(1)桥面铺装应符合沥青混凝土路面的要求。

①沥青混合料的矿料质量及矿料级配,须符合设计要求和施工规范,其中碎石的压碎值小于 25%。

②沥青材料和混合料的各项指标,须符合设计和施工规范。沥青混合料的生产,每日须做抽提试验(包括马歇尔稳定度试验)。

③严格控制各种矿料和沥青用量,以及各种材料和沥青混合料的加热温度。

④拌和后的沥青混合料均匀一致,无花白,无粗细料分离和结团成块现象。

⑤基层必须碾压密实,表面干燥、清洁、无浮土,其平整度和路拱度符合要求。

⑥摊铺时严格掌握摊铺厚度和平整度,避免矿料离析,注意控制摊铺和碾压温度,碾压至要求的密实度。

(2)桥面最小厚度不得小于设计值,最大厚度控制在设计允许增大的恒载值内。

(3)桥面泄水孔的进水口须略低于桥面面层,其数值不得低于设计要求。

(4)桥面伸缩缝的伸缩性能必须有效,缝面与桥面必须结合良好,保证平整。

(5)箱梁顶板混凝土面须有粗糙度和一定的平整度,不得有积水凹面,各项指标要符合设计要求。

(6)在沥青混凝土桥面的泄水管四周、沥青混凝土层厚度范围内,不得用砂浆封固。

(二)实测项目

桥面铺装实测项目见表 4-4-1。

桥面铺装实测项目　　表 4-4-1

<table>
<tr><th>项次</th><th colspan="3">检查项目</th><th colspan="2">规定值或允许偏差</th><th colspan="2">内控标准</th><th>检查方法和频率</th><th>规定分</th></tr>
<tr><td>1</td><td colspan="3">强度或压实度</td><td colspan="2">在合格标准内</td><td colspan="2">在合格标准内</td><td>按附录 B 或 D 检查</td><td>35</td></tr>
<tr><td>2</td><td colspan="3">厚度</td><td colspan="2">+10,−5</td><td colspan="2">+5,−3</td><td>对比路面浇筑前后标高检查,每次 100m 测 5 处</td><td>20(25)</td></tr>
<tr><td rowspan="6">3</td><td rowspan="6">平整度</td><td rowspan="3">高速、一级公路</td><td></td><td>沥青混凝土</td><td>水泥混凝土</td><td>沥青混凝土</td><td>水泥混凝土</td><td rowspan="5">平整度仪:全桥每车道连续检测,每 100m 计算 IRI 或 σ</td><td rowspan="6">20(25)</td></tr>
<tr><td>IRI(m/km)</td><td>2.5</td><td>3.0</td><td>2.0</td><td>2.0</td></tr>
<tr><td>σ(mm)</td><td>1.5</td><td>1.8</td><td>1.0</td><td>1.0</td></tr>
<tr><td rowspan="3">其他公路</td><td>IRI(m/km)</td><td colspan="2">4.2</td><td colspan="2">—</td></tr>
<tr><td>σ(mm)</td><td colspan="2">2.5</td><td colspan="2">—</td></tr>
<tr><td>H(mm)</td><td colspan="2">5</td><td colspan="2">—</td><td>3m 直尺,每 100m 测 3m×3 尺</td></tr>
<tr><td rowspan="2">4</td><td rowspan="2">横坡</td><td colspan="2">水泥混凝土</td><td colspan="2">±0.15%</td><td colspan="2">±0.1%</td><td rowspan="2">每 100m 检查 3 个断面</td><td rowspan="2">15</td></tr>
<tr><td colspan="2">水泥混凝土</td><td colspan="2">±0.3%</td><td colspan="2">±0.15%</td></tr>
<tr><td>5</td><td colspan="3">抗滑构造深度</td><td colspan="2">符合设计要求</td><td colspan="2">符合设计要求</td><td>砂铺法每 200m 查 3 处</td><td>10(0)</td></tr>
</table>

(三)外观鉴定

桥面排水良好,不符合要求减 3～5 分。

三、伸缩缝安装的质量控制

(一)基本要求

(1)伸缩缝产品必须有合格证,并经验收后才能安装。
(2)伸缩缝必须锚固牢靠,不能松动,伸缩性能必须有效。
(3)缩缝锚筋必须保证在水平和竖直方向与预埋件焊接牢固。

(二)实测项目

伸缩缝安装实测项目见表 4-4-2。

伸缩缝安装实测项目　　表 4-4-2

<table>
<tr><th>项次</th><th colspan="2">检查项目</th><th>规定值或允许偏差</th><th>内控标准</th><th>检查方法和频率</th><th>规定分</th></tr>
<tr><td>1</td><td colspan="2">缝宽</td><td>符合设计要求</td><td>符合设计要求</td><td>用尺量</td><td>30</td></tr>
<tr><td>2</td><td colspan="2">与桥面高差(mm)</td><td>2</td><td>2</td><td>用尺量</td><td>30</td></tr>
<tr><td rowspan="2">3</td><td rowspan="2">纵坡(%)</td><td>大型</td><td>±0.2</td><td>±0.2</td><td rowspan="2">用水准仪测量,小型缝测纵向锚固混凝土端部,大型缝测纵向两端</td><td rowspan="2">20</td></tr>
<tr><td>一般</td><td>±0.3</td><td>±0.2</td></tr>
<tr><td>4</td><td colspan="2">横向平整度(mm)</td><td>3</td><td>2</td><td>用 3m 直尺量</td><td>20</td></tr>
</table>

(三)外观鉴定

伸缩缝无阻塞、渗漏、变形、开裂现象,不符合要求必须进行返工。

四、防撞护栏的质量控制

(一)基本要求

(1)护栏不得有断裂或弯曲现象。

(2)护栏的外露钢件须按设计要求进行防护。

(3)所用的建筑材料的质量、规格均须符合技术规范和设计要求，严格按批准的配合比施工。

(4)预埋件须正确并在一直线上，通中、低压电缆线的钢管内不得有铁屑等杂质，都须符合设计要求。

(5)防撞栏不得出现露筋、空洞和严重漏浆现象。

(6)严格控制由气泡等产生的麻面，不得擅自用水泥浆抹面掩盖。

(7)伸缩装置必须符合设计要求，确保伸缩有效。

(二)实测项目

护栏安装实测项目见表 4-4-3。

护栏安装实测项目　　表 4-4-3

项次	检查项目	规定值或允许偏差	内控标准	检查方法和频率	规定分
1	混凝土强度(MPa)	在合格标准内	在合格标准内	按附录 D 检查	35
2	平面偏位(mm)	4	2	30m 或每 4 阶段拉线检查	20
3	断面尺寸(mm)	±5	±3	用尺量，每 100m 测 4 处	20
4	竖直度(mm)	4	2	用垂线检查，每 100m 测 3 处	15
5	护栏接缝两侧高差(mm)	5	3	用尺量，每 100m 测 3 处	10

(三)外观鉴定

(1)顺直美观，不得有明显转折和波浪，不符合要求时 1～3 分；

(2)表面光洁，颜色均匀，缩、胀缝规整不符合要求时减 1～3 分；

(3)混凝土表面的蜂窝麻面及色斑面积不超过该表面的 0.5%，不符合要求时每超过 0.5%减 3 分。

第五节　质量保障体系

为确保荷麻溪特大桥实现“确保省优、力争国优”的目标，江珠公司从项目建设的实际出发，健全质量保证体系，创新管理模式，采取得力的质量管理技术措施，使大桥建设者群策群力，完成工程建设使命。

一、创新质量内控管理模式

(1)成立了由业主、施工、监理、设计组成的领导小组，组成成员各就各位、各司其职、各尽所能，全程参与大桥工程建设的组织、协调和管理。

(2)江珠公司作为业主，必须发挥好组织、协调和保障作用，依据大桥建设各个阶段的质量内控机制具体要求，适时配置好资源，协调组织好各部分的控制和运作，为大桥建设创造和谐、宽松、稳定的环境，保障组织高效和经济运作。

(3)施工企业是保证施工优质高效的自控主体。必须贯彻好十五局集团江珠项目部制定的“荷麻溪特大桥创优规划”，切实做好施工准备质量控制、施工过程质量控制、施工验收质量控制，在实施施工“创优规划”中全面落实质量内控机制，卓有成效地实现技术控制的目标。

(4)翔飞监理公司受聘于江珠公司，代表业主对大桥建设全过程进行监督管理。必须贯彻好总监办制定的“荷麻溪特大桥创优计划”，严格监督施工单位按设计文件及施工图进行施工，认真审查施工组织、施工方案，按工程进度核实工程量，严格控制工程质量，把好原材料和中间产品的检验关，严格执行见证取样及送检制度，做好重点工序和重点部位的旁站监理工作，及时验收单位工程和隐蔽工程，在实施监理“创优计划”中全面推进质量内控机制的落实。

(5)设计单位铁四院从技术和经济上正确选择大桥建设结构形式，绘制好大桥建设蓝图，确保大桥在技术上的可行性和经济上的合理性；在大桥施工过程中进行设计回访，现场解决施工图上的设计漏项或缺项，及时做好变更设计，按照质量内控机制的要求为施工和监理单位热情服务。

二、质量保证体系

荷麻溪特大桥质量保证体系的基本框架，如图 4-5-1 所示。

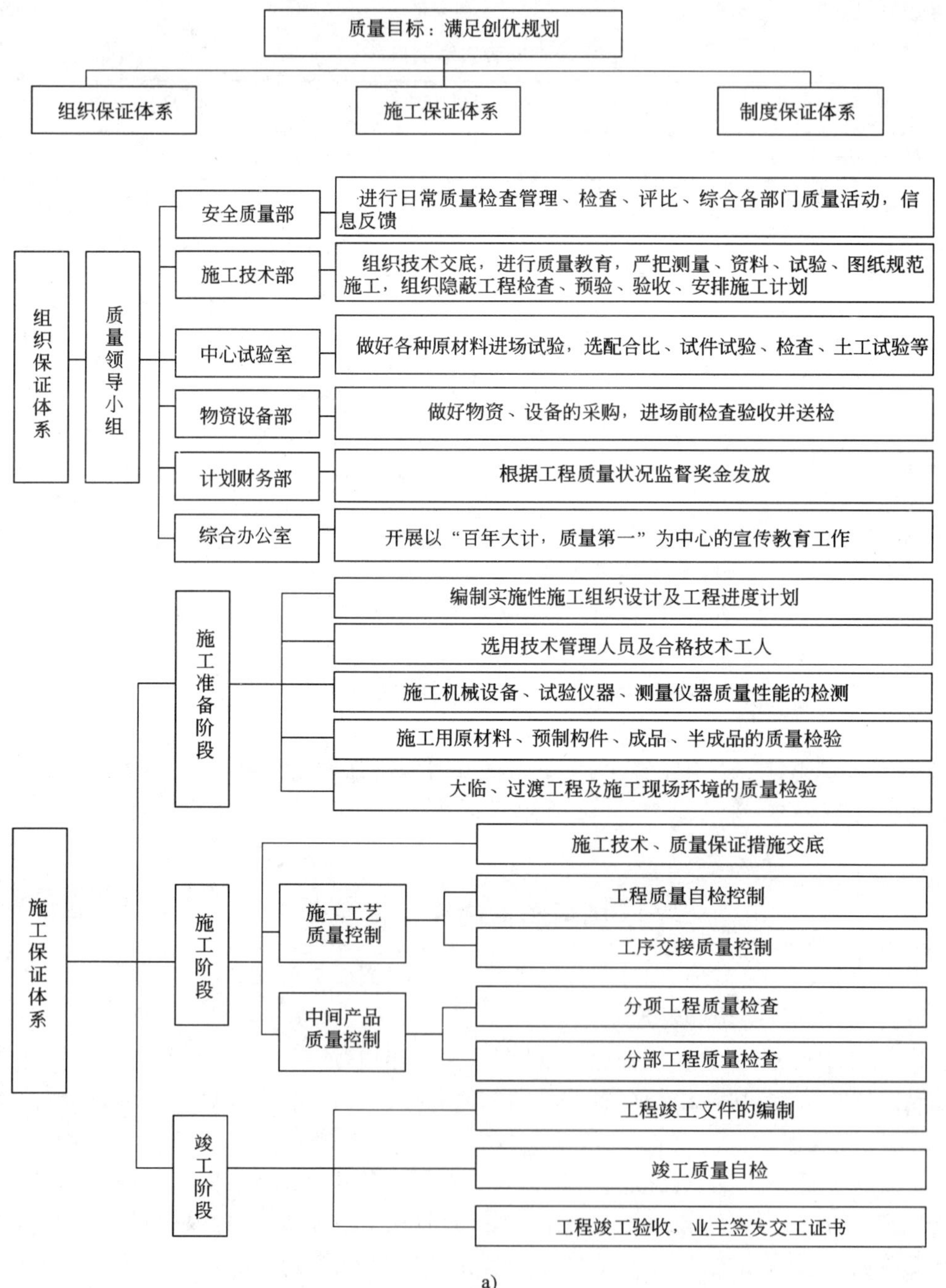

a)

图 4-5-1

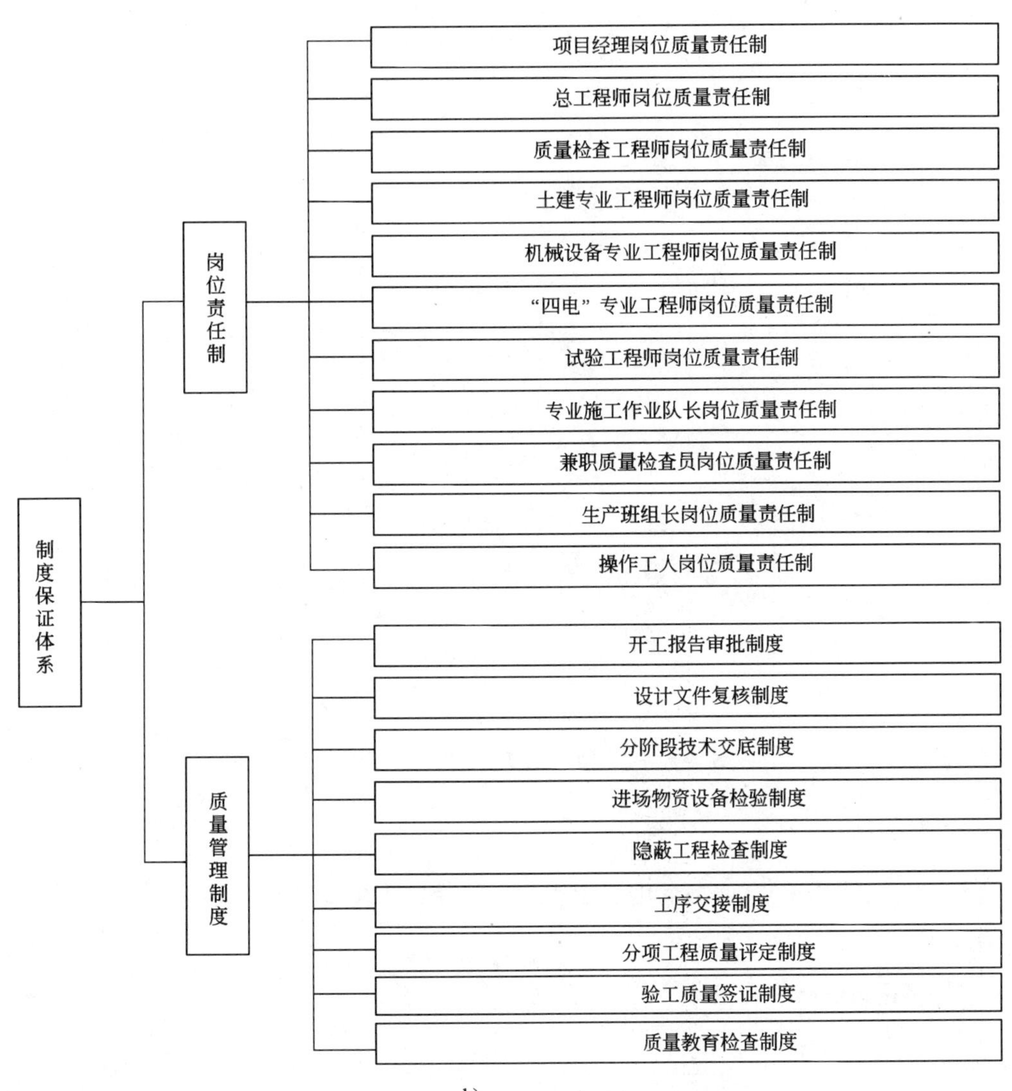

b)

图 4-5-1　质量保证体系框架

按上述质量保证体系的要求，大桥项目经理部建立完善的质量管理机构，成立以项目经理为组长，项目总工、项目副经理为副组长，各职能部门负责人和各施工队主要领导为成员的质量管理领导小组。项目质量管理机构见图 4-5-2。

项目经理部设质量监察部，配 1 名专职质量检查工程师，负责本合同项目工程质量检查和监督；施工队设 1～2 名专职质量检查工程师，实施工程自检、互检、交接检查和质量评定，保证每道工序均在严格的控制下进行。各级质量检查工程师配备数码相机，项目部质检工程师配备数码摄像机，确保质量记录真实完整。

从项目经理部到各工程施工队，实行质量责任终身制。质量目标，层层分解，终身责任，一级包一级，一级保一级，从严格技术把关入手，抓好施工生产全过程的质量管理。

三、质量管理技术措施

荷麻溪特大桥工程建设按照质量内控机制的要求，切实抓好工艺控制，严格控制实验手段，严格测量管理。

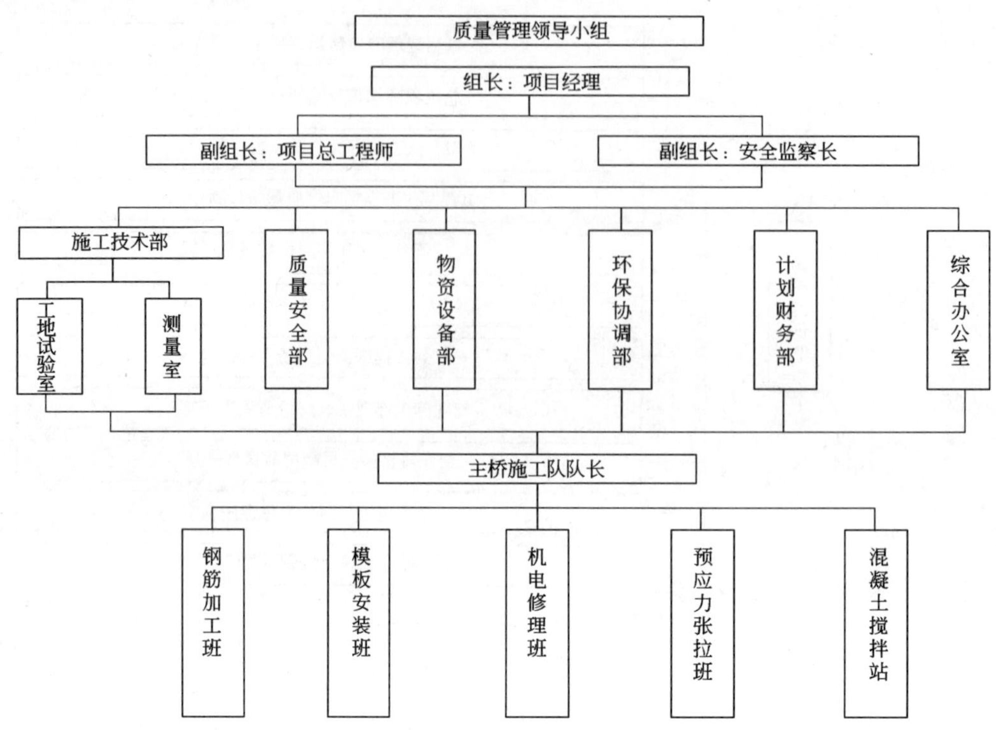

图 4-5-2 项目部质量管理机构框架

(一)工程工艺控制

单位工程开工前，认真编写“实施性施工组织设计”，经监理工程师审批后，严格按照“实施性施工组织设计”组织施工。

(二)严格检测实验手段

1. 试验准备

在施工准备规定的时间内，建立工地试验室，并配备相应的建材、混凝土检测试验设备，以满足该工程试验的需要。编制试验大纲，并上报审批，建立健全工程试验管理制度。

2. 检验测试设备的管理

各种检验测试设备由工地试验室统一归口管理；精密仪器设备指定仪器负责人，在规定的周期内检修保养，及时填写使用记录。

3. 试验资料的整理和保存

施工现场各种原始记录和试验报告必须实事求是，认真填写；试验报告必须经试验、复核、工地试验室负责人签字并加盖公章后方可有效，经计量认证的试验项目必须加盖认证标志章(MC)以保证试验报告的法律效力；工程原始记录和试验报告正确使用新表格和法定计量单位填写。

4. 原材料检验和试验

对原材料、半成品及成品(包括业主提供)在入库和使用前，都必须进行验证检验和试验，未经检验和试验的物资不投入使用或加工，保证使用合格品；物资的检验和试验由工地试验室负责实施，工地试验室不能完成的试验项目，由试验室负责人填写“材料试验委托单”经本级主管领导同意后，送国家法定检测机构进行试验。

5. 混凝土质量检测控制

混凝土在灌注前应测定砂石含水量、换算施工配合比、填写配料单，经项目总工审签后，送交施工负责人据以施工。施工单位接到配料单后，按配料单上规定的配料数量及材料规格，指定专人负责电子计量（水泥、外加剂不超过±2kg，砂石不超过±5kg），并挂牌标明配合比及每盘中各材料的用量。混凝土在灌注时应对混凝土组成材料的外观检查、配料和拌和正确性的检查控制，每工班至少一次；对混凝土的坍落度及和易性的检查试验，每一工班至少两次；对砂石料含水率（湿度）试验和配合比的调整，每日开工前测一次，开工后宜每隔4小时测一次，如遇降雨或其他原因湿度发生变化时，随时检测调整配合比。混凝土强度检查试件，应在灌注地点采取随机取样，每组3块，按试验技术要求和规定制作，作抗压强度试验。

6.桥墩桩基检测

桩基除做小应变检测外，还要按要求做好一定数量的超声波无损检测，超声波检测的优点是：理论基础可靠、测试技术先进，操作程序简便，能快速有效地判断桩的完整性和好坏质量，可迅速确定桩的缺陷性质，如断桩、缩颈、夹层、离析等，确定缺陷位置和桩身混凝土强度。对监理工程师指示需要取芯检验的桩，须配备有经认可的钻取70～110mm芯样的设备和熟练人员。

（三）严格测量管理

1.交接桩

根据业主安排做好本标段交接桩工作，对设计单位所交导线点及个别构造物控制桩做好保护工作。若有个别损坏或有松动桩要记录清楚，测量复核要加以注意，同时要核对是否与设计文件相对应。

2.桩橛复测

桩橛交接后，对设计单位所交导线点及曲线控制桩进行同精度复测，采用两种不同方式或换手复测方式进行。测量结果满足要求后，以文字形式记载。

3.复测报告

经监理工程师审核及批复后的复测报告，方可作为施工的依据。尤其对相邻标段的衔接，要两个单位共同测量，取得正确数据后方可交付施工。

4.测量资料管理

各项测量记录要清晰明确，没有涂改，计算结果和图表准确清楚，所有测算资料均要签署完善，未经复测和验算的资料不得使用。一切观测值和记事项目，必须在现场核对记录清楚，控制测量应两人记录，不得凭回忆补记测量成果。各种测量簿使用施工单位统一印制的册子，不能用纸或小本子代替。

5.测量仪器管理

各种测量仪器均属计量器具，应按计量器具统一管理。各种测量仪器、工具的质量性能要定期进行检定和维修，并设置台账、卡片登记。对经常使用的精密水准仪、经纬仪、全站仪等定期检定，以保持良好状态。

·第五章·

工程进度控制

在江珠项目建设过程中，切实加强进度的控制和管理，运用网络计划技术和计算机辅助控制等先进的控制手段，把各层次的计划控制系统反馈的实际进度信息与计划进度对比，分析两者的偏差，找出进度相对滞后的原因，及时采取得力措施调整进度计划，并确保江珠项目建设按调整后进度计划实施，并在 2007 年 5 月建成通车，发挥项目的投资效益。

第一节　进度计划管理

江珠公司根据项目特点，采取建立日报制度、月例会制度、现场协调会制度，并推行目标管理、开展科技创新、采用新技术等措施，以推进总进度计划的实施。

一、进度控制的内容

江珠公司对工程进度的管理，贯穿于项目建设全过程，在设计准备、勘察设计、施工、物资和设备采购等工作中均体现了进度控制的要求，其主要内容包括：

(1)收集有关工期信息，确定合理的进度目标；

(2)对进度目标进行分析和论证；

(3)编制工程项目建设总进度计划；

(4)编制准备期各项准备工作计划，并控制其执行；

(5)建立项目实施期各级计划管理系统；

(6)编制或审核实施期项目总进度计划，并控制其执行；

(7)根据项目总进度计划，编制项目年、季、月实施计划，并控制其执行；

(8)审核各单项工程、单位工程施工进度计划，并控制其执行。

二、施工进度控制的流程

在进度计划制定后，江珠公司切实加强进度控制，其工作流程如下。

(一)跟踪检查实际进度状况

对进度计划的执行情况进行跟踪检查，是江珠项目建设计划执行信息的主要来源，是江珠公司对进度分析和调整的依据，也是进度控制的关键步骤。跟踪检查的主要工作是定期收集反映工程实际进度的有关数据，收集的数据力求全面、真实、可靠。不完整或不正确的进度数据会导致判断不准确或决策失误。为了全面、准确地掌握进度计划的执行情况，江珠公司主要通过以下方法获取实际进度资料。

1. 定期收集进度报表资料

进度报表是反映工程实际进度的主要方式之一。进度计划执行单位按照“江珠高速公路进度管理办法”规定的时间和报表内容，定期填写进度报表，包括在 OA 网上发布每日工程快报，在每月 25 日形

成月工程进度报告。通过对收集到的进度报表资料的分析，掌握工程实际进展情况。

2.现场实地检查工程进度

在现场实地检查中，掌握工程实际进度的第一手资料，使获取的数据更加及时、准确，进而加强进度监测工作。

3.定期召开以实施进度计划为主的现场会议

在现场会议上，业主通过与进度计划执行的施工、监理单位有关人员面对面交谈，既了解工程实际进度状况，又协调有关方面的进度关系，推进进度计划的实施。

（二）加工处理实际进度数据

江珠公司重视实际进度与计划进度的比较，把收集的实际进度数据进行加工处理，形成与计划进度具有可比性的量化数据。实际进度数据的加工处理一般采用进度控制图表的方式，即编制和建立各种用于记录、统计、标记以反映工程实际进度与计划进度差距的进度控制图及进度统计表，对工程进度进行分析评价，并作为要求承包人调整进度计划、加快工程进度或采取其他合理措施的依据。

（三）对比分析实际进度与计划进度

江珠公司通过实际进度数据与计划进度数据的比较，从中确定建设工程实际执行状况与计划目标之间的差距。为了直观反映实际进度偏差，主要采用表格或图形进行实际进度与计划进度的对比分析，从而得出实际进度比计划进度超前、滞后还是一致的结论。

（四）分析产生进度偏差的原因

在进度监测过程中，江珠公司一旦发现实际进度偏离计划进度，即出现进度偏差时，就及时而又认真地分析产生偏差的原因及其对后续工作和总工期的影响，必要时采取合理、有效的进度计划调整措施，确保进度总目标的实现。

（五）分析进度偏差对后续工作和总工期的影响

江珠公司在进度分析中查明产生进度偏差原因的基础上，进一步分析进度偏差对后续工作和总工期的影响程度，以确定是否应采取措施、采取何种措施调整进度计划。由于进度偏差的大小及其所处的位置不同，因而对后续工作和总工期的影响程度是不同的，江珠公司分析时大多利用网络计划中工作总时差和自由时差的理论进行判断，按如下步骤分析。

1.分析出现进度偏差的工作是否为关键工作

如果出现进度偏差的工作位于关键线路上，则该工作为关键工作，无论其偏差有多大，都将对后续工作和总工期产生影响，必须采取相应的调整措施；如果出现偏差的工作是非关键工作，则需要根据进度偏差值与总时差和自由时差的关系作进一步分析。

2.分析进度偏差是否超过总时差

如果工作的进度偏差大于该工作的总时差，则此进度偏差必将影响其后续工作和总工期，必须采取相应的调整措施；如果工作的进度偏差未超过该工作的总时差，则此进度偏差不影响总工期。至于对后续工作的影响程度，则需要根据偏差值与其自由时差的关系作进一步分析。

3.分析进度偏差是否超过自由时差

如果工作的进度偏差大于该工作的自由时差，则此进度偏差将对其后续工作产生影响，此时应根据后续工作的限制条件确定调整方法；如果工作的进度偏差未超过该工作的自由时差，则此进度偏差不影响后续工作，原进度计划可以不作调整。

（六）确定后续工作和总工期的限制条件

当出现的进度偏差影响到后续工作或总工期而需要采取进度调整措施时，江珠公司首先确定可调整进度的范围，主要指关键节点、后续工作的限制条件以及总工期允许变化的范围。这些限制条件往往与合同条件有关，需要认真分析后确定。

（七）采取措施调整进度计划

江珠公司调整进度计划的主要有如下措施。

1. 调整进度计划的方法

当发现工程现场的组织安排、施工顺序和人员设备与进度计划方案有较大不一致时，江珠公司要求承包人对原工程进度计划及现金流动计划予以调整，而且调整后必须符合工程现场实际，以保证在合同工期内完成进度计划。调整工期进度计划，主要是调整关键线路上的施工安排；对于非关键线路，如果实际进度与计划进度的差距并不对关键线路上的实际进度产生不利影响时，可不必要求承包人对整个工程进度计划进行调整。调整的方法如下。

（1）缩短某些工作的持续时间

在不改变工程项目中各项工作之间的逻辑关系前提下，通过采取增加资源投入、提高劳动效率等措施，缩短某些工作的持续时间，加快工程进度，以保证按计划工期完成该工程项目。这些被压缩持续时间的工作，是位于关键线路和超过计划工期的非关键线路上的工作；同时，这些工作又是其持续时间可被压缩的工作。

（2）改变某些工作之间的逻辑关系

当工程项目实施中产生的进度偏差影响到总工期，且有关工作的逻辑关系允许改变时，可以改变关键线路和超过计划工期的非关键线路上的有关工作之间的逻辑关系，达到缩短工期的目的。例如，将顺序进行的工作改为平行作业、搭接作业以及分段组织流水施工等，都可以有效地缩短工期。

（3）加快工程进度

承包人在无任何理由取得合理延期进度的情况下，业主或监理工程师认为实际工程进度过慢，将不能按照进度计划预定的交工期完成工程时，要求承包人采取加快的措施，以赶上工程进度计划中的阶段目标或总目标。承包人提出和采取的加快工程进度的措施必须经过批准，批准时应注意的事项：一是当承包人提出的加快工程进度的措施符合施工程序并能确保工程质量时，予以批准；二是因采取加快工程进度措施而增加的施工费用，由承包人自负。

（4）网络计划中某项工作进度超前

在建设工程计划阶段确定的工期目标，往往是综合考虑了各方面因素而确定的合理工期。因此，时间上的任何变化，无论是进度拖延还是超前，都可能造成其他目标的失控。例如，在工程施工总进度计划中，由于某项工作的进度超前，致使资源的需求发生变化，打乱了原计划对人、财、物等资源的合理配置，影响了计划资金的使用和安排；特别是当多个平行的承包人进行施工时，由此引起后续工作时间安排的变化，势必给进度的协调工作带来许多麻烦。因此，在工程实施过程中出现进度超前的情况，江珠公司派驻现场的业主代表必须综合分析进度超前对后续工作产生的影响，并同承包人协商，提出合理的进度调整方案，以确保工期总目标的顺利实现。

2. 进度控制的措施

为确保项目进度控制目标的实现，江珠公司从组织措施、技术措施、经济措施及合同措施等方面，制定和实施进度控制的措施。

（1）组织措施

江珠公司采取的主要组织措施，一是建立进度控制目标体系，在项目组织结构中由工程部负责进度控制工作；二是建立项目进度控制的工作流程、工程进度报告制度和进度信息沟通网络，如确定各类进度计划的编制程序、审批程序和计划调整程序等；三是建立进度协调会议制度，包括会议的类型、会议的主持人及参加单位和人员、会议的召开时间、会议文件的整理、分发和确认等；四是建立图纸审查、工程变更和设计变更管理制度。

（2）技术措施

江珠公司采取的主要技术措施，一是在设计方案评审和选择时，就其与工程进度的关系进行分析比较。在工程进度出现偏差时，分析是否存在设计方面的影响因素，以此判断为实现进度目标是否存在设计变更的可能性。二是审查承包人提交的施工进度计划，使承包人能在合理的状态下施工。由于承包人的施工方案对工程进度有直接影响，因此在施工方案选择时，既要分析其技术的先进性和经济的合理性，又要考虑其对进度的影响。在工程进度出现偏差时，须分析是否存在施工技术方面的影响因素，以此判断为实现进度目标是否存在改变施工技术、施工方法和施工机械的可能性。三是采用网络计划技术及其他科学的计划方法，并结合计算机的应用，对进度实施动态控制。

(3)经济措施

江珠公司采取的主要经济措施，一是为确保进度目标的实现，编制与进度计划相适应的资金需求计划和人力物力需求计划，根资源需求的分析，当发现资源条件不具备时，则调整进度计划；二是在工程实施过程中，及时办理工程预付款及工程进度款的支付手续，当工期提前时给予奖励，当工程延误时给予延期损失赔偿金的惩罚，以确保进度目标的实现。

(4)管理措施

江珠公司采取的主要管理措施，一是建立健全进度计划系统，然后分别编制各种相互联系，相互制约的计划。二是选择合理的合同结构，协调合同工期与进度计划之间的关系，保证合同规定的进度目标的实现。三是加强风险管理，在合同中充分考虑风险因素及其对进度的影响，以及相应的处理方法。四是应用信息技术控制进度。

(八)实施调整后的进度计划

进度计划调整后，江珠公司注重采取相应的组织、经济、技术措施，认真组织实施，并继续监控其执行情况，推动实施调整后的进度计划。

三、总进度计划的实施

只有月进度计划的按期或超前完成，年度计划和总目标的实现才有保证。因此，江珠公司要求承包人在年末上报下一年度的施工进度计划；经审批后，再按年度计划编报月进度计划。在审批月进度计划时，对承包人的质量保证体系、人员到位情况、设备运行状态、原材料供应及施工方法等予以通盘考虑。为检查监督总进度计划的实施，江珠公司采取了以下措施。

1.建立工程日报制度

为加强工程进度的动态监测，江珠公司委托软件公司专门设计开发了《江珠高速公路工程项目管理系统》，要求包括业主在内的各参建单位每天在OA网上反映工程进展情况，具体反映当天的实际进度、与计划进度的差距、原因分析、采取何种措施赶上计划进度、第二天计划安排、需业主或总监办协调的事项等。每份日报都要求监理工程师和业主工程师发表评论、给出意见。监理工程师将每天的监理情况、试验检测数据、监理日志在OA网上发表，对存在问题及时给出意见，明确责任人限期解决。

2.建立月例会制度

每月25日，召开有业主、设计、施工、监理单位参加的例会，在会上检查承包人的工程实际进度，并与计划进度进行比较，找出进度偏差并分析偏差产生的原因，研究解决问题的措施，以保证工期目标的按期实施。

3.建立现场协调会制度

通过现场协调会的形式，业主、设计、施工、监理单位一起到现场解决施工中存在问题，加强相互沟通，提高工作效率，确保了进度计划的有效实施。

4.推行目标管理

根据工程实际进展情况，将总目标分解成阶段目标，与承包人订立责任目标书，并作为合同的一部分，如果承包人实现目标则奖励，不能实现目标则处罚。如在2006年，江珠公司对各参建单位制定了

"四大战役"目标，并将年度目标按季度分解成四大目标。承包人对责任目标编制实施计划，将责任目标分解到月、旬、日，同步分解到队、班、组和作业面。这样，工程建设形成了以日保周、以周保月、以月保季的目标管理体系。实行目标管理，充分调动了各方积极性，改变了工程施工的被动局面，抢回了已滞后的 3 个月工期。

5.及时解决施工中的"瓶颈"

对于施工重点、难点项目，江珠公司注重帮助承包人制定专门措施，集中人力、物力，突击攻关。如荷麻溪特大桥施工技术方案、睦州隧道施工技术方案、路基横断面内存在局部软基的处理、涵洞基底承载力提高、软基路段现浇箱梁支架基础处理及支架预压、悬浇梁施工技术方案等，都由江珠公司组织设计、施工、监理一道攻关，同时邀请专家审查技术方案。部分项目还建立技术合作机制，如荷麻溪特大桥线行和斜拉索索力控制等，与华南理工大学进行合作；路基生态排水系统，与长安大学合作；沥青路面施工配合比和质量控制，与长沙理工大学和华南理工大学合作等。对某些承包人在施工中出现的合同外资金问题，江珠公司在坚持合同原则的前提下，实事求是地解决承包人的困难，只要对总进度计划的实施有利，绝不在细枝末节上纠缠而拖延工期。

6.开展科技创新活动，大力采用新技术

江珠公司结合本项目特点，开展科技创新活动，大胆吸收、改进、推广新技术，为总进度计划的实施奠定了坚实基础。目前已有 11 项科技创新成果获得应用推广，本项目桥梁多，桩基多，由于受软基沉降影响，桥台和邻台的两排墩的基础都要求在路基沉降稳定后才能开工，给施工进度管理带来很大压力。江珠公司审时度势，大胆借鉴预应力管桩在高速公路桥梁基础中的应用研究的成功经验，通过组织专家会议论证，选取典型地质条件地段试桩成功后，果断决策，大力推广应用预应力管桩，累计变更应用管桩达 23 000 余米，在确保施工质量的同时，大大提高了施工进度。这一新技术的应用，成为进度滞后的情况下保证年度目标得以实现的关键措施之一。又如通过革新传统软基观测技术，采用典型断面领先观测法，对加快全线软基路段填筑、保证工期起到了关键性作用。

第二节 调整进度目标和延长工期的原因分析

江珠高速公路原定总工期目标为 2005 年底建成通车，由于受主客观因素的制约和影响，总工期目标调整为 2007 年 5 月建成通车。

一、项目工期目标的类别

江珠项目工期目标和进度计划，依据其性质和特点，划分为以下类别。

(一)项目总工期目标

江珠高速公路工程属社会投资项目，分为江门段和珠海段两段两期实施，江珠公司分别与江门和珠海市政府于 2004 年 2 月、2004 年 8 月签署了社会投资特许经营合同。考虑项目的整体性，虽然江门段较珠海段前期工作滞后了 1 年，但在合同中都明确全线在 2005 年底建成通车，这就是原定的项目总工期目标。由于工程进展受到各种主客观因素的制约，江珠公司审时度势，决定将总工期目标调整为 2007 年春夏之交主线建成通车。

(二)项目开工报告批准工期

广东省交通厅于 2003 年 8 月，批复珠海段开工报告，工期为 28 个月，即 2005 年底建成通车；随后又批复了江门段工期与珠海段同步。在实施中，省交通厅批复全线工期整体推迟 1 年。

(三)施工承包合同工期

(1)2003 年 8 月，珠海段路基桥涵招标，与承包人签订的合同工期为 2 年，即在 2005 年 10 月底完成；2004 年 8 月，江门段路基桥涵招标，与承包人签订的合同工期为 1 年，即在 2005 年 10 月底完成。

(2)2005 年 9 月，全线路面工程招标，与承包人签订的合同工期为 1 年，即在 2006 年 11 月完成。

(3)2006 年 5 月，交通工程及其他工程招标，与承包人签订的合同工期至 2006 年底完成。

在施工承包合同实施中，路基桥涵合同工期整体推迟了 1 年。

(四)重要项目节点控制工期

从技术、管理、征地拆迁的特殊性出发，对一些项目和标段制定了如下节点控制工期。

(1)由于本项目软基占总里程的 60.22%，软基最深达 42m，路基沉降稳定影响路面和桥台及邻台墩的开工。因此软基处理及路基填筑最迟完成时间需要控制，其中珠海段节点工期控制在 2005 年 3 月，江门段节点工期控制在 2006 年 3 月。

(2)技术复杂的荷麻溪特大桥、三门海特大桥的节点工期控制在 2006 年 6 月，涝涝溪特大桥节点工期控制在 2006 年 10 月；工程量较大的斗门互通立交节点工期控制在 2006 年 11 月，其中主线现浇箱梁控制在 2006 年 9 月。

(3)由于有些标段履约能力不强，自身不能按正常进度计划实施，对整体施工组织构成障碍。为此，江珠公司对这些标段提出了明确的节点控制工期：珠海段斗门互通标、1 标、3 标，在 2006 年 10 月必须全部完工；江门段 3 标、7 标，在 2006 年 11 月必须全部完工。

(4)由于江门段 2 标主线 7 户民房拆迁严重受阻，把拆迁最后期限定为 2006 年 9 月，否则全线建成通车目标就不能实现。

(5)由于连接 2 标南环互通、连接 5 标睦州互通的地方道路不能在 2006 年底建成，这两个互通的匝道调整到 2007 年 5 月通车。

(五)年度季度进度计划与战役进度计划

(1)年度季度的进度计划。依据总工期目标制定年度目标，把年度进度计划分解为季度计划。年度计划根据总工期的变更及时修改，季度计划根据年度计划和实施情况每季度修正一次。

(2)战役进度计划。2006 年至 2007 年春节前是建成通车的攻坚冲刺阶段，江珠公司将剩余工程的进度计划分成四个战役实施，组织冲刺攻坚战，以全部完成工程任务为目标。

二、延长工期的原因分析

依据上述项目进度计划类别实施工程进度控制，结果不尽如人意，现将造成延长工期原因分析如下。

(一)总工期目标延长的原因分析

总工期目标从 2005 年年底延长至 2007 年春夏之交主线通车，其主要原因如下。

(1)征地拆迁受阻。珠海段地处经济特区，征地拆迁工作复杂，未能及时完成任务，使施工队伍进场后等待工作面。江门段南环互通立交主线 7 户民房，拖至 2006 年 10 月才拆迁，制约了施工能力的发挥。

(2)技术难题使得施工技术间歇期超过设计预测。由于本项目地处珠三角海滨，最大软基深达 42m，且软土呈流塑状，含水量超过 70%，原设计预计沉降稳定期为 9 个月，即可达到连续 3 个月沉降量不超过 5mm 的标准。试验路段于 2003 年年底完成，据 2004 年 9 月份沉降观测资料显示，试验段的沉降为 6cm/天，远远超过了设计的沉降预压稳定期。珠海段软基 40m 深的路段 6km 在预压 9 个月后，远远达不到设计的沉降稳定值标准，只好重新加载预压，在设计预压期的基础上多预压了 1 年。

(3)江门段由于招标确定项目业主的时间较晚，使建设前期工作拖延了 1 年。江门市要求江门段与珠海段同步建成通车，实际工期只有 15 个月，欠缺科学性。后来的实践证明，即使江门段随珠海段调整在 2007 年春夏之交建成通车，工期压力仍很大，而且只能是主线建成通车。

(4)由于珠海段斗门互通立交、江门段南环互通立交设计方案，受政府整体规划的制约和影响，在施工单位进场后又重新进行施工图设计，工期顺延6个月才能开工。

(二)施工承包合同工期延长的原因分析

(1)征地拆迁影响。在珠海段，1～11标段征地拆迁整体推迟3～5个月；在江门段，2标段征地拆迁整体推迟6个月，主线桥位置7户民房拆迁拖至2006年10月，四村互通标段征地拆迁推迟3个月。

(2)周边施工环境较差。珠海段1标福安中桥桥头填土、江门段7标K19+300～K20+500段路基填土等，在施工过程中常被当地村民无理阻工，最长的阻工时间达6个月。

(3)部分承包人履约能力不强。珠海段1、2、3、7、斗门互通、11标段，江门段3、7、四村互通标段，承包人不能按合同履约，投入不足，进度计划落实不力，影响施工。

(4)质量管理存在漏洞。少数标段发生重大质量问题影响工期，如珠海段5标工期控制点主、边墩桩基出现质量问题，导致工期延长6个月；江门段3标横沥河桥头路基滑坍，延误工期6个月。

(5)气候影响。2005年雨季长、雨量大，是近10年来最为恶劣的气候。2006年，热带风暴来得早且频繁，造成洪涝灾害；盛夏季节，气温持续高达36℃以上，对施工造成严重影响。

(6)变更设计影响。在进度计划实施期间，由于客观因素导致设计变更，致使相关项目进度计划不能完全落实。

(三)经济转型期的体制原因对工期影响的分析

(1)目前我国正处在从计划经济向市场经济过渡的经济转型期，经济成分、分配形式、就业方式、利益主体呈现多样化的特征。在江珠高速公路这样的一个大型建设项目，不同利益主体的矛盾呈现多发性、尖锐性，当矛盾得不到双方都“皆大欢喜”的方式化解时，往往造成施工缓慢导致延误工期，消极怠工的“工期效应”成了讨价还价的砝码。

(2)项目业主和投资者均为民营企业，由于没有对口的上级主管部门作后盾支撑，再好的决策也缺乏权威性，因而对化解“工期效应”诸多矛盾的底气不足，理直气不壮，某些承包人在利益驱动下人仍以消极怠工方式作抵制，业主协调一时难以奏效，影响工期。

第三节　组织实施“四大施工战役”

江珠高速公路工程施工四大战役，是由江珠公司在2006年具体组织实施的。全线奋战了一年，对加快工程进度，实现既定的通车目标起到了重要作用。

一、组织四大施工战役的背景

如本章第二节所述，由于受主观和客观因素的影响和制约，江珠高速公路工程进度一直不尽如人意。时至2006年初春，全线后续工程显现了如下两大特点。

(1)时间紧、任务重。珠海段自2003年8月开工，至2006年2月，历时两年半建设，路基、桥涵工程尚未全面完成，路面、绿化、机电、交通安全等后续工程尚未展开；江门段历时一年四个月建设，路基填筑任务依然严峻，桥涵施工进度尚未过半。原定2006年底全线同步建成通车的目标，时间十分紧急，任务异常艰巨。

(2)多种工程交叉作业，施工组织难度大。在距离通车不到一年的时间里，一方面要完成剩余路基桥涵工程，另一方面又要完成路面、交通安全、机电、绿化等后续工程，必定造成多种作业交叉开展。从原有的单兵种作业变成多兵种协助作业，施工队伍之间不可避免产生这样或那样的摩擦和碰撞，增加了施工组织协调难度，江珠公司的指挥能力面临新的挑战。

江珠公司深深感到，能否按既定目标建成通车，既关系到项目的社会效益和经济效益，又关系到民营企业的社会信誉。企业面临着诚信缺失与经济损失的双重考验。此时，对江珠公司而言，已无退路可循，只能背水一战，这是决心之战、信誉之战。就是在这样的历史背景下，江珠公司组织实施了项目决战决胜阶段的四大施工战役。

二、目标任务明确，计划求实先行

目标任务明确，计划求实先行，这是江珠公司组织实施的四大施工战役的第一个特点。

（一）制定总体战役计划的基本原则

江珠公司制定总体战役计划遵循六项原则：一是重点突破，统筹兼顾；二是采用先进技术，保证施工质量；三是科学安排，确保施工连续性、均衡性；四是严格遵守施工规范、规程和制度；五是奖惩严明，完成任务者重奖，不完成任务者重罚；六是因地制宜，特事特办。

（二）制定战役计划的工作要点

施工战役计划的合理性、可行性、可操作性，是确保计划顺利实施的首要条件。在通车前剩余不到一年的时间里，面对巨大的剩余工程量，如何确保实现既定的通车计划，是各参建方都在思考的问题。江珠公司作为战役组织指挥者，制定战役计划的工作要点如下：

(1)业主与施工单位进行充分沟通，把握工地情况，摸透工程关键，根据剩余工程量、重点划分、施工顺序等进行工期倒排，超前预控，有松有紧，制定富有弹性的战役计划。

(2)总体战役计划以四大战役任务为“纲”，以解决重点难点工程为“节点”，把每个战役的目标任务分解落实到各标段，制定符合各标段实际的战役计划。

(3)以各标段为战役的“单元”，各标段结合战役计划制定月、旬、日计划。月计划通过业主、总监办、施工单位三方共同商讨确定，由总监办下达考核目标并负责实施考核，切实跟踪月计划的执行情况，以实现月计划来确保战役计划目标的实现。

(4)制定计划要统筹兼顾，分类实施，对能提前完成的任务必须保证；对控制性工程有超前预控措施；对工期要留有余地，把全线存在问题区分为资金型、技术型、人员和设备投入不足型等，对特殊问题实行特殊解决，对不同矛盾采取不同的解决方法，切忌“一刀切”。

(5)四大战役计划要科学安排，紧密衔接，时间段分解明确，目标任务落实到位。四大战役的划分和目标任务如表 5-3-1 所示。

江珠高速公路四大施工战役目标任务分解表 表 5-3-1

序号		第一战役	第二战役	第三战役	第四战役
时间	起	2006 年 2 月 1 日	2006 年 5 月 1 日	2006 年 8 月 1 日	2006 年 11 月 1 日
	止	2006 年 4 月 30 日	2006 年 7 月 31 日	2006 年 10 月 31 日	2007 年 1 月 20 日
战役施工产值目标		15 000 万元	21 909 万元	31 840 万元	36 000 万元
进度目标		完成路基填筑及涵洞工程，完成第一批开工的大、中桥梁	主线桥全部架通，已卸载路段底基层全部完成，沥青混凝土面层完成试摊铺	路基、桥梁标段工程全面完成，主线沥青混凝土中下层摊铺全部完成	路面工程、交通安全工程、房建工程、机电工程全部完成
质量目标		优良工程，不发生质量事故			
安全目标		不发生重大安全责任事故，安全生产死亡率为零			

(三)抓好战役总动员

为了统一思想,振奋精神,坚定信心,明确任务,每组织一次战役都先行抓好总动员。2006 年 2 月 11 日,江珠公司召开了全线总动员暨第一战役动员大会,这是江珠高速公路建设史上规模最大的一次会议。江门、珠海两市主管交通建设的副市长、省交通厅领导出席了会议,分别提出了具体要求;江珠公司作战役总动员,具体部署第一战役的任务和保证措施;施工、监理、设计代表分别表示打好第一战役的决心和做法。这次战役动员会议使各参建方提高了认识,统一了意志,明确了任务,把握了措施,为开创战役新局面奠定良好基础。

(四)实施 PDCA 循环控制法

这是制定和实施四大战役计划的保证措施。江珠公司从总体战役计划目标的执行到每个战役计划目标的组织实施,坚持采用 PDCA 控制管理模式,即做到有计划(PLAN)、有执行(DO)、有检查(CHECK)、有处理(ACTION)。实行计划层层分解,层层落实,在业主、监理、施工单位之间建立健全计划进度检查控制体系,有效确保计划的落实。

三、分解战役任务,落实标段指标

分解战役任务,落实标段指标,这是江珠公司组织实施四大施工战役的第二个特点。按照 PDCA 循环控制法的要求,江珠公司将战役计划目标任务量化,向每个标段分解落实,做到"千斤重担众人挑,每个标段有指标"。以江门段第二战役为例,战役进度目标分解到各标段的任务如表 5-3-2 所示。

表 5-3-2

江门段第二战役进度目标分解(一)

标段序号	目标产值	进度计划目标		完成任务奖励金	不完成任务处罚金
		序号	具体任务		
一标	390.7 万元	1	五月上旬完成路基卸载	8 万元	4 万元
		2	基本完成礼乐大桥桥台桩基,其余下构全部完成		
		3	完成 K2+910 箱涵		
二标	1 159.7 万元	1	5 月 20 日前全部完成路基主线土石方	10 万元	5 万元
		2	6 月 15 日完成主线桥现浇箱梁浇筑,5 月前完成 0 号、1 号、2 号、3 号、7 号、22 号、23 号下构施工,14 号～23 号具备吊梁条件		
		3	全部完成 A 匝道桥 6 号～8 号下构,完成跨主线的第二联现浇箱梁半幅浇筑和半幅支架安装		
三标	921.2 万元	1	5 月 15 日前完成所有土方填筑	10 万元	5 万元
		2	5 月 10 日前完成新沙河桥右幅 3 号～6 号连续箱梁浇筑;6 月 25 前完成 9 号墩、10 号台桩基础;7 月 20 日前完成立柱;7 月 30 日前完成 10 号桥台;6 月 10 日前完成 8 号墩附近改河工程,7 月 25 日前完成桩基础		
		3	5 月 25 日前完成 K5+076、K5+584 箱涵,7 月底完成 K6+355 箱涵		
		4	完成横沥河桥右幅现浇;5 月 10 日前完成除 0 号台以外全部下构,包括 5－2 号;6 月 10 日前完成 5－1 号桩基、0 号台桩基		

续上表

标段序号	目标产值	进度计划目标		完成任务奖励金	不完成任务处罚金
		序号	具体任务		
四标	136万元	1	6月15日前全面完成包括附属工程在内的所有桥梁工程，其中5月15日前完成新沙分离立交17号墩、18号台并具备吊梁条件，6月15日前完成0号台、1号墩并具备吊梁条件	5万元	2.5万元
		2	6月15日前完成主线K8+840～K10+527.5段路基交验，7月底完成其他路段交验		
五标	290.6万元	1	主线桥涵全部完成，其中桥6月底完成睦州围特大主体及附属工程；A匝道桥桥台桩基全部完成，其余下构全部完成		
		2	全部完成江门段管桩施工，其中四村互通、铺百海中桥管桩在5月底前必须陆续完成	4万元	2万元
		3	6月15日前完成主线路基交验	3万元	1.5万元

江门段第二战役进度目标分解(二)

标段序号	目标产值	进度计划目标		完成任务奖励金	不完成任务处罚金
		序号	具体任务		
六标	215.6万元	1	6月底完成通道，7月底前全部完成隧道	5万元	2.5万元
		2	6月底路基交验完毕(包括边坡、盲沟等)	3万元	1.5万元
七标	2 902.3万元	1	完成涝涝溪特大桥主桥11号墩左幅至15号段，完成边跨的钢筋及模板安装；完成11号墩右幅至14号段，完成12号墩左幅至14号段，完成12号墩右幅至13号段；7月底完成引桥0～5号的所有T梁预制任务，完成1～5号的T梁吊装，其中在6月25日前必须完成3～4号跨40m T梁吊装，7月底前0～1号跨必须具备T梁吊装条件；7月底完成1～9号跨湿接缝施工	10万元	5万元
		2	除桥台锥坡外罗湾1、2号桥，新前分离立交桥7月底全部完成；铺百海中桥在管桩施工完成2个月内，完成下构及梁板吊装；完成K20+566中桥、K19+291小桥下构及梁板吊装；完成K17+163、K18+385、K18+676涵洞，剩余涵洞在具备开工条件后45日内完成	10万元	5万元
		3	完成路基防护工程K17+390～K17+724段，6月底前全部完成挖方段盲沟；以及完成路基补栽；7月底完成K15+943.7～K18+260段路基交验	3万元	1.5万元
八标	1 808.9万元		新沙分离、睦州围大桥桥面系完成；具备架梁条件的全部完成架梁	8万元	4万元
九标	2 048.9万元	1	互通主、匝道桥下构全部完成，第一批桥梁现浇梁全部完成，累计完成现浇箱梁85跨；完成新港桥2～6号跨左右幅现浇梁施工；累计完成3 000m防撞墙	15万元，每超额完成一跨加奖1万元	7.5万元
		2	中小桥桩基从批复开工之日起，2个月内完成	5万元	2.5万元
路面一标		1	完成江门段路基4标、5标范围内主线底基层	按合同46.2条款的规定进行奖励	按合同46.2条款的规定进行处罚
		2	完成江门段路基5标、4标K8+840至4标终点两个标段范围内主线基层		
		3	完成沥青混凝土面层试摊铺		

四、措施具体明确，具有可操作性

在制定战役目标任务过程中，江珠公司注重调查研究，虚心听取各参建单位的意见和要求，在此基础上再根据战役的特点，提出实现战役任务的具体措施。各项措施力求具有前瞻性、指导性、可行性、可操作性，能动地指导各参建单位全面展开战役实践，这是江珠公司组织实践四大施工战役的第三个特点。

以第二战役为例，江珠公司拟定了《大力推进“三个上水平”，全面实现第二战役目标》的主题报告，在全线第二战役动员大会上部署如下措施要求。

第一、大力推进工程进度上水平

在当前进度相对滞后的情况下，第二战役把进度看得很重，对每一个标段的施工进度都下达了内容具体、具有时间制约性的进度目标。为确保进度上水平，必须采取四项有力措施：

一是加大投入，诚信履约。切实加大施工人员和机械设备的投入，这是加快进度的物质基础和重要保障。珠海段2标、5标第一战役获得表彰和奖励，他们的重要经验就在于加大投入，从强化物质基础上保证了加快进度的需求。江珠公司在招标确定中标施工单位后，每个施工单位都与业主签订了经济合同，其中对施工人员和机械设备投入都有明确的约定。必须指出，合同中的投入约定，具有法律约束力；诚信履约，是合同各方应尽的责任；投入违约，无论是哪个承包人，都必须依照合同严肃处理。在第二战役中，江珠公司将对那些不履约投入的承包人，敢于碰硬动真格，依照合同严加约束，直至约见承包方法人代表，召开履约能力澄清会，向承包人亮出“黄牌”警告，责令承包人采取切实可行的整改措施，迅速加大投入，扭转施工不力的落后的局面，把进度赶上去。如果承包人还是不履行承诺，一如故我，达不到业主要求，施工场面和进度没有明显改观，业主将根据合同采取严厉措施直至强制性分包工程，并将承包人在本项目的不良履约行为上报政府主管部门，建议全省通报并取消其在省内高速公路项目的投标资格，绝不手软。

二是学习先进典型，在全线发挥榜样的示范效应。在第一战役总结会上，全线表彰了10个标段，每个标段都在创新自己的特色。如由广东长宏公路有限公司承建的珠海段4标，项目部管理到位，工作积极，履约能力强，在施工过程中多次受到表彰，完成第一战役任务，路基已全部交验；由中铁十四局集团第五公司承建的三门海特大桥重点工程，项目部在管理上下功夫，第一战役完成计划任务123.2%，超额23个百分点；由辽宁路桥公司承建的珠海段6标，由中铁七局集团承建的珠海段9标，分别创造了路基施工样板和桥梁桥面系全线样板工程。俗话说好：“标兵必有追兵，对手就是老师”。在第一战役中树立典型，在第二战役中就要大力推进学习典型，使先进的榜样力量起到示范效应，全线掀起“比、学、赶、超”热潮，涌现出更多的标兵，全面完成第二战役的施工任务。

三是重奖重罚，充分发挥物质激励机制的作用。第二战役的进度目标是与奖罚措施挂钩的。全线在第二战役设完成任务总奖金300万元，不能完成任务罚款总额150万元。“重奖之下必有勇夫”每个标段都当获奖的“勇夫”，不当被罚的“懦夫”。每个标段都应该把目标任务和奖罚指标层层分解，化为月度目标、旬目标乃至日目标，落实到每一个人头，充分发挥物质激励机制的作用，确保整体目标全面实现。

四是艰苦奋斗，克难夺胜抢进度。第二战役将是在南方特有的恶劣天气环境里进行的。从5月至7月底，可能会遇到常见的酷暑天气，最高日气温会达35～36℃；又可能会遭遇热带风暴和暴雨的不断袭击，从而给施工造成很大困难。人总是要有一点精神的。全线建设者要认真学习和树立胡锦涛总书记最近提出以“八荣八耻”为中心内容的社会主义荣辱观，做到以辛勤劳动为荣，以团结互助为荣，以诚实守信为荣，以艰苦奋斗为荣，大力弘扬特别能吃苦、特别能忍耐、特别能战斗的革命精神，迎着困难上，顽强推进第二战役，全面推进工程进度上水平。

第二、大力推进质量安全上水平

在第二战役中，质量目标为优良工程，不发生质量事故；安全目标为不发生重大安全责任事故，安全生产死亡率为零。这就明确无误地告诉建设者们：加快施工进度必须立足在优质安全的基点上，在大力推进质量安全上水平过程中实现施工进度上水平。在质量安全问题上，项目业主必须确立"宁做恶人，不做罪人"的基本理念。这里讲的"恶人"，绝不是业主自恃掌握着项目建设的资金和管理大权，横行霸道，蛮不讲理，以权势压人，而是指业主对质量安全严格要求，严格管理、严格制度、严格责任，该批评的就批评，该整改的就整改，该重罚的就重罚，该推倒重建的就推倒重建，绝不心慈手软。如果不这样做，在质量上出了大问题，在安全上导致人员伤亡，我们就会成为人民的罪人；如果把江珠项目搞成了"豆腐渣工程"，我们就是"千古罪人"。为了落实第二战役的质量安全目标，要下力气抓好四项工作。

一是牢固树立质量安全的正确指导方针。在质量方面，牢固树立"百年大计，质量第一"的方针，切实把质量放在"第一"的位置上，使项目质量经得起"百年"的历史检验。具体来说，在项目的整体质量上，实现安全性与耐久性的统一，做精、做细、做实、做好；在项目的外观质量上，实现内实外美，使之与环境、生态景观相协调；在项目的设施功能上，坚持按设计标准施工，既满足经济社会发展需要，又与自然和谐统一。这些就是江珠项目在质量上的"百年大计"。在安全方面上，牢固树立"以人为本，安全第一"的方针。科学发展观的核心就是以人为本，江珠项目每一个建设者，生命诚宝贵，搞好安全生产关系到建设者们"高高兴兴来江珠，平平安安回老家"，必须从"关爱生命"的高度上实施好《国务院关于进一步加强安全生产工作的决定》。上述的"两个第一"，就是第二战役质量安全上水平的指导方针。

二是提高业主自身的质量安全管理水平。世界银行的专家说得好："只有高明的业主，才能拥有高明的施工企业"。江珠公司赞成这样的观点，只要业主管理严要求，设计、施工、监理企业就必然会尽心尽力去干。当前在一些标段上出现的质量安全问题，好像一面镜子，映照出业主的管理水平，反映了业主在质量安全工作中还存在不少薄弱环节，未能始终如一坚持好严格要求、严格管理。这就要求江珠公司的各部门在第二战役中，深入实际，调查研究，体察下情，现场指挥面对面解决问题，切实提高自身的管理水平，只有这样才能推进全线质量安全上水平。

三是健全和完善质量安全各项制度。实践证明：制度是推进质量安全上水平的重要保证。比如质量保证体系，必须体现"三个明确，两个细化"，即：岗位分工明确，岗位责任明确，岗位奖惩明确；细化排列各分项工程主要工序，细化制定各主要工程质量控制的手段和措施。又如质量检测制度，要确保标段项目部工地实验室自检率达100%，监理中心实验室抽检率在20%以上等。在安全生产方面，要进一步健全安全生产目标责任制和安全生产考核制度，层层分解落实安全生产目标，项目部经理为第一责任人，舍得增加投入搞安全生产，花钱保平安；对安全生产进行定期与不定期的考核，安全生产形势分析走向规范化和制度化。

四是加大监理对质量安全的控制力度。监理是受业主的委托，并代表业主利益对工程实行严格管理；监理又是工程实体质量创优的保障。监理工程师是项目建设三大控制(质量控制、进度控制、造价控制)的核心，就是对工程施工质量的控制，珠海段、江门段的总监办必须把工程质量创优作为中心任务来抓，下力气纠正监理人员素质参差不齐，对一些质量安全问题监理不到位的现象，尤其要切实防止出现偏重外观质量，忽视隐蔽工程质量的监理倾向。必须清醒认识到，隐蔽工程质量是工程的实体质量，它是"良心工程"与"寿命工程"的组合。有的高速公路和桥梁工程出现质量事故，往往是在隐蔽工程部位上质量出了问题，作为现场管理，要以史为鉴，切实加大隐蔽工程的监理力度，确保江珠项目在"内实"的基点上实现"外美"。

第三、大力推进施工环境上水平

大力推进工程进度和质量安全上水平，必须有一个和谐、协调、宽松、安定的良好施工环境，包括外部环境和内部环境两个层次，我们要大力推进施工环境上水平。

一是努力营造和谐安定的施工外部环境。由于有了珠海、江门市委和市政委的正确指导，有了广大人民群众的大力支持，当前江珠项目的施工外部环境总体上是好的，但又不能否认，仍有不尽人意的地方。在市场经济投资主体多样元、利益主体多元化的条件下，各种利益关系的调整不断深化，冲突和矛盾也随之日益增多，这些矛盾必然会反映到江珠高速公路建设中来，尤其是到了项目建设的后期，利益矛盾与摩擦会显得相对复杂和突出一些，对施工外部环境会造成了某些不利的消极影响。在这些矛盾中，既有当地农民群众合法权益没有维护好、落实好而引起的；也有极个别人趁着项目建设之机漫天要价，企图“捞一把”，无理取闹引起的；还有施工不文明，损坏或损害村民的某设施或利益，引起群众不满而闹事的。对这些问题，全线都要有清醒的认识，要有正确的态度，切实增强忧患意识和责任意识，每个标段都要牢记“小不忍则乱大谋”的古训，为了江珠项目的建设事业，一定要顾大局、识大体，严格自律，搞好文明施工，对确实损害当地群众利益的，要按规定依法合理地给予必要的经济补偿，不要扩大事态，避免激化矛盾；对较个别煽动闹事的违法分子，要即时反映情况，紧紧依靠当地政府和公安部机关依法惩处；对征地拆迁的遗留问题，要继续深入现场，在当地政府支持下，综合运用政策、法律、经济行政策的手段和教育、协商、调解等方法，努力化解矛盾，解决问题，营造和谐、安定的施工外部环境。

二是努力营造协调、共赢的施工内部环境。在第一战役之前的一年多工程施工中，每个标段各自为线，独立作业。进入第二战役，施工状况发生了很大的变化，出现了大量的交叉施工：路基施工单位进入最后冲刺和交验阶段；路面施工队伍陆续进场，全面铺开底基层和基层的施工；绿化工程队伍进场拉开了施工序幕；交通工程队伍铺设机电通信管道等预埋件施工；房建工程全面展开建设，形成了“各路亲家齐聚头”的热烈施工场面，在交叉作业中，彼此之间不可避免地发生这样或那样的摩擦和碰撞。为此，江珠公司已经建立一套“全方位、多棱角”的交叉作业指挥协调机制，各个标段和各类作业面都必须大力提倡顾全大局，实行“谅解、支援和友谊比什么都重要”，业主、监理和施工单位齐抓共管，加强工序衔接，尽量减少和避免交叉作业的矛盾，同心同德营造一个协调、共赢的施工内部环境。

各参建单位把“三个上水平”的具体部署和措施，与本单位实际情况紧密结合起来，按倒计时制定进度计划和实施意见，积极贯彻落实，艰苦奋斗，为完成和超额完成第二战役任务而奋斗。

五、跟踪检查督促，总结奖惩到位

在战役全面铺开后，江珠公司采取得力举措，跟踪检查督促，认真总结工作，兑现既定奖罚金额，推动战役的深入开展，这是江珠公司组织实施四大施工战役的第四个特点。

(一)建立和运行特事特办的工作机制

江珠公司按照PDCA循环控制法，在战役全面铺开后，跟踪部署、措施的贯彻执行情况。由于工期紧、任务重，战役中遇到的紧急问题多，如果按常规的程序处理，会延误战机，直接影响工期和经济效益。为此，江珠公司建立了特事特办的工作机制，在全线设立“董事长信箱”，在OA平台上设立相应专栏，明确责任人、责任部门，直接向董事长负责。特事特办机制的有效运作，为化解现场困难，落实战役计划，提供了有力保障。

(二)具体问题具体分析解决

在实施战役检查督促中，江珠公司对具体问题具体分析，广开言路，集思广益，议而有决，有决必行，为实现战役目标创造条件。如四村互通主线路基加载较晚，预压时间相对较短，而主线四座中小桥梁施工又受到地方道路、清淤设备等条件的制约，难以保证工期目标。为此，业主、监理、承包人三方共同讨论研究，决定将四座中小桥的灌注桩泥浆堆放到路基上超载，同步要求加强监测监控，确保路基稳定。该方案实施后，一方面有效地解决了泥浆堆放问题，另一方面起到了超载加速软基沉降，减少工后沉降的作用，既加快进度，又提高质量，取得了业主与承包人的“双赢”。

(三)认真抓好战役工作总结

战役开始有动员，战役结束有总结。在总结中肯定成绩，分析问题，表彰先进，批评后进，找出以利再战的决策和措施，指导下一战役取得较理想的战果。还是以第二战役为例，在表 5-3-2 中，把江门段的目标任务具体分解到各个标段；战役结束后，又以表 5-3-2 为“镜子”，在江门段进行对照检查，战役的结果如表 5-3-3 和表 5-3-4 所示。

江门段第二战役完成情况汇总(一)　　表 5-3-3

标段	完成施工产值		完成进度计划任务		战役考核结论	备　注
	绝对值	百分比	序号	完成情况		
一标	234.2 万元	60%	1	原定第 1 项任务已完成	目标任务未全面完成，罚款 3 万元	桩基进场较晚，导致桩基完成较少
			2	原定第 2 项任务的 0 号－1、0－5，19－4 台桩基已完成；1 号、2 号、17 号、18 号墩的桩基已完成；16 号系梁、立柱已完成；其余的桩基和下构未完成		
			3	完成半幅底板		
二标	1 012.2 万元	87.3%	1	原定第 1 项任务于 6 月底已完成	目标任务未全面完成，罚款 5 万元	
			2	原定第 2 项任务已完成		
			3	原定第 3 项任务的 6～8 号下构已完成；箱梁浇筑未完成		
			1	原定第 1 项任务已完成		
三标	602.8 万元	65.4%	2	原定第 2 项任务的 9 号墩、10 号台仅完成桩基；9 号立柱、10 号台均未完成；8 号墩桩基及下构均没有完成；3～6 号现浇箱梁已完成；0 号台还有 3 根桩基未完成	不参加考核	8 号墩受便道和改河影响，桩基施工没进展
			3	K5＋076、K5＋584 箱涵于 6 月底完成；K6＋355 未完成		受涵底管桩未施工的影响，K6＋355 未开工
			4	原定第 4 项任务的右幅箱梁完成浇筑准备工作，5－2、5－1 桩基础完成；1 号盖梁、6 号墩左幅盖梁、7 号桥台 1～5 号共 5 根桩基均未完成	目标任务未全面完成，罚款 5 万元	
四标	119.7 万元	88%	1	原定第 1 项任务已完成	应罚款 2.5 万元。如 8 月 15 日前完成路基交验，则不予罚款	
			2	原定第 2 项任务的卸载未完成		
			3	原定第 3 项任务的主线桥涵已完成；睦州围大桥锥坡未完成；A 匝道桥桩完成 0 号墩、1 号墩、2 号墩，15 号墩；14 号墩的 10 根桩基和下构均未完成	奖励 4 万元	A 匝道桥桩基因为沉降影响了开工时间；锥坡受便道影响未开工
五标	290.6 万元	80.4%	1	原定第 1 项任务的四村管桩未完成；完成铺百海管桩，但是填心未完成	目标任务未全面完成，罚款 2 万元	
			2	原定第 2 项任务的 K11＋220～440 未卸载，其余路基未完成交验	应罚 1.5 万元。如果 8 月 15 日前完成路基交验，则不予处罚	K11＋220～440 没有卸载通知

江门段第二战役完成情况汇总(二) 表 5-3-4

<table>
<tr><th rowspan="2">标段</th><th colspan="2">完成施工产值</th><th colspan="2">完成进度计划任务</th><th rowspan="2">战役考核结论</th><th rowspan="2">备注</th></tr>
<tr><th>绝对值</th><th>百分比</th><th>序号</th><th>完成情况</th></tr>
<tr><td rowspan="2">六标</td><td rowspan="2">215.6万元</td><td rowspan="2">100%</td><td>1</td><td>原定第1项任务的四个隧洞装饰已完成。K13+770未完成</td><td>不参加考核</td><td>K13+770箱涵图纸和地方因素的影响未开工</td></tr>
<tr><td>2</td><td>原定第2项任务的卸载已完成，盲沟已完成。路基未交验</td><td>应罚1.5万元。如果8月15日前完成路基交验，则不予处罚</td><td></td></tr>
<tr><td rowspan="3">七标</td><td rowspan="3">1 808.9万元</td><td rowspan="3">62.3%</td><td>1</td><td>原定第1项任务的11号左6－14已完成；边跨钢筋及模板安装、右5－12，12号左5－11右4－10、T梁吊装未完成</td><td rowspan="3">目标任务未全面完成，罚款11.5万元</td><td></td></tr>
<tr><td>2
2</td><td>原定第2项任务的罗湾1、2号桥、新前分离未完成；铺百海中桥管桩未完成，下构无法施工；K20+566、K19+291小桥桩基未完成。仅完成K17+163箱涵主体</td><td>铺百海中桥受管桩影响未开工</td></tr>
<tr><td>3</td><td>原定第3项任务的路基护坡未完成，挖方段盲沟已完成；路基交验未完成</td><td>路基沉降达不到要求，未卸载</td></tr>
<tr><td>八标</td><td>1 028.8万元</td><td>92.7%</td><td>1</td><td>原定第1项任务的新沙分离未完成桥面铺装和防撞墙；睦州围桥防撞墙完成2 160m，还差600m。</td><td>目标任务未全面完成，罚款4万元。</td><td>20m梁超计划完成44片，完成产值较大，但形象进度不理想</td></tr>
<tr><td rowspan="2">九标</td><td rowspan="2">2 419.9万元</td><td rowspan="2">118%</td><td>1</td><td>原定第1项任务的匝道桥下构未完成，累计完成现浇梁85跨；新港桥现浇梁2～6号已完成；防撞墙未完成</td><td>奖励15万元</td><td>桥梁下构受管桩未开工或开工较晚的影响</td></tr>
<tr><td>2</td><td>原定第2项任务的中小桥桩基还未到考评时间，剩余24根桩</td><td>不参加考核</td><td>桩基础批复开工时间较晚</td></tr>
<tr><td>路面一标</td><td colspan="3"></td><td>由于路基未交验，路面无法施工</td><td colspan="2">不参加考核</td></tr>
<tr><td colspan="7">第二战役累计完成产值约77 328.2万元，占第二战役产值目标103 799万元的75.5%</td></tr>
<tr><td colspan="7">至第二战役结束，累计完成产值约69 392万元，占合同金额86 134.3万元的80.56%</td></tr>
</table>

第二战役经过分析和总结，珠海段完成计划的90%，江门段完成计划的80.56%，“欠账”较多。这里既有主观也有客观原因。2006年春夏之交，天气反常，热带风暴来得早、来势猛、暴雨多。进入5月以来，第三、四、五、六号强台风进入广东，珠海、江门虽然不是台风中心，但台风给珠海、江门带来的强降雨，造成了水淹路基、风折桥梁等直接重大损失。特别是正面袭击珠海的“派比利”台风，江珠公司的大本营淹成一片泽国，工地受到了很大影响。据不完全统计，从5月18日以来，大雨、暴雨连续不停，有的路基在暴雨天气下延误了交验，对路面施工造成很大冲击，致使一些工作面不能展开，一些计划任务不完成。台风和暴雨过后，接着又出现酷热天气，室外气温高达36℃以上，“赤日炎炎似火烧”，施工进度被迫放慢。

（四）兑现重奖重罚

奖与罚，有奖必有罚，有重奖必有重罚，这是江珠项目激励机制的两个侧面，相辅相成，缺一不可。据统计，江珠公司在四大战役中共拿出 1 956 万元，重奖完成目标任务的参建单位，其中第一战役 300 万元，第二战役 400 万元，第三战役 556 万元，第四战役 700 万元。重罚金额约为重奖金额的 50%。在具体操作中，获重奖的“门槛”设置较高，要拿到重奖必须努力，获奖比例适中。至于重罚，则实施较难，往往只是“象征性”的处以罚金。以第二战役为例，共有 17 个参建单位分别获得 5 千元至 28 万元不等的奖金，5 个参建单位分别处以 5 万元至 12.5 万元不等的罚金。

·第六章·

工程造价控制

江珠公司作为民营企业，对公司资本有着“谁知盘中餐，粒粒皆辛苦”的朴素而又真实的感情。江珠高速公路工程建设周期长、投资大、风险高，全线长53.3km，软基占35.18km，桥梁占11.61km，其中大桥和特大桥21座。众所周知，软基、桥梁工程投资大。项目调整后概算为30.67亿元，其中35%的资金，是由民营企业筹得；65%的银行贷款，本息全凭民营企业在日后项目运营中按期偿还。江珠公司在概算总投资飙升的重压下，坚持“勤俭办一切事业”和“厉行节约”的原则，高度重视和严格控制工程造价，实施成本控制的硬措施，努力在内部消化工程成本和造价上升的因素，在保证工程质量的前提下，共降低成本6.17亿元，这是近年珠江三角洲控制成本较好的高速公路项目，在控制投资、规避风险方面凸显了民营企业的特色。

第一节 工程造价突破批复概算的原因分析

江珠高速公路初步设计批复概算总投资为24.71亿元，其中珠海段为13.87亿元，江门段为10.84亿元。在工程建设期间，受市场价格波动以及宏观调控、设计变更等因素影响，致使全线工程造价超出概算约10.59亿元。经批准的调整后概算总投资为30.67亿元。

一、珠海段超概算的原因分析

1999年，省计委批复珠海段可行性研究报告的投资估算为13.5亿元；2003年进行珠海段初步设计，省交通厅、省建设厅批复概算为13.87亿元，调整后概算为19.83亿元。珠海段超概算的主要原因如下。

(一)变更设计方案

1.特殊路基(软基)处理

软基原设计以堆载预压结合袋装砂井处理方案为主，概算工程费用为9 343.26万元。施工图评审意见认为，袋装砂井间距、砂垫层厚度设置、土工格栅设置层数设置均不够合理，须予以调整；8～12标段的软基深厚，至2005年11月仍达不到设计要求的沉降速率，必须进行超载预压。根据施工图评审意见对该段进行了设计方案变更，增加了袋装砂井4 350 085m、砂垫层223 823m^3、土工格栅工程数量347 660m^2、预压与超载预压土方410 418m^3，导致工程费用比批复概算增加7 673.51万元。

2.荷麻溪特大桥

原设计方案为105＋190＋105(m)连续刚构，批复概算15 284.66万元。由于桥位变化，原通航标准不能满足省航道局的航道批复要求。设计方案变更后，主桥为125＋230＋125(m)双塔单索面混凝土斜拉索刚构桥，增加了斜拉索424 696kg，增加了悬浇混凝土及主塔混凝土的工程数量，由于桥位的移址使桩基础的钻孔费用发生较大变化，总工程费用上升至21 161.41万元，比批复概算增加了5 876.75万元。

3. 斗门互通立交

原设计方案在斗门互通位置主线处设水厂路特大桥与水厂路分离立交，未设互通立交。水厂路特大桥的原来设计方案为545延米长的预应力混凝土空心板桥，概算投资为2 000.57万元。由于省路网规划涉及江珠高速公路与粤西沿海高速公路的互通交叉，应按枢纽立交设计，原施工图设计中的水厂路分离立交与黄杨互通立交均已不适用。变更后的设计在此处设斗门互通，采用三单喇叭方案，工程费用达29 461.52万元，比批复概算增加了27 460.95万元。

4. 黄杨特大桥及黄镜门大桥

原设计方案黄杨特大桥及黄镜门大桥，均为黄杨互通立交的主线部分，两桥均采用肋板式桥台，黄镜门大桥上部结构采用预应力空心板梁结构，批复概算为10 510.33万元。如上所述，原设计中的黄杨互通已移位至斗门互通的位置；在两桥的桥台填土太高、淤泥太深，肋板式桥台不适合深厚软基地段；黄镜门大桥原设计与路线交角较大，在深厚软基路段，对桥台的稳定不利，改为错墩式布置的分幅式连续梁结构。设计方案变更后，两桥总工程费用为9 268.58万元，工程费用比批复概算减少了1 241.75万元。

5. 南虾河大桥

原设计方案南虾河大桥上部结构采用预应力空心板梁，施工图设计费用为704.56万元。由于大桥与路线交角较大，在深厚软基路段，对桥台的稳定不利，改为错墩式布置的分幅式连续梁结构，工程费用上升为1 069.68万元，比施工图预算增加了365.12万元。

6. 路面工程

原设计方案沥青混凝土路面是一次设计、分两期实施，面层沥青混凝土厚度为16cm（软基段）及9cm（挖方段）；收费广场水泥混凝土路面厚度为25cm；基层为水泥稳定碎石基层，底基层为水泥稳定石屑。整个路面工程概算费用为10 745.72万元。由于半刚性基层结构的初期建设费用虽然较组合式基层结构低，但维修费用高、路况差、服务寿命短。设计变更后的沥青混凝土路面，除沉降未稳定软基段分两期实施外，其余沉降稳定段及挖方段按一期方案实施，面层沥青混凝土厚度为18cm；收费广场水泥混凝土路面厚度调整为28cm；基层及底基层均设置为水泥稳定碎石基层，并在半刚性下基层之上增设一层沥青混合料排水上基层（ATPB—30），总工程费用21 157.22万元，比批复概算增加10 411.5万元。

综合上所述6项变更设计，工程费用比批复概算增加50 546.08亿元，如表6-1-1所示。

珠海段变更设计工程费用统计　　　　表6-1-1

序号	原设计项目名称	变更设计后项目名称	原设计项目费用（万元）	变更设计后项目费用（万元）	项目增加费用（万元）
1	软基处理	软基处理	9 343.26	17 016.77	7 673.51
2	荷麻溪特大桥	荷麻溪特大桥	15 284.66	21 161.41	5 876.75
3	水厂路特大桥	斗门互通立交	2 000.57	29 461.52	27 460.95
4	黄杨互通立交	黄杨特大桥	10 510.33	6 576.56	−1 241.75
		黄镜门大桥		2 692.02	
5	南虾河大桥	南虾河大桥	704.56	1 069.68	365.12
6	路面工程	路面工程	10 745.72	21 157.22	10 411.5
合计			48 589.1	99 135.18	50 546.08

（二）建设期主要建筑材料大幅涨价

2003年12月以来，由于国内、省内固定资产投资增长过快，致使大部分建筑材料涨价。珠海段原材料费批复概算为4.23亿元，按珠海市2004年4月的建筑工程材料费指数（126）相对2003年4月指数（113）计算，材料费用比批复概算增加约0.49亿元。

(三)征地拆迁费用上升

珠海是经济特区,征地拆迁费用无法按国家《土地法》的征地补偿标准实施。征地拆迁受阻不仅使部分地段开工延迟,而且增大了征地拆迁成本。据统计,珠海段征地拆迁总费用达1.6亿元,比批复概算增加0.45亿元。

(四)建设期利息增加

由于征地拆迁一直无法按计划完成,致使大部分路基填筑完工时间均比原定计划严重滞后;项目沿线分布着广泛的软土地基,迟迟达不到设计路基沉降指标的要求,以致不能按期进行路面施工,导致建设工期拖长至3年,造成建设期贷款利息增加;项目投资大幅超概算,贷款利息也随之上升。估算建设期增加贷款利息1.12亿元。

综合以上四项,珠海段超批复概算累计约7.11亿元。

二、江门段超概算的原因分析

2003年11月,省计委批复江门段的投资估算为9.95亿元;2004年8月,省交通厅批复概算为10.84亿元;在具体实施中,超批复概算3.48亿元。其主要原因如下。

(一)扩大建设规模

四村互通立交是连接江中高速公路、江鹤高速公路二期以及江珠高速公路的枢纽立交,据政府部门协调,划定了四村互通立交的施工界面,除江中、江鹤高速公路主线段以外,其余均为江珠高速公路实施范围,造成建设规模比初步设计概算批复的规模大。江珠高速公路四村互通立交概算批复约为1.3亿元,实际建设费用为2.1亿元,比批复概算增加了8 000万元。

(二)变更设计方案

1. 特殊路基(软基)处理

江门段比珠海段晚开工一年,为了实现同步通车,较大规模的使用了真空预压处理软基,并在局部路段将超载预压高度设置到2m。这样,江门段软基处理除四村互通外,共涉及袋装砂井6 157 410m、土工格栅565 269m²、砂垫层318 244m³、预压与超载预压278 110m³、真空预压200 000m²,软基处理工程费用约为8 700万元,比批复概算增加4 000万元。

2. 南环互通

在施工图设计中,按当地政府城市发展规划的要求,将南环互通的位置移至南环路与东海路的平交口,匝道长度等均发生了变化,再加上材料价格上涨,预算总费用为7 685.08万元(不含收费站房),比批复概算增加2 000万元。

3. 新沙河桥

由于珠海岸桥台过于靠近河岸侵占河道,新沙河桥设计方案将桥长顺延了一跨20m跨,造价增加了100多万元。

4. 横沥河桥

原设计为空心板方案,根据施工图审查意见修改为主桥采用现浇连续箱梁方案,引桥采用空心板方案,为此增加造价150万元。

5. 睦州围特大桥

据施工图审查意见,将原睦州围特大桥延长了5跨20m空心板,总长增加到855.4m,增加造价700万元。

6. 路面工程

由于江门段与珠海段的路面方案在标准上须保持统一,因而参照珠海段路面结构调整了路面工程

方案。调整后的路面工程造价约 14 000 万元，比批复概算增加了 5 100 万元。

(三)材料涨价

江门段在 2004 年 9 月开工以来，材料大幅涨价。以沥青材料为例：批复概算沥青单价为 2 400 元/t，而实施中沥青单价达到 4 000 元/t；江门段沥青总用量约 11 000t，仅此一项就增加投资 1 800 万元。再加上钢筋、水泥、汽油、柴油等都有不同程度的增长，主材费比批复概算增加 7 000 万元。

(四)征地拆迁费用上升

江门段征地拆迁历时近两年，直至 2006 年 10 月，才得以完成全线征地拆迁任务。总征地拆迁费用达 2 亿元，比批复概算增加 5 500 万元。

(五)贷款利息增加

由于受到总投资额的增加、建设期延长的影响，建设期贷款利息估算增加 2 250 万元。

综上所述，江门段共超批复概算 3.48 亿元，如表 6-1-2 所示。

江门段超概算统计　　表 6-1-2

序　　号	一	二						三	四	五
项目	四村互通	设计变更(12050 万元)						材料涨价	征地拆迁	贷款利息
		软基处理	南环互通	新沙河桥	横沥河桥	睦州围特大桥	路面工程			
增加费用（万元）	8 000	4 000	2 000	100	150	700	5 100	7 000	5 500	2 250
合计	34 800									

三、全线超批复概算总额

根据上述分析，珠海段超批复概算 7.11 亿元，江门段超批复概算 3.48 亿元，汇总全线投资超批复概算 10.59 亿元。

第二节　成本控制的基本原则

江珠公司引入了市场竞争机制，遵循以下八项基本原则，切实加强项目成本控制和管理。

一、政策法规的原则

项目成本管理，是一项政策性很强的工作。江珠高速公路工程的成本控制，涉及国家有关财经政策的贯彻与实施，必须严格遵循国家颁布的《成本管理条例》、《会计准则》及相关政策法规。江珠公司既遵守成本开支范围和标准，执行财务成本政策具有坚定性；同时又从实际出发，运用财务成本政策具有灵活性，实现节约支出、降低成本的目标。

二、标准规范的原则

项目成本控制的基础是标准和规范。为对各项成本费用实施有效控制，江珠公司运用大量的技术标准、质量标准、消耗标准、价格标准等，在严格优化方案的基础上，结合实际情况制定各种与项目成本控制相关的标准，规范公司降低成本的行为，要求项目花钱务必精打细算，全力厉行节俭，加强成本的标准化和规范化管理。

三、合同信守的原则

在市场经济条件下从事高速公路建设，江珠公司作为业主，与设计、施工及监理单位签订了具有法律约束力的51份合同，还有大量的材料采购合同，形成了一个庞大的"合同系统工程"。江珠公司在合同管理中，始终坚持以各参建方守信合同为基础，以控制建设成本为重点，努力做到广泛调查，深入了解；认真测算，科学分析；广开言路，集体决策，确保各项合同履约，谋求实现成本控制的既定目标。

例如在路面施工队伍选择中，某标段通过招标已确定A单位中标，随后通过调查了解，甲乙方展开面对面的合同谈判，发现A单位无法兑现合同的基本要求，如履约保证金无法提供，基本人员和设备无法保障等。江珠公司经集体决策，撤销了A单位的中标资格；与此同时，又按法定程序对第二中标候选人——B单位进行综合考评，经集体决策，选定了B单位为中标人，并与之签订合同。对江珠公司而言，B单位的实力和素质符合路面施工的总体要求，合同守信有保证；B单位投标报价低于A单位0.2%，降低了造价成本。合同管理收到了"一举两得"的效果。

四、财务监管的原则

以资金筹措和有效使用为核心的财务监管，在建设全过程中最先介入最后退出，贯穿于项目建设始终，直接作用于项目建设的成本。财务监管的目标，就是通过加强财务管理，控制资金运行，严格遵守成本开支范围和费用开支标准，认真进行预算成本与实际成本的对比分析，尽可能以最低成本和最小风险，为项目建设筹集充足的资金并使资金得到良性周转和有效使用。

以工程计量与支付为例，它是江珠公司资金流出的最后一道关，事关成本控制的大局。为此，江珠公司严格实施"工程计量支付制度"，对工程计量要求、内容、报表格式、审批流程、支付手续等，都作出了明确而又详细的规定，严格要求公司各部门、施工企业、监理单位遵守制度、规范操作。公司财务部在计量支付中，按合同规定把住"三关"：一是当期应扣5%的工程保留金，是否计算扣除；二是按照工程进度比例，是否按规定扣还甲供材料、设备及开工预付款；三是当期应扣除的其他款项如代缴税金、代垫零星支付等，是否已计算扣除。在这"三关"运作完成后，确认计量批复金额准确无误的情况下，再填写计量付款申请呈报领导审批，然后及时把工程款支付出去，既不影响工程进展，又实现公司资金利用率的优化，在计量支付重要环节上规范完成控制成本的使命。

五、比较鉴别的原则

有比较，才有鉴别；通过比较鉴别，才能有效控制成本。江珠项目建设需要的材料有120多种，钢筋、水泥、沥青材料等几种A类材料，占材料品种总数2.5%，费用支出却占材料采购总费用68.97%；B类材料如交安材料、基层碎石、土工格栅、面层碎石、砂井袋、支座等，占材料采购总费用19.57%；而占材料品种总数92.5%的C类材料，只占材料采购总费用12%。江珠公司决策A、B类为甲供材料，并在选择和确定供应厂商方面下足功夫。为此，江珠公司遵循比较鉴别的原则，将认可厂商的有关资料存档，编入公司的合格供货厂商名单，即所谓"长名单"，并进行定期测评，删除测评不合格的供货厂商；对保留名单的合格供货厂商进行询价，初选3～5个厂商列入所谓"短名单"，并对"短名单"中的厂商实行动态管理，尤其重视厂商的业绩、资质和财务状况，执行合同的信誉等；实行"货比三家"，选择材料质量好、价格又相对较低的厂商供货。江珠公司在反复比较鉴别过程中，保证了采购甲供材料的质量和交货进度，控制采购费用，降低工程成本。

六、成本责任的原则

项目成本控制离不开一定的对象，即控制的主体和客体。江珠项目成本控制的主体，就是管理和直接参与工程成本运作有关的个人、部门和单位；项目成本控制的客体，就是所要管理和控制的工程建设成本。在实施目标成本管理制度下，江珠公司将工程成本的各个子项，划分为一个一个细项；对细项进一步分解，即对构成工程成本的各要素分类、排序、分解，最终落实到项目。与此同时，对参与与成本管理的有关人员进行有效的组织和划分，把工程成本管理的各类目标，在相关人、单位与部门中进行分割肢解，层层落实。如在材料设备采购概算价落实后，把材料设备采购费用划分为招标费、运杂费、保险费、安装费、采购保管费等细目，把招标费落实到负责招标的业务部门，按规定控制在材料设备采购成本1.5%以内；运杂费按材料设备价格的7%，具体落实到委托负责运输的单位和部门；保险费、安装费及材料设备的采购保管费，均确定具体费率和金额控制标准，落实到具体责任人，全面实施成本责任制。

七、顾全大局的原则

局部服从全局，这不仅是政治原则，也是经济活动需要统筹兼顾的基本原则。民营企业无对口的上级主管部门，在投融资建设高速公路的过程中，既要紧紧依靠地方政府的支持，又要主动服从地方政府的领导，这两者是紧密联结在一起的。江珠公司绝不能在有困难时就去找政府，而政府为了当地经济发展提出项目变更设计时却不理会政府。如本章第一节所述，按珠海市政府提出斗门互通立交的设计变更，比批复概算增加了27 460.95万元；按江门市政府提出增建南环立交的要求，增加投资9 685.05万元；两市征地拆迁，共超批复概算1亿元以上，等等。这些增加投资的项目，必然加大民营企业的投资和重负，与控制项目成本是背道而驰的。在这样的情况下，成本管理必须顾全大局、服从大局，绝不允许以成本上升为理由而去抵制乃至对抗政府的正确决定。这就是江珠公司在成本控制中的顾全大局原则。

八、保证质量的原则

降低成本必须服从和服务于保证工程质量。对不利于提高工程质量的降低成本，江珠公司不会干也绝不允许干；对有利于提高工程质量而必须增加的投入，江珠公司不会以控制成本为由而"一毛不拔"，在力求节约原则下该增加投资就坚决增加。如同本章第一节所述，为处理好特殊软基路段，珠海段比批复概算增加投入7 673.51万元，江门段比批复概算增加投入4 000万元。为了提高工程质量，即使"下血本"也在所不惜。这体现了江珠公司在成本控制中的保证质量原则。

第三节　成本控制的主要措施

江珠公司既尊重高速公路建设成本控制的客观规律，又充分发挥由民营企业全额投资并主持建设的优势和主观能动性，以本章第一节阐述的八项原则为指导，从五个方面加强成本控制。

一、通过严格合同管理降低成本

以合同管理控制成本为主线，贯穿于江珠项目建设全过程。合同签订后，就成了甲乙双方必须执行的法规。江珠公司强硬坚持"只认法理，不讲情面"的合同管理原则，坚决杜绝合同的关系变更、人情变更。江珠公司通过严格合同管理，累计降低成本45 600万元。

（一）抓好招标工作，是成本控制的关键

1. 编制好招标文件

江珠公司把编制招标文件的重点放在堵住合同漏洞，细化计量、变更作价规则，完善计量、变更、索赔程序。如在合同规定的计量原则中，江珠公司针某些对承包人在隐蔽工程项目虚报工程量上做手脚，就对其工程量能事先固定死的就固定死，不能固定死的采取施工、监理、业主联合现场测量计量的程序确认，不让某些承包人钻计量的空子；坚决堵住某些承包人以征地拆迁影响施工为由随意索赔的漏洞，对不属关键线路上的影响不予考虑赔偿，同时缩短索赔程序的时限，防止某些承包人串通地方阻工，漫天要价地寻求索赔；变更项目单价以合同单价为基础类推计算，防止某些承包人低报价中标，然后通过

非实质性的工程变更，达到推翻原订合同单价的目的；强制投保，降低自然灾害损失风险，通过保险公司专业化的理赔程序，减少与某些承包人在此方面的合同纠缠。由于合同文件的细致、严谨，有效地阻止了 12 个承包单位上报的 120 多份索赔、费用变更申请，涉及金额达 7 000 多万元。

2. 制定合理标价

江珠高速公路项目共进行四次大型工程招标，涵盖了全部主体工程。每次招标前，江珠公司组织工程技术、经济人员详细踏勘施工现场，制定科学合理的施工组织方案，调查好地方资源及价格，制定合理的施工成本控制价格，并以此作为招标控制的基准价。在定出基准价的基础上，上浮 10%作为投标报价上限。招标的结果，中标价比概算平均下降了 15.6%，其中：路基桥涵工程下降 18.6%，路面工程下降 11.5%，交通工程下降 5.8%。通过工程招标，降低成本 3.28 亿元。

（二）抓好零星工程的合同管理，是成本控制不可缺失的环节

江珠项目建设除主体工程外，还有相当部分的零星工程，如合同外工程，地方征地拆迁工程，恢复水利、通信、电力、道路建设工程等。这些零星工程的项目多且又分散，单个项目金额小，往往因为不起眼而容易被忽视，如果投资控制不好，上下相差金额近 30%。这些零星工程有 280 多个，占江珠项目总投资约 1%，近 3 000 万元。为此，江珠公司规定：凡造价超过 5 万元的工程，须进行邀标；凡造价低于 5 万元的工程，须进行议标；所有零星工程的合同谈判、签约，归口合约部组织实施。通过对零星工程的严格合同管理，起到了集腋成裘的作用，约降低成本 800 万元。

（三）抓好变更和索赔审核，突破成本控制的难点

想方设法拉关系、托人情、钻空子，通过变更、索赔，达到增加造价，这是某些承包人谋取非法收益的惯用手段。为此，江珠公司始终坚持只认合同原则，不认关系、不讲人情，严格变更审批程序和审核索赔。据对全线 36 个施工标段上报的 945 份变更、索赔申请文件的审核，涉及金额共 2.346 亿元，其中依合同核减的金额达 1.2 亿元，突破了成本控制的难点。

二、通过开展科技创新降低成本

科技创新是企业的核心竞争力。江珠公司作为民营企业，在科技创新方面有着机制上的优势，凡是能保证质量安全，保证技术标准，降低投资成本的科技创新项目，都能得到立项审查通过，有些项目即使存在一定风险也敢于尝试。其中通过四项科技创新，降低成本 5 500 多万元。

（一）以预应力管桩取代桥梁钻孔桩基

原设计全线桥台及邻台墩的钻孔桩基，只要现场地质条件符合采用预应力管桩的要求，均改为预应力管桩。钻孔桩平均综合单价（含承台）为 3 032 元/延米，预应力管桩平均综合单价（含承台）为 460.8 元/延米，全线共有 240 根钻孔桩基均被预应力管桩取代，降低成本 500 万元以上。

（二）推广应用生态边坡防护技术

生态防护改变了传统的圬工边坡防护方式，既环保，又节省国土资源，还能节省投资。江珠公司聘请留日博士作指导，结合本项目实际地质条件，采用公路生态边坡防护新技术，将全线边坡坡面圬工防护改为生态防护。圬工防护平均综合单价 163 元/m^3，生态防护平均综合单价 9.6 元/m^2，全线边坡防护新技术应用总面积 70 万 m^2，降低成本 500 万元以上。

（三）引进生态排水系统科研成果

江珠公司在学习和借鉴长安大学与广清高速公路的生态水沟科研成果的基础上，因地制宜，改进提高，将全线传统的圬工排水系统改为生态排水系统。圬工排水系统平均综合单价 112 元/m，生态水沟

平均综合单价 40 元/m，全线应用生态排水系统水沟总长 105km，降低成本 800 万元以上。

(四)软基路段采用过渡式路面

江珠高速公路共有软基 32.1km，最深达 46m，沉降不会稳定，工后沉降值较大，如果实施传统路面设计，不仅增加路面投资，而且会造成不必要的浪费。为此，江珠公司与华南理工大学、长沙理工大学、武汉中咨路桥设计研究院等单位，共同研究过渡式路面方案，最后确定减少一层沥青面层，把磨耗层按普通沥青层实施，待路基沉降稳定后再铺设一层磨耗层。此项决策降低成本 3 520 万元。

三、通过加强材料管理降低成本

江珠项目各种原材料占总投资成本的 35%，降低工程原材料采购价格，成为降低成本的重要环节。江珠公司在施工招标时，就以合同形式明确工程 A、B 类材料由业主集中采购供应(即甲供材料)。通过大额集中采购，既降低原材料采购单价，又确保原材料的质量。

(一)加强材料供应市场调查和分析预测，减少投资风险

江珠公司材料部对大宗材料如钢材、沥青、水泥、波形护栏，专门订购了 5 个大型专业材料交易网站，每天对材料交易价格跟踪，对材料价格走向进行分析预测，为公司材料采购决策提供可靠依据。对价格波动幅度较大的大宗材料采购，其合同单价浮动为专业材料交易网站当天交易价加其他固定费用，从而降低了采购风险。对小宗材料、地方材料单价，按照货比三家的原则，多调查几家供应商，以不同身份对每家供应商多调查几次，确保材料采购为最低单价。例如，江珠公司在沥青材料采购上，全面调查沥青市场状况，正确把握市场走势，科学决策招标采购时机，降低采购成本 3 000 多万元。

(二)加强材料招标采购，力求质优价廉

江珠公司对所有材料采购均采取招标采购方式，不仅保证了材料质量和及时供应，而且获得了材料最低单价。全线招标采购材料 45 次，降低采购成本 1 000 多万元。

江珠公司集中的甲供材料，主要有各类钢材、水泥、沥青、路面碎石、桥梁支座、桥梁伸缩缝、土工隔栅、袋装砂井袋、波形护栏，涉及采购金额达 86 000 万元，共降低成本 4 000 多万元。材料采购降低成本对降低工程成本的贡献率达到 1.5%。

四、通过优化项目设计降低成本

在保证不降低质量和技术标准的前提下，通过优化设计控制投资，这是江珠公司降低成本其中的一项有效措施，共降低成本近 6 000 多万元。

(一)优化路线设计，减少用地面积

初步设计把减少征地列为一个重点。通过路线平纵面设计优化，与“工可”相比，江门段减少用地 226 亩(1 亩≈666.6m^2)，珠海段减少用地 574 亩，全线共减少用地 800 亩，减少征地费用约 2 000 万元。

(二)缩短荷麻溪特大桥的桥梁长度

在对珠海段初步设计的修编工作中，设计部门结合对初步设计的审查意见，提出了改变桥位使之与航道更接近正交，主线下穿横坑大桥的线路设计方案，有效地缩短了桥梁长度，建安费比原设计减少了投资 1 956 万元。

(三)桥头路基软基处理优化设计

江珠项目共有各类桥梁 30 座，每座桥头路基长 30～100m 不等。采用 CFG 桩，平均综合单价 65 元/延米；采用真空堆载预压，平均综合单价 95 元/m^2。把桥头路基软基处理原设计的 CFG 桩变更为真空堆载预压，共降低成本 1 500 多万元。

（四）8 座中小桥变更设计为涵洞

江门段原设计有 8 座中小桥，位于当地局域农田灌溉渠道上，桥位上下游均设置涵洞跨越，原设计因调查不细致，将其设计为 8 座中小桥梁跨越。项目开工后，江珠公司经过详细踏勘调查，认为没有必要设置桥梁，经与设计单位商量，并得到地方水利部门审查批准，同意变更设计为箱涵跨越，节省投资 500 万元。

五、通过加强资金管理降低成本

江珠项目的建设资金投放量大。公司财务部注重资金管理，千方百计运用利息杠杆，降低资金使用成本。对投放项目建设的银行贷款，财务部周密调控借款和用款时间，在保证工程用款支出的前提下，把资金库存量降到最低限度，累计节省了 300 多万元的利息支出。“七天通知存款”按照 1.62％的利率结息，这比普通流动账户 0.72％的活期利率高出 2.25 倍。而且是复利计息，提前 7 天通知银行即可取款，兼顾流动性和收益性。财务部就在赚取差额上做文章，对收到银行贷款以及自有资本金的闲置资金，即时转为“七天通知存款”。这样做，尽管手续较为繁琐，且需在使用资金时提前七天通知银行，有关财务人员还必须在精打细算上付出心血，但财务部一直坚持采用了这种转存处理方式，累计为公司增加约 300 万元利息收入。

第四节　成本控制的突出成效

江珠高速公路建设在成本控制上，充分展现了由民营企业投资和主持建设的降低成本优势和独具特色，凸显出成本控制的三大成效。

一、努力在项目内部消化成本上升的因素

造成江珠高速公路建设成本上升，主要是来自外部的三大因素：当地政府从经济发展全局出发，提出若干重大设计变更项目；国家和省政府实行最严格的土地管理措施，致使项目征地拆迁成本上升；全国固定资产投资增长过快，导致原材料市场价格上涨。这三大因素，是客观存在着的，江珠公司作为一家守法经营的民营企业是无法逆转的，项目为此付出了超概算数亿元的代价是必须勇敢面对和承受的。难能可贵的是，江珠公司没有消极对待，而是以积极的态度，采取有效的措施，通过严格合同管理、开展科技创新、加强材料管理、优化项目设计、加强资金管理等五项强力措施，累计降低成本 6.17 亿元。也就是说，在全线超批复概算 10.59 亿元中，近 60％是通过项目内部努力消化的，控制成本上涨显现成效。

二、实际总投资比调整后概算总投资有节余

江珠高速公路在 1997 年立项，同年批复了项目投资估算。由于受多种主客因素的影响，项目直至 2003 年才正式实施。受 1997 年投资估算的限制，项目概算批复为 24.71 亿元，远小于同年的初步设计的概算值。在工程建设期间，受上述三大因素的影响，使项目投资飙升，经批准的调整后概算总投资为 30.67 亿元。据工程决算，全线实际总投资为 29.2 亿元，比调整后概算总投资节省了 1.47 亿元。

三、珠三角区域近年来控制建设成本较好的高速公路项目

江珠高速公路按调整后概算总投资 30.67 亿元计算，平均每公里造价约 5 754 万元；按实际总投资 29.2 亿元计算，平均每公里造价 5 478 万元。按上述两种统计口径，江珠高速公路比珠三角区域近年来建成基本相同技术标准的高速公路的平均每公里造价降低了 1 000 万元以上。江珠公司以民营企业在成本控制上的胆识、气魄和睿智，打造了珠三角区域近年来控制建设成本较好的高速公路项目。

·第七章·

建设“人本、平安、环保”江珠

列宁说:“生气勃勃的社会主义是人民群众创造的。”毛泽东同志指出:“人民,只有人民,才是创造世界历史的动力。”革命导师这些经典的精辟论述,深刻揭示了人民群众在历史发展中的地位与作用。江珠公司在项目建设全过程中,以辩证唯物史观和科学发展观为指导,坚持以人为本,把公司员工和广大建设者当成最重要的资源,最宝贵的财富,实施项目建设管理的最主要的内源动力,进而把人本建设与工程建设紧密结合起来,把践行江珠人本管理、培育江珠企业文化、打造江珠平安工程、建设江珠环境友好,融合成“四位一体”的系统工程,共创工程建设人本江珠、平安江珠、环保江珠的综合业绩。

第一节　践行江珠人本管理

在工程项目建设管理中,只把公司员工看作使用工具、运作手段,这是“见物不见人”的传统管理模式。在江珠公司领导层看来,员工是企业管理中的首要因素,企业管理与员工发展具有内在的必然的联系;提高员工的综合素质,调动员工的主动性、积极性和创造性,这是促进和实现员工的全面发展,创造项目建设管理绩效的关键;江珠高速公路建设终能修成“正果”,必须实行“人路同建”,以“人”创造“物”,见“物”又见“人”。基于这样的认识,江珠公司以科学发展观为指导,在项目公司内部管理中,积极探索和实践人本管理的“四个合一”。

一、精神动力与使命责任合一

精神动力是公司员工素质的重要组成部分,具有灵魂性和导向性;营造公司员工正确的价值取向,使其把握自身在项目建设肩负的使命和责任,这是员工发挥主动性、积极性和创造性的力量源泉。江珠公司虽然是民营企业,但对精神动力在建设人本江珠中的地位却有着清醒的认识。公司领导层根据青年员工的性格特点和爱好,采取喜闻乐见的形式,对员工进行生动活泼的思想政治和道德操守教育,追求培训思想素质的实效。例如,在红军长征七十周年前夕,江珠公司从繁忙施工中挤时间,把全体员工组织起来,分两批上井冈山接受革命传统教育。员工们伫立在黄洋界哨口工事的战壕旁,抚摸着当年的机枪和大炮模型,回忆在革命战争的烽火岁月里,多少热血青年为革命献出最宝贵的生命。许多员工认识到,奋斗和奉献才是人生的真谛,在改革开放的大潮中,江珠人要把火热的激情投入到工程建设中去,用奋斗诠释生命,用热情激昂青春年华,用老一辈革命家的无私奉献精神去充实和丰盈自己的生命。

江珠公司作为一家民营企业,至今还没有组建党组织;但暂时没有党组织,并不等于没有思想政治工作。公司领导层更多地注重务实教育,把增强员工责任感,激发员工使命感,作为务实教育的出发点和归宿。2006 年 7 月,全省隆重召开交通工作会议,中央政治局委员、省委书记张德江作了“建设大交通,促进大发展”为主题的重要讲话。江珠公司在全线第三战役动员大会上,突出宣传省委、省政府这一重大战略部署,与此同时又着重阐述江珠高速公路在珠三角外环高速公路网的重要地位,对发展“三个西部”——珠海西部、广东西部、泛珠三角西部区域合作的积极作用,从而增强了员工对建设“精品江珠”

的责任感和使命感。珠海是经济比较发达的特区，但城乡差别仍然比较大，江珠公司组织员工下到两所农村小学，了解实情，看到了农村教育的落后面，于是从公司领导到员工纷纷解囊助教兴学。善良的员工们心甘情愿地掏出了自己的一些劳动报酬，热心扶助农村小学，在主观上并不要求取得什么回报；但在客观上，善良之举却给员工带来思想灵魂的洗礼和升华，使他们看到加快江珠高速公路建设对促进沿线城乡发展尤其是改变农村落后面貌的积极作用，从而增强了责任感和使命感。这种潜移默化的思想教育，对提高员工的思想素质，树立正确的世界观、人生观和价值观，立足本职，爱岗敬业，起到了积极作用。

二、人本管理与制度约束合一

在江珠公司领导层看来，不信任员工，甚至歧视和伤害员工，这是最失败的管理。企业必须通过管理产生出“强磁场效应”，把人本管理的凝聚力和吸引力充分发挥出来。江珠公司的人本管理有两个特点：一是体现在对员工“个体人”强调的自尊、自重、自立、自信、自爱、自强；二是体现在对员工“群体人”强调的尊重、理解、善待、宽容、培育、造就，从而使企业牢固确立以人为本，尊重员工的人格和价值，挖掘员工潜能，实现人力资源配置优化，企业工作效率优化。

在江珠公司人本管理中，规章制度和职业道德规范是不可或缺的。这是因为规章制度是一种文明，能产生效率，能使员工明确该做什么、如何去做、怎样做好，能够成为员工行为合理化的准绳。江珠公司的制度还包括“双向选择”机制：一方面，员工有选择职业的权利，有应聘和辞职的权利，允许员工合理流动；另一方面，公司也有选择员工和解聘员工的权利。实行这样的制度，有利于优胜劣汰，建设结构合理、素质良好的员工群体。江珠公司的规章制度，是企业的规范和行为准则，对员工会产生有形的约束，并且具有强制力。但这种制度约束力，对“个体人”来说，是公正平等的，从老总到员工，都要按照规章制度自律，在规章制度面前人人平等。孔子说：“其身正，不令而行；其身不正，虽令不从”（《论语》）。据此，公司领导层在遵守规章制度方面，对自己提出了更高的要求。对“群体人”来说，规章制度又是严肃的、有序的，有“令”必行，行“令”必严，违“令”必究。否则，规章制度就会形同虚设，其严肃性就荡然无存，无组织纪律的员工群体就如同一盘散沙，企业就失去凝聚力，员工群体就没有战斗力，“人本管理”说得再好也是“海市蜃楼”。规章制度管理的严谨可行与严格执行，恰恰是体现了“人性”的，具有“人本”的；人本管理与制度约束合一，目的是把员工个体与群体的主动性、积极性和创造力组织好、发挥好、保护好，达到以规章制度之威德而志远，用动情晓理之慈厚以怀人，因而更能符合人的本质属性。

三、知人善任与人尽其才合一

江珠公司是首次涉足高速公路项目投资建设的民营企业。为了企业的生存发展，必须迎合员工的选择要求，必须开发员工的人力资源。公司领导层在实践中体会到：员工的才干，用之则进，不用则退。只有知人善任，才能发挥员工的聪明才智，有利于员工的发展，企业因人才聚集而兴旺；反之，压抑员工才干，就会束缚员工的发展，企业因人才流失而衰败。江珠公司员工队伍以刚离开校门的大专院校毕业生为主体，公司领导层对青年员工寄以厚望，坚信经过努力奋斗，人人都可以成才。在这种开放的科学的人才理念导向下，公司把品德、知识、能力和业绩作为衡量人才的主要标准，不唯学历，不唯资历，不唯职称，在公开、平等、竞争、择优的原则下知人善任，力求做到不拘一格选人才、用人才。为激励青年员工健康成长，公司对他们多表扬、多鼓励、多包容、少责难，尤其是对勇挑重担的创新型人才，公司深明创新必然伴随风险、风险必然伴随挫折的哲理，因而对员工在创新过程中出现的风险乃至挫折给予更多的理解和宽容，绝不求全责备，并提拔重用那些闯过风险而取得成功的创新人才。江珠公司两名副总经理、一名总工程师、九名部门经理以及一批业务主管人员，就是这样提拔和成长起来的。他们适其所任，人尽其才，在工程建设管理中发挥出中流砥柱的作用。

江珠公司毕竟是新创办的企业，人才相对缺乏。为应对技术人才不足的急切需求，公司领导层十分重视招贤纳士，并委以重任。江珠高速公路软基路段长，最深达46m，在施工过程中容易出现路基滑塌安全事故，而公司内部处理软基技术力量相对薄弱。为此，江珠公司专门聘请软基观测监控单位派出技术专才，委以对全线软基填土施工、结构物反开挖施工、路基卸载施工进行指导与控制的重任，取得很好的效果。又如荷麻溪特大桥，这是目前全国最长的部分斜拉桥，施工技术复杂、难度大，为确保工程质量，江珠公司专门聘请华南理工大学的专家对全桥施工进行监控；聘请集生产安装于一体的柳州OVM公司派出技术专才，指导大桥斜拉索施工；聘请西南交通大学派出技术专才，负责大桥挂篮设计，从而使大桥的工程质量始终处于受控状态。为了优化软基路段的路面设计，聘请了武汉中咨路桥设计研究院派出技术专才，优化设计方案；为了确保全线生态美观、环境友好，聘请了绿化设计院专业人才，优化设计，指导施工，做好全线绿化环保。

四、感情投资与仁爱至善合一

江珠公司董事长文化素质高，尊崇孔子的“仁者爱人”哲理，信奉孟子的“爱人者，人恒爱之；敬人者，人恒敬之”的因果报应之说。在她看来，人既有“性本善”的光明面，又有“性本恶”的阴暗面；在企业实行人本管理，应当体现“善良是根本，宽容是关键，压力自调整，关系须调和”的理念，以人的“性本善”抑制乃至战胜“性本恶”，让员工追求真、善、美，实现人际关系和谐。在这样的理念指导下，她很看重以“仁爱”为出发点、以“至善”为落脚点的感情投资。董事长支持公司出资组织全员参与井冈山红色之旅；远赴清远山区漂流搏击；到沿海上川岛大浪淘沙；在山野开展无极限拓展军训；在野外之夜露营烧烤；每年岭南佳果成熟季节，上果园“日啖荔枝三百颗”；举办员工中秋赏月会，元旦、春节联欢晚会等。这些喜闻乐见的活动，突出了以员工为本的主题，适合青年人的特点，陶冶青年人的情操，增强企业的凝聚力。此外，每年中秋和春节两大节日，以公司的名义给员工家庭发慰问信，赠送小礼物；为生日员工送上大蛋糕，让员工相互祝福同乐；公司年底给员工发双薪，节日给员工发奖金；董事长单独约见工作表现突出、对公司有贡献的员工，口头表彰，“红包”激励；专设“董事长信箱”，让员工们广开言路，等等。这些感情投资，无微不至地体现了对员工的仁爱至善，是“润物细无声”，增强员工对企业的向心力，让员工对“企业之家”有着亲和力和归属感。江珠公司董事长是这样警醒自我的：“铁军的领袖，自古以来都是十分爱兵的，真正去关心你的弟兄”。

2006年中秋节前夕，适逢全线第三战役大干，公司不放节日假，给每个员工亲属发出慰问信，邮寄两盒月饼。员工们的亲属纷纷来电给自己的儿女，感激之情溢于言表，勉励儿女们立足江珠，积极大干。此时此刻，此情此景，员工们心情激动，他们想到了董事长跟自己一样，远离定居在北京的父母亲，在中秋节同样不能全家团圆，不能与父母亲共享天伦之乐。于是十五位青年员工自发地悄悄串联起来，联署给董事长的父母亲写慰问信，一颗颗虔诚之心，仁爱至善，跃然纸上。

员工们联名致董事长父母的信，激情洋溢，发自内心，深刻揭示了“水可载舟，亦可覆舟”的古今名言哲理，深刻反映了感情投资与仁爱至善合一在江珠公司激发出来的震撼力。也从一个侧面体现了信奉佛教的江珠公司董事长的人生信条：“宅心仁厚，得道多助；心慈明悟，众生辅佐；上善若水，厚德载物；广结良缘，天长地久”。

第二节　培育江珠企业文化

践行江珠人本管理与培育江珠企业文化，是紧密联系在一起的，两者融合成为不可分割的整体。

一、企业文化的地位及作用

企业文化，是企业和企业员工在一定的历史环境中，在生产经营和建设管理活动中逐渐形成的具有企业特定的群体意识，为全体员工认可和遵循的企业理念、企业精神、企业形象、价值取向、道德规范、经营方式的总和。企业文化已成为社会文化的重要组成部分，是整个文化大系统中的一个子系统。21世纪是文化管理时代，是文化致富时代。企业文化将是企业的核心竞争力所在，是企业管理的重要内容。

江珠企业文化，就是在江珠高速公路建设过程中，培育了具有江珠特色的、为江珠团队员工所遵循的理念，展现出来的江珠精神和形象，恪守的共同价值取向和遵循的道德规范的总和。江珠公司作为广东省第一家由民营企业全额投融资建设高速公路的建设、经营、管理型企业，既遵循高速公路项目公司工程建设和管理的一般规律，又具有民营企业在大型基础设施投资领域先行者的独特性和创造性，在工程建设实践中培育了具有江珠特色的企业文化。

二、江珠企业文化的基本理念

文化理念是企业文化的核心内容。企业文化实质上是一种"认同"文化，得到了全体员工的认可，并经历一个自上而下、自下而上的互动过程，其中自下而上的过程尤为重要。员工的广泛参与，是塑造江珠企业文化的基础；发动员工参与企业文化建设的过程，就是广大员工统一意志、提高认识的过程，这是一种直接而又有效的江珠企业文化培育模式。江珠企业文化的基本理念，简要概括为以下几个方面。

一是企业愿景：立足江珠，面向广东，服务社会，以提高经济效益和社会效益为己任，把江珠公司建设成为工程质量创优、综合效益良好、员工团结和谐、服务社会一流的现代企业；

二是企业使命：建设精品，提高效益，创造未来；

三是企业精神：和谐、诚信、高效、创新；

四是企业价值观：发展企业、造福员工、奉献社会；

五是人才理念：知人善任、德才兼备、不拘一格、人尽其才；

六是企业形象用语：百年大计，质量为本；业成于实，信取于诚；打造精品工程，创建平安大道。

企业文化理念的培育，使江珠企业文化的建设取得阶段性成果。比如在文化理念中的企业使命——"建设精品，提高效益，创造未来"，充分体现了江珠团队实施的品牌战略，能动地指导着高速公路工程建设，增强了员工对促进"三个西部"：珠海西部、广东西部、泛珠三角西部的区域合作和经济发展的责任感和使命感；表达了员工奋力创造企业未来、员工未来、社会未来，进而实现企业强、员工富、贡献大的美好愿景。又如江珠团队精神，推进了由民营企业全额投融资建设的江珠高速公路"和谐、诚信、高效、创新"，使全体员工为之艰苦创业、敬业奉献、坚忍不拔、奋发有为，展示出员工与时俱进、勤奋学习、和谐包容、追求卓越的进取和创新精神。

三、江珠企业文化特色

江珠企业文化，成为企业生存发展的重要精神支撑，呈现了"五个坚持"的特点。

（一）坚持奉献社会，是江珠企业文化的核心价值观

对于不变与变的辩证关系，江珠人有着清醒而深刻的认识。一个开放性的企业文化，必定是一个动态系统。不管企业怎么变革，其核心价值观总会在变化过程中积淀并延续发展。7年来，江珠公司一直奉行"发展企业，造福员工，奉献社会"的企业价值观，其中"奉献社会"又是企业价值观的核心。无论是响应省政府提出"建设大交通，促进大发展"的战略决策，还是实践珠海市"城市西拓，工业西进"的战略方针；无论是确保江珠高速公路按既定目标建成通车，还是协调解决与地方的利益矛盾；无论是为一批应届院校毕业生提供就业机会，还是积极资助珠海、江门两市的一些贫困学生，为灾区捐款捐物；无论是在过去，还是在今天，奉献社会当之无愧的成为江珠团队的核心价值观。实践证明，牢固树立全局观念，主动承担社会责任，已成为江珠团队的重要价值取向和行为准则，变成了员工立足本职、多做奉献的自觉行为。文化一旦成为意识，意识就会变成习惯；而习惯则是一个人最自然的流露，上乘工作质量要靠良好习惯来保证。当意识、文化和责任都融入习惯中时，企业就不可战胜。

江珠公司在项目建设愿景中认真实现核心价值观，小心地保护和延续核心价值观。江珠团队的愿景，是要成为"翘楚中的翘楚，长空中的雄鹰"，高瞻远瞩的百年公司。

(二)坚持科学发展观,是江珠企业文化的精髓

党的十六大提出:“坚持以人为本,树立全面、协调、可持续的发展观,促进经济社会和人的全面发展”。在党的十六届三中全会上进一步提出:科学发展观不仅是对于国家和各地区发展的战略要求,而且对企业的发展战略也具有重要指导意义。科学发展观为企业文化建设指明方向,成为江珠企业文化的精髓。

江珠公司把“建设精品,提高效益,创造未来”作为企业建设的使命。为了实现使命,江珠公司一是实行发展的质量观。在工程建设中,坚持“百年大计,质量第一”的方针,齐力合力创优质工程;在营运管理中,坚持“顾客至上,优质服务”的方针,千方百计让顾客舒适、平安。二是实行发展的创新观。公司走科技兴企之路,在工程建设中,大力培育创新意识、倡导创新精神、完善创新机制,努力营造鼓励和支持技术人员创新的良好氛围,让科技创新结果引领质量上台阶。三是实行发展的统筹观。在企业发展战略和业务策略上,注重统筹兼顾,通盘谋划,协调和谐,稳步发展。四是实行发展的责任观。以高度的责任感和使命感,对民营企业投资者负责,对信贷银行负责,对全体员工负责,对沿线群众负责,对广大顾客负责,在实践中始终如一地践行“业成于实,信取于诚”。五是实行发展的人文环境观。企业坚持以员工为本,是广大员工能心灵沟通,感情交流,聚拢人气,提升志气;上下之间、员工之间,做到平等待人,善气迎人,靠爱人受人爱,靠敬人受人敬,培育团结和谐发展的人文环境。

(三)坚持上下同欲的平等观,是江珠企业文化的可贵风格

江珠高速公路项目建设任务实际上由四个公司承担:即珠海新长江建设投资有限公司、江珠高速公路有限公司、江珠高速公路江门段有限公司和江珠高速公路珠海段有限公司。实行“对外四块牌子,对内一套人马”的运行机制,从公司领导到技术骨干和办公室文员,包括驾驶员、保安员、炊事员和卫生保洁员,总共不到50人,组成了项目建设管理大本营,肩负起工程建设的策划、组织、管理、指挥调度和监督实施等重任,并出色地完成了任务。这“四合一”的企业组织形式之所以取得成功,在很大程度上得力于公司领导层既严格按市场经济规律驾驭企业,通过建立健全各种科学严格的管理,规范员工职业道德和职务行为,实行“有形管理”;同时又注重通过润物细无声的方式,潜移默化地影响员工,将员工们的道德观念、思想状态和行为作风,调整到利于企业优质高效运作的轨道上来,实施水乳交融的“无形管理”。例如真诚地关怀、爱护和尊重员工,努力营造上下一心、亲如手足、相敬如宾的人际关系;坚持业绩为主的人才评价标准,放手让员工发挥聪明才智和业务专长,充分调动员工的积极性;坚持平易近人的领导作风,公司领导经常深入实际,以普通员工的身份参与团队各种集体活动,常年同员工一起吃公司食堂的大锅饭等。这种“无形管理”形成的平等观像春风化雨一般,沁透员工心田,不断强化员工的归属感和责任感,孕育上下一心、团结和谐、步调一致的企业氛围,使企业进入一种人人想干事、争相多干事、努力干好事的全员自主状态。这正如《孙子兵法》所云:“上下同欲者胜”。

(四)坚持注重细节建设,是江珠企业文化的显著特色

企业文化得到广大员工的理解和接受无疑是重要的,但更重要的则是把这些精神理念转化为每个员工的实践行动。江珠企业文化建设是与工程建设管理活动连接在一起的,并把企业文化建设落实到工程建设管理活动的每个细节中。这正如西方著名管理学家帕金森说:“注重细节有时能收到点石成金的作用”。

从横向层面来看,江珠企业文化落实到公司每个部门、每个岗位。在公司办公楼内、每个办公室内、办公OA系统里,都能看到展示企业活动的照片和宣传资料。一张张充满朝气、凝练团队精神的照片、宣传图片和各种激发斗志口号,展现了企业的“精、气、神”,为项目的建设注入了思想力、凝聚力和战斗力。文化力也就转化为现实的生产力。

从纵向层面看,企业文化落实到项目建设管理的工作中,集中体现在把企业的价值观和理念系统贯彻到每个工作环节里，全面加强企业执行力。江珠公司努力在员工中倡导“细节影响成败”，要求员工在工作的各环节都要注重细节，不放过每个小问题，及时进行日、周总结，达到每月、每周甚至每日都有工作质量提升。

江珠文化注重细节的特色，是领导倡导的，并从领导做起的。孔子说：“苟正其身矣，于从政乎何有？不能正其身，如正人何？”(《论语》)。领导率先垂范，改变了很多企业的“官本位”意识以及等级森严的状况。确立“以人为本”的管理理念，设立董事长信箱，员工可为公司和自身的发展献言献策；公司坚持平易近人的领导作风，并深入实际，实践证明：“政者，正也。子帅以正，孰敢不正！”(孔子·论语)。公司领导层从这些细微之处打破等级制，真正建立起以人为本的企业文化。

(五)坚持规范的规章制度，是江珠企业文化的重要组成部分

江珠企业文化的建设过程是循序渐进的，既注重在量的方面积累，又注重在质的方面飞跃；既有长远发展目标，又有当前的实干要求，更注重与企业文化与规章制度的配合与融合。江珠公司以文化理念指导制定各项规章制度，体现公司企业文化的核心价值观；又通过规章制度来规范和促进企业文化建设。文化与制度的结合，产生了制度文化，这就是公司和员工的行为准则，包括各项规章制度、工作流程、工作标准和行为规范等。通过制度文化的建设来达到完善相关管理制度的目的，寓文化理念于制度之中，规范公司经营管理和员工行为，提高管理效能，实现企业制度的规范化、企业管理的人性化。江珠公司制定的管理规章制度，项目质量管理制度，施工作业指导书等，全面强化了员工的责任心，培育爱岗敬业的职业心态，使员工掌握职业人必备的职业行为与沟通技巧，确保员工作业的人身安全，全面提高员工的素质。

四、打造江珠团队精神

践行江珠人本管理，培育江珠企业文化，必然打造出具有江珠特色的团队精神。江珠团队近50名员工构成一个有机整体，有着共同目标，为实现共同目标而共同奋斗；员工之间的行为相互依存，相互影响，友好合作，追求团队的整体成功。员工们的个人精神凝聚成团队精神，筑成看不见的坚固堡垒，这是企业兴旺发达、基业长青的精神支柱。江珠团队精神高度概括为八个字：和谐、诚信、高效、创新。

(一)和谐

江珠团队全体成员，为了一个共同目标——建设好江珠高速公路，从五湖四海走到一起来了。像江珠公司这样一个新组建的民营企业，和谐就是大局，和谐才有力量。江珠公司遵循党中央关于构建社会主义和谐社会的重大决策，以和谐的新境界打造江珠团队精神，着力建设和谐江珠，其实质就是营造安定团结、文明法治、心齐劲足、宽容谅解的和谐氛围，形成“员工热爱企业、企业爱护员工；建设依靠员工、发展惠及员工”的共同理念，这是提升江珠团队竞争力和创造力的根基。建设和谐江珠，在项目内部包括以下三个层次。

一是领导班子协同合作，这是建设和谐江珠的坚强核心。公司主要领导成员，同心共德，分工负责，真抓实干，发挥特长，才能互补，以每个成员的勤奋和作为，汇聚成实实在在的领导集体成果，产生强大的协同合作效应，率先垂范带领整个江珠团队进入团结和谐、全面参与、高效运作的最佳状态。

二是员工之间情通心连，这是建设和谐江珠的基石。全体员工在和谐的旗帜下，内强素质，外树形象，形成共同理念，为了共同目标，情相通，心相连，同呼吸，共命运，通过规范管理，明确各部门、各员工的职责，凡事按制度、程序办理，多层次全方位严格把关，共同把江珠高速公路建设好、营运好。与此同时，江珠公司继承中国传统文化的古典智慧，强调团队成员之间的“和而不同”。由于员工之间在社会实践、文化知识、个人经历、认知视野等方面存在着差异性，因而个人的性格爱好、工作风格、处理问题的方式方法，必然存在差异性。江珠公司充分尊重员工各自的差异性，“和而不同”才是和谐，才能团结一致。

三是参建单位履约协调，这是建设和谐江珠的关键。业主、设计、施工、监理和材料供应单位，组成项目建设的“五路兵团”。在市场经济利益主体多元化条件下，业主（甲方）与其他参建单位（乙方）不可避免会产生利益上的矛盾，化解矛盾的正确途径就是按合同履约，这是构建“五路兵团”和谐关系的法定基础；彼此加强沟通，互相理解，互相支持，为建设好江珠高速公路而协调合作，这是“五路兵团”和谐的集中体现；在工程建设诸多的利益矛盾中，业主往往居于矛盾的主要方面，对化解矛盾起着主导作用，业主在坚持信守合同的原则下，对某些矛盾采取灵活的应对措施，协调方方面面利益关系，甚至作出必要的让步，这是营造平安和谐的内部施工环境很有必要的举措。

（二）诚信

诚信，是社会文明的重要标志，是经济社会赖以生存发展的重要基础。在江珠团队内部，有了“和谐”作为团队精神的基础，“诚信”才得以很好地生长和演绎。诚信涵盖着企业对员工的诚信、员工对员工的诚信、员工对企业的诚信，企业对员工是透明的，员工对企业是忠诚的。江珠公司对高速公路工程建设行之有效的业主良好操守，以规章制度的形式固定下来，建立健全完善的诚信体系，成为团队成员共同遵守的行为规范。

江珠公司在对外经济活动中，公司信用涉及企业与企业之间、企业与银行之间、企业与政府之间、企业与沿线社会群体、个体之间的信用行为，范围相当广泛，情况十分复杂。在现行与信用制度建设密切相关的法律法规还不完善，社会信用环境不够理想的情况下，江珠团队把诚实守信，作为企业的一种形象、一种信誉、一种品牌。“业诚于实，信取于诚”，江珠公司把诚信当成了立业之本。在具体实践中，江珠团队把提高公司的诚信度与社会主义荣辱观结合起来，从提高经济合同履约率入手，建立信用制度，加强信用管理，防范信用风险，努力打造“诚信江珠名片”，构建对国家对社会对人民诚实守信的民营企业良好形象。

（三）高效

团队的人力资源，是企业通过人力投资逐步积累和形成的，是一个企业所具备的知识、经验技能的总和。员工的人力资源存量及其工作效率，是企业的竞争力、创造力和可持续发展能力的决定因素。在江珠公司“对外四家企业，对内一套人马”的现行特殊运作机制中，人员精简，使命繁重，人力资源尤为宝贵。把“高效”定位为团队精神，这是必然的。

与工程建设的“高效”包含着速度与质量的有机统一同样，江珠团队精神的“高效”，包含着时效与质效的有机统一。就时效而言，公司通过建立激励“高效”的支撑体系，要求团队成员立足本职，具备“只争朝夕”的精神，今天能干完的事绝不拖到明天，按时完成工作任务；就质效而言，同样通过激励“高效”的支撑体系，要求团队成员“想干事，会干事，干成事，能共事，廉办事”，在提高时效基础上确保质效，大力提高团队的人力资源利用效率，这才是真正意义上的“高效”。

（四）创新

创新，是一个民族进步的灵魂，是一个国家兴旺发达的不竭动力。江珠高速公路是广东省首条由民营企业独家投融资并全程主持建设的项目，这本身就是投资领域的一种创新，同时也就注定了江珠团队从组建之日起，必须弘扬创新民族魂，必须以创新为企业兴旺发达的不竭动力，必须把激发团队成员的创造力确定为开发人力资源的最高层次目标。江珠公司从实际出发，从三个方面培育团队的创新精神。

一是以理念创新为前提。人的行为总是以一定的思想观念为导向的；有什么样的理念，就会有什么样的行为；创新的行为，源于创新的理念。江珠公司认为，只要每个成员在思想理念上牢固扎根企业愿景、企业使命、企业精神和企业价值观，就基本具备了创新的精神力量和创新的价值导向，就有可能成为江珠团队的创新型人才。

二是以工程建设为创新的平台。实践出真知，江珠项目建设的创新型人才只能在工程建设实践的宽敞平台里成长。江珠公司突破民营企业妨碍创新型人才成长的体制内缺陷，建立创新的激励机制，把有志创新、有才创新的青年工程技术人员推向工程建设第一线,让他们经风雨,见世面,茁壮成长,成为企业创新的骨干力量。

三是注重把创新成果转化为现实生产力。如本书第三章第二节所述,江珠高速公路紧紧围绕以创优质工程为中心,大力开展自主创新,取得了11项创新成果。江珠公司及时把创新成果转化为现实生产力,既充分发挥了人才的创造力,又推动了工程建设。

江珠团队精神——“和谐、诚信、高效、创新”,这八个字,言简意赅,内涵丰富。彼此之间相互渗透,相互推动,相辅相承,互为因果,构成辩证统一的整体,实现了各种动力的凝聚,各种优势的集合。从而使江珠团队充满生机活力,在实现共同的企业使命的同时,又实现了团队成员各自的人生价值。

第三节 打造江珠平安工程

安全生产是党和国家的一贯方针和基本国策,是保护劳动者的安全和健康,促进社会生产力发展的基本保证,是保证社会主义经济发展、实现和谐社会的基本条件。这正如胡锦涛总书记深刻指出的:“把安全发展作为一个重要理念纳入社会主义现代化建设发展总体战略,是我们党对科学发展观认识的深化”。

江珠高速公路工程建设的特点是作业地点固定,人员流动相对较大,施工工期长,工程式样多;露天作业,受地理环境和气象条件影响大,施工人员的操作不稳定,其工程建设具有高风险性。古人说得好:“居安思危,思则有备,有备无患”。为保障从事江珠高速公路工程施工人员的安全,江珠公司坚持以人为本,实施完善的安全生产保障体系,层层落实,上下同心打造江珠平安工程,最终实现了安全生产零死亡率的既定目标。

一、打造平安工程,重在强化安全生产管理

(一)安全生产管理概述

安全生产管理由各参建单位全员参与,以人的因素为主,为达到安全生产目的而采取各种措施的管理。它是根据系统的观点提出来的一种组织管理方法,各参建单位全员、各部门同心协力,把专业技术、生产管理、数理统计和安全教育结合起来,建立起从签订施工合同,进行施工组织设计、现场平面设置等施工准备工作开始,到施工的各个阶段,直至工程竣工验收活动全过程的安全保证体系;采用经济、行政、法律、技术和教育等手段,有效控制设备事故、人身伤亡事故和职业危害的发生,实现安全生产、文明施工。它的基本特点是从过去的事故发生后吸取教训为主转变为预防为主;从管事故变为管酿成事故的不安全因素,把酿成事故的主要因素查出来,抓主要矛盾,发动全员、全部门参加,依靠科学的安全生产管理理论、程序和方法,把施工过程中潜伏的不安全因素处于受控状态,消除事故隐患,确保施工安全。

江珠公司在安全生产管理实践中,提高认识,把握规律,理清思路,充分调动参建各方,特别是施工单位各部门和全体员工注重安全生产管理,切实有效地运用现代科学技术和安全生产管理技术,做好设计、施工、监理和竣工验收等方面的工作,以预防为主,创造良好的施工环境和作业条件,使施工过程安全化、最优化,最大限度减少和避免事故发生,保证员工的健康和安全,实现打造平安工程的目标。

(二)安全生产管理的基本特点

以打造江珠平安工程为目标的安全生产管理,具有以下基本特点。

1.统一性

安全和生产是辩证的统一,即在保证安全的前提下,在推进施工的基础上,不断改善安全设施。施工越注意安全,就越能促进施工。

2. 预防性

坚定贯彻“安全第一、预防为主、综合治理”的方针。坚持安全第一，必须以预防为主，实施综合治理；只有综合治理各类隐患，有效防范事故，才能把安全第一落到实处，安全施工做到防患于未然。

3. 长期性

本项目的安全施工，是在持续3年多施工过程中的一项经常性工作，安全措施和安全教育必须贯彻始终.做到经常化、制度化。

4. 科学性

各种安全措施都是科学原理与实践经验的结合，不断学习运用科学知识才能进一步加强和改进安全措施。

5. 法治性

各施工企业是安全生产的责任主体，必须认真落实企业法定代表人负责制，在本企业贯彻落实党和国家的安全生产方针政策、法律法令，并依照法规保证和增加安全投入。

6. 群众性

安全施工与每个员工切身利益息息相关，必须全员重视安全，必须保障全员对安全生产的知情权、参与权与监督权，切实维护好员工生命安全和健康权益，安全施工才能得到保证。

(三)安全生产管理的主要内容

以打造江珠平安工程为目标的安全生产管理，包括以下主要内容。

1. 建立安全生产制度

安全生产制度必须符合国家和各级政府有关政策、法规、条例和规程，并结合施工项目的特点，明确各级各类人员安全生产责任制，要求全体人员必须认真贯彻执行。

2. 贯彻安全生产技术管理

编制施工组织设计时，必须结合工程实际，编制切实可行的安全生产技术措施，全体人员必须认真贯彻执行。若在执行过程中发现问题，须及时采取妥善的安全生产防护措施。要不断积累安全生产技术措施在执行过程中的技术资料，进行研究分析，总结提高，以利于后续工程的借鉴。

3. 坚持安全生产教育和安全生产技术培训

组织全员认真学习国家、各级政府和本企业的安全生产责任制、安全生产技术规程、安全生产操作规程和劳动保护条例等。新工人进入岗位前要进行安全生产纪律教育，特种专业作业人员要进行专业安全生产技术培训，考核合格后方能上岗。

4. 组织安全生产检查

为了确保安全生产，必须有监督监察。业主和总监办定期和不定期组织安全生产检查，安全生产检查员要经常查看现场，及时排除施工中的不安全因素，纠正违章作业，监督安全生产技术措施的执行，不断改善劳动条件，防止发生工伤事故。

5. 及时进行事故处理

在安全生产事故发生后，立即进行调查，了解事故产生的原因、过程和后果，提出鉴定意见。在总结经验教训的基础上，有针对性地制订防止事故再次发生的可靠措施。

6. 考核承包人的安全生产

将安全生产指标，作为承包合同的一项重要考核指标，站在践行《合同法》的高度上，对承包人实施安全生产条款的情况，加强经常性的考核。

二、安全生产管理的实施

江珠高速公路各参建方紧紧抓住上述安全生产管理诸要素，以安全生产责任制为基础，以安全生产教育和安全生产检查为手段，以各施工标段为单元，合力实施“以人为本，安全第一”的方针，奋力打造平安工程。

(一)安全生产责任制

在江珠项目施工中,安全生产责任制是安全生产管理制度的核心。各施工单位建立和落实安全生产责任制,明确规定各级领导、管理人员、工程技术人员和工人在安全工作上的具体任务、责任和权力,把安全与生产在组织上统一起来,把“管生产必须管安全”的原则在制度上固定下来,做到安全生产工作层层有分工,事事有人管,人人有专责,办事有标准,工作有检查和考核。以此把与安全生产直接有关的领导、技术干部、工人、职能部门联系起来,形成一个严密的安全生产管理工作系统,保证安全生产管理工作顺利进行。

打造江珠平安工程的实践证明:只有实行严格的安全生产责任制,使上至领导干部,下到班组员工,都明白该做什么,怎样做,负什么责,做好安全生产的标准是什么,才能真正实现全员、全方位、全过程的安全生产管理,把施工过程中各方面的事故隐患消灭在萌芽状态中,减少或避免事故的发生。

(二)安全生产教育

江珠项目工程施工大多在野外露天作业,受气候、地质等自然条件影响大,高空作业不安全因素情况复杂。为使员工适应施工作业环境,实现安全生产目标,一个必要的条件就是要求员工具有坚实的安全生产基本知识和基本技能,提高对施工作业环境的适应性,养成安全作业规范化的良好习惯。为此,各参建单位有计划开展安全生产教育工作,不断提高各级领导干部和全体员工的安全技术水平。

通过安全生产教育工作,使员工牢固树立“安全第一、预防为主、综合治理”的思想,懂得安全生产是企业实现文明施工、取得好的经济效益的重要手段,不仅满足企业生存发展的需要,而且保证员工自身免受伤害的需求;安全生产不只是哪一个人的事情,而是与社会、企业、自己、他人及家庭幸福息息相关的大事。员工有了这种认识,就能在施工生产中自觉遵守安全生产规章制度和施工作业规程,保护自己和他人的安全和健康,实现安全施工。

(三)安全生产检查

江珠项目组织开展的安全生产检查,是安全生产管理的重要内容,是认识和发现不安全因素,揭示和消除事故隐患,加强防护措施,预防工伤事故和职业危害的重要手段。通过安全检查,增强各级领导和广大员工的安全意识,促进施工单位对劳动保护和安全生产方针政策与规章制度的贯彻落实,解决安全生产上存在的问题,有利于改善施工场地的劳动条件和安全生产状况,预防工伤事故发生;通过互相检查、相互督促、交流经验、取长补短,进一步推动平安工程建设。

1.定期安全生产检查

江珠项目组织开展的定期安全生产检查,由总监办主持,业主参加,每月大检查一次。检查人员深入现场各岗位,实地检查,及时发现问题,消除事故隐患。对一时解绝不了的隐患,制订计划和措施,定人定位定时定责加以解决,不留尾巴,力求实效。检查结束后,作出评语和总结,根据《安全生产管理奖惩办法》给予奖励或处罚。

2.不定期安全生产检查

江珠项目组织开展的不定期安全生产检查,主要是考虑到施工作业的安全状态受地质条件、作业环境、气候变化、施工对象、施工人员素质等复杂情况的影响,为尽量减少工伤事故的发生,根据客观因素的变化,组织开展以下不定期安全生产检查。

(1)施工准备工作安全生产检查。每项工程开工前,由单位隶属的上级单位组织有关部门,检查施工组织是否有安全生产设计;施工机械设备是否符合技术和安全生产规定;安全生产防护设施是否符合要求;施工方案是否进行书面安全生产技术交底;各种工序是否有安全生产措施等。

(2)季节性安全生产检查。根据珠海、江门两市的气候特点,安全生产领导小组会同其他有关部门

适时进行检查。如夏季检查防洪、防暑、防雷电情况；秋冬季检查防火情况。

(3)节假日前后安全生产检查。节前员工安全生产的思想松懈，易发生事故，就进行防火、防爆、文明施工等方面的综合检查，发现隐患及时排除。节后为防止员工纪律松弛，对遵章守纪状况及节前所查隐患整改落实情况进行检查。

(4)专业性安全生产检查。对国家规定的焊接、电气、爆破、起重等特种作业，组织专业安全检查组分别进行检查，及时了解各种专业设备的安全性能、管理使用状况，岗位人员的安全技术素质等情况，对检查发现的危及职工人身安全问题，及时采取措施解决。

(5)业主代表、驻地监理、施工单位专职安全员日常检查。这是安全生产检查最基本、最重要的方法。每天巡视工地，实时准确反映工程安全施工状况，并能督促施工单位进行整改。

3.安全生产检查的内容

在打造江珠平安工程过程中，安全生产检查的内容归纳起来，主要是查思想、查管理制度、查隐患、查事故处理。

(1)查思想

主要是检查项目经理部各级领导和广大施工人员安全生产意识强不强；对安全生产管理工作认识是否明确；贯彻执行党和国家制定的安全生产方针、政策、规章、规程的自觉性高不高；是否树立了“安全第一，预防为主，综合治理”的思想；各级领导是否把安全生产工作纳入重要的议事日程，切实履行安全生产责任制中的职责；是否关心职工的安全和健康；广大员工是否人人关心安全生产；在进度与安全发生矛盾时，能否服从安全生产需要。

(2)查管理制度

主要是检查项目经理部在施工管理中，对安全生产是否做到“五同时”，即在计划、布置、检查、总结、评比生产工作的同时，要计划、布置、检查、总结、评比安全工作；是否结合本项目实际情况，建立健全了安全生产管理机构、安全生产责任制、安全生产奖惩制度、定期研究安全生产的工作制度、安全生产教育制度、安全生产技术措施管理制度、安全生产检查制度、事故调查处理制度、特种作业管理制度、保健、防护用品的发放管理制度等。同时检查上述制度执行情况，发现各级管理人员和岗位作业员工违反规章制度的，给予批评、教育。

(3)查隐患

主要是深入施工现场，检查施工场所的劳动条件、劳动环境是否存在以下不安全因素：施工场所的通道、照明、材料堆码等是否符合安全卫生要求；施工中常用的机电设备制动等安全装置，用于高空作业的脚手架、围栏和安全网的架设是否牢固可靠；起重作业的机具、绳索、保险装置是否符合运行技术标准；易燃、易爆和腐蚀性物品的使用、保管是否符合安全规定；个人劳保用品的配发和使用是否符合要求等。检查人员对发现的可能造成伤亡事故的重大隐患，有权下令停工，并报告有关领导，待隐患排除后才能复工。

(4)查事故处理

检查项目经理部对发生的工伤事故，是否按照“找不出原因不放过，本人和员工受不到教育不放过，没有制定出防范措施不放过”的原则，进行严肃认真地处理；是否及时、准确地向上级报告和进行统计。检查中如发现隐瞒不报、虚报或者故意延迟报告的情况，除责成补报外，对项目负责人给予通报批评，严重的立即向上级报告，依法处理。

三、打造荷麻溪特大桥平安工程

如果说高速公路工程建设具有高风险性，那么，特大桥工程建设则属于高风险中高风险。把全国目前主跨最长的部分斜拉桥——荷麻溪特大桥，打造成平安工程，这是江珠项目安全生产管理的成功范例之一。

(一)打造平安工程的目标

杜绝因工死亡事故,重伤率控制在0.6‰以下,无等级火警事故;无重大责任事故,实现安全生产。荷麻溪特大桥打造平安工程的既定目标,通过强化安全生产管理,已经全面实现。

(二)打造平安工程保证体系

打造荷麻溪特大桥平安工程,其安全生产保证体系如图7-3-1所示。

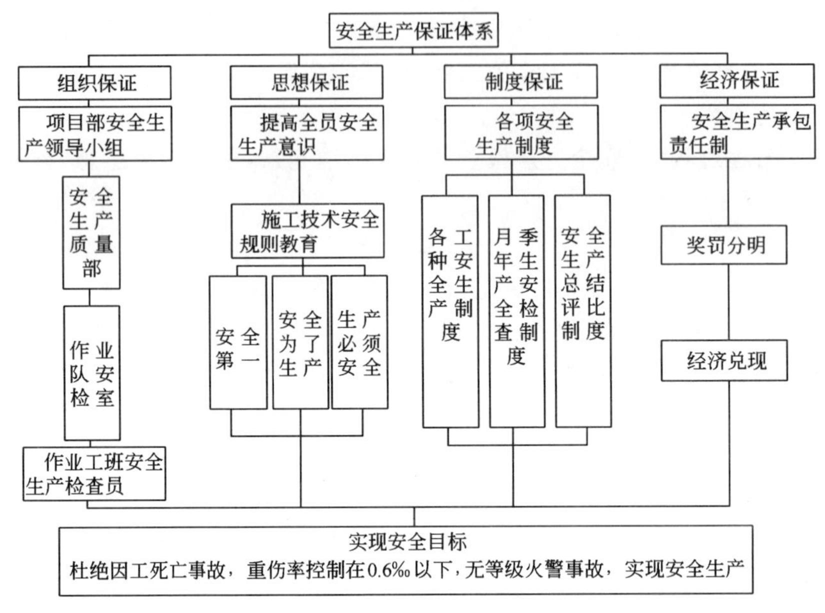

图7-3-1 荷麻溪特大桥安全生产保证体系

(三)打造平安工程保证措施

1.安全生产管理组织机构

荷麻溪特大桥项目经理部建立健全安全管理组织机构,项目经理部和施工队均成立安全生产领导小组,建立安全生产施工生产责任制。项目经理部设安全质量部,设安全生产监察长1名,负责全桥的安全工作;各施工队设专职安全员1名,负责本队的施工安全生产工作;各工班设兼职安全员1～2名,负责本工班施工现场的安全生产工作。成立以项目经理为组长,项目总工和安全监察长为副组长,项目经理部各职能部门负责人、工程队队长为成员的安全生产领导小组;工程队成立以队长为组长,副队长和专职安全员为副组长,各工班长为成员的安全生产领导小组。安全生产管理组织机构如图7-3-2所示。

2.建立安全岗位责任制

在施工中严格执行建设单位制定下发的安全生产管理实施办法,严格履行安全生产合同。项目经理部逐级签订安全生产包保责任状,把安全生产纳入承包考核内容。建立健全各级人员安全岗位责任制,明确各自职责。严格奖惩制度,对个别由于失职、渎职造成事故的责任人员,按有关规定给予严肃处理直至追究刑事责任。

3.抓好安全生产教育和检查

搞好安全生产法制教育和安全技术培训。在开工前组织全体施工人员对《安全生产法》、《劳动法》及其他有关安全法律、法规进行学习教育,提高安全生产意识;对施工人员分专业、多层次的进行安全操作技术规程培训,使员工施工遵守安全规程;对担负重点项目和重要岗位的专业技术人员进行重点培训,坚持持证上岗。

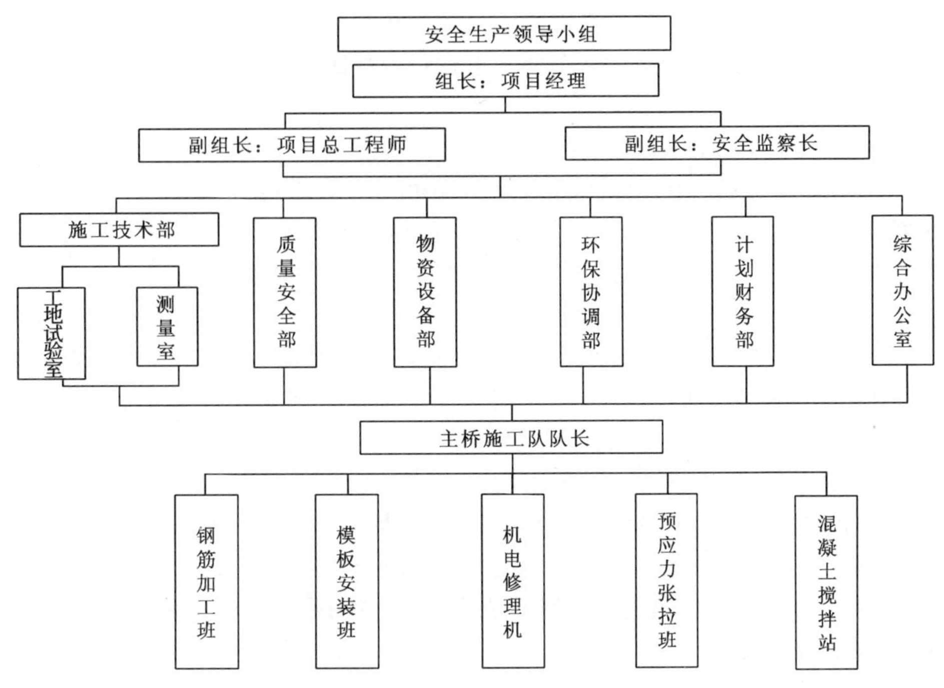

图 7-3-2　荷麻溪特大桥安全生产组织机构

开展安全生产检查活动。项目经理部每月组织一次安全生产检查，每季项目部和施工队联合组织一次安全生产大检查，各队每周组织一次安全生产检查。对重点工程加大安全生产检查力度和检查次数。

4.加强现场安全生产管理

以建设安全标准工地为载体，强化施工现场作业控制。施工队结合工程类别和施工工地的特点，制订出各单位工程的施工安全生产标准。

现场安全管理针对高空作业、航道安全、挂篮施工、汽车运输和交通安全、预应力施工等作为重点主攻方向，按照公路施工有关施工技术安全规则执行。尤其在桥梁高空施工中确保高空作业人员的人身和机械设备安全。在施工现场布设安全警示牌、警告牌和宣传牌等，非施工人员不得进入施工现场，进入施工现场的人员必须配戴安全帽等。

5.建立安全防护制度

为施工人员配备各种安全防护用品，提供安全施工环境；购买人身意外伤害保险；对高空作业人员定期进行体检。

(四)各项工程的安全生产措施

1.桥梁安全施工保证措施

在桥梁施工工地醒目位置，树立安全标示牌，注明安全生产注意事项、安全生产责任人。在桥梁醒目位置悬挂安全警示牌和警告牌，时刻提醒人们注意施工安全。

桥梁高空作业必须设置围栏，挂安全网，防止物体坠落伤及人员及物品；高空作业人员必须佩戴安全带、安全帽等，并将安全带系在可靠的架子和固定的物体上；高空作业人员不得穿拖鞋和硬塑料底鞋，以确保施工安全。在大风天气不得进行高空作业。

挂篮安装预压完毕后，在施工前进行一次认真检查，并进行试运转，确认其运转正常，方可施工。挂篮施工时，安排专人负责现场安全监督和检查。挂篮须由专人现场指挥，统一行动，统一动作。

2.交通安全保证措施

对施工便道安排专人维修和养护，保证道路畅通。在弯道处设置提醒标志，以引起驾驶员的注意。

对驾驶员加强教育，提高驾驶员的自身素质。驾驶员在车辆行驶中必须遵守交通规则，不超载、不违章。驾驶员在出车前必须检查车辆，认定车辆不存在任何故障方可出车，严禁带故障车辆出行，严禁酒后和穿拖鞋驾车。

3.用电作业和特殊工种的安全保证措施

生产、生活用电，按照有关规定架设线路、建立变电站和安装变压器及配电盘。设专人管理和维修。设置好断电和灭火装置、消防器材。在高压线下作业或堆放物料、搭设临时设施、停放机械设备、起重作业，都必须在规范标准内进行。严禁乱拉电线和私接电器设备，非专业电工不得从事电工作业。

对起重工、驾驶员及电工等特殊岗位工作人员，应实行先培训合格后持证上岗，规范作业。不得带电作业，尤其是380V以上的高压电，必须有防护措施。电焊工作业时必须戴防护面具、专用手套。非特殊工种人员不得操作特殊作业。

4.消防安全保证措施

在生活区、库房和油库等易燃易爆区，按规定布设灭火器具和防火材料。安排专人对施工现场和生活区的用火、用电等易引发火灾的地方进行经常性检查，防止火灾的发生。

一旦发生火灾，立即组织自救，迅速请求当地消防单位增援；平时应保证施工现场的道路畅通，确保消防车辆能够到达火灾现场。

5.安全生产奖惩措施

在每月的安全生产检查总结会上，表扬和奖励安全施工做出贡献的个人和单位。对违规作业，致使存在施工安全隐患或造成安全事故的个人和单位进行批评教育和处罚。对造成安全生产事故的有关人员，根据情节严重程度，进行行政或法律处罚。

四、打造睦州隧道平安工程

睦州隧道工程，跟荷麻溪特大桥一样，同属高风险施工项目。打造睦州隧道平安工程，是江珠项目安全生产管理的又一个成功范例。

(一)打造平安工程目标

杜绝因施工作业、施工临时设施和施工机械设备等引起的事故；杜绝因施工作业和施工机械车辆引起的公路及市政交通行车险性及以上事故；杜绝责任重大火灾事故和职工因工死亡事故；重伤率控制在0.5‰以下，轻伤率控制在5‰以下；杜绝因管理不善而造成的机械设备、交通运输、爆炸、火灾、中毒等重大事故。睦州隧道既定的安全生产目标，在打造平安工程中得到全面实现。

(二)打造平安工程保障体系

睦州隧道打造平安工程的保证体系，如图7-3-3所示。

(三)安全生产管理组织机构及其职能

在打造平安工程实践中，睦州隧道项目经理部成立以经理为主任，副经理和总工程师为副主任，经理部有关业务部门领导为委员的安全生产委员会；下属各施工队相应成立安全生产领导小组，形成安全生产管理组织体系。以施工安全、人身安全、设备安全为首要职责，层层签订安全包保责任状，严格遵守有关安全生产的法律法规和技术标准，建立健全安全生产管理制度，定期召开安全生产工作会议，发现问题及时解决。制定安全生产规划，搞好安全生产培训，消除事故隐患，把不安全的因素消灭在萌芽状态中。

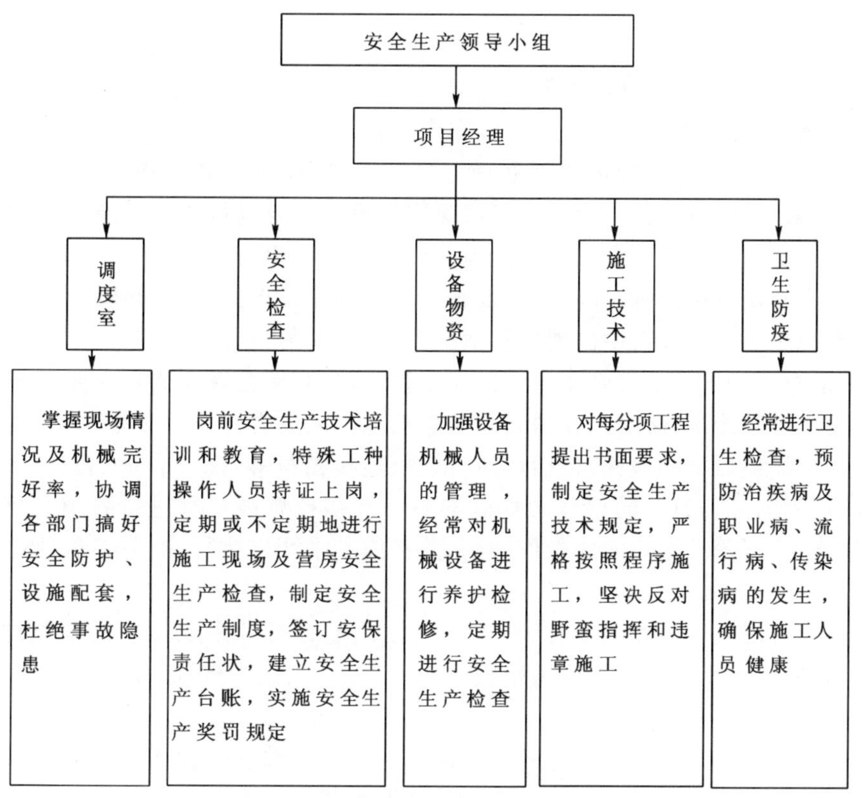

图 7-3-3　睦州隧道安全生产管理保障体系

(四)组织保证措施

(1)建立健全安全生产责任制，做到分工明确，责任到人。

(2)深化教育，强化安全意识。施工人员上岗前必须进行安全教育和培训，经考试合格发给“安全上岗证”后方准上岗。电工、架子工、质检员、安全员等特殊作业人员，必须经地方劳动局等有关部门培训，合格后持证上岗。调换工种人员，必须重新进行安全培训。

(3)建立和完善各项安全作业制度和防护措施，狠抓落实，使全体施工人员有章可循，有法可依。

(4)认真实施标准化作业，开展安全质量标准工地建设，搞好文明施工。严肃施工作业纪律和劳动纪律，杜绝违章指挥与违章作业，保证施工现场安全防护设施的投入，做到有条不紊，文明施工。

(5)搭设和使用脚手架，严格遵守有关的技术标准和安全技术规程。吊、挂式脚手架使用的钢丝绳和其他绳索，不得有缺陷并满足规定安全系数。升降设备要有可靠的制动装置。

(五)各项工程的安全生产保障措施

1.隧道施工

隧道施工洞内设专人指挥调度，“三管两线”设专人管理，保证照明、通风、排水良好，道路平顺畅通、灯光明亮。设置好运输线路安全信号标志，确保洞内运输安全。专职安全员上岗必须佩带安全人员袖标，凡进洞人员必须佩戴安全帽。

把弱围岩作为重点防范对象，注重围岩监测和观察，按新奥法原理组织施工，随时注意围岩的岩质和分布情况变化，节理裂隙发育程度和方向，掌子面填充物的性质、涌水量，锚杆是否挖断，喷混凝土是否产生裂隙。当围岩变形量无变缓趋势或喷射混凝土产生较大的剪切状态时，立即停止开挖，采取辅助加固施工。做好隧道监控测量，根据监测资料判定围岩的稳定性，超前指导施工，保证安全。

洞内高压线及风管通过衬砌台车时，设置绝缘活动装置和风管分节安装，防止挂断电缆和损坏风管。

2.洞身爆破安全措施

在爆破设计前必须做到情况明确，不但要查阅原始地型地质资料，还要深入现场仔细勘察，并对地型地质资料进行现场核实、补充，使之满足《爆破安全规程》规定的深度要求。

做爆破方案前，预估出现意外的可能性并做好预防措施，做到有备无患。根据隧道钻爆开挖的特点，针对不同的围岩采用不同的爆破方案，对于特殊围岩地质还要进行特别设计，如有岩爆地段、煤层地段、膨胀岩地段，必须制定必要的安全及防护措施。设计采用非电导爆管线性微差起爆网路，在软岩中严格控制每段起爆药量及每段间隔时间，减小爆破振动对围岩及支护结构的破坏。

爆破工程师参加施工并对施工中出现的新情况及时调整，修改设计。爆破施工的“四大员”必须持证上岗，并在施工前对这些人员进行必要的爆破安全技术培训，使各级人员在掌握爆破安全技术的同时提高安全意识。每次爆破施工，爆破工程师必须对爆破施工人员进行技术交底。

按规程要求做好爆破器材的检验，包括炸药、雷管、连接器材等，保证合适、合格的爆破器材进入现场，每次爆破均应使用同厂、同批、同型号的爆破器材。严格按爆破规程进行各道工序的施工，制订布眼、钻眼、装药、堵塞、连线等关键技术的操作细则，并在施工中严格执行，确保装药、堵塞、连线等关键工序的施工质量。

加强有毒气体及可爆气体的监测工作，一旦发现浓度超标必须采取相应的措施防止中毒和爆炸。注意炸药的防水防潮，在有水地段不得使用硝铵炸药，应使用乳化炸药；起爆网路的连接部位要保持干净清爽。

确定警戒范围，严格岗哨制度，做好爆破前的清退工作和爆破后的管理工作，炮烟不排出洞外，施工人员不得进入施工现场。做好爆破后应做好安全检查和处理。对爆破作业面进行安全检查，安检内容包括：拒爆和半爆、爆破效果、危石情况以及发生各类事故的处理。做好对爆破器材的运、存、用各项管理工作；制定爆破施工安全管理制度、岗位责任制度。各级领导把爆破安全列为主要管理内容，及时总结经验教训，进行检查评比，提高安全管理水平。

3.不良地质地段安全措施

对于隧道洞口段、软弱破碎带等不良地质地段，采取超前支护、短开挖、弱爆破、衬砌紧跟、稳步前进的处理措施，有水地段先治水后开挖。严格按设计规定进行锚喷支护，加强围岩及支护监控量测，控制围岩的变形量，防止坍塌。不良地质地段采用短台阶法开挖，围岩有一定的自稳性时，爆破后立即清危，喷一层混凝土护面；围岩自稳性能力差时，先打超前锚杆或超前小导管，围岩压浆固结岩体后再开挖。及时安装钢架，加强支护。不良地质地段的二次衬砌须及时施作，仰拱提前完成及早形成封闭，确保隧道结构物及施工人员的绝对安全。

4.隧道衬砌安全措施

(1)复合式衬砌施工时，二次衬砌施作时间须在围岩和初期支护变形基本稳定并具备以下条件时进行：一是隧道周边变形速率有明显减缓趋势；二是水平收敛(拱脚附近)小于0.2mm/d，拱顶下沉小于0.15mm/d；三是施作二次衬砌前的总变形量，已达预计总变形量的80%以上。

(2)混凝土浇筑前复查台车模板中线、高程、仓内尺寸是否符合设计要求；台车及挡头模板安装定位是否牢靠；模板接缝是否填塞紧密；脱模剂是否涂刷均匀；止水带、止水条安装是否符合设计及规范要求。

(3)基仓清理是否干净，底脚施工缝(如有)是否处理。

(4)输送泵接头是否密闭，机械运转是否正常。

(5)混凝土严格按试验室提供的配合比计量配料，混凝土的运输设备保证混凝土在运输过程中不发生离析、漏浆、严重泌水及过多损失塌落度现象。

(6)灌注混凝土要水平分层对称地进行，当混凝土超过隧道衬砌的拱部后，混凝土排出管末端应埋在混凝土中，以保证填充完全。

(7)混凝土灌注保持连续性,如因故中止,超过允许时间须按工作缝处理。

(8)混凝土灌注及时振捣,采用插入式振捣器和附贴式振捣器搭配使用,振捣时避免振动头与模板面接触,不允许振动钢筋。

(9)衬砌前按设计做好排水盲沟,施工缝放置橡胶止水带。

(10)衬砌前检查配电、通风、通信等各种预埋管件位置的准确性.当混凝土强度达到规定的强度时方可拆模。

5.隧道支护安全措施

作业人员均须配带必要的防护用品。机具设备置于安全地段,喷射机、注浆机、水箱必须装置压力表和安全阀,定期进行耐压试验。发生堵管时,及时疏通;处理堵管时,喷嘴前严禁站人。经常检查管道和接头是否有松脱和击穿可能,发现问题立即处理。

在地质不良地带施工时,现场须有钢支撑等配备品,以应急需。现场负责人会同有关人员对各部支护进行定期检查,当发现支护变异或损坏时,立即修整加固。

6.隧道洞内通风安全要求

施工时加强对有害气体的监测,注意防火,加强洞内施工通风,以确保隧道施工安全。

7.隧道洞内路面施工安全措施

各种运输车辆在未竣工的路面上行驶,最大时速不得超过40km;小型机动翻斗车最大时速不得超过15km;严禁超载、超员。自卸汽车维修车箱顶升到位后,必须用木块垫实,防止失压时车箱回落造成人员伤害。摊铺机工作时,非驾驶员禁止在机上活动;熨平板上严禁站人。路面机械施工的区域实行交通管制,非施工人员、车辆不准随便穿行,服从指挥。

8.高压电进洞安全技术措施和电气防火措施

(1)组织措施

项目经理部设调度负责本系统的电力调度,设电气工程师(技术员)一名,负责安全技术档案的建立和管理。建立健全各种规章制度,并认真执行。设临电维护操作电工2名,负责填写临电记录和维护临电线路设备及操作开关。电工必须熟悉用电安全规程、规范并认真执行。

(2)建立临电档案并及时记录有关资料

线路开关及设备每月检查一次,包括线路的绝缘测试,接地电阻测试,设备绝缘测试及线路设备的检查等。维护和操作开关时,电工必须按规定穿绝缘靴、戴绝缘手套,必须使用绝缘工具。开关箱内不得有杂物,并保持清洁。开关的更换,熔断器熔化的更换,不得使用不合格的开关熔体代替。

洞内10kV电力电缆和低压电力电缆,以及其他线缆必须做好标识,防止安全事故的发生。洞内设备与电力电缆相接触需移动或工作时须采取相应的安全措施。由于低压电力电缆,10kV电力电缆,照明灯具等均设于同一侧,工作时梯子等不得靠在电缆之上,照明灯应与电缆有一定距离。现场配备灭火工具、器材,确保电气设备及现场其他设备的安全。

9.火工品的安全管理

爆破施工,在进行爆破作业之前,要取得当地公安部门的批准,遵守各项规章制度,并向公安局申请购买、运输、储存及使用爆炸品的许可证。

加强火工品的管理。爆破物资由爆破工程师提前2～3天上报用料计划。爆破器材储存于干燥的仓库内,温度保持在18～30℃,库内设消防设备,不同性质的炸药分开;雷管和炸药分库储存,运到工地的炸药若当天未使用完,必须如数交回,不得在工地留存过夜。火工品使用、运输过程中必须有公安押运人员负责。

爆破工持证上岗,装药过程中不能抽烟,放炮前对炮眼连线进行逐孔检查,点炮前由专职安全员检查其他人员及所有机械设备是否撤至安全地带。严格按《爆破作业规程》处理哑炮。

爆破作业现场设专职技术人员现场指导,装好炸药的炮孔必须适当地加以覆盖和保护。在潮湿条件下作业,采用乳化、水胶等防水炸药。

10. 其他

高度重视洞内通风排烟，风管架设由专人负责。洞内电力设定期检查，专人负责。洞内变压器由专人管理。

第四节　建设江珠环境友好

建设江珠环境友好，着力点放在环境综合治理、节省土地资源、应用“环境友好技术”这三个关键环节上，全面实现江珠项目既定的环保目标，把江珠高速公路建设成为绿色之路、环保之路、人与自然和谐之路。

一、要有建设江珠环境友好的自觉性

在科学发展观的指导下，加强环境保护，建设环境友好型社会，这是基本国策。目前，我国正处在重化工业发展阶段和加速城市化进程的新时期。这一时期是人与自然矛盾最为突出的时期，自然生态环境在退化，环境污染在制约着经济增长。据北京经济专家初步估算，将所有污染对经济造成的损失汇集起来，每年污染造成的损失会是GDP的7%左右，这一数字恰好接近这些年来中国经济的增长速度。

针对这样的国情，党中央明确提出了建设环境友好型社会。它的实质就是以环境资源承载力为基础，以自然规律为准则，以可持续发展为目标，以科学发展观为指导，实现经济与环境双赢，人与自然和谐。根据中央的部署，广东编制了全省环境保护规划，确定了环保的总目标：建设经济社会快速发展，生态环境良性循环，城乡环境整洁优美，人与自然和谐共处，人民生活富裕安康的现代化广东。省委书记张德江深刻指出：全省环保规划全面贯穿了绿色广东这条主线，建设绿色广东是关系广东发展全局的战略抉择。

江珠高速公路项目是全省经济发展“大棋盘”里的一只“小棋子”，项目建设对环境在所难免会造成某些负面影响，但一定要牢固树立“环境保护，从我做起”的坚定信念，把江珠项目对环境的负面影响降到最低程度。与此同时，在工程建设全过程贯穿建设绿色江珠这条主线，坚定采用“环境友好技术”，在工程建设的源头和过程控制中搞好环境治理，在优化设计中节省建设用地，全力以赴建设江珠环境友好。

二、项目建设对沿线环境影响和治理对策

江珠高速公路自建设开始的整个生命周期，都不可避免地对沿线环境产生影响；在不同时期，对环境影响的类型与特征有所不同，需要有的放矢地进行综合治理。

(一)项目建设对沿线环境的主要影响

根据环评报告，江珠项目建设对沿线的环境的主要影响主要如下。

(1)施工废水。拟建桥梁和涵洞的建设施工如管理措施不当，施工废水将对沿线水体的水质产生污染，影响周边农田灌溉和鱼塘养殖。

(2)水土流失。路基开挖、填土、取弃土行为损坏当地植被，降低生态环境系统功能，路基、取土场、弃土堆防护不当可引发水土流失。

(3)土地占用。路线占地影响农业生产，并可能短期内对原有的农田设施系统造成损坏。

(4)施工噪声和扬尘。筑路机械、运输车辆、灰土拌和产生的噪声、扬尘、沥青拌料场烟气等影响居民生活、学校办公和公共健康，并对现有交通环境、公用设施等产生影响。

(5)路基建设带来的雨季排水，改变地表汇水方式。

(6)营运期交通噪声、汽车尾气，影响沿线居民等环境。

(7)初期路面地表径流带来的SS、石油类污染物,影响沿线水体的水质。

(二)项目建设的环保目标

针对上述可能出现的环境问题,江珠公司依据环评报告,确定了环境影响的主要对象,如表7-4-1所示。

环境影响的主要对象　　表7-4-1

时间段	工程行为	环境影响	主要影响对象
工程前期	工程占地	征地与居民拆迁	居民的拆迁安置
施工期	填方、挖方	生态环境破坏	路两侧30m内植被、山体
	填方、桥梁施工	水质污染	路两侧50m水环境
	施工机械作业筑路材料运输	施工噪声TSP污染	近机械作业处与临时道路的居民生活环境
	取弃土、软基地段换土、施工便道修建	水土流失	农田肥力,鱼塘水道不淤塞
营运期	公路交通运输	交通噪声污染	评价范围内声环境敏感点
		环境空气污染	评价范围内空气环境敏感点

根据环境影响的程度和范围,江珠公司明确制定了项目建设的环保目标,如表7-4-2所示。

江珠项目环境保护目标　　表7-4-2

分类	环保目标
声环境	声学环境质量满足《城市区域环境噪声标准》(GB 3093—93)中相应的I、II类功能区的标准
水环境	沿线大气环境质量控制在国家《环境空气质量标准》(GB 3095—1996)的二级标准
环境空气质量	沿线水质功能划分为III～IV类,确保影响区域内水体不低于水质功能目标要求
生态和水土流失防治	扰动土地治理率达到98%以上;水土流失治理度达到98%以上;地表土壤侵蚀模数控制在背景值400t/(km^2·a)以下;弃渣堆放在固定地点,拦渣率达到98%以上;植被恢复系数达到90%以上;林草植被覆盖率达30%以上

(三)环保综合治理措施

为全面实现江珠项目既定的环保目标,江珠项目环境管理机构按图7-4-1所示流程运作。

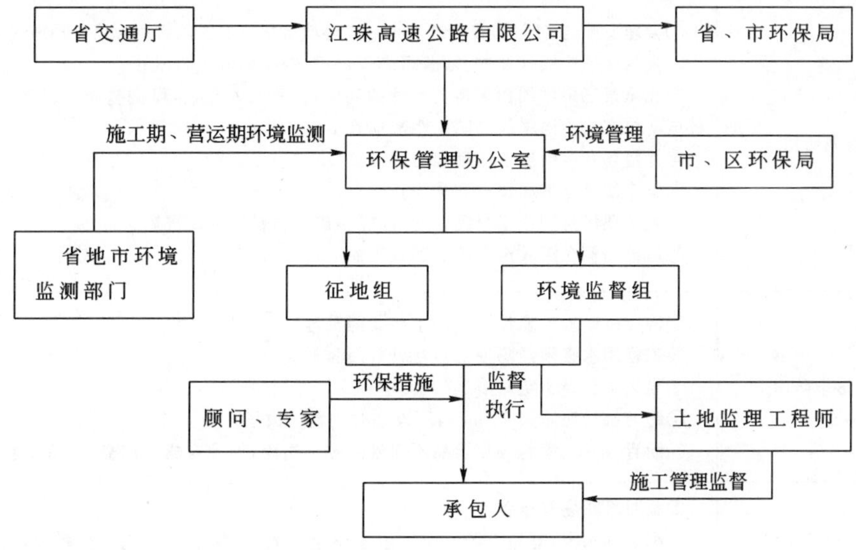

图7-4-1　江珠项目环境管理机构

江珠公司针对项目建设对环境造成的主要影响，采取了综合治理措施，如表 7-4-3 所示。

江珠项目环境综合治理措施 表 7-4-3

阶 段	实 施 方 面	综合治理措施
施工图设计	生态环境	①取土区及弃土区具体位置实施设计； ②沿线因工程破坏的植被恢复绿化计划
	水土保持	①土石方调配和优化利用建议； ②路侧排水及导流措施； ③路基水土保持防护工程； ④雨季施工措施
	配套管理措施	①安全标志； ②穿越通道安全标志； ③限速标志(特别是在礼乐第三中学、各声环境敏感点路段)； ④跨河桥梁安全行使和限速标识
施工期	引水设计	①路面排水泄水口尽量避免直接进入农田； ②过河桥梁在两端进行引水、导水设计
	风险事故防范措施	①跨河桥梁避免设置直排引水管，设置横向排水管将桥面事故处理废水引至桥梁两侧收集，另行安全处理； ②跨河桥梁两侧须设置路面径流收集系统、事故污水收集池
	水土流失	工程措施： ①坡面工程措施：挡墙、护墙、浆砌片石、尼龙土袋等；深挖路堑分设平台；水体附近施工点设置沉砂池； ②桥梁导流设施：工程用水及开挖泥砂需经岸上沉砂池或两侧岸边设置的防堰区沉降后排放； ③弃土场堆的保护措施：设置拦土墙或坡脚防护；分层排土分层压实； ④取土场的防护措施：坡面尽量平缓，坡度控制在 10%以下；两侧设置排水沟，减少降雨侵蚀力； ⑤雨季施工措施：了解降雨时间和特点，避免暴雨中施工；优先安排路段填方工程、隧道以及深挖路段的土方工程；做好雨季施工场地的排水工作
		生物措施： ①坡面植草措施；②取土场和弃土堆的复垦绿化措施； ③边坡绿化措施；④熟土保护和复垦计划。 临时措施： 草席稻草覆盖，用于高填深挖路段、桥梁、取土区和弃土场上面；设置排水沟等
	噪声防治	①合理安排施工时间，在沿线 8 个村庄环境敏感点的施工场所应停止噪声量大的机械夜间施工； ②夜间必须连续作业的，须获得施工许可，并张贴安民告示； ③礼乐第三中学因白天需要安静的环境，夜间无人在校，可调整施工时间，但须注意高噪声机械离学校东北侧向村民的防护距离应在 300m 以外； ④拌料场及运料通道应远离居民点 300m 以上； ⑤施工便道远离居民点和学校； ⑥施工现场封闭或半封闭作业、高噪声施工机械设封闭屏障； ⑦运输车辆在沿线声敏感点附近限制时速
施工期	水污染防治	①跨河桥梁施工现场设置污水收集隔油池； ②工程用水必须经隔油沉沙池处理后排放； ③当天工程弃土定时清运、表面遮盖； ④跨河桥梁河岸边 100m 内不设临时土料堆放场； ⑤沥青、油类、漆料等化学品不得堆置在河边附近，须有帆布遮盖，防治化学品随雨水进入河流
	大气污染防治	①临时堆料场有遮盖； ②配备洒水车，对施工场地或进出道路经常洒水，特别是天气干燥季节，每天 2 次，上下午各 1 次

续上表

阶　段	实 施 方 面	综合治理措施
营运期	噪声防治	①声环境敏感点路段特别是礼乐第三中学等路段设置禁止鸣号标志、限速标志，减少噪声； ②路两侧种植树木灌丛草地立体结构绿化带； ③全路段选用沥青路面； ④靠近礼乐第三中学公路路测设置声屏障，并在操场外进行植树绿化； ⑤新前村后与公路间山坡地带密植植树绿化
	空气污染防治	路边绿化
	水污染防治	①风险事故泄露的油、物品等有毒有害物质应收集，冲洗路面径流污水要纳入事故收集池，另行处理； ②跨河桥梁两侧防撞栏设计、养护和加固
	突发事故应急对策	建立应急指挥机构、制定应急计划、设置应急人员、配置必备的小型应急防治设备及器材
	日常监督管理	制定完善的规章制度，强化管理
	环境监测	委托有资质的监测单位按照国家环境监测技术规范进行

三、节省土地资源，搞好征地拆迁

环境友好，涵盖着经济、社会、政治、文化和技术诸要素；节约资源，是环境友好的重要组成部分；从我国基本国情出发，节约土地资源，则是节约资源的重中之重。从江珠高速公路项目的特点和性质看，节省土地资源、做好征地拆迁，这是建设江珠环境友好主题的应有之义。

（一）深刻领会项目建设必须节约土地资源

我国人口众多，生态环境承载力较弱，土地资源相对不足，特别是随着经济持续快速健康的发展和人口不断增长，土地资源不足的矛盾越来越突出。据国土资源部的统计显示，截至 2005 年 10 月 31 日，我国耕地面积为 18.31 亿亩，比上年度净减少 542.4 万亩，全国人均耕地由上年的 1.41 亩降为 1.40 亩，正在一步步逼近安全底线。目前我国人均耕地不到世界人均水平的 40%，已对粮食生产安全构成了威胁。

党中央、国务院充分意识到土地管理工作的严峻性和迫切性。自 1999 年颁布《土地管理办法》后，紧接着出台了一系列政策调控措施，对国土资源的利用实行结构控制、总量控制、产业控制。通过宏观调控，切实加强中央对土地开发利用的监管能力，切实加强各省政府统筹管理行政区域内土地资源的能力。2004 年 4 月，国务院发出紧急通知，在土地市场治理整顿期间，半年内暂停审批非农建设用地；2004 年 10 月，国务院发布了《关于深化改革严格土地管理的决定》，其中心内容就是落实最严格的耕地保护制度和实行最严格的土地管理制度。江珠高速公路的征地拆迁，就是在这样的历史背景里进行的；节约土地资源，已纳入项目决策的重要议事日程。

（二）深刻领会征地拆迁必须维护农民权益

广东省委、省政府在实行最严格的土地管理制度过程中，从广东的省情出发，作出了一系列重大决策，把工作着力点放在维护农民合法权益上。2003 年 3 月，广东省在全国率先开展对农村征地款专项执法监察，由省纪委、国土、农业、建设等部门抽调人员分赴全省 7 个市 20 多个县，专项处理征地过程中拖欠农民补偿款的问题。至 2004 年 7 月，全省清欠兑付征地款 10.2 亿元。对此，温家宝、吴官正、曾培炎、何勇等中央领导同志给予了充分肯定，要求“认真总结广东经验”；省委书记张德江则要求有关部门“再接再厉，把此项工作做得更好”。同年 10 月 27 日，省委、省政府召开部分市征地补偿兑付工作会议，部署加大工作力度；年底，全省全部兑付拖欠农民的征地补偿款 19.29 亿元。

2003 年 12 月 23 日，在省委九届八次全会第二次会议上，张德江书记强调“三句硬话”——“今后征地手续不齐全、不完备的项目，不能开工；没有与农民就征地补偿民主协商、达成协议的项目，不能开工；征地补偿款没有兑现到农民手里、各种补偿不到位的项目，不能开工”。在“硬话”之后有“硬举措”，全省形成了一套项目征地补偿的良性机制。江珠高速公路项目的建设期，正好处于“三句硬话”的贯彻期，江珠公司深刻领会“三句硬话”的精神实质，促进了在征地拆迁中维护农民权益的各项工作的贯彻落实。

（三）认真执行中央和省有关征地拆迁的政策规定

党中央和国务院关于实行最严格土地管理的规定，省委省政府关于在征地中维护农民权益的“三句硬话”，在江珠项目建设期间得到了贯彻实施，并成为建设江珠环境友好的重要举措。

1.项目建设节省土地资源

江珠公司深刻认识到国务院关于严格土地管理的决定，符合中国国情；尤其是征用土地量大面广的高速公路建设，必须合理用地、节省用地，只有这样，才能贯彻可持续发展。为此，在江珠项目初步设计时，反复进行路线平纵面设计优化，尽量降低路堤高度，做到尽量少占良田好地，避开人口密集的居民区；既满足当地交通需求，又尽量减少项目建设对当地环境造成的不良影响。初步设计对沿线的耕地、植被等制定严格的保护计划，重点对永久性占地进行合理调整，减少用地。初步设计用地与“工可”用地相比，全线共减少用地 800 亩，其中大部分是水稻田。

2.严格执行项目建设征地审查报批程序

江珠公司首次进行如此大规模的项目建设征地拆迁工作。他们在江门、珠海市政府和国土部门的直接领导和大力支持下，正确贯彻国家和省政府对土地实行最严格管理的精神，规范项目建设的征地行为，征地严格遵循图 7-4-2 的法定审查报批程序进行。

在江珠项目的征地拆迁工作中，均实行了国家和省级最严格的土地管理规定，这是局部服从全局的需要与此同时，又不能不承认，对江珠项目这个局部，无论是征地费用还是建设工期，都对整个项目造成了较大影响。比如，贯彻国务院紧急通知的精神，全国半年内暂停审批非农建设用地，致使江珠项目征地拆迁滞后了两年，项目原定在 2005 年底建成通车，可是直至 2006 年 10 月才最后完成征地拆迁的扫尾工作。尽管如此，江珠公司还是从民生之本出发，正确认识和处理好局部与全局的利益关系，执行国家最严格的土地管理规定不动摇。

3.把征地拆迁补偿款兑现到农民手里

江珠公司坚决执行“三句硬话”中关于征地拆迁补偿款兑现到农民手中的硬性规定。由于珠海段与江门段的情况有所不同，故采取的模式也有差异。

在珠海段，根据线路和区域的划分情况，由江珠公司和斗门国土局征地人员共同组成征地拆迁组，并分成三个小组对沿线各村进行征地拆迁的清点和补偿。拆迁小组每到一个村，首先召集村干部沟通，了解清楚征用土地的面积及线路走向，再由村干部出面找农户，对土地上的附着物丈量清点，工作人员把丈量面积和青苗等记录在规范的表格里；其后农户认可并在表格签字，现场把补偿合同签下来；最后由国土部门根据补偿合同一次性把补偿款汇到农户账户，兑现对农民地上附着物的补偿。属集体土地，则按规定把补偿款一次性汇到村委会账户。

在江门段，实行政府包干模式。根据市政府出台的征地补偿标准，由江珠公司跟地方政府或村委会签订青苗补偿总包干协议。村级干部逐户丈量土地面积，根据地上附着物青苗补偿标准与农户签订补偿协议，支付补偿款。农户在协议签订后即清理地上附着物，及时移交土地。江珠公司需做的事情：一是汇总红线范围内各地类的面积，按市政府出台的补偿标准支付包干的总费用；二是与地方政府或各自然村签订包干补偿协议；三是派专人了解征地进展情况，及时将已经能够使用的地移交给施工单位进场施工。

珠海段与江门段在征地运作方式上虽然有所不同，但目标是一致的——做好征地拆迁，依法把征地拆迁补偿款兑现在农村集体经济组织和农民手里，维护农民的合法权益。在江珠项目征地拆迁过程中，不可避免出现过这样或那样的矛盾，但这些矛盾都能依法得以化解，没有发生过农民到市政府、省政府的群体上访事件，维护了社会和谐稳定。

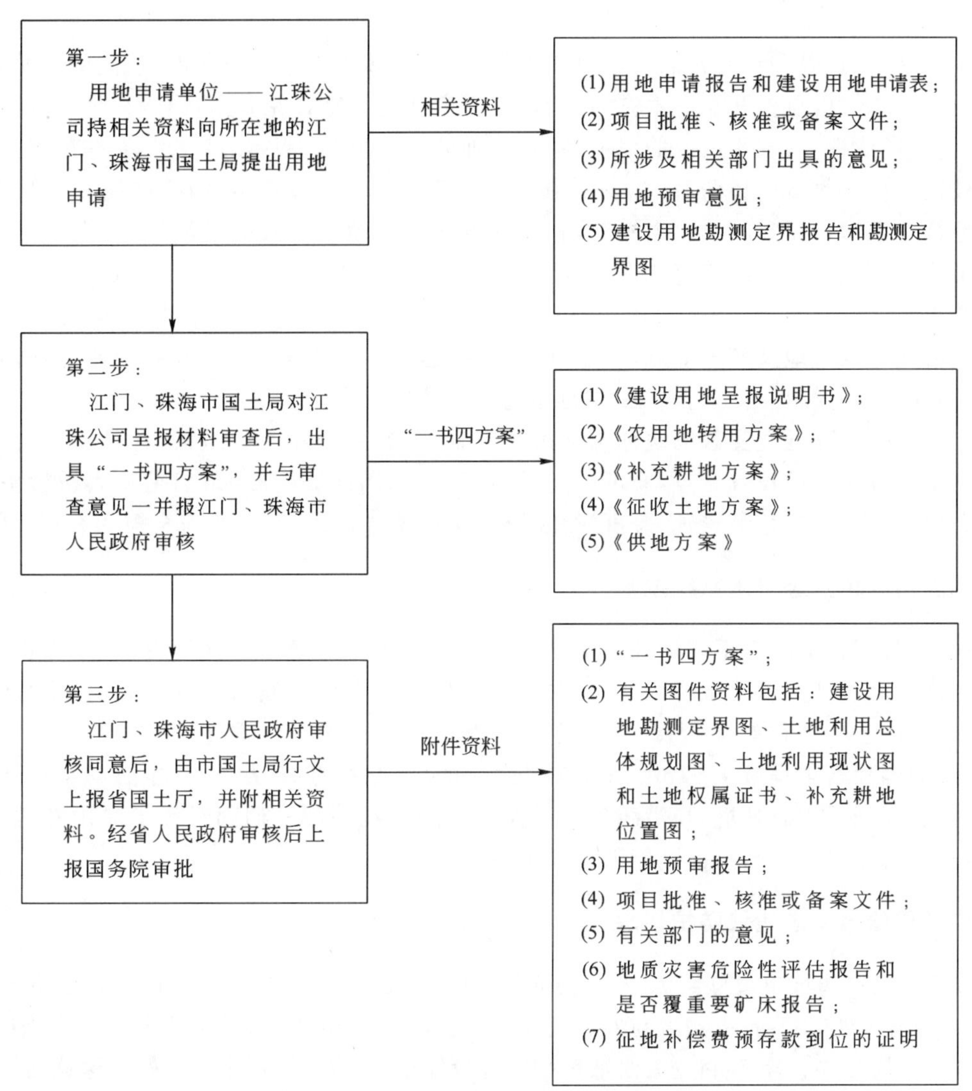

图 7-4-2　江珠项目用地的审查报批程序

四、大力推广应用"环境友好技术"

从江珠高速公路建设之日起，江珠公司就决心建设一条优质生态环保路。为此，公司认真学习和借鉴国内外高速公路生态建设的成熟经验和先进技术，结合项目建设实际，大力推广应用"环境友好技术"，奋力实现"路在绿中，花在路中，行在景中"的愿景。

(一)绿色景观布局

江珠公司在"恢复自然，再造景观"的原则指导下进行生态环保设计，既能满足安全行车、防护诱导、保护环境、绿化创面等功能；同时，又运用植物的姿、色、味、形等要素，使路貌达到源于自然又高于自然的景观绿化效果，为公路营运提供绿化、净化、美化的良好环境。江珠项目环境整体布局把握以下要点。

1. 路在绿中

全线征地范围内(以下简称线内)裸露坡面全部绿化，做到黄土不见天，路堑边坡以草灌混播形式绿化；线内填方路段形成 7 条绿带，设变坡平台的高填方路段适当增加绿带；挖方路段至少保证 7 条绿带，设分级平台的高边坡适当增加绿带；附属区、互通区的绿化多植乔木、灌木及地被植物，少种草坪，增加绿量，形成片状绿地。

2. 花在路中

在中央分隔带中间，以多年开花灌木栽植成花带，边缘以多年生宿根草花镶边，间隔种植，形成两条花带；在互通立交出入口，点植开花乔木作为标志树，匝道外侧行植开花乔木，出入口坡顶片植多年生宿根草花，以花诱导形成视线；在匝道区的地被植物，增加开花的乔木、灌木、多年生草本花卉。在收费广场周边的地被植物以及收费广场前后500m范围内的坡顶上，种植多年生草花；在路堑边坡上，镶嵌多年生草花及地被花灌木，点植或片植，点缀坡面；在挖方路段向填方路段的过渡地段，多植开花的乔木。通过以上种植绿化处理，达到“上路有花迎，下路有花送，一路有花伴”的效果。

3. 行在景中

充分利用沿线可绿化地及部分节点，以植物为主建设景点，平均每10km有一个景点，做到全线“以路串景，景点不断，赏心悦目”，提升整个工程的环境艺术品味。

全线景点部位一是互通立交区围绕标志性植物组景，做到一个互通一组景，各具特点；二是选择部分跨线桥桥头结合锥坡防护设置景点，既可衬托桥型，又可遮挡锥坡硬质面；三是特大桥桥头辅以防护工程措施，构筑种植平台，建植物景观，既可衬托大桥，又可诱导视线，对行车安全极为有利。

（二）推广应用绿色生态排水系统技术

江珠公司根据江门、珠海市不同重现期条件下部分汇流历时的暴雨强度资料，经过分析研究，以生态排水系统取代了原设计片石圬土排水，全线共修建了生态排水沟单幅长度近50km；半生态水沟单幅长度近40km，半生态水沟预制块混凝土混凝土工程量0.074m^3/m。原设计中梯形沟片石工程量0.775m^3/m，矩形沟片石工程量1.51m^3/m，全线共节约圬工资源约10万m^3。生态与半生态排水系统技术的推广应用，保护了生态环境，与沿线景观最大程度融合在一起。期间经历了暴雨考验，根据现场实地考察，生态沟的排水效果与抗冲刷能力均满足工程要求。

（三）推广应用绿色生态边坡防护技术

江珠项目全线挖方边坡单边总长9 279m，大部分边坡高度5m以上，20～30m的有8处，30～40m的有8处，大于40m的有3处，最高挖方边坡60m。填方单边总长87 510m（含匝道），大部分垂直高度小于5m，最高填方段13m。从总体上看，项目挖方段数量和工程量较小，边坡安全稳定性较好。这就为全线大力推广生态边坡防护技术，在局部地段采用工程防护措施与生态防护措施相结合，其余绝大部分边坡采用全生态技术作为防护措施，提供了坚实而稳定的基础。在具体实施中，江珠项目生态边坡防护主要推广应用了三维植被网喷播植草、客土喷播、直接喷播草籽、铺植台湾草皮、土壤菌永久绿化技术等。经历近两年的台风洗礼和暴雨冲刷，大自然严格检验了生态边坡防护技术推广应用的效果是良好的。

本书第十六章“回归自然的绿色生态施工技术”，还将从施工工艺技术角度，对本项目的生态排水系统和生态边坡防护技术作比较详细的介绍。

·第八章·

维护民营企业投资者合法权益的实践

经过20多年的改革开放和发展市场经济，我国已形成了公有制为主体、多种所有制经济共同发展的基本经济制度，民营经济已经成为重要的活跃的经济力量。据统计，2004年，广东规模以上民营工业增加值1 141.8亿元，增长24％，增幅高出全省工业1.6％；民营经济投资1 965.43亿元，增长31％，占全省投资总额的1/3；民营企业进出口总额358.44亿美元，增长60.1％，其中出口187.87亿美元，增长66.2％，增幅明显高于全省出口总额。2005年，全省民营经济实现增加值超过8 000亿元，占全省生产总值近40％。在珠海经济特区，民营经济占全市工业总产值40％、税收收入45％、就业人口60％，民营经济已经成为珠海市经济的重要支撑和新的经济增长点。据国家统计局2006年一份统计资料显示：在各种所有制企业中，民营企业利润率增长最高，国有及国有控股企业利润率仅为民营企业增长幅度的35.2％。在我国，毫不动摇地鼓励和支持民营企业经济的发展，切实把民营经济做大做优做强，已经成为社会主义初级阶段重要的经济发展战略。

新长江公司投资建设江珠高速公路，就是在这样的历史条件下应运而生的。在市场经济投资主体多样化、利益主体多元化条件下，新长江公司独家投融资建设江珠高速公路，一方面要胸怀大局，在珠海、江门市政府领导下，为特区、为侨乡经济发展建设好交通基础设施，改善投资环境，为沿线人民群众谋实惠，取得良好的社会效益；另一方面又要从高速公路项目投资大、风险高、资金回收期长的实际出发，积极维护自身合法权益，谋求民营企业合理的投资效益和经济效益。可以说，江珠公司作为项目业主，维护民营企业投资者合法权益（本章以下简称为“维护权益”），实质上是在市场经济的“大棋盘”里，有理、有利、有节的利益博弈；在江珠高速公路投资建设领域维护权益的过程，实际上就是努力建设“三个环境”（公平正义的施工环境、规范有序的法治环境、平安和谐的治安环境）的过程，也是推进和搞好工程建设的过程。

第一节　认真处理加强学习与搞好建设的关系

江珠项目是广东省由民营企业独家投融资建设的高速公路，没有多少先例可循，民营企业又没有对口的上级主管部门，只能在实践中自主探索和开拓，这种状况与国有企业投资建设高速公路的环境相差甚远；江珠公司在高速公路建设过程中出现的一些深层次矛盾，回避不了，绕不过去；项目领导班子和管理层的大部分人员都是“新兵”，理论素养、思想境界、精神状态，总体上还不能适应日新月异的高速公路建设事业。因此，江珠公司要使指导思想符合客观实际，必须高度重视和切实加强学习，努力在复杂环境中探索和开拓民营高速公路成功之举。

一、加强学习要以研究项目建设实际问题为中心，以搞好项目建设为目的

搞好项目建设，是维护权益的集中体现和终极目标，这就决定了江珠公司加强学习必须以研究项目建设实际问题为中心。比如：如何贯彻“质量第一”、“安全第一”的方针，推进工程质量安全上水平；如何

立足在优质安全基础上兑现建成通车目标的社会承诺，推进工程进度水平；如何营造和谐、安定的施工外部环境以及协调、共赢的施工内部环境，推进环境建设上水平；如何搞好投融资，掌握驾驭资金的主动权，推进资金管理上水平；如何紧紧依靠地方政府，取得沿线广大人民群众的支持，建设平安和谐的路地关系；如何正确认识和处理征地拆迁的利益矛盾，找准农民权益和投资者权益的平衡点和结合点，平和协调利益关系，努力化解矛盾等。

在党中央作出了构建和谐社会的重大战略决策后，江珠公司基于对和谐的朴素认识，许下了“平安和谐，建好江珠”的愿景，并把付诸实施这一愿景作为维护权益的重要目标。党的十六届六中全会作出了《关于构建社会主义和谐社会若干重大问题的决定》(简称《决定》)后，江珠公司领导成员紧密结合项目建设和维护权益的实际学习《决定》，从四个方面深化了认识。

第一，社会和谐，这是中华传统文化精华与现代文明相融合的重大成果，是国家富强、民族振兴、人民幸福的重要保证。党中央作出关于构建社会主义和谐社会的重要决定，反映了建设富强民主文明和谐的现代化强国的内在要求，开辟了中国特色社会主义事业的新境界，对于全面建设小康社会、实现中华民族的伟大复兴，具有重要的现实意义和深远的历史意义。

第二，《决定》明确指出：“我国已进入改革发展的关键时期，经济体制深刻变革，社会结构深刻变动，利益格局深刻调整，思想观念深刻变化。这种空前的社会变革，给我国发展进步带来巨大活力，也必然带来这样和那样的矛盾或问题。”江珠高速公路工程建设期，恰好处在我国从计划经济转变为市场经济的转型期。此期间，我国人均 GDP 超过 1 000 美元，社会经济发展进入一个关键时刻。国际经验表明：人均 GDP 从 1 000 美元到 3 000 美元的发展阶段，既是经济快速增长的战略机遇期和黄金发展期，同时又是以人民内部矛盾为主的各类社会矛盾的凸显期。在这一时期的高速公路建设领域，出现了许多新情况新问题。反映在江珠高速公路建设全过程，不可避免产生思想观念的碰撞、经济利益的摩擦，各种社会矛盾呈现多发性，利益关系呈现复杂性，江珠公司维护权益必然呈现艰巨性。在这样的现实环境下，对在工程建设中处理和化解好各类社会矛盾，必须有清醒的认识，必须有应对的措施，必须有艰苦的工作。

第三，“扎实推进社会主义新农村建设，促进城乡协调发展”，这是《决定》提出构建和谐社会的重要措施之一，并明确要求“实行最严格的耕地保护制度，从严控征地规模，加快征地制度改革，提高补偿标准”。在江珠项目征地拆迁工作中，必须充分体现这样的精神和原则，坚定实行维护农民正当权益与维护民营企业合法权益的一致性，并在这一前提下，依据现行法规政策，把“利益天平”更多地向农民倾斜，努力化解在征地拆迁中的矛盾，确实解决好涉及群众最现实利益的问题，确保征地拆迁补偿一分不少地落实到老百姓手中，建设好稳定和谐的路地关系。

第四，确立了“和谐社会建设，民营企业有责”的新思维。江珠公司决策者从经济范畴看企业，企业是构成国民经济有机整体最基本的经济个体，是劳动者、生产资料、科学技术诸要素结合起来，变成现实生产力的基础单元；从社会范畴看企业，企业又是生产、建设、流通的主要承担者，是社会生产力和科技自主创新的主导力量，它的生存发展植根并依存于社会，因而企业又是社会的基础单元。企业这样的双重属性，决定了它在构建和谐社会中具有双重责任：一是从江珠公司的行业实际出发，把项目建设好，把自身建设成为全体员工各尽其能、各得其所、诚信友爱、敬业奉献的和谐企业；二是江珠项目通车后，确保依法运营、管理有序、服务完善、文明祥和，让项目建设成果惠及人民大众，以平安和谐之路奉献于构建和谐社会。江珠公司必须时刻牢记并坚持实践这样的双重责任。

二、在加强学习中把握方针政策和法规导向

市场经济是法治经济，目前我国的投资市场在相当程度上还是政策性市场。投资者权益的正当性和合法性，与现行的方针政策和法规紧密关联着，这就决定了加强学习与依法维权的一致性。比如：在江珠高速公路建设期间，如何坚定贯彻广东省委、省政府和交通主管部门对交通建设的指导方针和战略决策，推动项目建设；江珠高速公路按广东省政府批复文件的特许经营收费期，由于客观条件的变化，如

何依法调整和顺延；由珠海和江门市提出要求、经省交通厅批准，而并非项目业主的因素而引起的重大设计变更，致使项目投资大幅攀升，江珠公司该如何维护权益？等等。面对这些直接关系到项目建设的动力及方向以及维护权益的重大课题，江珠公司加强学习国家和广东有关的方针、政策、法规是势在必然。只有这样，才能有的放矢地找准分析研究这些新情况新问题的法规政策，把握权衡利弊、检验得失的价值尺度，制订江珠公司的应对策略和措施，从而在社会矛盾凸显期的复杂环境里，既依法规范工程建设，又依法维护自身权益。本章第五节《维护权益在珠海段的实践》、第六节《维护权益在江门段的实践》，就是江珠公司在加强学习中把握法规政策导向的最好诠释。

2006 年 7 月 21 日，省委、省政府召开全省交通工作会议，系统总结了我省“十五”期间交通业发展取得的成绩，明确“十一五”期间交通业发展的总体思路、目标原则和对策措施。中共中央政治局委员、广东省委书记张德江，省长黄华华，省人大主任黄丽满，省政协主席陈绍基，省纪委书记王华元出席了会议，张德江书记作了重要讲话。全省交通工作会议每年都开，但像这次会议这样的规模，这样的盛况，全省“五套班子”的第一把手都出席会议，是没有过的，充分显示省委、省政府对发展交通事业的高度重视，充分反映了构建具有区域竞争力的现代化综合交通运输体系的极其重要性，对全省从事交通建设的广大干部职工产生了极大鼓舞。江珠公司领导成员认真学习会议精神，深刻领会“建设大交通，促进大发展”新战略方针的丰富内涵，深感肩上担子更重。在全线第三战役动员的大会上，江珠公司把“认真贯彻全省交通工作会议精神，增强责任心和使命感”作为打好第三战役的第一条措施，向广大建设者明确提出：学习好、贯彻好全省交通工作会议精神，这是我省从事交通建设的同仁们当前和今后一个时期的重要工作。张德江书记在会议上强调指出：“建设大交通，促进大发展，事关广东省经济发展的全局，我们必须以高度的责任心和强烈的使命感，努力当好现代化建设的排头兵”。江珠人要好好领会张书记这一段讲话的深刻内涵。在第一、二战役中，为什么同时在台风、暴雨、酷热的恶劣天气条件下，有的标段出色完成任务，而少许标段却出现质量隐患和质量事故？其巨大反差就在责任心和使命感上。人总要有一点精神，江珠人当前学习贯彻全省交通工作会议精神，应该着重放在如何牢固树立责任心和增强使命感，为打好第三战役提供坚实的精神支撑和思想保障。世上无难事，只怕有心人。我们有了高度的责任心，有了强烈的使命感，就能激发出特别能吃苦、耐劳、能战斗的精神，什么困难都能克服，什么险阻都能战胜。江珠公司年底建成通车，按倒计时算，也就只有 145 天工期了。很有必要提醒所有参建单位和建设者们，对于这一点，必须有明确而清醒的认识，不能有半点含糊。尤其是工程进度滞后的标段，必须有忧患意识和危机意识，进而树立责任心和使命感，奋起直追，迎接挑战，努力完成第三战役的计划任务。

全线建设者积极贯彻全省交通工作会议精神，增强责任心和使命感，激发出强大动力，不辱使命，不负重托，全力以赴打好第三战役，力保建成通车既定目标的实现。

三、在加强学习中提高员工业务技术素质

江珠公司 40 多名技术和管理人员的平均年龄为 27.8 岁，他们大都是刚从学校毕业就被招聘进来的，缺乏实践经验。而江珠高速公路又是一个软基路段长、桥梁工程大、征地拆迁难的复杂系统工程，目前的当务之急就是要求每个技术和管理人员，都必须把工程建设当成一个大课堂，结合本职工作实际，坚持学习一般知识和专业知识的统一。

广大员工在加强学习中充实自己，在刻苦实践中从三个方面提高职业化水准：一是提高职业素养，使员工不是按个人的兴趣爱好去各行其是，而是养成爱业敬业的职业道德和基本素养；二是提高专业技能，使员工不断拓宽知识面，提高在本职岗位应知应会的专业技能水平，逐步做到称职能干，独挡一面；三是规范职业行为，使员工真正懂得江珠公司特定的操守规范和行为标准，严格自律，约束自己的行为符合江珠公司的操守规范和行为标准。广大员工掌握的知识多了，学问多了，精神境界就会高起来，职业化水平就会好起来，维护权益的本事就会大起来，为搞好工程建设“各尽所能，人尽其才”。本书基本上由公司员工笔耕著述而成，这是公司员工在加强学习中提高业务技术素质的最好佐证。

从发展的长远的观点看问题，江珠高速公路建成通车后，将进入20多年的漫长收费经营期，能否提高经营的综合绩效，关系到十多亿元本息的履约偿还，关系到企业的生死存亡。在此期间，江珠公司面对的将是一个不断升级的、竞争激烈而又复杂多变的社会环境，知识更新与知识老化同时并存。据资料显示：人类社会在近30年来产生的知识总量，等于过去两千年知识总量的总和；到2020年，知识总量将是现在的三至四倍；到2050年，目前的知识只占届时知识总量的5%。在现代社会发展这样的一个突出特点下，要使江珠公司的民营资产保值增值，取决于如何提高企业的应变能力，如何提高员工掌握新科技新知识的能力。这些能力，最终反映在学习能力上。因此，把江珠公司打造成为一个"学习型"的企业，不断提高员工素质和群体智商，江珠公司领导层必须从现在起就清醒地认识这个问题，并在长期实践中坚持不懈地解决好这个重大课题，否则就会铸成大错。

四、在加强学习中借鉴和移植高速公路建设先行者的成功经验

创立相对论的著名科学家爱因斯坦有句至理名言："一些关于实在的知识，都是从经验开始，又终结于经验"。江珠公司作为高速公路投资建设的后来者，比较注重了解和研究省内、国内乃至国外高速公路建设先行者们的成功经验，把这些经验当成"实在的知识"加以学习和借鉴，并进行触类旁通、举一反三的理性思考，经过融合提炼、博取众长，然后实行"拿来主义"，集百家之长为我所用。与此同时，又坚持以我为主，在学习借鉴过程中不生搬硬套，不东施效颦，而是紧密结合江珠高速公路建设实际，实事求是，在借鉴基础上加以发展，在学习的基点上拓展创新，走自主建设之路。

在江珠高速公路开工后不久，广东省政府作出了关于学习开阳高速公路先进经验的《决定》。江珠公司组织骨干赴开阳公司取经，邀请开阳公司总经理上门传经，从中认识和掌握了开阳经验的精华在于"六化"：运作市场化、管理信息化、技艺标准化、奖惩合同化、理念人本化、监督日常化。江珠公司紧密结合自身建设实际，完成了对开阳经验的从"要我学"到"我要学"的转变，能动地指导江珠项目工程建设，取得显著成效。又如：江珠公司认真学习和借鉴广东西部沿海高速公路崖门特大桥创"詹天佑工程"的先进经验，使江珠项目荷麻溪特大桥建设能够"站在巨人的肩膀上"，严格标准、严格要求、严格管理，自主创新了特大桥质量内控机制，使这座目前全国最长的部分斜拉桥，既创造优质，又节约投资，体现了博取众长与以我为主的辩证统一，成为江珠项目"从经验开始，又终结于经验"的成功范例。

第二节　正确处理项目业主与属地政府的关系

江珠高速公路工程建设线长面广，涉及多个地方、部门、村镇、企业，项目业主自身难以解决的困难多，来自方方面面利益主体的社会矛盾多。江珠公司没有对口的上级主管部门，只有自觉置于项目属地的珠海、江门市政府的领导下，紧紧依靠政府和有关部门的组织、导向、协调、监督的功能，才可能在实行以经济手段为主的同时，辅之以必要的行政手段、法律手段和思想政治动员手段，以应对设计立项、征地拆迁、路地矛盾、条块摩擦、经济纠纷、项目收费等一系列复杂矛盾和问题，为江珠高速公路创造宽松和谐的外部建设环境。从某种意义上说，紧紧依靠属地政府，这既是项目业主维护权益的"后盾"，又是履行基本建设程序、推进工程建设的保障。

一、项目业主对政府确定的宏观调控政策措施，力求理解执行

充分发挥市场机制的作用和加强宏观调控，实行"看不见的手"与"看得见的手"协调运作，这是建立社会主义市场经济体制的基本要求，"两只手"缺一不可。我国目前处在经济体制转轨、产业结构升级和经济快速发展的时期，在国家调控下发挥市场对资源配置的基础性作用，积极化解经济发展中逐渐积累起来的一些深层次矛盾和问题，这是实现经济总量平衡和结构优化，促进经济持续快速健康发展的重要手段。一般来说，政府宏观调控的决策措施，难以通过正式文件直接下达到民营企业，江珠公司基本上是通过报刊、电视、网络信息和属地政府转达等渠道获悉。尽管是这样，江珠公司在指导思想上仍然明

确:国家和各级政府的宏观调控政策措施,集中体现了广大人民群众的根本利益,同时也体现了民营经济的整体利益。即使某些政策措施与江珠公司当前利益有矛盾,但也一定要做到“有禁则止,有令则行”。基于这样的理念,江珠公司决策者增强大局意识和责任意识,坚决维护宏观调控的统一性、权威性、有效性,把企业行为统一到政府宏观调控政策措施上来,虽然企业眼前的局部的利益受到一些暂时性的损失,也要付诸实施。例如:1999 年,在省政府和省主管部门批准了江珠高速公路珠海段立项建设后,新长江公司立即组建项目公司,开展了项目前期工作,并把目标定在 2001 年底建成通车。2000 年 4 月 29 日,省政府常务会作出决定:江珠高速公路预测交通量偏小,在“十五”期间暂缓建设。由于江珠公司在项目的前期工作已经投放了一些资金,项目暂缓建设后土地和原材料价格必将上扬,还涉及收费期限能否顺延变更等复杂的利益问题,无论对企业当前利益还是长远利益都会造成不利的影响。但江珠公司有禁则止,义无反顾地执行省政府的宏观调控决策,咬牙忍痛把前期工作停顿下来。

2003 年 1 月 6 日,珠海市政府向省政府请示:

“经与江门市政府多次协商,均认为江珠高速公路项目的建设符合省委、省政府关于《珠江三角洲经济区现代化建设纲要》(1996—2010 年)精神,有必要加快建设;该项目建设有利于完善珠江三角洲地区高速公路网布局,满足快捷沟通江门与珠海之间的交通需求,促进两地沿路地区经济的发展,也有利于从江门往北联系肇庆、梧州、桂林高速公路,与黔、渝、川三省市公路联网,带动桂林、西江经济带的开发。鉴于该项目前期工作扎实,建设资金已经落实,恳请省政府批准将江珠高速公路列入 2003 年公路建设计划。”

省政府在征求有关部门意见后,2003 年 2 月 11 日,批复江珠高速公路列入 2003 年建设计划,明确指出:

“鉴于江珠高速公路珠海段省政府已批准作为收费公路(粤办函[1999]283 号)、省计委已批准工可(粤计交[1999]387 号),拟原则同意省计委、交通厅意见。即:(1)同意由地方筹资建设江珠高速公路。(2)为了发挥高速公路整体效益,江珠高速公路江门段应与珠海段同步建设。(3)项目的建设,请珠海、江门市速按基建程序办理,各有关单位予以支持配合”(粤府办建设 0011 号)。

江珠公司有令则行,坚定执行省、市政府决定,迅速恢复了项目前期工作。2003 年 8 月 19 日,江珠高速公路珠海段正式动工。

二、项目业主与属地政府某些决策发生利益摩擦时,力求顾全大局

江门、珠海市政府以发展社会事业和民生问题为重点,高标准制订了城市规划,优化公共资源配置,逐步形成包括公路基础设施在内的惠及全民的基本公共服务体系。反映在江珠高速公路建设中,属地政府虽然在设计阶段已对项目布局提出了明确要求,但仍不可避免有欠周详缜密的地方,不可避免在建设的某个环节上未能顾及当地长远规划。这些主客观因素必然引发设计变更,其结果必然加大项目建设成本,也就加大了民营企业投资,致使项目业主与属地政府决策发生了这样那样的利益矛盾。这些矛盾处理不好,就会损害项目业主与属地政府的关系,影响属地政府对项目建设的支持力,不利于从较高层次上建设宽松和谐的路地关系。

江珠公司在处理变更设计矛盾时,跳出只顾自身利益的狭隘权益观,力求顾全大局。在具体做法上,第一,江珠公司内部分析研究属地城市规划,从中理解专项设计变更的必要性;第二,组织有关领导和专家,研讨专项设计变更的可行性;第三,遵循基本建设程序,报请省交通厅审查批准专项设计变更;第四,在增加投资实施设计变更的同时,坦诚向省交通厅和属地政府申述维护权益的意见和诉求。以江珠高速公路珠海段为例:现行的斗门互通立交方案,原设计是与黄杨大道相接,投资概算为 1.05 亿元。由于珠海市政府实施“城市西拓,工业西进”发展规划的需要,经省交通厅同意,把斗门互通立交出口改为与水厂路相接,投资概算为 3.06 亿元。仅此一项变更设计,江珠公司就得增加投资 2.01 亿元。综合设计变更、设计漏项、土地和原材料价格上扬等因素,珠海段增加投资 7.11 亿元。为此,江珠公司在 2005 年 11 月,向省交通厅呈报《关于申请调整江珠高速公路珠海段总概算的报告》,请求把珠海段的投

资总概算由13.87亿元调整为19.83亿元。报告虽然得到了省交通厅批准,但新增的投资还得由项目业主"掏腰包"。

三、工程建设出现复杂矛盾和问题时,力求属地政府协调解决

协调化解江珠高速公路工程建设中复杂的矛盾和问题,属地政府采取三种方式:一是分路段协调。江门市政府协调江门段的矛盾和问题,珠海市政府协调珠海段的矛盾和问题。二是联合协调。由江门、珠海市政府分管重点项目建设的副市长和有关部门,共同协调项目全线的、具有全局性的矛盾和问题。三是区、镇政府协调。对小范围的矛盾和问题,由发生矛盾地域的区、镇政府主管领导和有关部门协调解决。

2006年6月9日下午,珠海市委书记邓维龙、市长王顺生率领有关部门负责人深入江珠高速公路珠海段,在工地视察和检查工作后,召开了珠海段工程建设协调会议。江珠公司董事长在汇报了工程建设情况后,请求珠海市委、市政府协调解决五个问题,全文如下。

请求市政府协调解决的问题

(一)关于给予珠海段政策扶持的问题。珠海段投资从设计概算13.87亿元调整为19.83亿元,江珠公司为此增加投入5.96亿元。其中按珠海市要求变更设计建设斗门互通立交,增加投资2.01亿元;按珠海市横坑大桥建设布局,变更了江珠项目荷麻溪特大桥的桥型结构,又增加投资4 000多万元。预测在项目通车头5年,因车流量不大,项目会处于亏损运营状态。请求市政府把珠海市围海造田的耕地储备指标拨给本项目作为补充耕地,以降低建设用地成本;参照江门段的做法,从本项目向珠海市缴纳的建筑安装营业税的地方分成部分中,返还江珠公司30%。

(二)关于管理中心征地受阻及迁址的问题。江珠高速公路管理中心,是全线建成通车后的运营指挥中枢、安全运行的心脏。由于某部门个别领导人故意刁难,管理中心的征地工作滞后了10个月,至今仍不能开工,并致使在原设计地址上建设管理中已经不可能。为此,江珠公司选择了大托林场山坡近35亩荒坡地作为管理中心新址。请求市政府大力支持征地工作,尽快协调管理中心迁址关键事项。

(三)关于建设江珠高速公路二期工程的问题。江珠高速公路一期工程,起于四村,止于鹤州北,未能直抵珠海市的空港和海港。江珠高速公路二期工程,即鹤州北—珠海机场高速公路,是实施珠海市"城市西拓、工业西进"发展战略,充分发挥"两港"的现有功能,尽快形成国际货运枢纽港和机场工业园区的重要交通设施。新长江公司已明确了对二期工程的投资建设意向,请市政府作出决策后予以批复。

(四)关于顺延收费期限的问题。由于省政府常务会议作出了江珠项目在"十五"期间暂缓建设的决定,使项目特许经营期限损失了3年。2004年4月,国务院发出紧急通知,在土地市场治理整顿期间半年内暂停审批非农建设用地,使项目征地异常困难,影响工期一年。另外,由于斗门互通、横坑大桥等外部决策因素,致使江珠公司增加投资近2.5亿元。请求因国家和省的宏观调控及其他因素影响,使江珠公司损失的经营收费期给予顺延4年的补偿,并由市政府呈文报告省政府审核批准。

(五)关于征地拆迁遗留问题。请求市政府及有关部门深入现场,对昭信等四个村庄的征地拆迁遗留问题及时协调解决,创造宽松和谐的外部施工环境。

珠海市委、市政府和有关部门负责人,现场对上述五个问题进行议论,能拍板的就当场拍板,如管理中心迁址和征地问题、四个村庄的征地拆迁遗留问题的处置等;对于一些较大问题,如政策扶持、江珠高速公路二期建设、顺延收费期限等问题,在协调会上提出了处理意向,会后由市政府及有关部门研究并作出决策后专题解决。6月30日,市政府常务会议作出决定:"同意由江珠高速公路一期业主——新长江建设投资有限公司作为二期业主,负责江珠高速公路二期建设"(珠府常字[2006]12号);7月21日,珠海市交通局《关于开展江珠高速公路二期项目前期工作的函》(珠交函[2006]51号),明确要求新长江公司开展江珠高速公路二期的前期3项工作;8月7日,珠海市国土资源局关于对把围海造田的耕地储备指标拨给江珠项目作为补充耕地的可行性,专项答复了江珠公司(珠国土字[2006]651号);8月24

日，珠海市政府上报省政府《关于江珠高速公路珠海段有限公司延长经营期限的请示》(珠府[2006]97号)，明确提出："恳请省政府同意延长江珠高速公路珠海段有限公司的经营期限至2033年，顺延收费期限4年"。

至此，江珠公司在协调会上提出的五个问题，得到了比较圆满的解决，既在政策法规范围内基本满足了项目业主维护权益的诉求，又为工程建设创造了稳定和谐的外部环境。

第三节　积极处理项目业主与施工企业的关系

这是江珠高速公路工程建设最重要的内部关系。这种关系建立在共同利益的基础上，无论是项目业主江珠公司，还是江珠项目中标的施工企业，都存在着维护自身合法利益的问题。如何找准两者在利益上的平衡点和结合部，采取得力措施，实现两者在利益上的互信、互动、互惠和"双赢"，这是正确处理项目业主与施工企业关系的中心环节，也是快速优质完成施工任务的重大课题。

一、把握江珠项目这个特殊企业的本质特征

以江珠高速公路项目为载体，各参建单位——建设、设计、施工、监理、物资供应等企业和单位，从五湖四海走到一起来了。项目建成通车后，各参建单位从哪里来又回到哪里去，重新回到五湖四海。各参建单位的关系仅存在于江珠项目建设期间，彼此之间仅凭着各自中标项目的经济合同维系着，既具有利益的共同性，又具有利益的单一性，经济合同终结后，利益关系就随之消失。各参建单位就是这样地组成了一个临时性、松散性、利益性的特殊经济联合企业群体。

在这样的一个特殊企业里，施工企业无论是单位个数还是队伍人数，都占了特殊企业"大半壁江山"。按照经济合同规定的法律原则看问题，项目业主与施工企业的关系，实质上是业主法人与承包人的关系；这种关系的基石，就是公平公正，即权利公平、机会公平、规则公平、分配公平；这"四个公平"凸显出公正，只有在公正原则下，双方的精神面貌才能和谐，建设环境才能宽松，运行机制才能高效；而这种公正公平，全部汇聚在经济合同规定的共同利益和各自利益上，体现为双方认可的并具有法律约束力的责、权、利的统一；抓住了合同履约，就抓住了业主与承包人关系的核心和关键。

基于这样的认识，江珠公司反对把业主与承包人的关系变成"老板"与"打工仔"的关系，甚至是"老子"与"儿子"的关系，在实践中摆正业主的位置，履行业主的职能力求到位而不越位，立足在公平公正原则上，把业主与承包人的"两个积极性"都调动和发挥出来，按照合同的约定，履行好双方的责、权、利，协力同心实现项目建设的共同目标和谋求共同利益。俗话说："大河有水小河满，大河没水小河干"。把业主和承包人双方的自身价值和自身利益，建立在共同目标和共同利益的基础上，这就是高境界维护权益的规范行为。

二、依靠科学管理推动共同利益和自身利益同步实现

在江珠项目，业主与承包人的关系靠经济合同维系着，按照合同责、权、利条款的界定，业主不能"以包代管"，应当强化对承包人管理，承包人应当自觉接受业主管理，这是合同履约，实现共同利益和自身利益的保证。

在这个问题上，江珠公司从特殊企业的实际出发，着力发挥科学管理的"三大功能"：一是发挥科学管理的联结功能，把来自五湖四海的承包人有机地组合在一起，联结成具有本项目系统施工功能的有机整体，发挥双方自身价值，创造共同利益和自身利益，为特殊企业打造优良的组织基础；二是发挥科学管理的调控功能，对临时性松散型的特殊企业进行比较有效的运筹、调节和控制，尽量减少项目系统内部众多承包人的摩擦和不必要的能量损耗，使项目施工的整体功能得以优化和升华；三是发挥科学管理的决策功能，在承包人中推进以市场为基础的资源优化配置，运筹帷幄项目建设全过程，把项目施工的整体功能组织好、发挥好、保护好。总的来说，通过业主履行合同界定的职能，发挥科学管理的联结力、调

控力、决策力，在业主与承包人之间形成既公平公正又协作和谐的优势合力，进而激发出特殊企业的向心力、凝聚力和创造力，使双方在江珠项目建设的宽敞平台上，共同按合同履约，实现共同利益和自身利益的一致性。

三、采取得力措施维护共同利益与自身利益

为使合同履约，采取得力保证措施是必要的、有效的，这是维护业主与承包人的共同利益与自身利益的需要。

（一）实行重奖重罚，发挥物质激励机制的作用

这是江珠公司调动承包人的主观能动性，推进合同履约的常用措施。江珠公司设定获奖的目标任务，就好像"摘桃子"，只要你鼓劲"跳一跳"，"桃子"就可摘到手；如果你不想"跳"，甚至连手也不想"举"，不仅"桃子"摘不到手，而且还会以重罚惩戒你的懒惰。例如前文所述在2006年3月～2007年1月期间，项目建设进入最后冲刺阶段时，江珠公司组织的四次战役。"重奖之下，必有勇夫"，江珠公司要求每个标段的承包人都当获奖的"勇夫"，不当被罚的"懦夫"，以物质激励机制把业主与承包人的共同利益与自身利益紧紧联系在一起，有力推进工程建设，实现了业主利益与承包人利益的"双赢"。

（二）召开履约能力澄清会，实行"压迫式"的合同履约

《合同法》规定：合同，具有法律约束力；履约，是合同各方应尽的责任；违约，无论是哪一方，都应当依法追究。江珠公司召开的履约能力澄清会，就是对少数不兑现合同、一再违约的承包人，尽管业主多次严格检查督促，但面貌变化不大，影响项目建设目标的实现，在这样的情况下，业主采取了既严肃又强硬的措施，召开履约能力澄清会，约见承包方的法人代表，对承包人以及承包方的法人代表的履约能力提出质疑，向承包人亮出"黄牌"，责成采取切实可行的措施整改，尽快扭转施工不力的被动局面。在每次履约能力澄清会上，江珠公司都郑重亮出业主的"底线"：如果承包人在规定的整改期内未履行在澄清会上的承诺，施工进度和质量没有明显改观，业主将根据双方合同的约定，对该标段工程采取强行措施直至强制性分包、退场，并将承包人的劣迹上报省交通厅，建议予以全省通报。实践证明，在迫不得已的情况下，采取了这种"压迫式"的合同履约方式，大多能取得显著效果，既体现了对业主利益的有力维护，又帮助承包人跳出落后的陷阱，避免其自身利益的重大损失。

（三）借助省交通厅在合同履约中的主导作用

对个别管理混乱、进度严重滞后、质量问题多的承包人，履约能力澄清会对其已失去作用，业主再也拿不出其他招数去扭转其落后面貌，为了维护业主利益，最后的硬招就是专项报告省交通厅，请求有关领导同志到现场，主导协调解决问题。例如负责一座特大桥施工的某路段七标，累积的突出问题如表8-3-1所示。

七标施工存在问题　　表8-3-1

类　别	序　号	存在问题
施工管理混乱进度严重滞后	1	预应力混凝土T梁在混凝土浇筑完后，3个月不张拉预应力筋，导致T梁开裂；T梁架设后4个月不施工湿接缝，留下严重质量安全隐患
	2	特大桥悬浇箱梁钢金绑扎严重偏位，混凝土质量差
	3	在16m空心板预制过程中，预应力钢筋放张严重违反操作规程，采取一次性切断钢绞线而骤然放张的工法
	4	省交通质监站检查七标工地，对主桥已指出的质量问题不仅未整改，而且又发现悬浇梁预应力钢筋张拉时居然没有混凝土强度记录

续上表

类　别	序　号	存 在 问 题
施工管理混乱进度严重滞后	5	省交通质监站两次抽检，发现预制空心板静载试验检测指标不符设计、规范要求，将导致400多片预制板不能正常使用，必须加固处理
	6	在桩基灌注混凝土过程中，施工人员以吃午饭为由擅自离岗，中断混凝土灌注，导致断桩；另一根桩基在钻孔过程中不按规范要求造泥浆，导致坍孔漏浆
	7	7标项目部在施工力量投入不足情况下，擅自撤走T梁场重要设备龙门吊及作业队伍，致使工程瘫痪，停工3个月；经多次督促，4个多月过去，T梁场尚未恢复正常生产
	8	特大桥悬浇梁由于施工人员和技术力量不足，比合同工期滞后了一年，比调整后的节点工期滞后了半年以上，已成为全线进度最慢的标段，妨碍全线通车目标的实现

对七标存在上述管理乱、质量差、进度慢等严重问题，江珠公司和总监办在20个月的施工期内发出了28份工作指令，多次要求整顿；2006年以来，江珠公司发出了3份情况通报，并多次致函给主管七标项目部某局某公司法人代表，要求召开履约澄清会面商，但某局某公司不予重视，其法人代表一直未来解决问题，工地现场一直未有改观，且形势越来越严峻。江珠公司在靠合同约束难以见效，特别是面对这样一个不讲信誉的企业束手无策的情况下，于2006年7月25日，向省交通厅呈送了请求协调处理七标问题的专项报告。省交通厅基建处长来到7标施工现场，调查研究，与承包人和某局某公司法人代表以及业主代表在一起，分析问题症结，寻求加快进度和提高质量的办法，责成承包人组织落实，由业主督促实施。

第四节　稳妥处理项目业主与沿线农民的关系

江珠高速公路工程建设需征用土地5 225.09亩（1亩≈666.6m²），拆迁房屋16 881m²。能否处理好项目业主与沿线居民的利益关系，直接关系到能否为工程建设创造一个规范有序的法治环境、平安和谐的治安环境，关系到能否实现“稳定和谐，建好江珠”的既定目标。江珠公司在实践中着力抓好以下三件事。

一、项目业主化解路地利益矛盾的“三句硬话”

江珠公司确立了化解路地利益矛盾的行为指导准则，形象概括为“三句硬话”：没事就是本事，摆平就是水平，忍耐就是能耐。

第一，在工程建设中的路地利益矛盾，面广量大，事多且频繁。项目业主能够把“多事”变成“少事、没事”，这就是“有本事”的体现。

第二，对于一些错综复杂的利益诉求，有时不是用一条法规或某项补偿就能轻易解决的。项目业主要千方百计想办法，既有“动之以情，晓之以理”的文明对话，又有“行之以法，利之以民”的利益博弈，还有枱上的、枱下的“擦边球”交易，尽其所能寻求到工程建设与农民诉求的矛盾缓冲带和利益平衡点。化解了矛盾，“摆平”了纠纷，这就是“有水平”的体现。

第三，有的农民群众因土地和家园被征用或者工程建设暂时影响了生产和生活，在提出利益诉求时情绪过激难控，采取了责骂、刁难、阻工等不文明甚至违法的不当方式。对于这种情况，项目业主应予理解、宽容、忍耐，要学会孔子提倡的“和而不同”、“有容乃大”，做到“有理也要让人七分”，委曲求全，避免激化矛盾，产生冲突。为了广大人民群众的根本利益，为了工程建设的“大谋”，这样的“忍耐”是值得的，这就是“有能耐”品格的体现。

二、把握稳妥处理项目业主与沿线农民关系的本原

按照马克思主义的观点，经济利益问题是“本原性”的问题，其他问题基本上都是由此衍生出来的。江珠公司在市场经济条件下能够投融资近30亿元建设江珠高速公路，给人以“财大气粗”的表象，但它

作为一家民营企业，具有一切企业的共性：以追求利益最大化为目标的，力争以最少的投入获得最大的产出，这同样是"本原性"的问题。在江珠项目沿线，由于征地拆迁，使一些农户失去了珍贵土地和家园；由于线长面广的工程建设，不可避免地给沿线居民的生产和生活带来某些暂时性困难和不便，农民维护自身合法权益也是理所当然的，说到底这也是个经济利益的"本原性"问题。由于市场经济条件下的经济利益主体多元化，项目业主与沿线农民都会产生维护自身合法权益的诉求和实践，这就不可避免地产生矛盾和碰撞；再加上有个别别有用心的人一味想吃民营企业的"唐僧肉"，打出"农民牌"、"土地牌"，漫天要价，不达目的就煽动闹事阻工，激化了矛盾，客观地潜在着一种社会风险。项目业主有责任、有使命，绝不能让潜在的社会风险变为现实。实践使江珠公司认识到，在工程建设中出现的社会矛盾，尽管有其多发性、群发性、复杂性、尖锐性的多种表现形式，但从根本上说，都是由经济利益这个"本原性"问题引发的。因此，正确处理项目业主与沿线农民的关系的关键，就在于依法而又合理地运用经济手段，搞好社会利益调节，促进公平正义。在具体操作中，江珠公司注意把握好这个"本原性"问题，寻找产生矛盾和形成纠纷问题的利益平衡点，立足在自身承受能力的基点上，"情为民所系，权为民所用，利为民所谋"，更多地为沿线群众利益着想，把讲理讲法与经济利益结合起来，主动化解社会矛盾，努力减少不和谐因素，积极增加和谐因素，不断促进稳定和谐的路地关系的建设。

2006 年 11 月，江珠公司组织开展了第四战役，这是把握施工的黄金季节，实现建成通车目标的"最后一搏"。在第四战役动员大会上，江珠公司提出了五项任务，其中一项是：在构建和谐社会的思想指导下，认真处理好工程建设期间在沿线的遗留问题。会议明确部署："随着第四战役的推进，工程建设进入最后冲刺阶段。按照全省高速公路建设的经验，在扫尾阶段中一些社会矛盾会凸显出来，有的遗留问题必须集中处理。比如：在隔离栅设置后，全线实行全封闭，人、车通道的高程和宽度有没有达到设计要求，在雨季有没有积水，能否保持畅通；涵洞有没有达到设计要求，与地方水利设置有没有配套好衔接好；施工过程的废弃物，有没有大量排入河道、水利设置和农田，在工程结束后有没有做好疏通治理工作；租用的临时用地，在工程结束后有没有按合同履约，土地有没有复耕或恢复原有用途，等等。这些都是涉及沿线群众生产生活和切身利益的大事，而且各种矛盾往往在建成通车前夕比较集中地反映出来。处理好沿线群众的诉求的关键在于严格按照中央关于构建和谐社会《决定》的精神，统一我们的思想和行动，坚持以人为本，坚信"群众利益无小事"，在处理群众利益诉求时做到"动之以情，晓之以理，行之以法，利之以民"，属于业主的事情就由业主处理，属于施工单位的事情就由施工单位处理，不推卸责任，不互相埋怨，有什么问题就解决什么问题。必须通过对遗留问题的有效化解和妥善处理，让沿线群众普遍受益，建立长治久安的和谐路地关系。"

会后，江珠公司对珠海市斗门区政府在广泛征集沿线群众意见后提出的 124 个工程建设遗留问题，进行了认真分析研究，会同珠海市、斗门区、沿线镇政府有关部门负责人深入现场，倾听村委会和村民的意见和要求，逐一协调解决，维护农民的合法权益。以斗门区白蕉镇光明村为例，村委会和村民要求处理的主要遗留问题共有 14 项，如表 8-4-1 所示，都依法依情依理得到妥善解决。

光明村遗留问题协调处理意见表 表 8-4-1

序　号	斗门区征集意见后反映的问题	八方协调处理意见	代 表 签 名
1	在征用村民宅基地并重新给村民分配用地后，还有一户村民没有完成填土工程，致使该村民不能在新宅基地施工	江珠公司同意在 2006 年 12 月底前完成	村民委员会书记：何长盛 镇政府：周日胜、罗耀新、黄志坚 区水利局：邝洪亮
2	征地中错将村鱼塘开发费 3 500 元补给"农游世界"，村委会没有收到开发费	江珠公司同意在 2006 年 12 月 30 日前支付 3 500 元	
3	工程建设使用光明大泵房侧的水泥路 80m，没有做补偿，要求赔偿 15 000 元	由江珠公司与村签订协议，在 2007 年春节前支付 15 000 元	

续上表

<table>
<tr><th>序　号</th><th>斗门区征集意见后反映的问题</th><th>八方协调处理意见</th><th>代 表 签 名</th></tr>
<tr><td>4</td><td>从2003年起，工地积水排放到村生产用地上，导致村需要增大泵水量，造成额外电费负担，要求施工单位按每年每亩60元补偿给村委会</td><td>由水利部门作出统一补偿标准后，江珠公司从2005年1月1日补起</td><td rowspan="7">区国土分局：阮绍雄
区督办室：梁坚森
市交通局：陈梧平、刘云、吴成跃、杨杰仁、蔡荣莉
市重点项目办：罗桂刚、陆汉召
江珠公司：赵学春、曾国凡、黄汉金
村民委员会书记：何长盛
镇政府：周日胜、罗耀新、黄志坚</td></tr>
<tr><td>5</td><td>在施工中挖取光明村山口红线外的山泥，经协商施工单位同意补偿4 000元，但至今未兑现</td><td>江珠公司同意支付4 000元，由村自行解决</td></tr>
<tr><td>6</td><td>要求修复施工中损坏的光明大泵旁和鸭巢围等便道</td><td>江珠公司承诺在2006年12月底前完成</td></tr>
<tr><td>7</td><td>村山园荔枝生产用地便道的路基在施工中被损坏，要求修复西边路基</td><td>江珠公司支付5 000元，由村自行解决</td></tr>
<tr><td>8</td><td>大泵房至六十亩、鸭巢围至七字塘的原有便道在施工中受损，要求在江珠高速桥底重新修建，恢复原有便道</td><td>江珠公司承诺2006年12月底前完成</td></tr>
<tr><td>9</td><td>施工损坏村大泵旁至六十亩的地埋供电线路，使六十亩泵房在雨天无法供电，不能泵水，导致水浸</td><td>完成修复，问题已经解决</td></tr>
<tr><td>10</td><td>在施工中损坏光明村原有水利通道，村要求江珠公司在鸭巢围（七字塘）修建泵房一座</td><td>修建泵房由村自行解决</td></tr>
<tr><td>11</td><td>施工导致光明中桥下河道淤塞，要求尽快清理淤泥</td><td>完成清淤，问题已解决</td><td rowspan="8">区水利局：邝洪亮
区国土分局：阮绍雄
区督办室：梁坚森
市交通局：陈梧平、刘云、吴成跃、杨杰仁、蔡荣莉
市重点项目办：罗桂刚、陆汉召
江珠公司：赵学春、曾国凡、黄汉金</td></tr>
<tr><td>12</td><td>施工导致水闸至光明桥之间河道淤塞，要求尽快清理淤泥</td><td>由村将需要清理的淤泥数量报江珠公司；江珠公司督促施工单位清淤。在2006年12月底前完成</td></tr>
<tr><td>13</td><td>由于施工中断了鸭巢围的电路，要求尽快恢复通电</td><td>完成修复，问题已经解决</td></tr>
<tr><td rowspan="5">14</td><td>（1）光明村所有便道铺石粉厚10cm</td><td>（1）江珠公司负责整平压实</td></tr>
<tr><td>（2）光明机房围有100多亩没有便道，要求修修道</td><td>（2）由镇政府牵头，江珠公司与村委双方现场处理</td></tr>
<tr><td>（3）光明大机房一南湾鱼塘的河冲清理淤泥</td><td>（3）由镇政府牵头，江珠公司与村委双方现场处理</td></tr>
<tr><td>（4）光明三条主桥的两边要砌石护泥</td><td>（4）江珠公司同意按原状恢复</td></tr>
<tr><td>（5）三条桥的河冲要砌石护坡</td><td>（5）江珠公司同意按原状恢复</td></tr>
</table>

三、紧紧依靠属地政府推进利益协调机制的运行

江珠高速公路的征地拆迁，仍然是沿用广东省以往的成功做法，由项目业主与属地政府签订征地面积和征地费用总包干协议。按协议规定，项目业主把征地拆迁补偿费用，按时足额支付给属地政府指定的主管部门；主管部门再与区、镇和农村集体经济组织以及农民，分别签订协议，规范管理和支付征地拆迁补偿费。在一般情况下，项目业主征地拆迁搞建设，不直接与被征地农村集体经济组织和农民打交道，但必须与属地政府加强沟通，共同研究和协调征地拆迁中的各种利益关系，考虑和兼顾不同阶层、不同方面的农民利益诉求。对普遍性矛盾，严格按协议确定的上限补偿标准去处理；对特殊性矛盾，采取特殊措施予以灵活处理，化解征地拆迁矛盾，维护农民合法权益，构建和谐路地关系。这就是江珠高速公路征地拆迁利益协调机制的基本框架。

征地拆迁利益协调机制，在属地政府指导、推动和干预下有序运行。珠海、江门市政府以及沿线区、镇政府，坚持依法行政，严格按照协议中法定的补偿标准推进征地拆迁“阳光工程”，保证物权人如数拿到补偿款。对征地拆迁中出现的矛盾和纠纷，属于一般性的，由镇政府协调解决；利益矛盾相对复杂的，

由镇、区政府共同协调解决；对镇、区政府协调解绝不了的以及利益关系涉及面广的重大矛盾纠纷，由市政府领导同志召集有关主管部门深入现场，与项目业主以及利益攸关方一起召开协调会议，分析矛盾，确定原则，采取措施，予以解决，切实做到有事必调、有调必果，有力推动了征地拆迁利益协调机制沿着法治轨道运行，在保障了农民合法权益的同时，又维护了江珠公司的合法权益。

以白蕉镇昭信村改沟工程增加33万元补偿费用的问题为例：因高速公路设计的原因，途经昭信村的两处水沟没有设计过水涵洞，对排灌造成一定影响。为保持水系畅通，江珠公司于2005年1月与乙方签订改沟协议，补偿费用4.7万元按协议已支付给昭信村。后来，该村认为补偿费用低，无法实施改沟方案，要求增加补偿费用。经双方多次协商，江珠公司增加补偿费用33万元，加上原已支付的费用，总费用增至37.75万元。这笔补偿总费用包括改沟用地、青苗补偿及施工等一切费用，由昭信村负责及时组织施工。类似这样的征地拆迁补偿和施工造成水利、交通、农田受损等难题，在市、镇政府大力协调和项目业主的充分理解和主动参与下，通过以经济手段为主，逐一予以化解，维护了沿线农民合法权益，营造了稳定和谐的路地关系。据统计，珠海段实际的征地拆迁费用比批复概算增加4 500万元；江门段实际征地拆迁费用比批复概算增加5 500万元。全线征地拆迁超过批复概算1亿元以上。

第五节　维护权益在珠海段的实践

“以路养路”，这是投融资建设高速公路“广东模式”的高度概括，广东此举开创了全国的先河。“养路”靠收费，通过把高速公路的使用价值转化为价值，既偿还建路的信贷资金，又让投资者获得合理合法的收益。从这种意义上说，高速公路的收费期限，关系到投资者的核心利益，无论对国有企业还是民营企业的投资者都是一样。江珠高速公路珠海段投资者新长江公司、项目业主江珠公司的维护权益实践，着重点放在维护法定的收费期限及其实施。

一、关于珠海段的收费期限

江珠高速公路珠海段经营收费期限的演变，经历了三个阶段。

(一)新长江公司与珠海市《协议书》确定的“项目合作期限”

1999年1月15日，新长江公司与珠海市江珠高速公路筹建处共同签订了《合作投资建设及经营江珠高速公路珠海段项目协议书》，珠海市交通委员会主任、珠海市政府主管重点建设的副市长出席了签字仪式，并在《协议书》上代表珠海市政府签字。《协议书》对“合作经营期限”等相关问题，作出了如下规定：

第三章第一条：甲、乙双方共同投资注册一家合作经营公司(下称合作公司)。

第六章第一条：本项目的工期为三年，计划自1999年正式开工，至2001年全线建成通车收费(下称“全线收费日”)。本项目经政府有关部门批准设立收费站进行收费，其收入作为合作公司收入。

第八章第一条：合作公司的合作期限自全线收费日起30年整。

上述的三个“第一条”，归结为一个问题：《协议书》确定的“合作期限”实质上是专指收费期限，从全线收费日起30年。“合作期限”不含项目3年建设工期，即收费期限从2002～2032年，共30年整。

(二)省政府与省计委批复的“项目合作期”以及“经营期限”

1999年5月21日，省政府办公厅以粤办函[1999]283号文，对珠海段收费问题作了如下批复：

关于江珠高速公路珠海段收费问题的复函

省计委：

粤计交[1998]320号、[1999]109号请示收悉。省人民政府同意江门至珠海高速公路珠海段竣工验收后，在立交匝道处设置收费站，收取车辆通行费。项目合作期不得超过30年，合作期满后停止收费，全部路产及附属设施无偿交由政府主管部门管理。

广东省人民政府办公厅
一九九九年五月二十一日

1999年6月7日，省计委在在给珠海市计委《关于江(门)至珠(海)高速公路珠海段工程可行性研究报告的批复》(粤计交[1999]387号)中，对珠海段经营期限作如下批复：

“工程建成交工验收后，按省府办公厅粤办函[1999]283号文的批复，在立交匝道处设置收费站，收费偿还投资。甲、乙方合作合同应遵守国家有关法律法规的规定，收入及利润按出资比例分配，风险也按双方出资比例分担，合作公司经营期限三十年(自项目公司营业执照签发之日起)，合作期满后，项目停止收费，全部路产及附属设施不再作价交由政府主管部门管理。”

省政府复函的“项目合作期”与省计委批复的“经营期限”，属于不同文字表述的同一概念，它与新长江公司、珠海市《协议书》中的“合作期限”虽然年限数相同——都是“三十年”，但期限起点和时间跨度都有着明显差异：省政府、省计委批复的“经营期限”，是“自项目公司营业执照签发之日起”，包含了项目的前期工作、建设工期、收费期；珠海市《协议书》确定的“项目合作期限”，是在项目建成通车后，“自全线收费日起”，不包含项目的前期工作和建设工期，实际上为净收费期。按照省政府、省计委的批复，珠海段建设工期(含前期工作)3年应算在经营期限之内，实际收费期限是27年。

新长江公司和江珠公司深刻理解省政府、省计委按“经营期限”批复项目收费的决策意图：在经营期限确定的条件下，鼓励项目投资者缩短前期工作时间，激励各参建单位在工程优质基点上加快进度缩短工期，这就等同于延长了收费时间，无论投资者还是参建单位都能从中获得利益和效益。因此，新长江公司坚决服从和坚定执行省政府、省计委对珠海段经营期的批复。

(三)国务院《收费公路管理条例》对收费期限的规定

在2004年8月18日国务院第61次常务会议上通过、9月13日公布、11月1日实施的《收费公路管理条例》，第十四条第二款对经营性公路收费期限作出明确规定：

“经营性收费公路的收费期限，按照收回投资并有合理回报的原则确定，最长不得超过25年。国家确定的中西部省、自治区、直辖市的经营性公路收费期限，最长不得超过30年。”

对照国务院《条例》这一规定，结合珠海段的实际，在收费期限上要明确两个问题：第一，珠海段属经营性收费公路，地处我国东部地区而不是中西部地区，收费期限最长不得超过25年；第二，《条例》的收费期限与广东现行的特许经营期，是有区别的不可混淆的两个概念。广东现行的特许经营期如上所述，由项目前期工作、建设工期、收费期等三个时间段组成；《条例》的收费期限，顾名思义，由于前期工作、建设工期都没有收费而且也不可能收费，这两个时间段不能算入收费期。因此，《条例》的收费期限，是专指项目建成通车后，“自全线收费日起”的收费时间段。广东经营性公路在执行《条例》的实际操作中，应当以收费期限为基础，加上项目前期工作和建设期，才等同于广东现行的特许经营期。比方说，如果珠海段收费期限为25年，这符合《条例》规定；再加上项目实际的前期工作和建设工期，项目特许经营期可达30年，这同样符合《条例》规定。

新长江公司和江珠公司在实践中，十分关注国务院和广东省对经营性公路收费期限政策规定的连续性，认真研究和把握有关珠海段的合作期限、经营期限、收费期限三个概念的由来、关联和区别，以国家和省的政策规定为导向，在收费问题上有理、有利、有节地维护权益和核心利益。

二、提出珠海段顺延收费期限诉求的缘由

江珠高速公路建成通车后，从全线收费日起，按照省政府批准的特许经营期限依法收取车辆通行费，这是民营企业投资者回收投资，偿还贷款，维持高速公路运营管理费用支出，获得合理利润的唯一途径，其经营期限关系到江珠公司的核心利益。2006年6月9日，在珠海市委书记邓维龙、市长王顺生主持召开的珠海段工程建设协调会议上，江珠公司董事长首次公开提出了顺延收费期限诉求的缘由。

(一)执行省政府宏观调控决定对于收费期限的影响

在本节关于珠海段收费期限问题中已提及,粤办函[1999]283号明确规定珠海段“项目合作期不得超过30年”。随后,粤计交[1999]387号明确指出:“合作公司经营期限三十年(自项目公司营业执照签发之日起)”。江珠公司诚信履约,于1999年成立项目公司,开展了项目前期工作,并把目标定在2001年底建成通车。2000年4月29日,省府常务会议作出决定:江珠高速公路由于预测交通量偏小,在“十五”期间暂缓建设。

江珠公司按省政府指示精神,停止了项目前期工作。2003年2月,省政府批复珠海市政府,同意把珠海段纳入当年建设计划;8月19日,珠海段在试验路段边征地边重新起动建设。由于上述政策性的调控,使项目建设停顿了三年,项目特许经营期也就同步损失了三年。

(二)执行国务院关于土地市场治理整顿紧急通知对于收费期限的影响

江珠项目开始全线征地后不久,2004年4月,国务院办公厅发出了《关于深入开展土地市场治理整顿严格土地管理的紧急通知》,明确要求在半年治理整顿期间,全国暂停审批非农建设用地。由于宏观调控政策的影响,江珠项目征地异常艰难,不仅大幅增加征地费用,而且征地工作拖延了两年,耽误了项目建设,使工期延长了一年——等同于收费期限缩短了一年。

(三)执行属地政府决策对于收费期限的影响

江珠公司严格按照省交通厅、建设厅批复的初步设计文件进行项目建设。但在建设过程中,珠海市政府从当地发展规划需要出发,提出一些重大的设计变更,使项目实施中投资大幅攀升。

第一,江珠项目的斗门互通立交方案,原设计与黄杨大道相接,但由于珠海市政府实施“城市西拓、工业西进”发展规划的需要,经省交通厅批复,斗门互通出口改道,江珠公司为此增加投资2.01亿元。

第二,珠海市五届人大三次会议提议建设的横坑大桥,项目的立项和设计都在江珠高速公路之后,但开工却在江珠高速公路之前,并且自始至终未与江珠公司沟通和协商,便挤占江珠高速公路荷麻溪特大桥的空间位置。江珠公司顾全大局,被迫变更荷麻溪特大桥的桥型结构。尽管设计单位通过优化设计缩短了桥的长度,节省了建安费1 956万元,但整个特大桥项目仍增加投资4 000多万元。仅以上两项,由于政府及政府有关部门行为的客体原因,造成江珠公司增加投资2.41亿元(含江门段增建南环互通立交,累计共增加投资3.36亿元),加大了建设成本。这些增加投入资金的回收,只能通过顺延收费期予以解决。

综上所述,由于国家和省政府宏观调控措施和政策性调整,由于属地政府及政府有关部门决策行为的客体原因,影响了珠海段的经营收费,江珠公司实事求是地提出顺延收费期4年,即从原来终止收费的2029年顺延至2033年,使项目收费期限达到25年,既符合国务院《收费公路管理条例》的规定,又符合省政府对珠海段特许经营期批复文件的精神。

三、珠海市政府支持珠海段顺延收费期限的合理诉求

在2006年6月9日召开的珠海段工程建设协调会议上,珠海市委书记邓维龙、市长王顺生,分别肯定了江珠公司维护权益诉求的正当性,顺延收费期限的合理性。市领导充分考虑到江珠项目建成通车已进入倒计时,江珠公司尚需向省有关部门申报设立收费站、审批收费标准等重要事项,而项目收费期限又是办理这些重要事项的必备条件,因此现场会决定由有关部门在会后抓紧调查研究,遵循收费期限的法定审批程序予以解决。

会后,珠海市交通局深入江珠公司调查研究,向市政府报告珠海段顺延收费期四年的合理性。2006年8月25日,市长王顺生签发了市政府文件《关于江珠高速公路珠海段有限公司延长经营期限的请示》(珠府[2006]97号),呈报省政府。

关于江珠高速公路珠海段有限公司延长经营期限的请示

省人民政府：

江珠高速珠海段有限公司于1999年7月获批准成立，承担江珠高速珠海段工程建设，按规定该公司经营期限为30年(自公司营业执照签发之日起计算)。该公司成立后随即开展了江珠高速珠海段工程建设前期工作，目标是2002年建成通车。2000年4月29日，省政府常务会议决定该项目在"十五"期间暂缓建设，2003年2月，省政府批准同意我市继续建设江珠高速公路(省府办公厅办文编号：建设0011)，2003年5月，我市决定由原项目公司重新启动项目建设工作。至此，项目建设被拖延了4年时间。2003年8月，该公司开始边征地、边启动试验段建设。2004年4月，国务院办公厅发出了《关于深入开展土地市场治理整顿严格土地管理的紧急通知》(国办发明电[2004]20号)，明确要求在治理工作半年期间，暂停审批非农建设用地。受此影响，该项目实际征地工作再次延续2年。此外，由于客观原因变更设计，造成该项目投资增加3.36亿元，加大了建设成本；以及江珠高速公路江门段于2004年才批准立项建设，影响了整个项目的建成通车时间。

江珠高速公路全线将于2006年底通车，如按原批复的合作经营期限到2029年止，实际收费期限只有23年，比原预计的收费期限将减少近4年，对投资者的收益影响较大。为了维护社会投资主体的合法权益，促进我市民营经济做大做强，恳请省政府同意延长江珠高速公路珠海段有限公司的经营期限至2033年，顺延收费期限4年。妥否，请批复。

珠海市人民政府

二〇〇六年八月二十四日

四、省政府慎重处理珠海段顺延收费期限的合理诉求

对珠海市政府《请示》，省政府按照办文程序依法进行慎重的处理。省府办公厅把《请示》要点转省发改委、交通厅、财政厅等领导机关。经省发改委综合有关部门意见后，提出如下意见：

"一、根据《收费公路管理条例》有关规定，结合各单位意见，同意将江珠高速公路珠海段经营期适当顺延，收费期25年。二、鉴于该项目江门段与珠海段位于同一条主线，两段高速公路主要投资者相同，且基本上将于同时建成通车，建议统筹考虑江门段的收费期限"(粤府办建设719号)。

2006年10月23日，省府办公厅根据省政府领导关于江珠高速公路珠海段收费问题的有关部门批示，确定如下拟办意见：

"一、考虑到江珠高速公路珠海段建设拖延和该路段将于2006年底建成通车的实际情况，根据《收费公路管理条例》有关规定，为确保投资者的合理投资回报，拟原则同意适当延长该路段的收费期限。二、根据粤办函[2003]169号文精神，江珠高速公路江门段的经营截止期与珠海段相同。经了解，江门段预计明年上半年建成通车。鉴此，拟请省发展改革委员会、省交通厅具体统筹考虑江珠高速公路珠海段和江门段的收费情况。并进行有关测算，提出该项目全线的收费期后，另行报批"(粤府办建设719号)。

2006年11月14日，省发改委把粤府办建设719号文转发珠海市发改局，抄送江门市发改局，并在给珠海市发改局的通知中明确要求：

"督促项目业主委托有资质的咨询单位，按照省政府领导的批示精神，对江珠高速公路全线财务效益进行测算，编制财务分析报告，研究提出全线收费期限意见后，于11月30日前报我委"。

2007年2月，珠海市发改局把由广东省建设厅设计处监制、由具有甲级资质的广东省冶金建筑设计研究院编制完成的《广东省江门—珠海高速公路财务分析报告》，呈报省发改委。这份长达86页的《财务分析报告》，作出了如下权威结论：

"本项目在财务上是可行的，自有资金的财务净现值为22 780.67万元，财务内部收益率为5.09%，静态财务回收期为22.96年(含建设期)，动态财务回收期为27.03年。全投资所得税后全投资的财务净现值为47 044.31万元，财务内部收益率为5.22%，动态财务回收期为25.23年，所得税前全投资的

财务净现值为143 444.04万元，财务内部收益率为7.03%，动态财务回收期为21.13年”。

省发改委按照粤府办建设0719号文以及省政府领导的批示精神，将上述《财务分析报告》转发省经贸委、交通厅、监察厅、财政厅、审计厅、物价局、省政府治理公路“三乱”督察队办公室等七个单位，征求对江珠高速公路收费期限问题的意见。2007年4月21日，省发改委在综合上述七个单位反馈的意见后，形成了《关于江珠高速公路收费期限的意见》(粤发改交函[2007]603号)，呈报省府办公厅。省发改委明确提出：

“《收费公路管理条例》第十四条(二)项规定：‘经营性公路的收费期限，按照收回投资并有合理回报的原则确定，最长不得超过25年’。按照以上规定，并结合各单位意见，我委建议江珠高速公路全线收费期限为25年”。

2007年5月16日，江珠高速公路建成通车；6月19日，省府办公厅“粤办函[2007]321号”文，最终确定了江珠高速公路的收费期限：

关于江珠高速公路收费有关问题的复函

珠海市人民政府、省发展改革委：

省发展改革委粤发改交函[2007]603号文收悉。省人民政府同意江珠高速公路收费期限为24年；有关事宜，请按规定程序办理。

广东省人民政府办公厅

二〇〇七年六月十九日

至此，涉及民营企业新长江公司核心利益的江珠高速公路收费期限问题，终于“一锤定音”：江珠高速公路的收费期限，起始于2007年5月16日的“全线收费日”，终结于2031年5月16日，一共24年。

第六节　维护权益在江门段的实践

江珠公司在江珠高速公路江门段维护权益的实践，由于牵涉到项目业主公开招标和缩短收费期限的双重问题，维护权益比起珠海段显得复杂、曲折和艰辛。

一、关于“一个项目，两段建设”的由来

江珠高速公路由珠海段和江门段组成，由民营企业新长江公司按BOT模式独家投融资建设。建设江珠高速公路的第一个权威性文件——《江珠高速公路预可行性研究报告评审意见》(粤交计函[1996]1181号)开宗明义阐述了江珠高速公路的整体性：“江珠高速公路是广东省公路网规划的组成部分，也是规划的珠江三角洲高速公路网和江门、珠海两市公路网的重要组成部分”。1997年4月11日，省计委《关于江珠高速公路江门段项目建议书的批复》(粤计交[1997]215号)重申：“江珠高速公路江门段是珠江三角洲高速公路网的组成部分，与珠海段构成江珠高速公路”。2003年2月，省政府批准将江珠高速公路列入当年建设计划(粤府办建设0011)，明确批示：“为了发挥高速公路整体效益，江珠高速公路江门段应与珠海段同步建设”。由此可见，江珠高速公路从1996年“预工可”起步，到2003年批准列入当年建设计划，以政策的连续性体现了项目的整体性。省政府及有关部门对江珠高速公路确定的“一个项目，两段建设”的模式，目的是按照传统的属地管理原则，充分调动在现行体制下江门、珠海两市的积极性，有利于搞好项目整体的投资、建设、经营、管理，发挥好高速公路的整体效益；不应当把“两段建设”，理解为把江珠高速公路肢解为珠海段、江门段两个独立法人项目。

二、关于“一个业主，两段投资”的背景

高速公路的投融资体制，备受我国宏观投资政策和投资环境的影响和制约。在1997年制订江珠高速公路项目建议书时，国家对民营企业资本进入高速公路投资领域尚未有明确的政策规定，尚处“摸着

石头过河”阶段。因此，当年省计委在给江门、珠海两市关于江珠高速公路项目建议书的批复中，对项目建设资金来源提出了同样的要求：“资金由地方自筹和利用外资解决”（粤计交[1997]089 号 215 号）。总部设在珠海特区的新长江公司，对江珠高速公路建设有坚定的投资意向，但由于受制于宏观投资政策的大环境，只可选择了“两步走”的投资决策：先行利用珠海特区的“窗口”优势以及特区允许进行试验的特殊政策，不是公开以民营企业资本而是以所谓“外资”形态，悄然进入珠海段的投资市场；在珠海段建成后，再看宏观投资政策的变化和走向，另行确定在特区外的江门段如何投资建设。作为新长江公司来说，实施上述“两步走”的分段投资决策，绝不是把江珠高速公路整体项目裂解为两个独立项目，而是为了使民营企业资本在当时的历史条件下，能享受到特区优惠政策，名正言顺进入高速公路投资市场，以规避投资风险，实现投资决策目标。在国务院《关于投资体制改革的决定》颁布实施后，放宽了社会资本的投资领域，使新长江公司的民营企业资本得以堂堂正正进入了江珠高速公路建设市场，在成为珠海段业主后可继续成为江门段业主。这就是“一个业主，两段投资”江珠模式的由来。应当以历史唯物主义的观点，实事求是，客观地看待珠海段、江门段当年投资建设的特定历史背景。

三、对江门段项目业主公开招标的基本立场

在国务院《收费公路管理条例》公布和实施后，江门市交通局对江门段在全国范围内实行业主公开招标。新长江公司和江珠公司一致认为：依据上述“一个项目，两段建设”、“一个业主，两段投资”江珠模式的由来和背景，实行江门段项目业主全国招标具有不正当性。

（一）有违于省主管部门批复文件的有关精神

省发改委《关于江门至珠海高速公路江门段可行性研究报告的批复》（粤计基[2003]1128 号）明确规定：“项目由珠海市新长江建设投资有限公司投资建设”。这个规定说明：第一，江珠高速公路建设项目是一个整体，在新长江公司投资建设珠海段后，继续作为投资主体建设江门段，进而确认了新长江公司在江珠高速公路整体建设中的项目业主地位。第二，省发改委充分考虑到政策连续性，确定了新长江公司是江门段的投资主体。按照法定的基本建设程序，江门市应当遵照执行，但江门市交通局在省发改委作出这个规定一年后，却把江门段推到全国市场进行项目业主公开招标，把既定的“一个项目，两段建设”变更成为“一个项目，两个业主”，有违于省发改委批复文件精神。

（二）有违于《收费公路管理条例》的有关规定

在市场经济条件下，“游戏”必须遵守“规则”。在收费公路上“游戏”，必须遵守国务院《收费公路管理条例》这个最新的、最重要的“规则”。2004 年 9 月，江门市交通局发布了江门段业主公开招标文件；2004 年 11 月，江门市交通局确定了项目业主中标单位。此期间，《收费公路管理条例》于 9 月 13 日公布，并下达国务院令自 2004 年 11 月 1 日起施行。从时间上看，江门市交通局对江门段发布项目业主招标文件和确定项目业主中标单位，都是在《收费公路管理条例》公布和实施后进行的。《收费公路管理条例》第十八条规定：“建设收费公路，应当符合下列技术等级和规模：（一）高速公路连续里程 30 公里以上……”。江门段连续里程只有 20.66 公里，达不到建设收费高速公路规模的“红线门槛”，是不可以当成收费公路项目在全国进行项目业主公开招标的；把江门段从江珠高速公路整体中分离出来，作为一个独立项目招标业主是不妥当的。2006 年 11 月 27 日，《交通部关于进一步规范收费公路管理工作的通知》（交公路发[2006]654 号）的第一条第二款明确指出：新立项的收费公路建设项目，“必须符合《条例》第十八条规定的技术等级和里程规模要求”。交通部这一最新文件精神再次说明：江门段是不可以成为新立项的收费公路建设项目的。

（三）把既成事实的“两个业主”捏合为“一个业主”是不可行的

假使新长江公司不参与江门段业主公开招标，或者中标单位不是新长江公司，那就会出现两种情

况:第一,执行国务院发布的《收费公路管理条例》,由于江门段连续里程只有20.66公里,达不到建设收费公路规模的"红线门槛",按国家法规是不可能准予单独立项收费的。这样一来,中标的项目业主就会"竹篮打水一场空",江门段业主招标活动也只能在热闹和折腾一阵子之后"无果而终"。第二,如果江门段中标的项目业主坚持既要投资、又要收费,就必须设法"变通"跨过国家规定的建设收费公路规模的"红线门槛",唯一选项就是把江珠高速公路既成事实的"两个业主"捏合为"一个业主"。这就意味着:通过江门段业主公开招标,江珠高速公路的项目法人不再是新长江公司,而是由新长江公司以及江门段中标业主共同组合的股份有限公司。新长江公司既不是上市公司,又没有公开招股,它会同意、能赞成由江门市交通局通过"拉郎配"的捆绑捏合方式,在市场上选择一家与本企业毫不相干、没有往来的陌生投资单位来做伙伴,共同组成江珠高速公路股份有限公司吗?这是不言而喻的。可能出现的上述两种情况,都是依法办事的必然归宿,两者必居其一。无论出现哪种情况,都会以客观实践的公正性检验出江门段业主公开招标的不正当性。

四、对江门段缩短收费期限的基本观点

江门段业主公开招标的不正当性,衍生出缩短收费期限的不正当性。江门市交通局与新长江公司共同签署的《建设及经营江珠高速公路江门段项目合同》第七章经营期限的第一款规定:"项目公司的经营期限为省政府批准的收费年限扣除乙方投标承诺减少的收费年限(4年),即乙方的经营期限至2025年11月25日止"。江珠公司在签订合同之时已持有这样的基本观点:这一合同条款既有违于《收费公路管理条例》的规定,又不符合省政府对江门段收费期限批复文件的精神,严重损害了新长江公司的合法权益。

(一)这一合同条款违规超越收费期的审批权限

国务院《收费公路管理条例》第十四条规定:"收费公路的收费期限,由省、自治区、直辖市人民政府按照下列标准审查批准。"事实上,即使在《条例》颁布之前,我省经营公路收费期的审批权限,历来都在省政府。市政府没有这个审批权限,市交通局更没有这个审批权限。江门市交通局与新长江公司签署合同把省政府明文批准的江门段收费期限缩短4年,没有报告省政府审查批准,这属于超越职权的违规行为;即使投资方新长江公司承诺缩短收费期限4年,按规定也要呈报省政府审批同意后才能生效。

(二)这一合同条款有违于省政府对江门段收费问题的批复文件精神

2003年5月23日,省政府在致江门市政府《关于江珠高速公路江门段项目收费问题的复函》(粤办函[2003]169号)中,对江门段的收费和建设问题作了专项批复。《复函》全文如下。

关于江珠高速公路江门段项目收费问题的复函

省计委,江门市人民政府:

江门市政府江府报[2003]18号请示收悉。根据省人民政府意见,函复如下:

一、同意江珠高速公路江门段项目作为经营性收费项目,经营截止期与江珠高速公路珠海段相同,即到2029年7月31日。江珠高速公路江门段和珠海段要同步建设,同步建成通车。

二、项目的建设,按基建程序办理;收费车道的设置要符合粤府办[2003]7号文的要求;有关收费标准、站址等问题,按规定程序另行报批。

广东省人民政府办公厅

二〇〇三年五月二十三日

省政府《复函》明确指出了无论江门段还是珠海段,都应当遵守和执行"三同"原则:同经营截止期,同步建设,同步建成通车。可是在省政府确定"三同"原则一年后,江门市交通局却在项目业主公开招标中缩短了江门段收费期限4年,这样一来,江门段与珠海段就出现了相差4年的不同经营截止期,有违

于省政府的明确规定，势必会引起江珠高速公路全线经营收费的混乱。

（三）这一合同条款为无效条款

《中华人民共和国合同法》第七条规定："当事人订立、履行合同，应当遵守法律、行政法规"；第五十二条规定："有下列情况之一的，合同无效：……（五）违反法律、行政法规的强制性规定"。江门市交通局与新长江公司签署合同的第七章第一款，由于违反了上述国务院和省政府的行政法规的强制性规定，为合同的无效条款，应予撤销；江门段收费期限应回到省政府批复"经营期限与江珠高速公路珠海段相同"的轨道上来，全面落实我省高速公路整体项目历来实行"同路同收费期限"的基本原则。

（四）这一合同条款损害了民营企业的合法权益

据由省建设厅设计处监制、广东省冶金建筑设计研究院编制的《广东省江门～珠海高速公路财务分析报告》，本项目"静态财务回收期为22.96年（含建设期），动态回收期为27.03年"。江门市交通局与新长江公司签订合同的经营期，从2004年10月动工起，至2025年11月25日止，含建设期在内的静态财务回收期为21年。对于新长江公司来说，签订这款合同是明摆着的"亏大本生意"，不要说是民营企业，就是国有企业也不会这么干的。新长江公司之所以在严重损害自身权益的合同上签字，其意图在下文将作阐述。

五、新长江公司在处理江门段业主公开招标和缩短收费期限问题上的决策思想

新长江公司作为民营企业，独家投融资近30亿元建设江珠高速公路，机遇与挑战同在，风险与利益并存。新长江公司在参与江门段业主公开招标的时候，在签署缩短4年收费期限合同条款的时候，他们深深感到，这实质上是在市场经济利益主体多元化条件下，抓住机遇、应对挑战的利益博弈，是在风险的浪尖上弄潮，民营企业维护权益力求以智取胜。

（一）参与江门段业主公开招标，而且志在必得

如上所述，江门段业主公开招标，是在省发改委一年前批复文件已经确定新长江公司为江门段投资主体，是在《收费公路管理条例》明确规定建设收费公路的技术等级和规模的条件下进行的。由于江门市交通局是当地公路建设主管部门，在决策中处于强势地位；新长江公司只是民营企业投资者，无对口的上级主管部门，在决策中处于被动应对的弱势地位。当时摆在新长江公司面前的情势是：如果因新长江公司持有异议而不参与项目业主投标或者在业主公开招标中败北，江珠高速公路势必被肢解成由不同业主投资的两个独立法人项目，这不仅损害了江珠高速公路的整体性，而且严重损害了新长江公司的整体投资效益；如果江门段不是由新长江公司而是由另一项目业主中标，该业主万一因资金不足而停建或缓建，那么江珠高速公路就成了"无头有尾"的"断头路"，只有珠海段孤零零地开通运营，其经济效益势必受到严重影响，这是不容置疑的。由于类似这样的情况在现实社会中已经发生过，这就使得新长江公司在决策时不能不对此作最糟的考量。

处于弱势屈从地位的新长江公司深深感到：矛盾可顺不可激，只得顺其自然，不可对着硬干，参与投标是没有退路的唯一选择。新长江公司只有不惜代价，志在必得，确保在江门段的项目业主地位不动摇。实践证明，新长江公司在这场博弈中，收到了"一举三得"的效果：一是维护了省政府和省主管部门的决策权威，从源头上彻底防止江珠高速公路成为"无头有尾"的"断头路"的可能性，有利于保护江珠高速公路的整体性；二是维护了江门市政府和市交通局的威信，把矛盾从项目业主招标的激烈竞争推移到建成通车后风平浪静的环境里去化解，有利于建设稳定和谐的路地关系；三是民营企业投资者"风物长宜放眼量"，运用法规，积以时日，完成从弱势转化为强势的渐进过程，有利于维护自身的合法权益。

（二）实施维护权益的"退两步，进一步"策略

在新长江公司参与江门段业主招标过程中，对缩短收费期限这个牵涉到投资者核心利益的重大问题，

仍然违心承诺缩短4年收费期限并写进合同条款中，这叫做明知不可而为之，其唯一目的就是确保中标，成为江门段的项目业主；也只有在确立项目业主的地位后，才可能在日后按照国务院和省政府有关法规和文件精神，按照《合同法》，阐述乃至诉讼江门段业主公开招标的不正当性，中标合同中关于缩短收费期限条款的无效性，在“退两步”的迂回曲折中谋求“进一步”——维护民营企业投资者的合法权益。

（三）认真学习法规政策，能动指导决策实践

市场经济是法制经济，目前中国的投资市场还是政策性市场。新长江公司是民营企业，无对口的上级主管部门，要在利益主体多元化、经济成分多样化的市场经济条件下求得生存发展，就必须认真学习和实践国家和广东省法律法规以及有关政策，用以指导分析研究新情况新问题。只有这样，才可能把握权衡利弊、检验得失的价值尺度，制订民营企业的应对策略原则，在社会矛盾凸显期的复杂环境里，既依法规范自身行为，又依法维护自身权益。从某种意义上说，本节对江门段业主公开招标及其缩短收费期限的具体分析和妥善处理，也展现了新长江公司和江珠公司学习和实践法规法律以及有关政策的一些心得体会。

六、珠海段顺延收费期对江门段产生的“波及效应”

在江门段业主公开招标和缩短收费期的问题上，江珠公司成为项目业主已成既定事实，并已履行业主的投资建设和管理职能，确保江门段与珠海段同步建成通车。遗留下来的问题，就是如何妥善处理缩短收费期限。对此，江珠公司三缄其口，保持沉默，只干不说，干完再说。在整个工程建设期间，江珠公司都没有行文向江门市提出有关收费期限方面的任何诉求，并自觉地把江门段建设置于江门市政府和市交通局以及相关部门的领导和支持下，真心实意地依靠江门市政府协调和化解征地拆迁和工程建设的矛盾和问题，建立了平安和谐的路地关系。

然而，珠海市政府致省政府关于珠海段顺延收费期限的请示，对江门段却产生了以下的“波及效应”：

第一，省发改委综合了省有关部门的意见，在同意珠海段经营期适当顺延，收费期为25年的基点上，明确提出：“鉴于该项目江门段与珠海段位于同一条主线，两段高速公路主要投资者相同，且基本上将于同时建成通车，建议统筹考虑江门段的收费期限”（粤府办建设719号）。

第二，省政府办公厅对珠海段的拟办意见同样在“原则同意适当延长该路段（注：即珠海段）的收费期限”基点上，明确指出：“根据粤办函[2003]169号文精神，江珠高速公路江门段的经营截止期与珠海段相同”（粤府办建设719号）。

第三、2007年4月21日，省发改委在综合省经贸委、交通厅、监察厅、财政厅等七个部门的意见后，形成了《关于江珠高速公路收费期限的意见》，呈报省政府办公厅。在《意见》中重申：“2003年5月，省政府以粤办函[2003]169号批准江珠高速公路江门段为经营性收费公路，并明确经营截止期与珠海段相同，即到2029年7月31日”（粤发改交函[2007]603号）。省发改委在这里再次强调的，就是“同路同收费期限”的原则。

以上“波及效应”，充分显示了省政府和省主管部门对珠海段、江门段经营收费期作出决定的连续性，以及维护民营企业投资者合法权益的一致性。珠海段产生的“波及效应”，为解决江门段在业主公开招标中遗留的缩短收费期限问题，提供了统筹化解的模式。

2007年6月19日，省政府办公厅《关于江珠高速公路收费有关问题的复函》明确指出：“省人民政府同意江珠高速公路收费期限为24年”（粤办函[2007]321号），并抄送江门市人民政府贯彻执行。据此，江门段作为江珠高速公路的两个组成路段之一，毫无疑义，它的收费期限跟珠海段相同，起始于2007年5月16日的“全线收费日”，终结于2032年5月16日。维权实践使我们深刻感受到：在市场经济利益主体多元化条件下，涉及高速公路投资者核心利益的维权行为，必须以极大的克制力予以避免矛盾双方针锋相对甚至“对簿公堂”。我们一定要正视和坦承利益矛盾，对矛盾不能刻意回避，不能采取不承认主义；同时又应以和谐维权为出发点和落脚点，践行“三个坚定”——坚定相信和紧紧依靠各级政

府，坚定循着现行的政策法规轨道，坚定实行“有理、有利、有节”的协调和化解矛盾的方式。与此同时，维权目标着重落实“四个在”——“先干后说，干完再说”，事业在；“实事求是，讲理依法”，公道在；“礼让对方，委曲求全”，人情在；“有容乃大，求同存异”，和谐在。只有这样，在利益矛盾化解后才能不留“后遗症”，在双赢之中皆大欢喜，于无声处实现和谐维权。

第七节 维护权益的体会和结论

围绕着维护权益的重大课题，新长江公司和江珠公司经历近八个年头的探索和博弈，形成的体会和结论如下。

(1)民营企业维护权益，受到国家的根本大法——《宪法》的支持和保护。《宪法》总纲第十一条规定：“在法律规定范围内的个体经济、私营经济等非公有制经济，是社会主义市场经济的重要组成部分。国家保护个体经济、私营经济等非公有制经济的合法的权利和利益。国家鼓励、支持和引导非公有制经济的发展，并对非公有制经济依法实行监督和管理。”历时13年酝酿和广泛讨论、在十届全国人大五次会议上通过的《物权法》，保护物权与民权，进一步增强了民营企业对财富的安全感。民营企业新长江公司，独家投融资建设江珠高速公路，是以国家产业政策为导向的，依法受到国家的鼓励和支持；江珠公司维护民营企业投资者合法权益，绝不是见不得阳光的，而是国家倡导的，受到《宪法》和《物权法》保护的；民营企业维护权益，要旗帜鲜明，理直气壮，步履扎实，坚定执着。

(2)民营企业维护权益的矛盾运动，从局部来看，它是与建设好江珠项目的“三个环境”即公平正义的施工环境、规范有序的法治环境、平安和谐的治安环境紧密结合在一起的；从全局来看，它又是构建和谐社会的一个缩影。因此这种维护权益的行为，必须符合中央提出的民主法治、公平正义、诚信友爱、充满活力、安定有序、人与自然和谐相处的总要求。民营企业只有确立这样的理念，才能认真处理好项目业主与参建单位以及沿线群众的利益关系，化解各种矛盾，在项目建设中逐步形成各有所为、各有所得而又和谐共处的局面，民营企业的合法权益也就会实现在其中。

(3)民营企业维护权益的关键和着力点，在于“合法”。在现行体制下，国家和各级政府的一些政策法规文件难以直接下达到民营企业。这迫使民营企业的项目业主另辟蹊径，拿出点挤劲和钻劲，多渠道搜索和了解与自身生存和发展、权利和利益相关的法规信息，结合自身实际认真学习，理性思考。只有学法懂法，维护权益才能合法；在一定条件下的维护权益的行为，只有“合”一定的法律规定范围内之“法”，民营企业才能在市场经济利益主体多元化、经济组织多样化的复杂环境里，有理、有利、有节地维护好权益。

(4)要学会运用经济运行中的唯物辩证法，防止片面性，防止走极端。比如：注意把握经济发展黄金期与社会矛盾凸显期的辩证关系，一方面要着力抓住发展的战略机遇，脚踏实地把民营企业做优做大做强；另一方面要认识经济利益的摩擦和冲突，是工程建设领域产生各种矛盾的本原，这就要求项目业主在作决策、办事情时，要注意瞻前顾后，要兼顾左邻右舍的“利益攸关方”，尽量减少和避免矛盾摩擦；一旦矛盾出现甚至激化，也能以经济手段为主、其他手段为辅，妥善处理和化解利益矛盾。又如：注意把握局部利益与全局利益的辩证关系，民营企业要力求比较自觉地把广大人民群众的根本利益置于自身权益之上，并在积极参与和付诸实现根本利益过程中来维护和实现自身权益，有时即使以付出某些眼前的自身利益为代价，也应该在所不惜。

(5)在市场经济条件下维护权益的博弈，是胆识的碰撞，是睿智的较量。民营企业的项目业主要注意发挥胆识和睿智的能动作用，一定要学会登高望远、瞻前顾后、公平正义、求真务实，在维护权益的实践中力求站得高些、看得远些、行得稳些、干得好些。在某些情况下，要注意对权益欲望进行有效约束，对权益目标进行适当调整。这种约束和调整，有时看起来是“退两步”，实际上是为了积聚能量“进一步”，这应成为民营企业更好地维护权益和推进发展的应对良策。在另外的某些情况下，对来自外部的一些暂时不利于民营企业内部利益的决策和举措，不能意气用事对着干，不能牢骚太盛搞蛮干，不能急于求成匆忙干，而应头脑清醒，保持冷静，先干后说或者干了再说，待到积以时日，机会来临，再去阐述自身的理念和见解，力求争取比较广泛的理解和支持，在和谐协调的氛围中最终维护好民营企业的合法权益。

(6)要紧紧依靠各级政府和主管部门，千方百计地自觉主动置于其领导之下，把民营企业没有对口的上级主管部门的劣势，转化为拥有众多的领导者和管理协调机关支持和关怀的优势。实现这样的“势能”转变，就能为民营企业主导的项目建设，注入凝聚力、支持力和引导力，颇有成效地推动利益协调机制在法制轨道上有序运行，建设稳定和谐的路地关系，维护好民营企业合法权益。

中篇

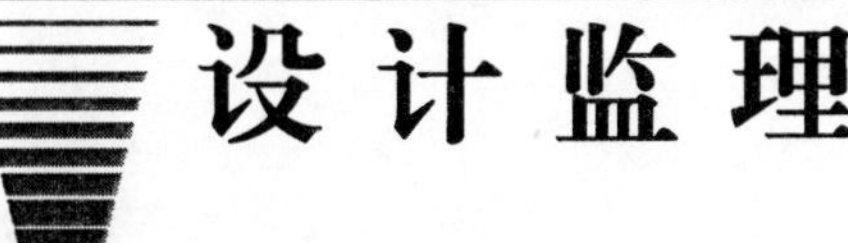

设计监理

·第九章·

项目勘察设计

江珠高速公路的珠海段和江门段，均由铁道第四勘察设计院（以下简称铁四院）负责勘察设计，经历了“预工可”、“工可”、“初步设计”和“施工图设计”等阶段。从整体上看，路线设计方案在满足江珠高速公路使用功能的前提下，综合考虑地形、地质及桥位选择诸因素，正确采用技术标准，保证项目高质量、高功能、高水平；择优选定经济技术方案，严控工程造价，保证项目经济、安全、高效；注重环境友好，保证项目绿化、美化、舒适，实现人与自然和谐。

第一节 江珠高速公路的设计要点

江珠高速公路分为珠海段、江门段设计。

珠海段位于珠海市西部，全长32.62km，设计采用四车道高速公路标准，计算行车速度120km/h，路基宽度26m，桥梁设计荷载汽车-超20级，挂车-120。项目区域为珠江泥沙沉积的平原沙田区，地貌形状若龟背，地势西南高，东北低。沿线地层主要为第四系地层，上部为全新滨海相沉积淤泥、淤泥质土，下部为风化残积土，基底为寒武系变质砂岩及燕山期侵入花岗岩。根据国家质量技术监督局2001年《中国地震动参数区划分图》（GB 18306—2001）的划分，沿线所经地区地震动峰值加速度为0.10g（相对于原区划地震烈度为Ⅶ度）。

江门段位于江门市江海区及新会区睦州镇境内，全长20.66km，与珠海段同标准建设。项目区域为属珠江三角洲平原区南部。全线穿越地貌单元分两类：一是河口平原区（K2＋300～K9＋100、K18＋300～K20＋659.34）：地形平坦，地势较低，地面高程0.5～3.0m，区内沟渠纵横，水塘、围堤密布；其次是稻田、耕地。地层结构上部为第四系全新统以海积为主的海陆交互相沉积层（主要位淤泥、淤泥质土），一般厚度15～22m，局部厚近30m；下部为风化残积土，基底为侏罗系百足山群砂岩、页岩。二是低丘岩地区（K9＋100～K18＋300）：低丘海拔一般不超过100m，但地形起伏较大，相对高差40～90m。沙丘顶较浑圆，山脊走向一般与岩层走向一致，山体自然坡度20°～30°，植被发育。出露地层为侏罗系百足山群上、中亚群凝灰质岩、泥质砂岩、页岩为主，夹少量含砾砂岩、砾岩，灰白～紫红色，中厚层状，全～弱风化，节理裂隙发育，风化部俊。丘间谷地分布有第四系全新统以海积为主的海陆交互相沉积层（主要为淤泥、淤泥质土），厚薄不均，一般不超过15m，地面高程基本与三角洲平原高程一致。根据国家质量技术监督局2001年《中国地震动参数区划图》（GB 18306—2001）的划分，沿线所经地区地震动峰值加速度为0.05g（相对于原区划地震烈度为Ⅵ度）。

一、总体设计原则

江珠高速公路总体设计遵循以下原则。

（1）严格执行国家的法律、法规，遵循国家及交通部相应的规范、标准、规定，严格执行工可、初步设计的批复、审核意见，控制工程规模与投资，牢固树立“质量第一”的设计方针，认真执行ISO 9001—2000程序文件的规定。

(2)根据项目在广东省道路网中的重要功能和所经地区特殊的自然、地形、地质等条件,进行研究和论证,确定本项目采用的各种技术标准和工程规模,控制投资。真正做到总体方案优、技术标准高、投资省、效益好,既要安全、舒适,又要经济、美观。

(3)根据调查沿线穿越通航河流、等级公路及广珠铁道的规划,分离式立交主线上跨与下穿方案的经济比较及各种通道净空的要求情况,反复进行路线平纵面设计优化,尽量降低路堤高度,以减少占地,节省投资。

(4)根据本项目与被交道路连接位置及其在路网中的功能作用,结合地区交通源和运输量,沿线城镇现状和规划,论证合理确定互通立交的布设位置、建设规模、设计形式及其与被交道路的连接方式。

(5)着眼和谐设计,保护环境,做到公路与环境相协调。设计注重生态保护,节约资源,确保可持续发展,线路避免穿越集镇、村庄及学校,对沿线的耕地、植被、腐殖土等指定严格的保护计划。

二、路线设计

(一)珠海段路线设计

珠海段区域河网密布、村庄密集,地质条件较差,路线设计时引入平纵横综合设计的理念,运用三维立体线形设计方法,尽量做到平面顺适、纵坡均衡、横面合理。

平面设计在非软基地段尽量以曲线为主,减少拆迁;软基路段尽量顺捷,减少软土地基处理费用,以降低工程造价;在满足技术要求的前提下,少拆迁、少占农田,保护耕地。

在纵断面设计中,更注重平面及纵断面的组合设计,力求平纵组合良好,指标均衡,做到平包竖;竖曲线尽量取大值,避免同向竖曲线间设置短直线,反向竖曲线间设置不小于3s设计车速的直坡段,以求路线纵断面平顺、连续。设计时不追求单纯高指标,在影响工程量较大时,可采用满足视觉要求的一般值即可。本路段最小平曲线半径 $R=1\ 800$m,最小凸曲线半径 $R=11\ 608$m,最小凹曲线半径 $R=7\ 736$m,最小坡长控制在320m。对个别平纵组合不甚理想处,绘制全景复合透视图,检查视觉检验。

珠海段处于深厚软基地区,分离式立交尽量采用支线上跨,有效地控制了填土高度,减少了软基处理工程量。

(二)江门段路线设计

江门段路段通过或连接的城镇有:向民管理区、礼乐镇、向荣村、睦州镇等,区域河网密布、地质条件较差,路线设计时引入平纵横综合设计的理念。平面设计在非软基地段尽量以曲线为主,减少拆迁,软基路段尽量顺捷,减少软土地基处理费用,以降低工程造价。在满足技术要求的前提下,少拆迁、少占农田,保护耕地。在纵断面设计中更注重平面及纵断面的组合设计,力求平纵组合良好,指标均衡,做到平包竖;竖曲线尽量取大值,避免同向竖曲线间设置短直线,反向竖曲线间设置不小于3s设计车速的直坡段,尽量避免出现连续短坡、碎坡,以求路线纵断面平顺、连续。设计时在不过大增加工程量的前提下,选用较高的指标,但不片面追求高指标。本路段最小平曲线半径 $R=2\ 000$m,最小凸曲线半径 $R=11\ 000$m,最小凹曲线半径 $R=7\ 688.772$m,最小坡长控制在320m。结合地形条件,分离式立交采用主线上跨。

三、路基、路面及排水综合设计

(一)路基设计

江珠高速公路路基标准横断面如图9-1-1所示。

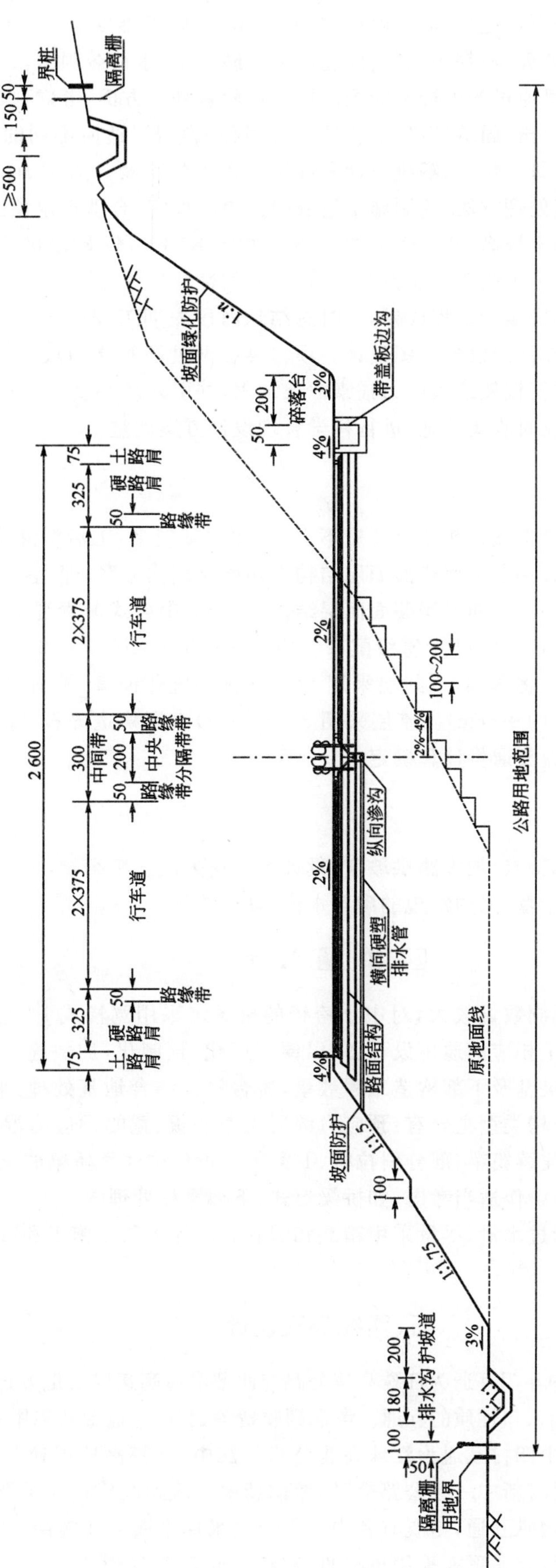

图9-1-1　主线路基标准横断（尺寸单位：cm）

江珠高速公路所在区域地下水位高，取土困难，软基分布广，施工难度大。设计一方面研究减少土方量，研究现有条件下填料的处理，如翻晒、利用周边河道吹砂换填、水荷载预压；另一方面在软基深厚、填土高度高地段，研究采用桥梁通过的可行性和经济性。在软基处理方面，考虑到软土性质、材料来源、工期等因素，采用预压或超载预压、固结排水、复合地基等多种方案，以适应不同的地质条件。为此，珠海段开展了一些技术攻关和科研工作，以解决设计和施工中遇到的难题。为正确认识珠海段软土的物理、力学性能，选择合理的地基处理方法，控制施工过程中路堤的稳定，合理选定预压固结期与工后沉降量控制标准，选择软基深厚、填土较高、有代表性的 K53＋202～K53＋442 路段进行现场大型原体实验，以验证和比较珠海段软基处理施工图设计参数的可靠性、适用性和软基加固效果。

江门段设计充分利用珠海段实验工程成果，及时总结珠海段先期工程的实施经验，展开分析，获得可靠的软基处理设计参数，指导江门段施工图设计。项目存在两处路堑高边坡，设计遵循综合治理，防治结合原则，采用骨架护坡、锚杆框架或预应力锚索框架加固，并引入动态设计原则，根据工程监测数据和施工开挖揭露的地质条件，及时收集信息，进行科学合理设计方案调整。

(二)路面设计

根据初步设计的批复，考虑本项目初期交通量不大，全线软基较多，工后沉降难以避免。为减少投资，路面结构按分期修建设计。一期工程路面面层结构采用两层结构方案，即先铺设中、下层，待路基沉降稳定后；二期工程加铺上面层。一期工程路面面层结构为：5cm 中粒式沥青混凝土 AC—16(I 型密级配)＋6cm 粗粒式沥青混凝土 AC—20(I 型密级配)；二期工程加铺 4cmAK—16A 抗滑面层。表面抗滑层粒料宜选用玄武岩，并添加防剥落剂，下封层采用 PC—2 慢裂乳化沥青，桥面采用一次性铺装，铺装沥青混凝土同表面层和中面层(4＋5cm)。基层采用 36cm(5％)水泥稳定碎石；底基层采用(3％)水泥稳定石屑，厚度视不同地基及由交通量计算确定。

(三)路面排水设计

考虑软土路基的工后沉降特点，加大路拱坡度，设计中广泛采用土工织物，采用防排相结合的措施。对于路基排水，考虑当地石料丰富，采用常规的砌石水沟，降低造价。

四、桥 涵 设 计

江珠高速公路区域桥梁涵洞数量较大，对中小跨径的桥梁多采用宽幅式 PC 空心板或 PCT 梁，简支结构，桥面连续。为此编制了相应的通用设计图，以便工厂化、预制化，加快施工进度，保证质量。下部结构采用整体三柱墩，减少桩基及下部构造工程数量，桥台设计结合地基处理，采用抗推性较好的座板式桥台。全线桥梁采用的结构类型主要有：预应力混凝土空心板、宽幅预应力混凝土空心板、钢筋混凝土连续箱梁、预应力混凝土连续箱梁、部分斜拉桥、T 梁等。设计中注意桥梁的美学效果，对重点桥梁工程，如互通立交、支线上跨桥梁作适当考虑，如桥梁形式、下部墩柱处理等。

根据涵位处的地质情况和过水量，尽量采用箱涵和圆管涵。为了便于施工和减轻桥头跳车，尽量采用暗涵形式。

五、路线交叉设计

珠海段共设 3 处互通，其中斗门互通为江珠高速公路与西部沿海高速以及地方道路之间的交叉，是一处枢纽性质的互通，其余均为出入口性质的互通。考虑到收费等因素，互通形式采用单喇叭或菱形形式。

江门段共设 3 处互通，其中四村互通为江珠高速公路与江中、江鹤高速高速公路之间的交叉，是一处枢纽性质的互通。睦州互通与新中一级公路交叉，考虑新中一级路改建正处于规划中，睦州互通远期设计为双喇叭互通，近期为单喇叭互通，与既有新中一级公路采用平面交叉连接。南环互通为出入口性质的互通。考虑到收费等因素，互通形式采用单喇叭、双喇叭或双 Y 形形式。

江珠高速公路互通设计充分考虑与地形、地物相适应，被交叉道路均具有快速疏散交通功能且与交通流发生点具有便捷沟通的特点。互通总体布局均衡、合理；同时注重平交的处理，对互通主线段选取合适的平纵指标及加减速车道长度，以提高服务水平与通行能力。江珠高速公路全线还设置分离式立交 6 处，根据地形、地物及周围条件尽可能采用支线上跨。

六、隧 道 设 计

江珠高速公路江门段横穿吉仔公山，设置睦州围 1 号和 2 号隧道，隧道长度为 312m 和 299m，均属于短隧道。隧道断面均采用双联拱形式，隧道衬砌结构按新奥法原理进行设计，洞门采用挡翼墙式洞门或斜切式洞门。两座隧道均采用自然通风，不设消防设施。

七、环境保护与景观设计

江珠高速公路设计注意与自然景观及周围环境的协调，着重做了以下几个方面的工作。

(一)加强绿化

采取多层次绿化措施，在边坡、护坡道、边沟外，大力提倡种草、植树，以改善平原区高速公路的单调感。

(二)采用变化手段，改善道路自身景观

如护坡采用曲线为主的衬砌防护，中间植草，大大减少单一色彩、单一形式带来的呆板感，在变化中提高公路自身的美感。

(三)强调公路与自然景观融为一体，成为自然景观的一部分

设计时注意优化平纵线形，采取以曲线为主的平、纵线形，利用线形变化，减少居民拆迁量及对大中型排灌系统的破坏；在可能情况下合并设置构造物，以降低路基填土高度；在取土坑的布设时，尽量利用废弃的旱地及非良田，并注意后期的综合利用，以最大限度的降低公路建设对环境带来的不良影响。

第二节　荷麻溪特大桥的设计特色

荷麻溪特大桥在我国目前同类型桥梁中跨度居第一，是江珠高速公路的标志性工程。

一、概　　述

江珠高速公路在盛围跨越荷麻溪水道。荷麻溪水道为国家Ⅰ级航道。根据 1998 年 8 月航道管理部门确定的通航标准，通航净宽不小于 150m，净高不小于 22m，主桥跨径应不小于 190m。

根据上述通航标准，于 1999 年 12 月编制完成了初步设计文件。其中，主桥推荐方案为 105＋190＋105(m)预应力混凝土连续刚构；支点梁高 10m，跨中梁高 3m。

由于种种原因，该项目未能及时实施。2002 年 11 月，业主要求进行初步设计修编工作。由于初测完成时间较早，为确保原始资料的准确性，安排进行了补充初测和勘探工作。补测过程中发现，原初步设计中荷麻溪特大桥北端桥台与正在修建的横坑大桥东端桥台相干扰。若维持原线路设计方案，则荷麻溪特大桥必须提高相交处的设计高程；采用上跨横坑大桥的纵断面设计方案，将大大增加桥梁长度。为了缩短桥长，提出了改变桥位，使桥位与航道更接近正交的主线下穿横坑大桥的线路方案(即 G 线方案)，有效的缩短了桥梁长度。2003 年 4 月，航道管理部门根据调整的 G 线桥位，重新确定本桥的通航净宽要求大于 180m。

按此通航标准，对初步设计确定的推荐方案进行了复查。由于河流与桥轴线的法线斜交 6°，并且

桥位刚好位于横坑裁弯段上游起点处,加上结构宽度,主跨 190m 显然不满足通航要求。因此,需重新确定主桥跨度。桥跨与通航净宽的关系如图 9-2-1 所示。

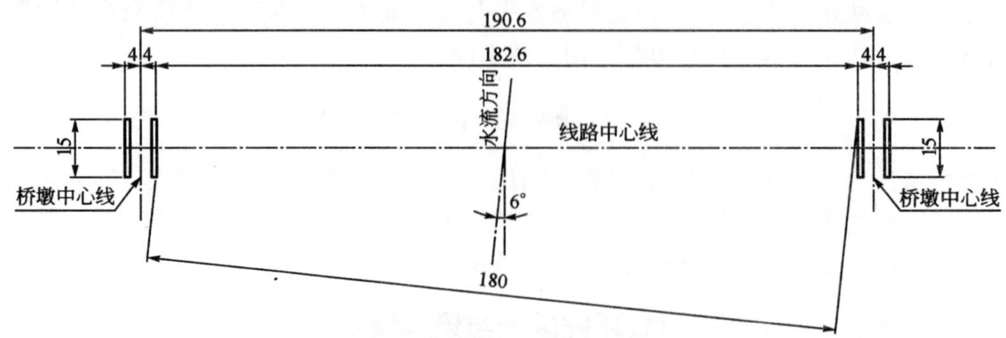

图 9-2-1 桥跨与通航净宽关系图(尺寸单位:m)

由图 9-2-1 可知,桥梁跨度应不小于 190.6m,另考虑桥墩防撞结构的尺寸和桥墩附近水流的紊流宽度,桥梁跨度应不小于 224.6m。若仍采用连续刚构桥型,需增加支点梁高约 1m;由于通航净高不变,净宽加大,使通航净空的控制点移向主墩;由于梁底曲线的影响,也需提高桥面设计高程。控制设计高程总计约需提高 1.7m,与横坑大桥相交处,桥面净空不能满足设计要求。因此,由于通航净宽的加大,使批准的初步设计推荐方案中主桥跨度和桥面净空不能满足使用功能,如图 9-2-2 所示。

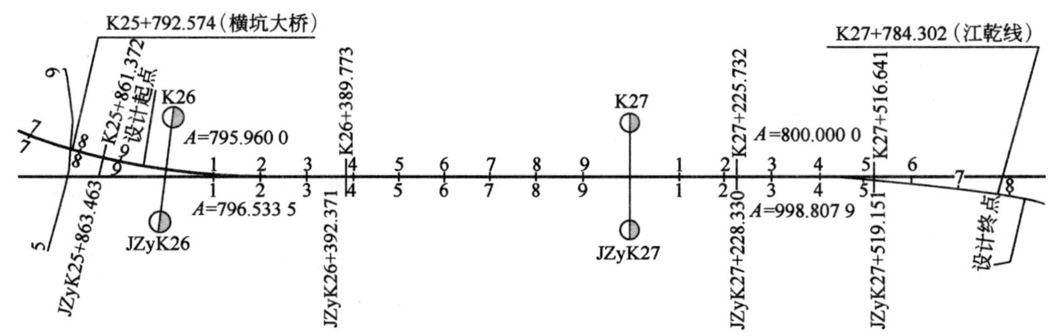

图 9-2-2 横坑大桥及江乾线平面位置示意图(尺寸单位:m)

因此,在维持 G 方案和下穿横坑大桥设计原则不变的前提条件下,重新对荷麻溪大桥主桥的桥型方案进行了研究。2003 年 6 月,完成了方案设计文件,提出了三个桥型设计方案。在进行了相当于初步设计深度的方案比较后,铁四院推荐主跨 230m 的预应力混凝土部分斜拉桥方案为实施方案。

2003 年 6 月 5 日,由珠海市交通局组织专家,对荷麻溪特大桥方案设计文件进行了审查并形成了一致意见。会议认为:“部分斜拉桥方案兼有连续刚构和斜拉桥的特点,结构新颖,景观效果好,工程造价相对较低,施工技术成熟等特点,是目前同类跨径桥梁中技术先进的桥型”。因此,同意推荐预应力混凝土部分斜拉桥方案为实施方案。

二、工程建设条件

本桥位于上横镇光明村与福安村之间,于连江水闸下游约 600m 处跨越荷麻溪水道,桥位属河口平原地貌单元,两岸地形平坦开阔,多为鱼塘和耕地。荷麻溪水道起于新会市大鳌的大屿,从西安二就围流入斗门县境,下至横坑东口。斗门县境内河段长 6.91km,河道弯曲系数为 1.00,河槽深 4.2~6.8m,潮差 1.5m,河宽 228~335m。

桥位区域地层以人工填土、滨海相沉积土、冲积土、残积土、下伏白垩系上统基岩为主。基底岩性变化多而且复杂,既有软质岩石,又有硬质岩石,基岩埋深变化较大,构成桥位工程地质条件复杂。基础持力层为中风化的泥岩、砂质泥岩、泥质粉砂岩、中风化变质砂岩和微风化泥岩,埋深约 40~70m。

三、主要技术标准

(1)公路等级:双向四车道高速公路;

(2)计算行车速度:120km/h;

(3)荷载等级:汽车-超 20 级,挂车-120;

(4)桥面宽度:2×(0.4+12.0+0.4)=2×12.8m,中缝宽度 0.4~2.7m,对应桥面全宽为 26.0~28.3m;

(5)风荷载:基本风压 1 200Pa,极大风速 60m/s;

(6)地震动峰值加速度值:0.10g;

(7)最高通航水位:采用 20 年一遇水位,最高通航水位为 3.09m;

(8)通航标准:国家Ⅰ级航道,主孔通航 3 000t 级海轮,净宽不小于 180m,通航净空不小于 22m;

(9)桥梁纵坡:≤3.5%;横坡:2%;

(10)与横坑大桥相交处桥梁净空:大于 5.0m;

(11)与江乾线相交处桥梁净空:大于 5.0m;

四、总 体 设 计

荷麻溪特大桥的总体设计,包括平面设计、纵断面设计、横断面设计。

(一)平面设计

大桥的平面位置根据总体路线走向确定。主桥范围内位于直线上,部分引桥位于缓和曲线和圆曲线上。

由于主桥主塔及索面布置的需要,主桥范围内桥面宽度需由 26m 加宽至 28.3m。结合下穿横坑大桥的影响,本桥范围内主桥和江门侧引桥桥面宽度均为 28.3m,珠海侧引桥桥面宽度则由 28.3m 渐变为 26.0m,如图 9-2-3 所示。

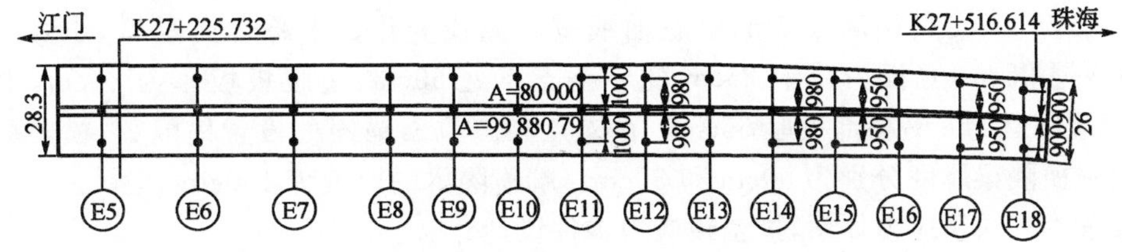

图 9-2-3　珠海侧引桥桥面变宽示意图(尺寸单位:m)

(二)纵断面设计

纵断面设计由全线的总体设计确定。控制纵断面设计的主要因素如下。

(1)通航要求:根据收集的水文资料及水文计算成果,桥位处最高通航水位采用 20 年一遇水位,即 3.09m。通航净高要求不小于 22m。

(2)与横坑大桥相交处净空要求:根据初设修编中提出的 G 线桥位方案,在里程 GK25+796.325 处,采用下穿横坑大桥的设计方案。桥面净空要求大于 5m。

(3)与江乾线相交处净空要求:在里程 K27+784.302m 处跨越江乾线,桥下净空要求大于 5m。

由于主桥采用了预应力混凝土部分斜拉桥方案,有效降低了桥梁的建筑高度,使本桥的最大纵坡有条件由原初步设计阶段的 4%调整为 3.5%,一定程度上改善了行车条件。主桥区段竖曲线半径为 11 200m。

五、横断面设计

主桥及江门侧引桥的桥面布置：0.383（防撞护栏）+12.034（机动车道）+0.383（防撞护栏）+2.7（中间带）+0.383（防撞护栏）+12.034（机动车道）+0.383（防撞护栏）=28.3(m)。

珠海侧引桥的桥面布置：0.383（防撞护栏）+12.034（机动车道）+0.383（防撞护栏）+2.7～0.4（中间带）+0.383（防撞护栏）+12.034（机动车道）+0.383（防撞护栏）=28.3～26.0(m)。

六、主 桥

（一）主桥孔跨布置及结构体系

综合考虑建桥条件，结合结构受力的需要，主桥孔跨布置确定为125+230+125(m)。主墩、主梁、主塔采用固结形式；边墩除设置竖向支座外，另设横向限位挡块。

（二）主梁

直线段主梁截面如图9-2-4所示。

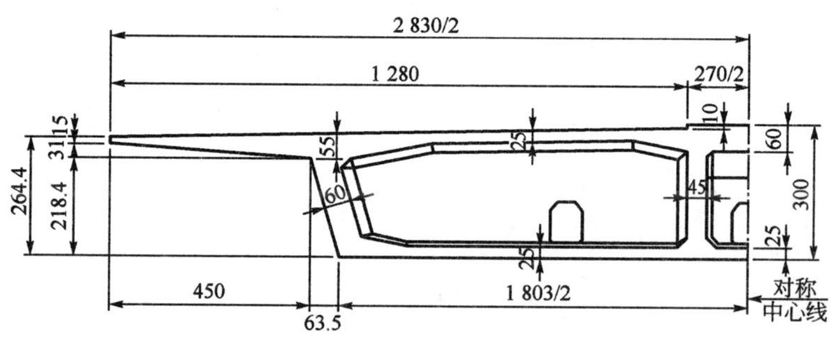

图9-2-4 直线段主梁截面（尺寸单位：cm）

主梁为预应力混凝土结构，采用变高度单箱三室截面，斜腹板。顶板宽28.3m，顶板悬臂长度4.5m，跨中梁高3.0m，支点梁高6.5m，梁底曲线按圆曲线变化。中跨直线段长86m，边跨直线段长52.9m。顶板板厚25cm，底板由跨中25cm变厚至支点处60cm，边腹板板厚为60cm，中腹板板厚为45cm。悬臂板端部厚15cm，根部板厚55cm。在支点和斜拉索锚固处设置横隔梁，横隔梁上设有进人孔。中室和边室横隔梁厚度分别为50cm和30cm。端横隔梁的厚度为150cm。

主桥箱梁采用三向预应力体系，按全预应力构件设计。

主梁零号块长度为18m，标准节段长度为4m。全桥共设3个合龙段，其长度均为2m，悬臂施工的节段最大质量为2 900kN。

（三）索

斜拉索为单索面，布置在中央分隔带上。顺桥向集中布置在跨中附近。塔根附近无索区长度为44.0m，梁上索距4.0m，塔上索距0.8m。拉索采用双排索，单根最大索力控制在5 800kN。全桥共64根索。

斜拉索采用高强度镀锌钢绞线索，规格为43ϕ^{j}15.24和31ϕ^{j}15.24。其标准强度R_y^b=1 770MPa，设计强度取为0.55R_y^b=973.5MPa。

（四）主塔、墩及基础

主塔布置在中央分隔带上，截面为双圆构成的哑铃形截面，塔高39.0m（索以上为装饰段），顺桥向宽5.0m，横桥向宽2.5m，圆柱直径为ϕ2.5m。主塔截面如图9-2-5所示。

由于采用墩梁固结，为减小纵向刚度，主墩采用实体薄壁墩结构形式，宽 14.5m，壁厚 1.2m。承台为钢筋混凝土结构，厚 5m。钻孔灌注桩基础，每墩设 24 根桩，按行列式布置，桩径 ϕ1.8m。按摩擦桩设计，桩长约 70m。

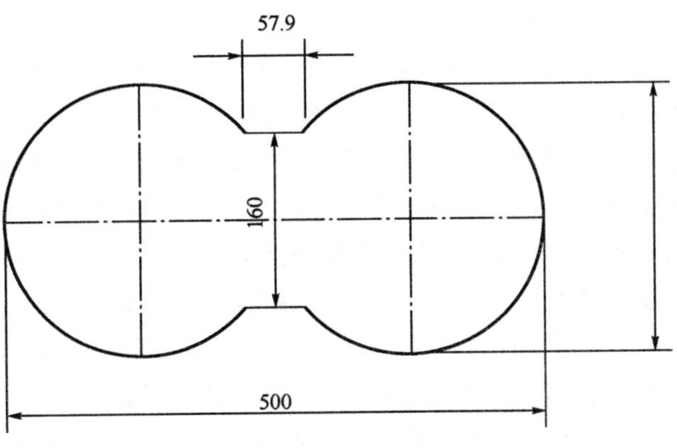

图 9-2-5 主塔截面(尺寸单位：cm)

(五)边墩及基础

边墩作为主桥与引桥的过渡墩，采用框架墩结构，墩柱直径 1.8m，上设帽梁的高度为 2.5m、厚度为 2.1m。承台为矩形截面，外形尺寸：6.3m×9.0m，承台厚度为 2.0m。钻孔灌注桩基础，每墩设 4 根桩，桩径为 ϕ1.5m。按摩擦桩设计，桩长约 50m。

(六)主桥施工方案

主墩及边墩位于岸边，采用常规方法施工钻孔灌注桩；然后向江内适当筑岛，填筑简易防水围堰，开挖至基础底面下约 0.5m 后，沿基础周边外侧挖集水排水沟排水，基础底面浇 1.0m 厚素混凝土整平防水，立模浇筑承台。

主塔塔柱采用爬模现浇法施工。主梁采用普通挂篮悬臂浇筑法施工。0 号块及边跨部分区段采用满布支架现浇施工。

七、引 桥 设 计

江门侧引桥桥跨布置为：(4×20)＋(4×20)＋(4×20)＋(4×20)＋(4×20)＋(4×30)＋(4×30)＝640m。

珠海侧引桥桥跨布置为：(4×30)＋(4×30)＋(4×20)＋(4×20)＋(4×20)＋(4×20)＋(4×20)＋(3×20)＋(30＋2×20)＝770m。

上部结构采用了 30m 预制 T 梁和 20m 宽幅空心板梁，桥面连续结构。预制梁顶面设有 9cm 混凝土现浇层，并布置有钢筋网，以加强预制梁的整体性。

引桥桥墩结构均为整体三柱式墩，钻孔灌注桩基础。为增强墩柱的整体性及结构布置的需要，桩顶设有系梁，墩顶设有盖梁。根据计算，墩高大于 13.5m 时，墩柱间设一道系梁；墩高小于 13.5m 时，墩柱间不设系梁。墩柱横向间距根据桥面宽度确定，变化范围为 10.0～9.0m。

八、工程概算和建设工期

本工程概算总额为 18 127.13 万元，其中建安工程费为 15 364.02 万元。

本桥于 2004 年 8 月开工建设，原计划 2006 年 7 月 28 日边跨合龙，2006 年 9 月 19 主跨合龙。由于各种原因，主跨合龙拖延至 2006 年底。

第三节 设计变更和设计优化

江珠高速公路工程的修改和变更设计工作，贯穿于整个建设施工过程。主要修改和变更设计项目列述如下。

一、斗门互通立交设计变更

江珠高速公路初步设计文件编制时，与本项目交叉的西部沿海高速公路正在进行规划。根据江珠高速公路工可报告调查显示，拟建的西部沿海高速公路珠海段将利用黄杨大道通过，故本项目初步设计文件编制时将黄杨大道按被交路考虑，并推荐互通式立交采用双喇叭形立交。鉴于被交路仅处于工程可行性研究阶段，为降低一次性投资费用和缓和资金筹措紧张问题，本互通立交第一期工程为：与主线连接的平交匝道、主线跨线桥、匝道收费站及被交路的连接线，匝道收费站与被交路的连接线，近期均按平交设置；其余工程与西部沿海高速公路同步实施。

后来经与西部沿海高速公路设计单位联系落实，对方明确西部沿海高速公路珠海段已不利用黄杨大道。考虑本互通要解决江珠高速公路与西部沿海高速公路之间以及地方道路与两条高速公路的交通转换，原初步设计已不能满足枢纽立交要求。鉴于此，设计单位对斗门互通进行了初步设计修编，并将修编后的设计文件纳入西部沿海高速珠海段项目一并报省交通厅审查。在省交通厅粤交基([2004])91号《关于西部沿海高速公路珠海金鼎至新会古井段初步设计的批复》文中，批复了本项目初步设计，明确斗门互通按三单喇叭方案并纳入江珠高速公路进行设计，概算分别计列两家业主各自承担的费用。

2004 年 3 月，受两家业主单位委托，铁四院根据初步设计的批复意见，立即进行了斗门互通的施工图设计工作。

二、南环互通立交设计变更

江门市规划委员会办公室 2003 年 12 月 30 日《工作会议纪要》([2003]5 号文)决定：将原本连接于新港路的江珠高速公路四村出口南移至南环路，设南环路出口，取消四村出口。初步设计按照此文精神，收集到了相应的规划资料；资料显示东海路在江珠高速公路西侧 1 200m 处与南环路连接。据此，初步设计时推荐南环路互通采用双喇叭互通形式，省交通厅批复同意该方案。

在详勘阶段，经与当地规划部门联系，获悉东海路的规划有改变：东海路与南环路的连接处与江珠高速公路主线的距离，由初步设计时规划资料中 1 200m 减少为 690m，初步设计的双喇叭中靠南环路侧的单喇叭无法布置。根据掌握的这一情况，经与业主、江门市规划局多次沟通，要求再次进行方案比较，最后市规划局同意以环形平交形式连接南环路和东海路的方案，并按此方案完成了施工图设计文件的编制。

2004 年 12 月 28 日，在省交通厅组织江珠高速公路施工图设计文件审查时，江门市规划部门认为东海路延长段还在规划，未明确建设时间；为利于东海路的建设，整个互通范围往珠海方向移动，近期以环行平交形式连接南环路和东海路，远期预留与东海路的喇叭立交。据此，2005 年 1 月，进行了南环互通立交设计变更。

三、荷麻溪特大桥设计变更

荷麻溪水道为国家Ⅰ级航道。根据 1998 年 8 月 25 日广东省航道局关于江门至珠海高速公路荷麻溪大桥通航标准，要求荷麻溪特大桥在连江水闸下游约 600m 处跨越虎跳门水道，通航宽度要求大于 150m，净高要求大于 22m。根据上述通航标准，1999 年 12 月完成初步设计文件，大桥主桥推荐方案为 105＋190＋105(m)预应力混凝土连续刚构，支点梁高 10m，跨中梁高 3m，桥梁全长 2 027.8m。2000 年 9 月 7 日，由省交通厅组织评审形成初步设计审查意见。

2002 年 11 月 18 日，业主重新委托铁四院，根据省交通厅的初步设计审查意见，对江珠高速公路珠海段工程初步设计进行修编工作。在补充处测过程中发现，原初步设计中荷麻溪特大桥北端桥台与正在修建的横坑大桥东端桥台相干扰。若维持原初设中的线路设计方案，则荷麻溪特大桥必须提高相交处的设计高程，采用上跨横坑大桥的纵断面设计方案，大大增加了荷麻溪特大桥的桥梁长度。为了缩短桥梁长度，控制工程投资，结合初步设计审查意见，设计院提出了改变桥位使桥位与航道更接近正交，主线下穿横坑大桥的线路设计方案，有效的缩短了桥梁长度。特大桥主桥推荐方案仍为 105＋190＋105(m)预应力混凝土连续刚构。2003 年 4 月 17 日，由省交通厅组织评审，并进行了批复，原则同意主桥采用 105＋190＋105(m)预应力混凝土连续刚构，如通航净空尺寸有变化，应符合航道部门的批复要求。

2003 年 4 月 18 日，省航道局根据初步设计修编中提出的桥位方案，重新确定了本桥的通航标准，原则同意荷麻溪特大桥在连江水闸下游约 650m 处跨越虎跳门水道。但通航净宽要求大于 180m，净高要求大于 22m。

根据新的通航标准，若仍采用连续刚构桥型，主跨跨度必须大于 224m，则需增加支点梁高约 1.7m。由于通航净高不变，净宽加大，使通航净空的控制点移向主墩；由于梁底曲线的影响，也需提高桥面设计高程，控制设计高程总计约需提高 2.4m，引起与横坑大桥相交处净空仅 3.4m(小于 5m)，不能满足设计要求。

由于通航标准的改变，使批准的初步设计推荐方案必须进行桥型变更。据此，铁四院立即重新组织该桥型的方案设计、初步设计和施工图设计，最后以主跨 230m 的部分斜拉桥方案作为该桥的实施方案。

四、软基处理的优化设计

江珠高速公路不良地质主要为软土，对于一般路堤地段设计采用砂垫层、袋装砂井(间距 1.0～1.3m)、土工格栅、堆载预压(土体或水荷载预压)排水固结处理。对于桥涵等结构物与一般路段相邻区域，采取 CFG 桩复合地基处理或者等载、超载预压排水固结处理。

江珠海高速公路初步设计对路基填土较高软土深厚区域，采用了真空联合堆载处理措施。可能由于当时这种处理工艺效果不明显，故在初步设计审查意见中，建议取消了真空联合堆载处理方案。随着真空联合堆载技术的不断改进，待江珠高速公路实施时，真空联合堆载处理技术已在邻近其他几条高速公路得到较好运用。经过慎重研究和比选，在江珠高速公路实施阶段，部分填土较高区域重新采用真空联合堆载处理措施，取得了良好的经济效益。

五、取消系梁和提高系梁埋设顶面高程

原设计每墩均设系梁，经专家会议讨论，除以下几种情况外，其余桩的系梁可以考虑取消：

(1)水中墩有船撞可能的；

(2)被交路两侧的墩；

(3)主、引桥之间的过渡墩；

(4)柱高度大于 7m 的墩；

(5)工时基桩的平面偏差较大的墩。

另外，由于地形的变化，有些系梁埋设过深。经各方研讨，可将该部分系梁埋设顶高程提高到永久地表面以下 30cm。

六、路基排水系统的变更设计

江珠高速公路路基排水系统设计时采用常用方法，全线设置贯通的 25cm 厚 M7.5 浆砌片石边沟(挖方路段)或排水沟(填方路段)。边沟尺寸为 0.6m×0.6m 的矩形，排水沟为深 0.6m 底宽 0.6m 的梯形，外侧设置高 30cm 顶宽 30cm 挡水埂，防止地面水进入排水沟，使路基排水自成系统。

根据汇水条件，路堑边坡顶 5m 以外设矩形山坡截水沟，以排除山坡水。截水沟采用 30cm 厚M7.5 浆砌片石加固。沟底宽 60cm、深 60cm。截水沟靠近路基的内侧，设向沟倾斜 4%的拦水土埂。

土质挖方及低路堤地下水位较高路段，采用边沟下设渗沟，通过排除地下水，以降低地下水位。渗沟内填充碎石(筛除小于 1cm 的颗粒)，埋设 ϕ20cm 的 PVC 筛孔管。渗沟出口段采用 ϕ20cmPVC 排水管，外用 C15 混凝土加固，出水口为浆砌片石泄水槽。

随着交通部关于高速公路建设新理念及生态水沟技术的推广，江珠高速公路部分路段路基排水系统作了变更调整：对于低填浅挖路段，排水沟及边沟采用浅蝶型三维网成型草皮铺面边沟(简称生态沟)；对于高填土路段，考虑路基冲刷较强，在浅蝶形生态沟底部增设半圆形预制块。经过变更调整，原设计大量采用的圬工砌体被取消。实践表明，生态水沟不仅造价低廉、施工方便，其与周围生态边坡自

然环境相融，格外显得生机盎然。

七、桥梁预应力管桩基础的变更

江珠高速公路大部分桥梁位于软基路段。鉴于桥台所处位置为淤泥质黏土，且多流塑状态，为保证桥台的稳定性，减少路基与桥台之间的不均匀沉降，要求对桥台锥坡及桥台接线的软土先进行处理，待软基基本稳定后再施工桥台及靠近桥台的桥墩桩基。这样，在时间上就留下了一批滞后施工的桩基。

由于总工期迫近，为加快施工进度，确保质量，经多方研究，决定将第二批施工的桩基改为高强度预应力预制管桩。经请示上级有关部门批准，同意在江珠高速公路中大面积推广使用。铁四院根据变更指令并仔细分析各具体工点结构、地质特点，对符合条件的桥梁桩基变更修改为预应力管桩。全线共设计管桩 23158m，桥墩基础采用 D60cm（壁厚 130mm）或 D50cm（壁厚 125mm）AB 型高强预应力管桩（PHC 桩）；桥台基础垂直桩采用 D60cm（壁厚 130mm）AB 型高强预应力管桩（PHC 桩），桥台斜桩采用 D60cm（壁厚 130mm）C 型高强预应力管桩（PHC 桩）。

预应力管桩具有施工简便、工期短的优点，且管桩是工厂化生产，使混凝土的强度更高、质量更有保障。预应力管桩在江珠高速公路的推广使用，大大缩短了工期，产生了明显的经济效益。

第四节　设计现场服务

优质的施工服务，是保障施工顺利进行的重要因素。铁四院的领导高度重视设计后服务工作，2003 年 8 月 19 日，在江珠高速公路开工后，铁四院即成立驻地设计代表处，并派遣多名驻地设计代表，及时解决施工中遇到的问题。

一、加强现场服务

搞好现场设计服务，必须牢固树立服务意识，坚持科学态度，加强内部管理，下功夫做好具体服务工作。

（一）树立服务意识

设计代表处成立之初，召开第一次工作会议，从思想教育入手，切实增强服务意识。要求全体成员坚持“面向现场、服务施工、以质取胜、维护院誉”的指导思想，贯彻“主动、务实、协调、把关、团结、廉政”的工作要求，密切配合建设、施工、监理单位，想施工之所想、急施工之所急、帮施工之所需，及时解决施工中出现的问题。

（二）坚持科学态度

江珠高速公路地形、地质条件复杂，由于施工图设计时间紧、任务重，设计过程中不可避免地存在一些“差、错、碰、漏”的问题。坚持严谨求实的科学态度，处理好设计变更，这是提高设计质量，有效控制投资的重要手段，也是对服务人员的职业要求。为提高设计质量，设计代表处进驻现场后，即着手对原设计图纸、设计计算书、资料调查记录等进行一次自查、复查，提出自查、复查报告。在此基础上，建立项目技术质量责任档案，将设计质量问题消灭在萌芽状态；在不影响施工的前提下，积极开展优化设计工作。

（三）加强内部管理，规范驻地设计现场服务行为

设计代表处依据交通部《公路工程设计变更管理办法》以及铁四院《配合施工管理程序》和《配合施工管理实施细则》，制订了行政管理、技术管理、岗位质量责任制、质量分析例会制度、变更设计审批制度、存档制度以及廉政准则制度等。规范配施行为，强化内部管理，做到职责明确，有章可循。

（1）根据工程进展情况，及时派遣设计代表。由于设计后续服务的重要性和繁杂性，对设计代表的思想、业务素质提出较高要求：一是设计代表应参加过本项目勘察设计；二是坚持原则；三是责任心强，

努力工作，摆正位置，有敬业精神；四是技术比较全面，具有实践经验，具有独立解决问题和处理问题的能力。

(2)路施工具有阶段性，设计代表的专业设置与施工工序相适应：一是技术交底和移交现场阶段，主要由各专业负责人承担；二是控制点及地面线复测阶段，主要由路线设计和控制测量人员负责；三是路基及桥涵构造物施工阶段，主要由结构与岩土专业人员参加；四是路面、交通工程、沿线设施施工阶段，主要由路面、交通工程、房建专业人员参加。

(3)设计代表明确职责权限和设计变更的程序。设计变更必须遵循国家规范、标准，并严格按照合同文件或业主、监理单位规定的程序进行设计变更，保证变更方案的经济合理性。

(4)认真对待设计交底和图纸检查，按时限要求答复施工图纸中存在的问题；及时配合业主、施工、监理单位处理施工中出现的各种问题，一般性问题1～2天内解决，大问题1周内解决。

(5)设计代表经常赴施工现场了解情况，解决设计问题，配合施工、监理单位加强质量监督。

(6)加强管理，及时标识，保持施工单位持有最新有效图纸和设计单位的归档文件能反映施工实际情况。

(7)设计代表在现场积极收集与勘测设计有关的质量、技术信息，认真填写各种质量记录，定时向上级主管部门汇报。

(8)协调处理好设计代表与业主、承包商、监理、设计单位的工作关系，为设计代表创造良好工作环境。

(四)主要服务工作

在服务期间完成的主要任务有：根据工程进展情况，及时向施工单位进行技术交底；桥梁桩基变更；部分边坡防护的变更；部分软土路基处理措施变更；新增或改移各种桥涵构造物；管理区调整；服务区规模调整等。

二、组织设计回访

自江珠高速公路开工以来，铁四院领导高度重视工程的建设情况，先后由院长、院总及部门领导带队对本项目进行设计回访20多次，项目的审查、审核负责人也经常到工地处理有关技术难题。设计回访采取现场参观和召开座谈会的形式进行，听取业主、施工和监理单位对设计和服务质量的意见和建议，并进行分析和讨论，现场解决问题。针对江珠高速公路项目软土深厚、河网密布等特点，设计回访过程中组织相关的技术交流会议，如软土路基有效处理措施、小型桥涵构造物基础处理、特大桥施工工艺的探讨等，根据工程的进展，动态跟踪，结合现场情况修改设计，确保工程顺利进行。

三、结　　语

在设计代表队伍中大部分是铁四院的主要技术骨干。他们常年累月坚守在施工工地第一线，协同建设、监理、施工单位，及时解决了施工中出现的一个又一个技术问题，事先发现并及时调整或纠正了一些难以避免的设计偏差，将设计质量问题消灭在萌芽状态。这不仅为国家挽回了不必要的经济损失，同时也赢得了荣誉，受到了建设、监理和施工单位的好评。

·第十章·

工程监理

工程建设监理,是由一个多学科、多专业构成的技术智能型行业。在我国的高速公路建设领域,已经全面实行工程建设监理制度,对控制工程质量、进度和造价发挥了不可或缺的重要作用。江珠高速公路工程通过监理招标,在“公开、公平、公正、择优、廉洁”的原则下,优选了广东翔飞公路工程监理有限公司、育才—布朗交通咨询监理有限公司分别承担珠海段、江门段的建设监理任务。这两家监理公司成为业主加强项目管理的左膀右臂,在“三大控制”中取得显著成效。

第一节 珠海段施工监理

广东翔飞公路工程监理有限公司(以下简称翔飞公司),承担江珠高速公路珠海段路基、桥涵、互通立交、环保、水保等施工监理和缺陷责任期的监理任务。本工程地质条件复杂,软基处理工程量大,桥涵工程多,桩基、现浇箱梁施工难度大,悬臂梁浇筑工艺复杂,监理范围见本书第一章珠海段建设规模和标准。

翔飞公司按合同要求,成立了江珠高速公路珠海段总监办。根据本项目标段相对较多的特点,总监办采取充实现场监理,精简监理机构和监理层次,保证监理工作简捷高效;全体监理人员坚持“严格监理、热情服务、秉公办事、一丝不苟”的方针,充分利用法律、法规及合同赋予的权利,依据合同文件、设计文件和规范标准,客观公正、科学严谨地开展监理工作,一直保持着监理工作的规范化、程序化、制度化,使监理工作始终处于有序状态;充分利用现场巡视检查,全方位、全过程、全环节的旁站,及时试验跟踪检测等有效手段,做到措施到位、效果明显,完成了监理合同赋予的任务,工程质量、工程进度、工程费用、施工安全处于受控中。总监办不断开展技术标准化学习,加强对监理队伍建设和管理,不断提高监理人员的业务素质、政治思想素质和整体素质,实现了江珠高速公路“一个创优、两个确保、三个到位”(即:项目建设创优目标;确保工程质量优良,确保安全生产事故为零;主要管理人员到位,现场生产队伍到位,资源配置到位)的总体监理目标,2004 年度、2005 年度、2006 年度连续被业主授予“优质监理单位”的光荣称号。

一、努力提高监理队伍的综合素质

为了理顺监理内部的关系,规范岗位责任制,使监理人员职责明确、各司其职、各负其责,尤其是严格树立按合同办事、依法办事的好作风,做到监理工作制度化、规范化、程序化,实现监理工作目标,总监办采取切实可行的措施,全面加强监理队伍的综合素质建设。

(一)加强“软件”建设

总监办加强队伍的“软件”建设,主要体现在加强监理自身素质、业务能力、先锋工程及廉政建设等方面。

1.提高监理人员的思想素质

工程监理是一项技术性、政策性、经济性、社会性很强的综合监管工作,要求监理人员必须具备比较完整的知识结构、丰富的工程实践经验、高尚的道德情操和敬业精神，这样才能遵循“严格监理、热情服务、秉公办事、一丝不苟”的监理方针，有效地控制工程质量、工程进度、工程费用。在实践中，珠海段监理人员认真遵守职业道德，以监理质量为核心，以尺寸、检测、数据为依托，以秉公办事、廉政执监、诚信踏实为工作作风，以热情服务为宗旨。总监办以“敬业爱岗、诚实守信、廉洁自律、客观公正”为座右铭，坚持定期组织全体监理人员进行技术标准化学习和考核，职业道德和业务素质培训；开展政治、业务和技术标准规范的学习；践行“三人行者必有我师”的道理，加强同行之间的技术交流和切磋等，使监理人员综合素质得到提高，为确保实现总体监理目标提供人力资源保障。

2.提高监理人员的业务能力

二十一世纪是信息化时代，我国各项基本建设正处在改革和发展的关键时期，随着市场经济体制的日益完善，对监理人员技术专业提出了更高要求。总监办充分认识到：专业技术能力是搞好工程监理的基础和前提，直接影响到工程项目的整体目标和质量；专业技能的提高和学习不可能一劳永逸，必须不断钻研，充实自己、更新自己、提高自己，只有这样才能适应现代工程建设的需要。总监办向全体监理人员灌输这样的认知，鞭策监理人员以“坚持准则、提高技能、参与管理、强化服务”为己任，积极参加单位组织的专业技术学习，经常利用业余时间参加各项专业技术培训、科学技术交流等活动，提高自身理论水平和业务水平。有道是：天道酬勤，与时俱进。随着时间的推移，监理人员的业务能力不断提高，业务知识不断长进，实践经验不断积累，成为江珠项目建设的中坚力量。总监办坚持以人为本的思路，全面提高监理人员的综合素质，规范监理人员签字用语与权限，履行监理程序，从而树立监理人员的形象，得到各参建方的好评。

3.实施监理先锋工程

总监办每半月召开一次会议，对党员进行先进性教育，以邓小平理论和“三个代表”重要思想为指导，树立和落实科学发展观，贯彻党的十六大和十六届三中、四中全会以及胡锦涛总书记两次视察广东重要讲话精神，引导党员学习贯彻党章，坚定理想信念，坚持党的宗旨，增强党的观念，发扬党的优良传统，认真解决党员在思想、组织、作风以及工作方面存在的突出问题，解决涉及群众切身利益的实际问题，增强党员队伍的创造力、凝聚力、战斗力，发挥党员的排头兵作用。从事监理工作的党员，做到有理想、有责任、有能力、形象好，立足岗位，无私奉献，在监理工作中充分发挥先锋模范作用。

4.加强监理人员廉政建设

总监办要求全体监理人员严格遵守各项纪律，严格按照交通部颁发的法令、法规、规范、规程执行监理任务，努力实践“讲问题不讲成绩，讲真话不讲假话，讲自己不讲别人，讲主观不讲客观”的做人原则；树立爱岗敬业、无私奉献的精神，以与时俱进的思想观念和奋发有为的精神状态，开拓进取、真抓实干的工作态度，不断提高自身的综合素质、责任意识和服务意识；恪守“守法、诚信、公正、科学”的行为准则，公正维护和协调参建各方的权益和争议，尽职尽责，廉洁自律，积极完成各项监理工作。

(二)加强“硬件”建设

总监办加强“硬件”建设，主要体现在加强中心试验室和工程信息自动化建设和管理等方面。

1.加强中心试验室建设管理

总监办中心试验室是质量保证体系的重要机构，其试验检测工作是本项目质量管理的生命动脉。它积极配合其他部门和专业监理，相互沟通完成试验监理工作；它以数据指导施工，为保证工程质量提供有力依据，也是施工质量控制和竣工验收评定的重要依据。

(1)中心实验室与工地实验室的关系

中心试验室检查督促承包人按合同文件规定要求建立工地试验室，并对试验仪器设备进行安装和标定，对人员配置、仪器设备试验检测管理细则进行审查；加强制度的落实，完善分工明确、抽样、取样、样品保管存放等完整的样品管理制度，防止有争议的结果，建立了质量管理手册。特别是在材料的控制和管理上，驻地监理对承包人开工报告的各项原材料及甲方供应材料的数量、批量、使用部位、厂家、材质报告等，进行现场监督和自检，并及时反馈中心试验室进行抽检。必要时从源头抓起，抓好工程重点部位和关键环节的质量管理，保证各项自检资料、抽检资料的真实性、准确性和可靠性，杜绝做假现象。

根据监理合同的要求，对全线试验检测工作进行监控，加大对承包人工地试验室的检查力度，做好验证试验、标准试验、工艺试验、抽样试验、验收试验及试验检测过程中的各个环节；在承包人按技术规范的规定进行全频抽检试验的基础上，按不低于20%的频率独立进行抽检试验，以鉴定承包人的自检试验结果是否正确可靠，真正起到预控为主的作用。

(2)试验人员的管理

总监办主持制订了《中心试验室管理制度》、《试验室职责》、《试验室管理规定》、《试验室主任职责》、《试验人员职责》、《试验仪器设备管理制度》、《试验资料管理规定》、《试验、检测人员的职业道德守则》、《试验、检测人员的工作纪律》等一系列规章制度，努力完善项目试验检测中各环节的管理和标准程序，在项目试验检测管理各阶段划分和程序上符合国家有关工程建设的政策法规；明确中心试验室各项管理制度、质量保证体系、岗位责任制和权限、试验检测的管理办法和流程、试验检测控制程序等内容；确保试验检测工作有序地开展，满足工程质量控制要求和试验检测人员的工作质量，使试验检测工作科学、规范、准确、真实、有效地得到控制。

(3)试验仪器、设备的管理

中心试验室在试验仪器、设备管理上，由主任、主管或指定责任心强的专人保管，各组的仪器、设备由组长分管。部分通用检测仪器、设备集中于仪器室，由仪器管理人员管理。专用仪器、设备的使用人就是保管人。全部仪器设备由综合管理组进行台账登记，建立仪器、设备资料档案，负责账务管理和固定资产登记验收建卡、编号。仪器、设备的使用操作人员，必须是经交通部培训考核取得合格证后的检测人员；对进场试验仪器、设备，必须按周期进行检定，经计量检定合格的设备方可投入检测工作；固定设备管理和日常维护、保养，由所使用专职人负责；可携带仪器、设备，平时由兼职设备保管员管理。

(4)试验室资料管理

试验工作是科学严谨的。为了使试验检测工作规范化、程序化、标准化，中心试验室设有专职资料员，试验检测资料严格按照《广东省建设项目档案验收暂行办法》和《公路工程质量检验评定标准》有关规定进行，做好分类、建卡、立卷、登记、编号、资料整理和归档等工作，严格按照规定收集、整理、归档和“谁整理、谁形成”的原则，确保试验检测资料的完整、系统、准确；督促检查承包人工地试验室试验资料整理和归档。在试验资料上进行系统的管理，确定了试验用表、试验月报表、试验台账等内容，对试验检测资料进行统一编号和归档。通过监督检查资料管理等工作，为创优质工程奠定了坚实基础。

(5)试验室安全管理

中心试验室设有专人负责试验室的安全，时刻把安全工作放在首位。对本室试验人员及承包人工地试验室试验人员，特别强调必须执行国务院《建设工程安全生产管理条例》，坚持“安全第一，预防为主”的原则，自觉遵守安全制度和有关规定，仪器、设备的使用必须严格遵守操作规程。电器设施应完好无损，安全检查可靠，使用的仪器设备必须是一机一闸一控制，不允许多机插入一个插座，避免引起火灾。在试验室设有安全防火设施如灭火器等，预防突发事件发生，确保试验检测工作安全顺利进行。

(6)试验专业与其他专业协调配合

试验工作是质量控制的重要组成部分，是施工技术和工程管理的一部分，只有同其他专业相互配合，才能更好地完成试验监理工作。试验监理工程师同其他专业监理工程师是平等的，分工不分家。试验工作的许多要求与施工技术、施工机械和工艺有关，试验管理人员注重向其他专业工程师请教，施工技术参数要与其他专业工程师协调一致。试验检测质量要及时报告给驻地监理组负责人、中心试验室和总监办相关部门。工序进行中或工序完成后要有现场监理确认，具备抽检条件才可进行抽检。现场的旁站试验工作需要由其他专业监理工程师完成，如路基压实度检测试验区，混凝土、砂浆的取样等。还有一些工作需要其他专业监理积极配合，如路基填料控制，各种材料质量控制和进场管理等。试验监理人员在施工现场巡视检查过程中，如发现归属其他专业监理范围内的较重要问题，须及时与相应监理

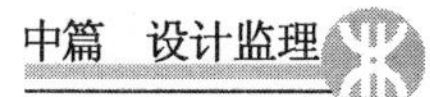

人员取得联系，通报情况。

2.加强工程信息的建设管理

为加强工程信息的建设管理，总监办主要抓了五项工作。

(1)工程资料

工程资料是工程建设的真实记录，要求及时、准确、真实、完整、规范。为此，总监办从开工伊始就高度重视，成立了资料管理小组，明确各自职责，编制了资料管理实施细则和竣工资料编制办法，加强资料学习和培训，规范监理资料的编制，指导、监督、审查承包人的工程资料，最终确保监理资料和承包人资料通过档案管理部门验收和交接。

(2)OA 办公系统

利用局域网创建 OA 办公系统，加强与各参建方沟通联系，使信息传递快、透明度高。随时掌握工程动态，及时发布工程指令，提高工作效率。

(3)计量支付管理系统

利用计量支付专用软件，使计量支付申报和审批简便、及时、迅速、准确，克服了手工计算繁琐、效率低、易出差错的缺点。

(4)进度计划管理系统

利用计算机和进度网络图技术，对进度计划实施动态管理。科学合理制定进度计划，随时录入实际完成信息，对比分析、随时纠偏、及时调整、及时完善。

(5)文件管理

建立文件往来制度、文件跟踪落实执行制度、文件归档管理制度等，做到文件归类清晰有序，便于查找，文件精神有跟踪、有落实、有反馈。

(三)加强奖惩机制建设

总监办严格执行本项目《监理工作目标考核办法》、《监理工程师的处罚条例》、《对监理人员的考核办法》，对玩忽职守、责任心差的人员，严格按制度处理，绝不姑息。总监办工程部负责日常考勤，每天至少巡视一次，月底汇总，对责任心不强、业务技术水平差的人员及时清退，对有突出贡献的人员给予精神和物质奖励，使监理队伍的整体素质相对较高。总监办每月定期召开一次全体监理人员会议，增强监理队伍的团队意识，加大监理队伍的凝聚力，提高监理人员的工作积极性，总监办每星期召开一次部门负责人座谈会，交谈工作中遇到的问题，总结管理和监督的经验，座谈心得体会，探讨新的监理思路。

二、工程质量管理及控制措施

总监办严格按交通部《公路工程质量检验评定标准》(JTG F80/1—2004)以及相关法规、文件精神，制定了本项目的《监理计划》、《监理实施细则》、《试验检测大纲》、《项目管理办法》、《竣工文件编制与归档指南》等相关的文件，规范了现场施工行为和管理行为，严格执行施工程序和监理工作程序，有效地对工程质量进行管理和控制；确定质量管理目标，健全三级质量保证体系，并将质量管理制度细化到岗位，以合同形式明确建设各方职责，使工程质量处于核心地位；监理工作以项目的设计施工图、施工承包合同、国家现行施工规范、验收标准以及有关质量要求的来往函件为依据，做到事前指导、事中控制和事后检查，及时发现质量隐患，并进行修正和控制。本项目的工程质量控制措施，主要体现为“三项监控”、“四项管理”、“七项制度”。

(一)加强重点工程和关键部位(工序)的“三项监控”

总监办对本项目重点工程和关键部位或关键工序的“三项监控”，包括如下内容。

1.对荷麻溪特大桥的监控

二标段荷麻溪特大桥全长 1 895m，包括 480m 长的主桥和 1 415m 长的引桥，主桥为 125＋230＋

125(m)双塔单索面预应力混凝土部分斜拉桥(亦称矮塔斜拉桥),主桥结构采用主墩、主梁和主塔固结形式,主梁为三向预应力结构。该桥的测量监理工作重点是对全桥的平面位置监控和主桥的线形监控。测量控制措施主要从以下三个方面着手。

(1)平面线形控制

主桥平面设计为直线形,引桥为缓和曲线+圆曲线,平面控制的重点是确保合龙的精度和整体线形的直顺。为保证这一目标的实现,关键是基准点的精度及施工过程中的控制。基准控制点原为设计单位提供,后来施工单位进行了 GPS 复测,精度均满足《公路桥涵施工技术规范》及《公路勘测规程》的要求。在施工过程中,每个节段在立模时,施工单位放样后,总监办都进行抽检。抽检结果显示,施工单位的测量放样精度符合设计及规范要求。

(2)高程控制

首先对原设计提供的水准点进行复核,1 号墩和 2 号墩之间的高程引测,采用跨河水准测量方法进行。然后根据施工进度逐步引测至主墩承台上及主桥 0 号块顶面。引测时总监办进行了独立复测,以确保桥面高程控制点的正确无误。

(3)主桥线形的监控

斜拉桥主梁线形的监控,是全桥施工的重点和难点之一,其中关键在于挠度的测算。特大桥施工监控系统主要由设计、施工、施工监控、监理、业主等几个方面组成。设计方负责提供理论设计值;施工单位负责对各施工阶段(包括挂篮移动前后,混凝土浇筑后,主梁节段张拉后,斜拉索张拉后)的有关原始参数测量,配合施工监测工作;施工监控方负责根据施工单位提供的数据及自测的数据,通过计算分析,确定下一施工阶段实际控制值,并向施工单位下达控制指令,同时向业主、监理呈报资料备案;监理方负责根据监控单位下达的指令参数,复核施工单位的立模高程及常规检查,符合要求时签发相关文件资料;业主方负责协调和监督上述各项工作。经过各参建方共同努力下,最终顺利地完成了荷麻溪特大桥主桥合龙段的对接,各节段线形均符合设计要求。

2. 对三门海特大桥的监控

五标段三门海特大桥全长 928m,主桥为 39+65×2+39(m)连续箱梁。本桥测量监控重点是控制点复测,水中桩定位,挂篮预抬值的确定。

(1)控制点复测

原设计院提供的控制点仅剩 2 个,其余在开工前就已毁坏,因此施工单位重新设置控制点,并与相邻标段进行了联测。经总监办复核,精度符合规范要求。由于河面宽度在 300m 左右,不能按常规方法进行水准测量,采用了跨河水准测量的方法。

(2)水中桩定位

特大桥有 7 个墩位在水中,需要按照水中墩的施工方法进行放样。放样时分两步,第一步粗略定位,以指导作业平台的安装;第二步精确放样,用于控制桩基护筒的定位和钻机的就位。总监办主要复核护筒的位置和钻机的就位情况,施工过程中及终孔后进行复测,以确保桩位正确。

(3)挂篮预抬值的确定

特大桥主桥采用挂篮悬臂浇筑,分为 0 号段、1 号~8 号节段和合龙段,跨径 65m。跨径不大,但合龙段多,而且没有独立的监控单位,因此悬臂浇筑的线形控制完全由施工单位和监理单位完成。

悬臂浇筑挂篮立模高程=设计高程+挠度预抬值+挂篮预抬值。其中设计高程和挠度预抬值由设计单位提供,挂篮预抬值需要实地测定。挂篮预抬值包含挂篮弹性变形和非弹性变形,弹性变形通过理论计算确定;非弹性变形由于工况的差异很难确定,只能确定一个大概范围。在右幅的施工中(按照计划首先施工右幅)曾出现了个别节段预测不够准确,经过总结经验,采取措施保证了合龙段顺利完成对接。在随后的左幅施工中就基本达到既定目标。经监理工程师检测,各节段包括合龙的线形偏差都在规范允许范围内。

3. 对路基、桥梁的监控

江珠高速公路珠海段设置互通立交两座，特大桥5座，大桥中桥22座(含分离立交及匝道桥)，桥型结构各异，要求测量控制精度很高。特别是荷麻溪特大桥主桥，是目前全国同类型桥梁中跨径最大的斜拉桥，其线形监控更加复杂。路基绝大部分为软基，路基放样中需充分考虑沉降量的影响，既影响填筑土石方量计算，也影响路基加宽值的确定。

(1)设计图纸及放样资料的审核

本项目由于设计图纸修改、变更范围大，变更次数多，因此施工中监理工程师特别注意设计图纸的复核，防止用错图纸或图纸中的错误没有发现而施工，避免造成不必要的损失；测量方面主要是审核分图的尺寸、高程是否与总图相符，放样坐标及高程的推算是否正确等。

(2)实地复核

施工单位在分项工程开工前首先进行测量放样，总监办再进行实地抽检，复核合格后签认有关资料。经总监办复核各施工单位操作程序、放样精度，基本达到规范要求。

(3)配合业主三方联测

软基路段需要进行清淤、换填、砂垫层、顶载填筑、超载填筑、补载填筑等施工工序，每道工序均需要进行三方联测，工作量大，总监办切实加强与各参建方精诚合作。

(4)桥梁涵洞的监控

珠海段的桥涵多，软基长，桥梁有预制空心板、现浇箱梁、悬臂浇筑连续梁、混凝土斜拉桥等形式，桥型不同，施工方法也不同，相应的测量控制方法也不同。这就要求测量监控人员要做到针对不同的工程，采取不同的措施，抓住重点、兼顾全面。例如桥梁工程下部构造重点控制桩基的平面位置，而支座垫石及桥面铺装则重点控制高程，有时还需要采取预控措施，避免由于一些客观原因如梁板起拱、弯桥线形造成后续工序的施工困难。荷麻溪特大桥江门引桥W9～W28号墩为20m空心板梁，平面位于缓和曲线及圆曲线段，纵面位于竖曲线内，由于空心板存放时间过长，造成跨中起拱大，而支座垫石又没有降低高程，造成跨中部分梁顶高程偏高5～6cm，严重影响桥面铺装厚度，平面上由于弯桥折做，没有在边板悬臂部分做成弧线形，从而造成混凝土防撞栏施工困难。

(5)软基观测

珠海段软土层厚度达20m以上，设计图纸中软基处理方法有袋装砂井、CFG桩、土工合成材料、等载预压、超载预压、反压护道等，其中在桥头50m范围内采用了一种新的软基处治方法——真空预压。在真空预压处治段，填土速率控制指标以空隙水压为主，沉降和位移为辅，不拘泥于规范，大大地提高了桥头段路基填筑速度，为桥头路基预压赢得了时间。可以说，珠海段是软基处治方法的博物馆。按照规范及设计图纸规定，软基地段路堤在加载过程中要观测地基的变形动态，高速公路、一级公路和二级公路工程在路堤施工中必须进行沉降和稳定的动态观测。珠海段设计图纸中有沉降板364块，位移边桩356根，孔压计30只，测斜管1 239m，后来根据实际情况又增加了一些观测点。所有观测标志都严格按照设计要求进行设置，并经总监办验收合格方可使用。观测仪器及方法按照《公路软土地基路堤设计与施工技术规范》(JTJ 017—96)的规定执行。

(二)提高项目质量的“四项管理”

在项目建设管理工作中，总监办对工程质量控制从不放松，加强公路工程试验检测，通过客观、准确、及时试验检测工作来指导、控制和评定工程质量；与此同时，不断加强业务学习，提高自身业务素质，接受新技术、新工艺、新材料，掌握新标准，才能更有效地确保监理在三个阶段抓好“四项管理”，把创品牌、创优质工程放在首位。

1. 施工准备阶段管理

(1)混凝土配合比设计

混凝土配合比设计是指导施工的主要技术指标之一。在满足技术指标参数前提下，通过合理试验，确定各种材料的质量控制参数和最佳配合比例，再进行合理的选料、科学的配制，有效的控制工程质量。

各种配合比的验证试验要从源头抓起，把好原材料选料关，对材料进行多次走访试验，精选出满足工程需要、符合规范要求的原材料。首先，碎石母材强度达到设计配合比要求、碎石各项物理指标符合规范要求，配合比验证试验严格按《普通混凝土配合比设计规程》(JGJ 055—2000)的规范要求进行；其次，在混凝土配合比试拌过程中，特别注意坍落度变化，经过反复试验确认，使混凝土不离析、不泌水、流动性好，坍落度满足施工需要；再次，对强度及耐久性，根据《公路桥涵施工技术规范》(JTJ 041—2000)规范要求，选择最佳水灰比和最佳水泥用量，确保混凝土构件强度；最后，在满足强度及耐久性的条件下，使混凝土配合比建立在科学的、经济合理的基础上，选择最佳水泥用量，既降低工程造价又满足设计要求。

(2)确定路基料源

在路基填筑中，为了选择满足路基用土，经过多次取样试验，发现当地多为高液限砂土。根据广东省内对颗粒含量使用的要求，含量达到60%以上可用于工程。为此，总监办试验监理工程师对土源进行了对比试验，根据土质颗粒分析试验，发现颗粒含量占有一定比例，经过CBR承载力试验，满足路基填土强度要求。总监办又及时与广东省质监站联系，征求意见，确定土质使用情况。监理工程师根据具体试验检测数据，进行了跟踪和控制。

2.对承包人工地试验室试验人员、仪器设备的管理

总监办加强对全线试验检测工作的宏观控制，对承包人工地试验室的试验人员、试验仪器、设备进行监督管理。中心试验室对工地试验人员进行了岗前培训，从口头问答到实际操作，达到要求才允许上岗，同时必须持证上岗；发现未经岗前培训就上岗试验的，追究工地实验室技术负责人责任。工地试验室试验仪器、设备，必须由技术计量监督局进行标定，使用期限已到的，必须进行再次标定，确保试验数据真实、可靠、可追溯性。

3.施工进行阶段管理

在工程施工阶段，中心试验室严格按国家法律法规、规范、规程、设计图纸，以及招标技术标准进行质量控制，试验检测工作，从源头抓起，特别是原材料进场的检控。如钢筋、水泥，除检查出厂合格证、质量证明资料外，还要检查承包人按批量自检试验资料。对原材料保管与储存进行跟踪，袋装水泥、钢筋要进行下垫上盖，底部离地面不小于30cm，袋装水泥堆放高度不大于10袋，要有明显标示牌，注明未检区、合格区。未经检验合格水泥不能用于工程。对钢筋必须进行力学性能试验、可焊性试验，经自检合格后，报中心试验室进行抽检；中心试验室按不低于承包人自检频率20%进行抽检试验。加大现场巡视力度，发现可疑材料随机进行抽检试验，有效地控制了工程质量。

中心试验室经常对全线原材料进行检查，评定钢筋堆放、水泥保管以及砂、碎石分级堆放是否符合规范要求。在检查中发现某个标段由于材料员工作不细心，造成水泥进场多种规格、等级、牌号的混杂，中心试验室及时通报批评，责令调离材料员的工作岗位，对该批水泥以及不能满足规范要求的碎石、砂进行了清场处理，避免造成严重错误。

中心实验室严格按建设部关于“从事钢筋焊接施工的焊工必须持有焊工考试合格证，才能上岗操作”的强制性要求，在开工焊接前，对焊工进行现场焊接工艺实验和技能考核，合格后方可上岗，确认了一批合格电焊工。中心试验室在现场检查钢筋笼加工中发现了某标段钢筋焊接不规范，出现焊接长度不足、焊缝不饱满、夹渣、烧伤、咬边、接头处弯折角不弯曲，当场责成返工处理。

中心试验室对本室不能做的试验，如钢绞线、锚、夹具、连接器、精轧螺纹钢筋、外加剂、橡胶支座等材料，通过见证取样、见证送样，经业主同意送到具有交通行业试验资质且通过计量认证的单位完成，试验资料取回后，经见证试验工程师确认。

荷麻溪特大桥为高次超静定结构，施工过程存在多次体系转换。这种桥型跨径较大，结构受力变形非线性关系显著，影响结构变形因素复杂。为保证桥梁的几何线形和内部受力达到设计要求，质量检测和施工中的监控检测十分重要。在施工过程中如何把好监理质量控制关，这是摆在总监办面前一大课题。针对这座桥质量控制难点，总监理工程师多次召开技术研讨会，对大桥各阶段工作难点、特点、亮点

以及控制要点，一一向有关人员进行技术交底，对各部门进行跟踪划分，着重对进场材料把关，验证各阶段施工配合比。总监办加大人力和物力的投入，从现场第一根桩开始钻孔到后期主线桥合龙，在每一个阶段都不敢松懈。在原材料进场的控制上，始终要求承包人对进场原材料进行100%自检试验，试验结果及时上报总监办，由中心试验室进行不低于承包人20%的频率抽检；对不能够检验的原材料，要求进场后及时通知中心试验室进行见证取样、见证送样，送到业主认可并具有CMA试验检测质资等级的单位进行试验；试验合格后，经中心试验室见证，送样工程师签字，方可用于工程。在斜拉索试验的控制上，中心试验室派专人会同业主代表到生产厂家考察，对斜拉索试验进行全过程旁站，对试验结果给予签认。在合龙段配合比试配过程中，经过反复试验，从塌落度、和易性、流动度以及泵送情况都进行确认，满足施工现场需要。在特大桥配合比使用过程中，有普通混凝土、大体积混凝土、水下混凝土、泵送混凝土、高等级混凝土，中心试验室对各种类型混凝土配合比都进行了多次验证。对标段搅拌设备、搅拌过程，对材料掺量是否符合总监办审批的配合比要求，经常进行抽检验证，抽查结果必须符合审批配合比要求；对斜拉索主塔、悬灌梁的每节浇筑，都进行了混凝土取样试验，强度结果符合设计要求。

中心试验室在路基的控制检查中，每层压实度按层层控制；在路基软基处理上，对进场土工格栅、砂井袋，按进场的批次进行见证取样，见证送样，送到了交通行业进行试验，保证了土工材料达到设计规范要求；对填筑的砂垫层用砂，进行掺水及含泥量试验，均满足规范要求；对袋装砂井，严格控制砂的装袋数量，保证袋要装填饱满，不得偷工减料，确保工程质量。

4. 档案资料管理

江珠高速公路是广东省重点项目，必须通过国家的竣工验收。在施工中参建各方的项目档案资料完整性和规范化，是工程建设的重要组成部分，是工程建设的原始记录和检验质量、结算建设投资、交付使用、建立固定资产的依据，是项目投入运营、使用、管理、维修、养护以确保生产能力的依据；是项目必不可少的技术资料和国家及业主重要技术档案。有鉴于此，总监办根据国家科技档案管理的相关规范、标准及省交通厅有关规定，总结了近年公路工程竣工文件管理方面的经验，组织编写了《项目档案编制管理办法》，旨在促进及提高项目建设档案管理的水平，指导项目公路工程竣工文件编制工作，使之科学化、标准化、规范化。

总监办在档案资料管理上，遵循了公路工程文件资料的自然形成规律和成套性原则，分类科学，便于查找利用，包括监理通知、开(停、交)工令、备忘录、会议纪要、施工质量检验分析、合同管理文件、计划进度管理文件、工程质量控制文件、工程技术管理文件、工程计量与支付管理文件等内容。建立了与参建单位的往来函台账及收发、传阅、保管等制度，按阶段、问题分类进行整理组卷。在完成总监办责任范围内监理文件资料的编制工作，还督促各施工单位竣工文件的编制工作，并对施工单位编制归档的资料进行审查签认；明确了项目竣工文件的收集、整理、归档和移交责任，按谁形成、谁收集整理的原则进行，指定各单位和各部门主要负责人直接负责工程文件资料的编制和管理，指定专人收集、保管、归档，依照分项工程到分部工程再到单位工程的特点，按时间顺序和规定程序填报、移交专人归档。

(三)实施强化监理工作的“七项制度”

总监办依据《公路工程施工监理规范》和《监理实施细则》规定的监理程序开展工作，为使本项目工程质量处于受控状态，坚持实行“七项制度”。

1. 施工组织设计及开工报告审查制度

在工程开工前，承包人必须向总监办上报实施性施工组织设计，由监理工程师对施工程序安排的合理性，主要项目施工工艺的可行性，技术组织措施的科学性，施工平面布置的合理性，施工安全措施的可靠性，材料进场安排，机械设备及人员的配备情况等，进行重点审核，并提出审核意见，同时征求业主的意见。必要时要求承包人作出修改和补充，报监理工程师重新审核，直至达到要求为止。承包人必须严格按照经审查批准的施工组织设计组织施工。

监理组收到承包人递交的《分项工程开工报告》后，及时进行认真的审核，包括材料、机械设备人员、施工方案以及上道工序的交工检验情况，具备开工条件后报总监办批准。中心试验室负责审核各种原材料试验、混凝土配合比，上道工序的试验检测情况等；总监办测量队负责审核施工放样数据；总监办工程部负责审核施工工艺、施工方案等，最后报总监或副总监批准实施。每个部门的审核期限不能超过半天。总监办审查合格后，将分项工程开工申请批复的完整文件抄报业主备案，重要分项工程在开工前3天报业主备案。

2.图纸会审制度

工程开工前，由副总监主持，工程部全体人员参加，对图纸进行详细审核；分项工程开工前，由驻地高监主持，驻地监理组人员参加，对相应的图纸进行审查。审查的主要内容是：图纸是否配套齐全，能否满足施工要求；各部位高程、坐标计算是否正确；单位、尺寸、工程数量是否有误；图纸之间是否有矛盾，施工图与通用图是否相吻合；备注说明是否详尽，有无需要增加的重要说明事项。审核图纸后，如有问题，书面通知业主和设计，业主和设计复核后给予正式书面回复，并对图纸予以更正，重新下发。

3.重点工程施工方案会审制度

对工艺先进、工序复杂、施工难度大的重点工程，实行施工方案会审制度，如悬浇梁合龙段施工方案等。承包人将编制的重点工程施工方案报监理组初审合格后，报总监办三份；总监办报业主两份，由业主转送一份给设计代表。施工单位、总监办、业主及设计代表在相应的时间内，各自对施工方案进行详细审核，包括施工工序的安排是否合理，先进工艺的可靠性及实用性，计算数据的论证与复核，安全验算，施工中应注意的重要事项等，并各自提出初审意见；再组织施工单位、总监办、业主及设计代表四方参加的施工方案审核会议，对各方提出的意见或建议进行讨论，最终形成一个实用、合理的施工方案，再由承包人重新申报会议确定的施工方案，由总监办审核后实施。

4.施工工艺和技术交底制度

技术交底是指分部工程、分项工程或重点工程开工前，结合本工程的具体情况和设计要求，针对重点部位、关键工序的监理工作方法和控制内容，对参与监理的有关人员进行技术性交底和说明，使监理人员熟悉和掌握各分项工程的技术要点、控制要点、施工工艺、主要监理工作方法和注意问题，对质量标准等方面有一个详细了解，做到心中有数，以便有重点、有针对性地进行质量监理，提高监理工作质量。各分项工程技术交底在施工前进行，并根据工程施工情况及时完善技术交底内容。技术交底由分管工程的副总监负责组织，工程部负责编写交底内容，由副总监初步审核修改，最后由总监审批。监理技术交底采取书面交底与会议交底相结合的形式，将其内容编写成规范性文件，在召开技术会议时发放。

5.首检制度

为了保证各同类分项工程首次开工的施工质量，及时对施工单位进行检查，对驻地监理及现场施工人员进行现场指导，及时总结经验，提高工程质量，确保该分项工程大面积施工的质量满足设计及规范要求，总监办执行首检制度。

首次开工项目，承包人上报的施工方案的审查程序：驻地监理→中心试验室→总监办工程部（含测量工程师）→副总监或总监。首次开工项目施工，由总监办工程部专业工程师以上及中心试验室技术负责人以上、监理组长、驻地监理进行现场旁站，对工程材料、配合比、施工工艺的合理性、施工操作的规范性进行现场验证，提出施工中存在的问题及注意事项，并要求承包人进行改正。首次开工项目，由总监办工程部与中心试验室联合组织进行验收，并向总监提供验收报告。

总监办主持召开总结会，施工单位负责人及业主相关人员参加，由副总监对首次开工项目进行质量评价，指出其中不足及注意事项。如质量符合要求，承包人可进行大面积施工；如不符合要求，则要求承包人整改，并写出整改报告，重新进行该开工项目的施工，继续进行检查、验收及总结，直至满足设计及规范要求为止。

6.分项工程验收制度

为了对已完工分项工程及时掌握工程质量状况，进行质量评定，完善资料的整理与归档，总监办对已完工的分项工程及时组织验收。

承包人将已完工的分项工程的自检资料整理齐全，附上中间交工证书，送总监办工程部审查；总监办主要审查资料表格是否齐全，填写是否规范，签字手续是否完备，填写数据是否真实等；资料审查合格后，总监办组织现场实测实量验收。分项工程验收由副总监组织，总监办工程部（含测量队）与中心试验室联合进行验收，按照现行的《公路工程质量检验评定标准》，对基本要求、实测项目、外观鉴定、资料等情况认真检查；工程部收集整理各项检测数据并进行评定，给出验收评定意见，并由副总监审核。验收合格，由工程部签认分项工程检验申请批复单，由副总监签认中间交工证书；验收不合格，由施工单位按对应的不合格项目进行整改，达到要求再进行补检，直至合格。

7. 工地例会制度

工地例会是监理工程师对工程进行全面管理的重要手段之一，旨在检查、监督承包人对工程承包合同的执行情况，工程质量状况，协调有关各方的关系，促进认真履行合同规定的职责、权利和义务。

工地例会每月召开一次，一般固定在月底。工地例会由总监或副总监主持，总监办各部门负责人、驻地监理组长，各施工单位项目经理、技术负责人及部门负责人参加，并邀请业主及设计代表参加。工地例会召开前，总监办各部门负责人、施工单位负责人、业主，对全线施工现场综合检查以下内容：工程质量、工程进度、工程材料、安全施工、机械及人员到场情况等，并由施工单位上报材料。在工地例会上，承包人汇报本月工程情况，总监办对本月监理工作进行总结，并和业主、设计一起对承包人提出的相关问题进行解答和澄清，由业主对工程质量、进度、安全等提出具体要求。每次工地例会都形成书面会议纪要。

三、工程进度控制的方法与措施

进度控制是监理工作三大控制的重要任务之一。总监办要求施工单位按“编制、实施、调整、实施”循环的编制原则，编制月、年度工程计划及相应的配套计划。总监办遵循“检查、协调、修订、计划”四个环节，通过综合运用组织、技术、经济、合同、协调等多种手段和一系列行之有效的方法，如期完成进度控制目标。主要控制措施如下。

(1)坚持宏观与微观、静态与动态管理相结合。总监办根据合同目标工期编制阶段性和总进度计划，加强宏观控制；为落实阶段计划，要求编制月计划、日计划进行微观控制。根据各期施工特点，重点组织了三个“百日大干”和三个“战役计划”等劳动竞赛，涌现了一批优胜单位，如四标、六标、A标、九标、十标等，多次获得表彰和奖励，确保了阶段计划的实现。

(2)坚持定期进行进度分析和预测，狠抓重点和关键工序。每月分析影响进度的各种因素，预测下月进度控制重点，狠抓关键线路和关键工序的控制，狠抓产值目标和形象进度目标的双重控制。

(3)坚持计划检查制度。进度控制以日保周，以周保月，以月保年，以抓短计划的落实，保长计划的实现；日有日报、周有周报、月有总结和月报，每月有联合检查，重点检查形象进度和关键线路的计划完成情况。

(4)坚持用经济手段促进计划的实施。每个阶段和战役均制定了产值目标和形象进度目标，根据项目管理办法和进度奖罚措施，奖优罚劣，促进进度目标的实现。

(5)坚持工、料、机检查制度。督促承包人配备与施工进度和施工要求相适应的工、料、机，以保证进度目标实现。

(6)成立进度协调小组，及时协调处理施工中的技术问题，排除影响进度实施的人为干扰因素，尤其是在最后冲刺阶段，加大现场巡视检查落实力度。主要体现在：当日实现完成及累计完成的计划工程量；了解材料进场情况及累计进场数量；对参加施工的作业工种、人力、机械型号、数量及生产效率进行分析，提出合理化建议和要求；了解当日施工停滞的人力、机械数量及其原因；跟踪当日承包人的主管及技术人员到现场情况；了解和跟踪处理当日发生影响工程进度的特殊事件和原因；每月定期或不定期的对本项目工程进度进行考核，制定产值目标和形象进度是否满足各节点工期要求，以文件和通报的形式督促进度，并制定下月的考核目标，从而有效保证冲刺阶段进度和质量目标的实现。

四、投资和合同管理的方法和措施

合同是约束参建各方的行为准则，合同管理是控制工程造价的重要手段。总监办进行合同管理的主要措施如下。

(1)明确提出合同管理以诚信履约为本，准确领会合同内涵是实际操作正确与否的前提条件。因此总监办致力于合同业务学习和交流，熟悉合同内容，正确解释合同条款，正确处理合同文件的遗漏错误，协助解决合同争端。从某种层次上讲，业主和承包人是利益的对立面，业主的目的是以最低合理成本而达到预定使用功能；承包人付出艰辛劳动，自然追求好的利润与回报；由于各种因素影响，引起双方争论是不可避免的。总监办以合同文件作为施工监理的重要依据，以事实为准绳，在公平、公正的原则下调解合同争端。

(2)检查、督促承包人按合同承诺，配备满足施工要求的工、料、机。总监办会同业主制订了人员、机械设备的日考勤和月汇总制度，按项目管理办法制订了请假制度、违约处罚制度。通过制度的严格执行，通过总监办的检查督促，全线各承包人基本上都能履行承诺，技术人员坚守岗位，劳动力充足，原材料和机械设备及时到位，从而确保了工程质量和工程进度。

(3)从计量支付和工程变更两个方面控制工程费用。项目开工时，总监办会同业主制订了计量支付管理办法和工程变更管理办法，明确了费用控制的原则、方法、程序。费用控制以合同为根本，以管理为手段，以事实为依据，以现场联测为基础，总监办实行三级管理，先由驻地监理组严把初审关，审查合格后报工程部、合约部审核，再经总监(副总监)审批，确保计量项目符合合同要求，质量达到合同规范标准，验收手续齐全、计算正确，无遗漏、无重复。严格控制工程变更，使工程总投资控制在预算内。

(4)在合同授权范围内从事施工费用监理工作。总监办坚持把质量合格作为工程计量与支付的先决条件；完善计量台账，计量项目必须符合合同要求，质量必须达到合同规范标准的要求，验收手续必须齐全，确保在费用计算上的正确性与准确性，在支付内容上无遗漏、无重复，较好地履行了监理职责。

(5)严格监督和履行工程变更程序。如果设计单位对原设计存在的缺陷提出工程变更，则由设计单位编制设计变更文件；业主提出工程变更，则由业主责成设计单位编制设计变更文件；承包人提出工程变更，由承包人编制变更报告。总监办组织专业监理工程师审查工程变更报告，审查同意后签发工程变更单，包括工程变更要求、工程变更说明、工程变更数量、费用和工期。一般变更由工程部牵头，会同业主、设计、承包人审查解决；重大变更由总监牵头，会同业主、设计、承包人及相关部门解决。

五、安全生产、文明施工的管理方法和措施

总监办坚持“安全第一、预防为主”的方针，牢固树立“安全生产责任重于泰山”的观念，加强施工现场安全生产的监督管理，将安全隐患消除在萌芽状态下，提高安全自我保护意识和防范安全事故的能力。重点抓好以下工作。

(1)进一步增强责任意识、忧患意识，坚决克服麻痹、侥幸、松懈情绪，健全完善安全保障体系。总监办坚持“四查”(查思想、查管理、查隐患、查整改)；落实“五定”(定整改责任人、定整改措施、定整改完成时间、定整改完成人、定整改验收人)；把好“六关”(措施关、交底关、教育关、防护关、检查关、改进关)，做好安全技术交底工作，保持安全生产、文明施工始终处于稳定受控状态。

(2)适度增加安全投入，解决好由于安全投入不足，造成安全教育、培训工作、应急预案演练、劳动保护、安全措施、安全设施、安全技术交底等工作的薄弱环节，防患于未然。

(3)全面落实各项目部的安全生产主体责任。围绕总工期和节点工期目标，要求各项目部聚精会神，项目经理要坚守岗位，坐镇指挥安全生产。对个别项目经理朝夕不归，遥控指挥，甚至不请假、无故旷工，应按项目管理合同的有关规定处理。各项目部按要求组织开展安全质量标准化活动，设置独立安全机构，配备专职安全管理人员，专项施工方案审查等文件，加大现场安全投入和科技投入，改善了安全生产条件。

(4)全面落实安全监管部门责任。总监办会同业主加大执法力度,建立执法台账,全面规范各级监管部门的监管行为,健全安全生产形势分析制度和安全生产监管责任层级监督制度,研究质量隐患背后的深层次原因和对策,不断创新和调整工作方式。针对安全生产工作薄弱环节和重大隐患,建立安全生产激励机制,对悬浇梁的挂篮、现浇混凝土箱梁的支架安全用电等,必须按照《建设工程安全生产管理条例》(国务院第 393 号令)相关条款的要求,履行相关手续,完成各项工作。确定安全管理组织机构和安全生产保证体系及其职责,建立健全安全规章制度,包括安全生产责任制、安全检查制度、安全会议制度、安全培训制度、安全技术交底制度及各项工程的安全作业制度。落实安全生产保证计划书,确定施工现场临时用电方案,支架、模板、挂篮起重设备等设施的安装、拆卸施工方案,由安全技术监督部门检测并签发合格证明文件。

(5)坚持实行安全技术交底。包括进场安全总交底、施工安全生产技术交底、悬空施工安全生产技术交底、施工管理安全技术交底、施工作业分部和分项工序安全技术交底,并对进场工人进行的安全教育和培训,开展班前安全活动,制定培训计划,安全员、中小型机械作业人员及特种人员持证上岗。

(6)抓好各种机械设备安全检查记录,完善事故隐患控制和事故应急处理预案,及时有效防范各种安全事故的发生。加强现场安全生产工作的巡视检查记录,特别是支架、模板、挂篮和起重设备等设施的检测合格证明及验收证明,确保执行安全生产制度有据可查。

总监办通过以上工作,使现场安全生产的存在问题得以整改落实,确保本项目重大安全事故为零,安全生产标准化管理达标,充分展现了总监办和全体监理人员求真务实、昂扬向上的风采,实现了“业主给我一份信赖,我还业主一份丰碑”的庄重承诺。

第二节 江门段工程质量监理

江珠高速公路江门段施工监理经公开招标,由育才—布朗交通咨询监理有限公司中标。该公司组建了江门段总监办,全面负责实施项目监理工作。江门段开工时间比珠海段晚一年,却要求与珠海段同时竣工通车,加之沿线地质情况复杂,软基较多而且深,工期紧张,因而施工强度大。为了做好监理工作,总监办在施工准备阶段,组织了专业工程师、驻地工程师参观学习开阳、阳茂、渝湛等高速公路的建设成果,抽调优秀监理工程师构成了总监办的骨架。与此同时,建立健全了总监办内部管理制度,制定了《江珠高速公路江门段总监办监理人员考核实施细则》,坚持了每周监理例会、每月工地例会制度,加强动态考核,使监理人员加强了责任心,调动了工作积极性。

总监办切实加强工程质量管理,质量控制以预控即主动控制为主,被动控制为辅,抓好事前指导、事中检查、事后验收三个环节。在施工管理过程中,抓住重点、突破难点、兼顾全面,对工程进行全过程、全方位的质量监理,颇有成效地实施了全面质量控制。

一、主动监理,有效预控

总监办实行以下的主动预控措施。

(一)建立健全质保体系,严把开工关

在进场开工前,总监办要求承包人按规定建立健全质量保证体系,并会同业主进行履约检查,看质量保证体系是否健全,人员是否到位,试验室是否建成及合格,职责是否清楚,施工过程中的质量检验制度是否完善。

总监办对各标段的全部工程按《公路工程质量检验评定标准》(JTG F80/1—2004),进行了单位、分部、分项工程划分,要求承包人认真做好总体施工组织设计;然后把监理重点放在分项工程开工报告的审批上,尤其是关键工程。例如现浇箱梁的施工,严抓地基处理、支架方案及计算(用预压检验)、模板(要求用大模板、新模板)、混凝土生产设备、混凝土配合比、原材料检验、施工工艺、技术人员配备等。对

准备工作不充分、条件不成熟的,不得开工。通过推行试验路、试验桩、试验柱、试验涵洞等,促进施工规范化,取得较好效果。

(二)加强试验检测管理,坚持以数据说话

总监办中心试验室及现场试验监理,要求施工单位在人员配备、组织管理、检测程序、施工、手段等各个环节上加强管理,明确材料质量要求和技术标准。对进场的每批原材料,例如钢筋、水泥,做到"双控"(即有质量检验报告单、合格证)。中心试验室在承包人检验合格的基础上,按照规定频率对原材料抽检,未经检验的材料不允许用于工程,质量达不到要求的材料及时清退出场。

加强施工中对工程实体的抽检,抓住重点。如将钢筋焊接半成品的质量检查作为监理工作的重点,采用目测和检测相结合:首先从外观上对轴线位置、弯折角度、焊缝长度及饱满度等进行检查;然后随机抽取焊接试件进行试验,合格后方可进行验收。在施工过程中,全方位地进行抽检,例如基地承载力、路基填筑、混凝土浇筑,按照规定的要求或频率进行抽检。

加强对标准实验的控制。总监办要求承包人认真做好标准试验自检,中心试验室进行平行试验,以确保检测工作的真实性、有效性。在原材料合格的前提下,再审核混凝土的配合比是否正确,并定期督促承包人校核各种计量表具、量具是否准确、齐全。

(三)加强质量意识,严格进行工序质量控制

在各分项工程施工前,专业监理工程师组织召开由施工单位技术负责人、质检工程师及有关工区或班组负责人参加的技术交底会议。对重要分部分项工程,根据施工工艺和操作要求编制质量控制程序图,如钻孔灌注桩、软基处理、预应力张拉等容易出现问题的部位,强调通过工序控制工程质量。每道工序必须进行自检,在承包人自检合格后提请监理人员验收,监理签字认定后方可进行下道工序的施工。监理人员在施工现场采用巡视、平行检查、跟班旁站、随机抽查等方法,及时发现和解决质量问题。

(四)加强监理隐蔽工程,消除质量隐患

隐蔽工程的质量控制,须在施工过程中进行,否则容易留下隐患。例如,桩基、软基处理、台背回填等,总监办都采取了行之有效的措施。在桩基施工中,总监办工程部安排专职桥梁工程师统一负责终孔,并规定必须由总监办工程部桥梁工程师和驻地工程师共同参与终孔,测量孔深,桩身混凝土的灌注,由驻地监理实行全过程旁站;软基处理的基底检测和台背回填质量检测,由中心实验室进行,工程量由总监办测量工程师和驻地工程师进行联测,回填由驻地监理进行旁站;桥涵台背回填,严格按有关规定施工,由驻地监理旁站,并拍照为证。这些措施的采用,有效的保证了工程质量。

二、动态控制,事中认真检查

在施工过程中,总监办以现场动态控制为主,重点抓好以下工作。

(一)对重点部位、关键工序,进行全方位控制、全过程旁站

总监办将桩基终孔、软基基底检测、结构物基底检测、预制梁张拉、箱梁支架及模板、结构物钢筋制安、结构物混凝土浇筑、桥涵台背回填、高填方及高边坡等,列为重点部位及关键工序,进行全方位控制,在施工中进行全过程旁站。

(二)加强现场监理,及时纠正违规施工

监理工程师进行现场巡视检查,实地测量结果和数据,以测量数据来评定工程质量。如轴线偏位、高程误差、平面尺寸、结构物外观等。对发现的问题,及时书面通知承包人,附上所测数据,使承包人对质量问题不能遮掩,不能马虎处理,避免今后出现类似质量问题。

总监办要求现场监理工程师做到“五勤”：眼勤，经常到现场了解施工情况，多看施工图，熟悉重要部位；手勤，发现问题要常记，处理的问题要有记录；腿勤，常到现场巡视；口勤，对施工容易出现的质量隐患要常提醒，要经常交底；脑勤，熟悉图纸，动脑筋想措施来保证工程质量。在建立的工作方式和工作深度上，要求做到“严”（严格按施工规范要求施工，严格检查把关）、“准”（处理问题果断、准确，以准确数据为说话依据）、“细”（工作细心，处理事情细致）、“实”（办事实实在在、亲办亲为，遇到质量问题要进行实质性处理，为承包人解决实质性的技术问题）。

管住现场，是监理工作的重要环节。监理人员始终把现场监理作为重点。例如，路基从软基处理开始，严格控制清淤深度、换填厚度、压实度，包括填筑工艺等，确保软基处理工程质量；路基填筑的控制从填料控制开始，中心实验室按照频率要求对路基填料各项指标进行平行试验，填筑过程中总监办职能部门加强巡视，对路基填筑含水量、填筑层厚、压实度，加大抽检力度，对于层厚超标的一律返工。从交工验收对路基工程检测数据来看，路基工程质量较好，压实度、弯沉指标均达到设计要求。

对于混凝土工程，现场监理做到全过程旁站，桩基经检测全部为优良桩，其中Ⅰ类桩比例为77.6%。对预制梁板张拉这一关键工序，在每一片梁张拉前，桥梁工程师必须现场把关，从中心试验室检测的数据来看，混凝土强度达到设计要求，构造物内在质量得到保证。总监办对构造物外在质量尤其重视，加大了对预制梁板外观、现浇防撞栏等可视面的质量监理，取得成效。

对于违规工程，监理一经发现，即予制止；对于已经出现的质量问题，监理一律要求彻底处理或返工。在处理方法上，监理先以口头方式，若承包人不执行，即下达监理指令，直到解决问题。

（三）抓住工作重点，消除质量通病

江门段的现浇箱梁及桥梁整体化面层的工作量大，部分工作大多在高温、大风天气下进行，这易使箱梁顶板和整体化面层混凝土产生收缩裂纹。为了消除该质量通病，总监办与业主和承包人一起召开多次专题会议，分析产生收缩裂纹的主要原因：一是混凝土表面因高温或大风天气而失水过快；二是大体积高强度等级箱梁顶板混凝土的水化热量大，加剧了水分的散失。为了避免上述问题，总监办制定了《江门段上部结构施工技术措施及施工检查程序》，文件对施工时段（当天）、混凝土配比（适当添加缓凝剂）、覆盖材料及时间、收面时间及收面次数、最迟养护时间、养护方案等，均作了详细说明和严格要求，现场监理严格要求承包人按文件规定施工，较好地解决了箱梁顶板和整体化面层的收缩裂纹问题。

三、加强中间交工验收，及时处理质量问题

当分项、分部工程或单位工程施工完毕后，总监办按《公路工程质量检验评定标准》（JTG F80/1—2004），及时对完工的工程质量进行验收。通过中间交工验收，总监办对发现的质量缺陷或重大质量隐患，及时下发工程暂停令或返工令，要求施工单位停工整改，配合有关部门单位及时提出问题处理的方案，监督承包人付诸实施，力求既保证质量又不影响进度，避免不必要的经济损失。如对全线砌筑工程的质量控制中，监理人员除在施工过程中把好配合比、砌筑工艺及质量关外，监理工程师在每段完工后，均组织承包人质检工程师对完工的砌筑工程进行破检，对砌筑砂浆饱满情况、砌筑线形进行检查，使砌筑工程质量监理取得较好效果。

四、着力抓好五项工程的质量监理

这五项主要工程包括软土地基处理、桩基施工、现浇箱梁、空心板的预制与安装、隧道施工。总监办下工夫加强五项工程在施工过程中的质量监理工作。

（一）软土地基处理

江门段范围内软土主要为淤泥质土层，厚度变化较大，埋藏一般较深，土质多呈饱和状，压缩性高，承载力极低，主要分布在山间洼地和沟谷平原。为保障路基的稳定和工后的差异沉降控制在规范容许

范围内，设计采用袋装砂井（塑料排水版）＋砂垫层＋等载预压＋真空预压或袋装砂井（塑料排水板）＋砂垫层＋超载预压进行软土地基处理。这些处理工艺是必要而且恰当的，施工监理过程中对袋装砂井进行控制的重点在于。

(1)加强对砂井找平层及其填料的监理。找平层是袋装砂井施工的平台，填筑时要清除流动状的淤泥层，然后换填符合路基填筑要求的填料，最好为不含砂砾的黏土，否则砂井在施打过程中难于沉入土中。

(2)加强对砂井灌砂率及其砂质的监理。袋装砂井较塑料排水板造价低，施工方便且安全，但砂井的灌砂率却是确保软土排水固结速度的最大影响因素。操作人员往往未将进入施工现场含水量较大的砂粒充分晾干就开始灌装，或者砂井架的提升高度不够致使灌砂率达不到 95%，从而使砂袋灌砂不饱满，影响排水固结效果。

(3)加强对砂井打点的布设与施打的监理。袋装砂井的间距和长度是保证排水固结效果的关键因素，操作人员往往随意放样或砂井机不按照点样施工，直接造成砂井间距不均匀和不准确；砂井在沉入锚锭后，出现回带现象会造成砂井长度不够，从而影响排水固结效果。

(二)桩基施工

桩基工程施工质量的好坏，直接关系到桥梁工程的安危。总监办十分重视桩基施工的质量控制。为抓好终孔关，先由监理人员旁站冲孔过程并按规定捞取渣样；冲孔至设计高程时，由工程部桥梁专业工程师与现场监理共同对岩样进行鉴别，以确定岩样反映的地质情况是否相符；如果相符，则同意终孔，如果不相符，则由地质工程师与驻地工程师向业主反映，由业主、设计、监理及承包人各方到现场，共同确定是否继续冲孔及冲至终孔时的要求，现场形成会议纪要；所有桩基均由地质工程师绘制详细、准确的终孔柱状图，每根桩的终孔桩长必须由地质工程师与专业工程师或监理人员共同丈量确认。

在确定桩基冲孔过程是否能终孔时，总监办始终坚持如下原则：一是嵌岩桩的桩底地质情况不能弱于设计，并保证设计确定的最小入岩深度；二是摩擦桩的桩长绝对不能小于设计值，并对冲孔时间进行详细、准确记录，以初步确定土层情况；三是监理工程师具有最终决定权，对清孔、加工安装桩基钢筋、水下混凝土灌注等重点工序进行全过程旁站。

通过加强对施工质量的监理，江门段范围内共 1 108 根桩，I 类桩有 914 根，占 82.5%，II 类桩 194 根，无 III 类桩，合格率 100%。

(三)现浇箱梁

四村互通标有现浇箱梁 107 跨，二标南环互通有现浇箱梁 17 跨，三标横沥河有现浇箱梁 3 跨、新沙河有现浇箱梁有 3 跨，四标新沙分离立交有现浇箱梁 3 跨，五标睦州互通主线桥有现浇箱梁 44 跨、悬臂浇筑箱梁 3 跨计 120m，七标涝涝溪特大桥有悬臂浇筑箱梁 3 跨计 260m，以上共计混凝土 40 128m^3，工程量大。总监办对现浇箱梁施工质量控制主要抓住如下工作。

(1)严格审查承包人上报的施工方案，重点审查支架搭设和预压方案，明确提出了地基承载力的要求、地基处理及处理后的承载力监测、支架的稳定性计算、刚度计算、支架的预压及观测等，必须经驻地监理工程师和总监办两级审查，通过后才能实施。

(2)检查施工机械及人员配置。现浇箱梁必须是连续施工至完成的工程，由于每次施工数量较大，承包人必须考虑各种不利情况下的应急方案。承包人每次浇筑箱梁前，总监办均要检查备用设备及后备人员是否到位。

(3)施工技术交底的检查落实。现浇箱梁混凝土工程数量大，一次成型，要确保施工质量，避免返工，施工人员的技术素质及对施工技术的熟练程度就显得非常重要。因此，在现浇箱梁施工前，总监办明确要求承包人对施工人员进行书面技术交底；召开技术交底会时，监理人员及专业工程师和驻地监理工程师必须参加。

(4)抓好施工安全，要求承包人在施工过程中配有专职安全员。

通过上述严格的质量监理，现浇箱梁总体质量良好，线形顺直，外观较好，施工中没有发生安全事故。

(四)空心板梁预制与安装

江门段梁板预制与安装数量共 2 342 片，其中 1 798 片由八标预制完成，544 片由七标完成。总监办成立了梁板预制监理组，质量管理主要工作如下。

(1)抓好预制场的建设。由于预制工作量大，工期紧，生产能力必须满足需要求，经过分析，要求八标预制场建立 10 条生产线，每条生产线每次可生 6 片梁板(20m)。

(2)狠抓台座底模及预制梁板内、外模的加工质量。先由承包人提供上报模板结构设计图，经监理组及总监办审核批准后交专业加工厂；加工完成的模板，必须经监理工程师验收合格后才能进场。台座底模均采用 3cm 厚水磨石抛光。

(3)严格控制施工工艺，重点控制混凝土拌和、振捣及张拉(先张法)和放张等程序。

(4)总监办对预制场的原材料，尤其是钢筋、水泥、钢绞线、锚具进行严格的质量控制，限定从业主指定的厂家进货，按规定频率对原材料进行抽检，合格的产品才准进入施工现场。

通过实施上述控制措施，预制梁板的内在和外观质量均取得很好的效果。

(五)隧道施工

江门段联拱隧道两座，分别为睦洲 1 号隧道和睦州 2 号隧道。隧道围岩性质以 III、IV 类围岩居多。在施工过程中，总监办严格控制开挖循环进尺和爆破开挖工艺，严格按照设计图纸开挖顺序爆破施工，督促施工单位做好地质超前预报和量测工作，在如下关键工序和技术要点上强化监理控制。

1.洞口工程施工

(1)要求洞门尽早修建，并尽可能在雨季前施工。如果有管棚或超前小导管施工，需先施工管棚或超前小导管，稳定洞口围岩。

(2)洞门端墙处的衬砌与洞口内衬砌，采用同一材料混凝土整体灌注；翼墙式挡墙应与端墙同时砌筑，基坑及时回填夯实；洞门装饰砌体要求表面平整、清洁，隧道名牌字样美观、醒目。

(3)洞口浅埋段、土质地段或有偏压地段等，尽量少开挖边、仰坡，先设临时成洞面，待二衬施工至适当距离后，再进行二次修坡防护施工。

(4)明洞拱墙砌筑前应复测中线，边墙、拱圈放样立模要预留施工误差，保证衬砌不侵入建筑界限；拱圈混凝土达到设计强度的 70%，且拱顶填土 0.7m 以上时，才允许拆除拱架；明洞拱圈按断面要求制作定型挡头板和外模，边板必须支撑牢固，灌注拱圈混凝土应从两侧对称不间断灌注至拱顶；明洞回填土密实度要满足图纸要求，拱背黏土隔水层应与边坡、仰坡搭接良好，封闭紧密，能防地表水下渗。

2.隧道爆破掘进施工

(1)检查洞内导线、中线、高程测量是否正确，当用中线法延伸的长度大于或等于二倍导线设计边长时，应进行一次导线引伸测量。

(2)检查开挖是否按图施工，围岩类型与图纸是否一致，开挖轮廓是否按设计要求开挖，是否考虑了预留变形量等；钻爆设计是否合理，是否进行了光面、预裂爆破；开挖设备是否合理，作业人员配置是否满足施工要求，是否安全，有无安全员。

(3)弃渣必须按要求弃方，是否达到环保要求；开挖施工是否采用超前地质预报措施。

(4)检查欠挖情况，拱脚、墙脚以上 1m 范围内严禁欠挖，个别岩石突出部分，可侵入量$<$50mm，且每平方米内小于 0.1m^2 欠挖；仰拱是否及时开挖，全幅施工。

3.隧道支护施工

(1)检查隧道支护是否按图纸施工；喷混凝土材料是否合格，如水泥、砂石料、钢纤维、速凝剂、减水剂、钢材、锚固剂等是否检验合格，与工地实际使用是否相配，注浆、砂浆锚杆是否有配比。

(2)喷混凝土是否按设计喷足、喷平整，是否进行了养护，开挖面是否进行了初喷(4～6m)，是否按设计添加钢纤维等外加材料，速凝剂是否满足要求，喷混凝土方法、方式是否符合设计要求。

(3)安装钢拱架是否进行检验，安装连接、焊接、定位搭接是否符合设计要求，是否有扭曲、间距大于设计值现象，是否预留保护层厚度；续接钢拱架是否将接头部位虚渣清除干净，是否增加加强支护措施，如托梁、打锁脚径向锚杆。

(4)系统锚杆数量是否够，方向是否正确，是否架设垫板，是否注浆和锚固，是否按支护类别进行了施工；围岩如与设计不符，是否加强了支护措施；支护是否紧跟开挖工作面；渗漏水点是否进行预防措施，及时制作喷混凝土试件。

(5)施工监控量测是否按设计要求及时进行，锚杆安设后每 300 根是否进行一组抗拔力试验；大管棚、小导管、中空锚杆是否按设计施打，长度、注浆量是否合要求，压力是否达到设计值；冬季施工否进行相应保护措施，如喷混凝土，气温低于 5℃时不得喷混凝土，混凝土强度未达到 6MPa 前不得受冻。

4. 隧道衬砌施工

(1)所有类型衬砌，均不能侵入隧道建筑界限。二衬的设备是否能满足施工要求；二衬的原材料、配合比是否符合施工要求；二衬台车强度、稳定性、模板平面平整度，拼装后能否满足要求，结构尺寸能否符合设计要求。

(2)先行施工的矮边墙混凝土强度达到一定程度，才能进行拱墙模注施工。矮边墙、拱墙施工是否按要求进行预埋，防水板、止水条、排水设施如盲管安设是否按图纸施工；预留峒室、预埋件位置是否正确。混凝土外掺剂是否检验合格，是否按设计掺加；混凝土的拌和、运输、浇筑、脱模、养生是否符合设计和规范要求；冬季施工是否有相应措施(温度在 5℃以下，视为冬季施工)；仰拱、铺底的施工顺序、要求，水沟电缆槽施工模板支立、浇筑、预埋件设置等，是否符合设计要求。

(3)浇混凝土作业严禁加片石，超挖部分在允许范围内用同强度等级混凝土回填，超挖较大的根据不同部位具体情况进行浆砌片石处理。

(4)二衬后用激光断面仪检测拱部，如有空洞应进行注浆；拱墙衬砌与矮边墙搭接在 5～8cm，拼缝要小，充分减少混凝土表面外观缺陷；衬砌缺陷的处理应由具有经验丰富的装饰人员进行，尽量及时施修。

(5)混凝土试件按要求制作，一般 $10m^3$ 不少于一组；二衬施工要备有发电机、灌车、拌和站，保证衬砌一次浇完。

5. 隧道防排水施工

(1)隧道防排水系统是否按图纸施工，盲管、PVC 管尺寸、结构、走向、连接是否符合设计要求。

(2)塑料防水卷材是否检验合格；防水布的挂设要采用无钉挂设，要保持一定松弛度，过紧、过松都会造成二衬空洞，搭接宽度须在 10cm 左右，采用热焊机施焊；检查塑料防水有无破损和小孔，焊缝有无烧焦、焊穿、假焊、漏焊，钢纤维、铁钉等尖锐物要清除；止水条、止水带是否检验合格，存放洞内的止水条在使用前撕开塑料薄膜，防止止水条提前膨胀，失去止水作用。

(3)检查洞内水沟、泄水洞等结构尺寸、设置位置、纵向坡度等是否符合设计，水沟盖板是否平稳；检查路面水排向边沟或地下水排向泄水洞的集水孔，排水孔是否符合设计；检查盲沟过滤层级配和回填质量，盲沟、暗沟、排水管等有无堵塞现象；观察二衬背后沟管布置施工是否符合设计要求。

五、规范质量管理和处理的文件指导

总监办在施工过程中，本着主动控制为主的原则，通过工地例会、现场会议、样板工程活动、下发各种控制性及技术性文件等形式指导承包人施工。截至 2006 年 11 月 30 日，共下发此类文件 206 份，对指导承包人规范化施工的作用很大。在出现质量隐患或质量问题时，总监办及时下发工作指令或暂停工作指令，及时制止承包人施工，并责令返工处理，把工程质量隐患消灭在萌芽状态。截至 2006 年 11 月 30 日，总监办共下发了工作指令 88 份，暂停工作指令 7 份。对省交通工程质量监督站到现场质量监督提出的问题，总监办督促承包人一一落实，并将落实整改情况及时报送业主。

六、加强内业保证资料管理

在总监办严格要求下，各施工单位的内业资料能按照要求整理，检查项目齐全，抽查频率符合规范要求，能够有效证明工程所用的原材料、施工工艺及工程质量符合规范要求；从资料反映的数据来看，质量指标满足有关标准、规范规定的要求，工程质量达到了设计及规范要求，能够保证安全运营及正常使用；内业资料字迹清晰、工整，表格内容填写完整、签字齐全，并能够按照要求分类编排，装订整理。

七、结　　论

总监办通过对江门段施工过程的质量监理、完工后的交工检测，以及对施工单位提交、经监理工程师签认的竣工资料和监理工程师抽检资料的审核，认为：江门段工程三级质量管理体系完善，有效地保证了工程质量；施工单位自检频率和监理抽检频率及强检频率达到规定要求，施工质量保证资料齐全；原材料检验结果符合规范要求，软基处理较为彻底，路基填筑较密实稳定，压实度、顶面回弹弯沉值等指标符合设计和评定标准要求；边坡防护稳定、美观，排水系统完善；路面底基层表面平整密实，其无侧限抗压强度等主要指标符合规范要求；桥梁、涵洞工程各部构件混凝土或砂浆抗压强度、结构几何尺寸、高程、预应力张拉等满足设计和评定标准要求，桥梁构件表面平整光洁、轮廓清晰，外观质量较好。江门段工程能满足设计和评定标准要求。

下篇

施工技术

·第十一章·

软基施工技术

江珠高速公路软基路段长达35.18km，占全线总长的65.8%，软基最深达42m，是项目建设的三大难点之一。本章从施工工艺技术角度，具体阐述如何突破软基处理的难题，提高路基的整体质量。

第一节 项目软基处理概述

本节对江珠项目的地形地貌、地基土质、软基处理规模以及主要措施等，分别作扼要陈述。

一、项目地形地貌

据江珠高速公路所在区域研究资料显示：在全新世前后(距今约1万年左右)，全球气候寒冷，海平面比现在低数十米，全区风化剥蚀强烈，此后气温升高，海水逐渐上涨，海平面至现今高度保持相对稳定已有6000年左右。全区为滨海海湾地貌，在静水及缓慢流水环境里沉积了厚层的淤泥。全线穿越的地貌单元分为河口平原区和低丘台区。

河口平原区地势较低，地面高程在0～3.0m，地面坡度平缓，区内沟渠纵横，水塘、围堤密布；其次为稻田、耕地。地层结构上部为全新统滨海相沉积的软土——淤泥质土，其厚度最深达几十米；冲积的黏土、亚黏土、中细砂、粗砂、砾砂等，第四系松散层厚度最厚逾80m。下部为风化残积土，基底为古生代寒武系变质砂岩，中生代侵入花岗岩(r_5^2)分布其间。

低丘台地区，海拔一般不超过100m，但地形起伏较大。丘谷地分布有第四系全新统以海积为主的海陆交互相沉积层，主要为淤泥、淤泥质土，厚薄不均，一般不超过15m，地面高程基本与珠三角平原高程一致。

二、项目地基土的评价

根据工程地质勘察报告，本工程段路基土，其上部为滨海冲积淤泥、淤泥质土，呈流塑、软塑状，属不良地基土，层厚多在11.6～43.2m，最大46.6m，层面埋深0.00～5.2m，层底高程－11.34～－48.39m。据其物理力学特征，具有高压缩性($a_{1-2}\geqslant 0.5$)，高灵敏度(S_t为4.0～8.2)，欠固结($P_c<P_o$)，抗剪强度低，分布广泛，厚度较大。工程性质差，不能直接满足地基的变形及特定要求，必须进行加固处理。中部为冲积土，中液限土及细砂具有中等压缩性，较高的强度，工程性质一般；基底全风化花岗岩(砾质低液限黏土)，具有中等压缩性，高的强度，高的承载力，工程性优良。

三、软基处理规模及其对项目建设的影响

江珠高速公路软基路段长达32.1km，软土物理力学性质几乎是珠三角地区最差的，软基深度变化

大，因而软基处理的技术难度也大。根据近年来珠三角地区高速公路建设的经验，本项目对软基进行处理的方案充分考虑如下因素。

(一)技术因素

对填筑的路堤而言，既要保证填筑过程中路堤稳定，又要保证工后不能有大的沉降；对结构物而言，与之相邻的路堤本身不能产生大的水平位移，不能对结构物产生大的水平推力，其前提条件是路堤下面的软土要经过处理达到一定的强度。为此，在工序上必须先进行结构物所在地的软基处理，待软土具有一定强度后才能实施结构物的施工，即反开挖施工；为使结构物与路基同步交工，结构物处的软基一般要求提前满足一定的沉降速率(控制在 3～5cm/月)，即要先于一般路基路段完成大部分沉降，从而使结构物有必要的施工时间；不能有超过规范的工后沉降，以减少桥头跳车。

(二)工期因素

如果采用一般的排水固结法处理软基，需要的时间就比较长，特别是对于深厚和排水不畅的软基；若辅以超载预压，工期又会短一些，但超载的高度在技术上通常又受路堤稳定所控制，且增加一定的投资；如果采用复合地基法处治，就不需太长的等待期。

(三)成本因素

排水固结法是成本最低的，复合地基法则投资比较大，桩基础费用就更多。

(四)环境因素

现代社会强调人与自然的和谐，尽可能少占用自然资源是追求的目标之一。从这个角度上说，排水固结法是最有优势的，它是利用软土自身的排水固结而使承载力提高，无须再占用其他资源。如果为了加速沉降而采用超载预压，则超载所需要的土方要通过挖山而获取，超载完毕后又要找地方丢弃，会对环境造成一定的损害。为加速排水固结，需要设置必要的竖向排水体，采取的方式有袋装砂井和塑料排水板。袋装砂井除需要砂袋外，还需要资源比较紧缺的河砂；塑料排水板则仅需要工业化生产的成品，对环境的影响较大。复合地基法和桩基础，则是以另外的材料置换部分软基或与软基共同作用，或者干脆舍弃软土本身而以新材料来承载路基荷载，这样就需要大量的建筑材料，如水泥、碎石甚至钢筋等，对环境的影响很大。

四、软基加固的主要措施

本项目在充分考虑上述四个因素，综合分析了技术上可行性及其工期、费用和对环境的影响，采用了以下软基加固的主要措施。

(一)排水固结法之袋装砂井堆载预压

一般软基路段均采用此法，其中大部分是超载预压(超载高度 1～2m)，部分为等载预压。砂井处理深度：软土厚度至 25m，原则上砂井的深度要贯穿整个软土层；如软土厚度超过 25m，则只能处理到袋装砂井的最大处理深度 25m。砂垫层厚度：50～80cm。土工格栅：二层，单向 TGDG80 型。排水固结加固地基，如图 11-1-1 所示。

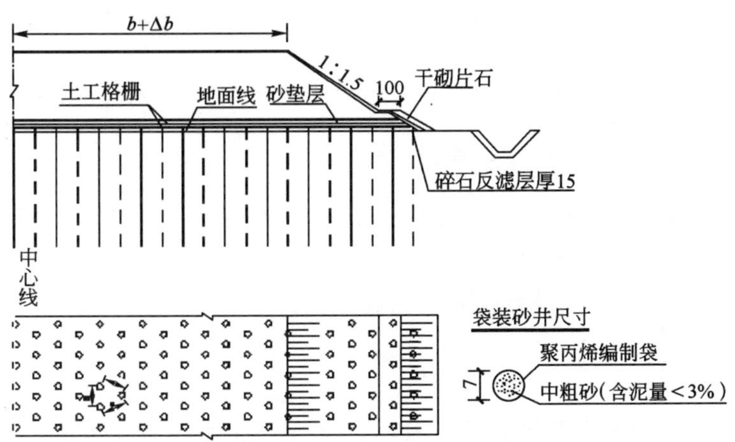

图 11-1-1 排水固结加固地基设计

施工工序为：在鱼塘路段，先抽水排淤，后填筑找平层；找平层的高程一般与塘埂齐平或略高于塘埂。由于找平层是在软土上直接填筑，严格按分层填筑的标准是填不上去的，故第一层可以略厚些（约80cm），以便满足施工机械作业，即保证第二层填土的机械要能够上去；又由于压路机不能振动压，也就不可能达到太高的压实度，所以第一层找平层土的压实度指标也比较低。其他软基路段如水田、苗圃等，则不必设找平层，在清除表土后直接铺设砂垫层。砂垫层要伸出路基底部外侧一定的宽度，以保证在填筑过程中不补填料掩盖而影响排水效果；砂垫层铺好后，即插打袋装砂井。一般在一根袋装砂井施工完毕，由于重力和振动特别是冲水后，袋装砂井头容易空，因此应对砂袋上部及时补填砂子，并扎好袋口，砂井的上部要伸入砂垫层内50cm，以保证竖向排水与横向排水结合好而组成一个完整的排水系统。软基观测单位抽检砂井长度，规范袋装砂井的施工。

（二）排水固结法之真空联合堆载预压

绝大部分桥头路段采用本法，其中大部分采用真空＋等载联合预压，少部分采用真空＋超载联合预压。真空联合堆载预压的典型作法，如图 11-1-2 所示。

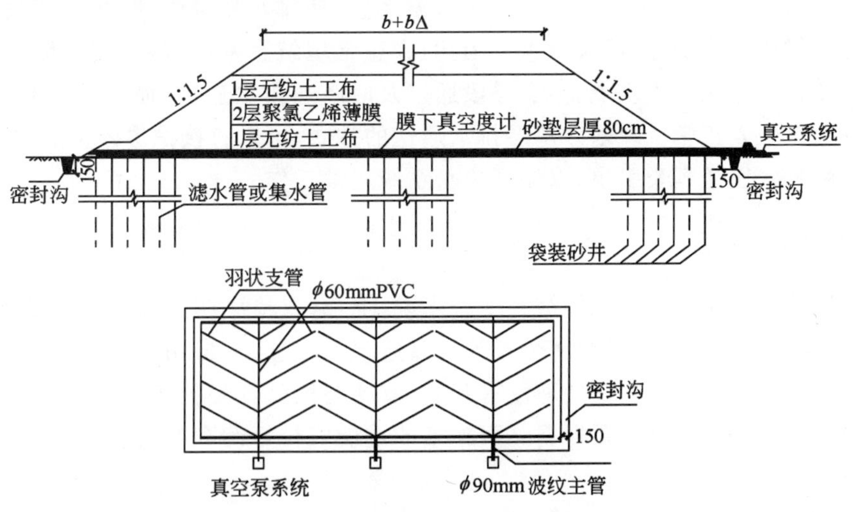

图 11-1-2 袋装砂井＋真空联合堆载预压设计

从图 11-1-2 可见，砂垫层取厚度 50cm，袋装砂井长度原则上要打穿软土层，但过深厚的软土受施工工艺的制约则只能打入 25m。真空联合堆载预压保证了在路基填筑过程中的稳定，对于高填方路段和桥头路段的软基处理最合适。

五、保证软基处治质量和安全的措施

从江珠项目的实践看,为保证软基处理质量和安全,应采取如下措施。

(一)专业性强的工序由专业化队伍组织实施

在上述实际采用的软基处理措施中,真空预压由于专业性强,技术比较复杂,不确定因素较多,如果由路基施工标段自行施工就有困难,质量难以保证。因此,江门段和珠海段分别由软基处理水平较高的专业化公司——江苏江天公司和广东航盛公司组织真空预压施工。

(二)严格软土路基的监测

在软基施工过程中,监测起着至关重要的作用,全线软基监测均由专业单位完成。由于本项目软土的抗剪强度低,自身能承受的临界荷载高度低,在填筑过程中稍有不慎就会引起坍塌。为此,全线统一规定,每填筑一层土,承包人都要通过向监测单位提出申请并得到其批准,这一实施程序通过联网的办公平台 OA 系统来完成。监测单位通过分析地质情况,制订"代表断面领先法",分若干路段设立在该路段中比较危险的典型断面,通过加强观测手段,以确定能够加载的最大速率,用以指导代表路段的加载,在保证路基稳定的前提下,尽可能较快地完成路基填筑。在个别征地困难而导致工期紧张的路段,通过增设孔压计和深层测斜等监测手段,对加快填筑速率起到好的效果。

(三)建立完整的能真正起到排水作用的排水体系

对袋装砂井+砂垫层的堆载预压及真空联合堆载预压体系而言,除要保证砂井的深度和饱满度以及砂垫层的厚度和宽度满足设计要求外,还应注意砂的洁净、砂垫层与砂井的结合良好、砂井袋必要强度和渗水性能良好。砂井机在提升后带出的淤泥要及时清走,不能让其污染砂垫层进而影响排水效果。

(四)及时清理排水通道

这是软基处理施工中要经常关注的一项工作。由于软基深厚且压缩系数较大,沿线路基的沉降量较大,如果在路基填筑中,原设计的排水砂垫层沉入淤泥里,使排水系统失效,排水不畅,导致软基的孔隙水压力急剧上升,酿成路堤坍塌,后果严重。因此,在正常填筑过程中,如出现沉降速率明显变慢、孔隙水压力上升,就要提高警惕。事实上,不少路段通过及时疏通排水通道,使软基的孔隙水压力得以迅速消散,沉降速率也就恢复正常。疏通砂垫层排水通道的方式,可以直接挖出砂垫层,使其暴露出来;或者以砂沟的形式,将排水通道延长引出,以保证排水系统正常工作。

(五)正确掌握卸载时机

众所周知,对堆载预压使软土排水固结的工法来说,堆载(或超载)的时间越长,固结效果越好,工后沉降越小。设计规定的卸载标准是连续两个月的沉降速率不超过 3~5mm/月,并按小值控制。但由于本项目软基特别深厚,有些路段的软基处理没有到底,有些路段受征地拆迁的影响使工期过于紧张,实际操作中难以达到设计要求,这就需要根据路面施工的进展安排好卸载的时机,尽可能延长预压期,尽可能减少工后沉降。

第二节 真空联合堆载预压技术

江珠高速公路江门段,长约 20.66km。在软基加固处理中,采用了排水固结结合真空联合堆载预压法,应用效果好。

一、工作原理和施工工艺

(一)工作原理

通过抽真空，在土中某些边界造成负压缩，从而将土体孔隙中的部分水分、空气抽出，使软土凝结而加固，即为真空预压法。

在江门段采用真空联合堆载预压法的施工原理是：在欲加固的软基上铺筑厚约80cm的砂垫层，然后按照一定间距打设袋装砂井(或塑料排水板)。在砂垫层顶面先铺设一层无纺土工布，再在其上覆盖不透气的密封膜，借助于埋设在砂垫层中的管道，通过射流泵将膜下土体中的空气和水分抽出，使密封膜内外形成一个压差。这个压差相当于在砂垫层上施加了一个预压荷载，砂垫层中形成的真空度，通过砂井(或塑料排水板)渐渐向下延伸，又通过砂井(或塑料排水板)向四周的的土体扩展，使土体中的空气和水分在真空度的作用下，发生由土体向砂井的渗流，最后由砂井(或塑料排水板)汇集至地表的砂垫层中被抽出，从而土体发生固结。从有效应力的观点来看，真空排水预压方法是在总应力不变的情况下，降低土中的孔隙压力，增加有效应力，从而土体得到加固。袋装砂井＋真空联合堆载预压法加固软基设计图见本章第一节。

(二)施工工艺

江珠高速公路江门段地处珠江三角洲西江下游冲积、淤积平原地貌区。地层结构上部为第四系全新统以海积为主的海陆交互相沉积层，主要为淤泥、淤泥质土，一般厚15～22m，局部厚近30m；下部为风化残积土，基底为侏罗系百足山群砂岩、页岩。

江门段工程位于江海区礼乐镇，根据地质钻探资料，地基各土层物理、力学指标如表11-2-1。

各层土物理、力学性质指标统计　　表11-2-1

层　号		①	②	③	④
土类		耕植土	淤泥	黏土、亚黏土	中粗砂
厚度(m)		0.7～1.8	10.7～17.9	8.1～10.1	5.2～6.15
含水量 w(%)			69.1	30.2	
湿密度 ρ(g/cm^3)			1.58	1.9	
孔隙比 e			1.743	0.836	
孔隙率 n(%)			63.5	45.5	
饱和度 S_r(%)			100	97	
液限 ω_L(%)			51.8	46	
塑限 ω_p(%)			30.7	24.2	
塑性指数 I_p			21.2	21.8	
压缩系数 α(MPa^{-1})			1.89	0.39	
压缩模量 E_s(MPa)			1.45	4.71	
快剪	凝聚力 c(kPa)		2	11.5	
	内摩擦角 φ(°)		3.5	1.6	

根据江门段工程的地质特点，地基处理方案采用真空联合堆载预压法进行软基加固。以袋装砂井作为垂直方向排水体，砂垫层作为水平方向排水体，上覆两层塑料密封膜，在砂垫层中铺设排水滤管，外接抽真空系统在地基中形成负压及压力差，使地基土体中的水份和空气循着“袋装砂井→砂垫层→真空滤管”的方向流动，最后通过真空泵把土体中的水和空气抽走。地基土体在负压条件下产生压缩沉降，提高地基土的强度及承载能力。同时利用高速公路路堤本身的填土作为预压荷载，加速地基固结，快速

提高地基强度。

真空联合堆载预压法在江门段的施工工艺要点如下。

(1)地基中竖向排水系统。江门段工程采用袋装砂井作为地基土体的竖直方向排水体,袋装砂井间距 1.3m,深度 12.3m。

(2)抽气、抽水系统及密封膜。吸水管分为主管和滤管,均采用 PVC 管。主管管径为 ϕ90mm,滤管管径为 ϕ60mm。主管与滤管间采用变径三通、四通连接,同管径的对接采用钢丝吸水胶管连接。全部吸水管埋入砂垫层中,并通过出膜器及吸水管与射流泵连接。加固区每 800～900m^2 设一台抽真空装置,离心泵功率为 7.5kW。密封膜采用双层聚氯乙烯薄膜,厚度 0.14±0.02mm,纵横向断裂伸长率≥220%。为保证密封膜的完好无损,在其上铺筑了一层无纺土工布,其技术参数为:CBR 顶破强度>4kN,抗拉设计强度>20kN/m。土工密封膜须埋入土体中的深度为 1.0m。

根据江门段工程的地质条件及抽真空设备的能力,膜下真空度保持>600mm 汞柱。

真空预压法加固地基过程中,土体中有效益应力不断增加,地基产生沉降,同时产生水平位移。由于土体水平位移是向着加固区中心方向移动,所以地基不存在整体稳定问题。

(3)路堤填筑。路堤填筑速率为 30cm/d,路堤填筑过程中进行地基沉降、侧向位移等观测,利用反馈信息控制填土速度。在填筑第一层土时,特别注意密封膜的保护。

(4)现场测试。为了及时了解地基土的固结情况,共设置了三个断面的孔隙水压力、地面沉降、深层沉降、水平位移等监测,对地基土进行原位测试工作,在施工的各个不同工况段进行地基强度、固结度等的跟踪监测。

(5)注意事项。在抽真空的第一周内,要对密封膜进行逐点检查,由膜上小孔进气时的嚣叫声中发现漏气点,可以把小块膜片用胶粘贴上。为更好地检查膜的密封效果,膜下真空度稳定三周后方可进行第一层填土施工,填料中不得夹有石块等硬物,或填筑一层 50 ㎝厚的细砂,以防刺破密封膜。碾压后应仔细观察膜下的真空度的变化,确定不漏气后方可进行下次填筑。第一层填筑应采用轻型机械,在碾压过程中不得大角度转弯。

二、对真空联合堆载预压技术的评价

在江门段大范围内,应用了真空联合堆载预压工艺技术处理软基,经过实践检验,显示了如下的优缺点。

(一)优点

主要有以下 6 个方面。

(1)保填筑过程中路堤的稳定。对处理范围内的软基而言,真空预压期间的软土受真空的约束,不会向路堤外侧移动,相反还有向路线中心线方向收缩的趋势。只要在填筑中不盲目超厚、超强度地加载,路堤稳定就有保障。

(2)桥头等高填方路段的填筑速率较高,可以在较短的时期内完成路堤填筑。

(3)在真空和填土堆载的联合作用下,软土地基的排水固结得以加速进行,软土能较早达到一定的固结度,强度得到迅速提高,较早地起到防止桥台及临台墩遭受推移作用,从而使桥台施工得以提早进行,为路、桥同步建成交工提供宝贵的时间。

(4)被处理软土有较高的固结度。从所有真空联合堆载预压与相邻堆载(超载)预压处理后的沉降观测结果看,前者的总沉降值均大于后者;加上真空预压处理的路段两侧的地面略微下沉,而普通堆载预压路基两侧地面略微隆起的现象,表明被真空预压处理后的软土体积收缩率较大,即排水后固结度较大。

(5)对环境影响较小。由于真空预压处理路段一般不再需要超载,因而可以少挖土方,少弃土方,对沿线的植被破坏也比较小,土方施工产生的污染也小。

(6)工程造价与普通的堆载预压相比,不会有大的增加。真空预压法除多了真空预压系统的费用外,减少了两层土工格栅,减少了超载土方的填筑和卸载,二者相抵,真空预压的造价甚至可能会比普通的堆载预压的费用低一些。本项目地处珠三角洲地区,路基填料比较紧缺,而真空预压工艺所需要的材料及机械设备均较完善,工艺本身也成熟,社会上已有一批可供选择的专业组织。

(二)缺点

主要有以下 4 个方面。

(1)施工技术要求较高,需要专业化队伍负责实施;施工过程中出现的不确定因素较多,如密封膜的破裂就较常发生,需要有一定的经验去确定位置并修补。

(2)真空预压期间产生较强的向内收缩,虽然对路堤本身的稳定有利,但同时会引起路堤两侧的地面下沉;这种下沉表现为路基坡脚较大,越远离路基坡脚就越小。由于下沉影响了农作物的耕种,施工期间会产生某些路地纠纷。

(3)本项目沿线都是海相沉积的淤泥,深层下的地下水都是咸的。这就要求稳妥处理真空吸出的咸水,不能让它流向农作物。

(4)为减少真空联合堆载预压工法的费用,主要是要发挥真空预压对稳定的独特作用,应掌握停抽真空的时间和规划好填筑时间。争取尽可能快地将路基填筑到设计的等载高度,使真空与堆载联合作用的有效时间长一些;如果填筑进展过慢,越到后期路堤高度越高,越需要真空预压起稳定作用,延长了真空预压时间,费用就会增加。在实践中,本项目有效的联合堆载作用达到 2 个月左右即可以停止抽真空。真空预压的工期就是路堤的填筑时间加 2 个月,这时软基已有相当强度,不会再发生失稳现象,剩余的固结由路基堆载预压去完成。要给停止抽真空后的堆载预压独立作用一定的时间,即不能在停止真空联合堆载预压后,马上进行卸载或其他工序的施工。过度地抽真空后会引起路基纵向开裂,其原因是,在真空预压工作期间,路基两侧的淤泥是向内收缩或者是限量地向外扩张的,路基在没有真空作用下的向外侧的扩张需求被真空预压所限制,一旦撤消这种限制,软土路基就会向外侧位移,反映在路基面上就是纵向开裂。因此应在适当的时候停止抽真空,让路基的等载荷载单独作用一段时间,让路基下的软土适量地自由变形,达到与周边软土的某种平衡,即如果原来是向内收缩的让它外侧扩张一些,如果是向外张的能量还没有释放者让它释放掉,保证在路基完工后不再继续有向外的位移,也就不会出现开裂。尽管本项目在施工中已经注意到这一点,但在沙栏分离立交的引道路段还是出现了纵向裂缝,这是由于引道在原有地方路上的帮宽后沉降不均匀引起的。

三、真空联合堆载预压技术缺陷的矫正措施

在实践中主要采取以下两种技术矫正措施。

(一)反压护道

反压护道仅在出现路堤失稳征兆的路段作为补救措施中采用。本项目所在地区的土地资源珍贵,对路堤高度较高而且工期较紧的路段,还是选用了真空预压法,在实际上仅采用了两项反压护道的方法来维护路基稳定:一次是有个桥头过渡路段,路堤较高出现了失稳的预兆,作为一种抢险方式用了反压护道技术;另一项是在挖填结合路段,由于软基底层横向坡度较大,路堤填筑后不均匀沉降引起的裂缝很严重,为防止路堤失稳,采用了反压护道方式处理。

(二)CFG 桩

CFG 桩又称为水泥粉煤灰碎石桩,它作为试验,在两座桥的桥头路段、两座涵洞基础中采用。CFG 桩+袋装砂井加固地基,如图 11-2-1 所示。

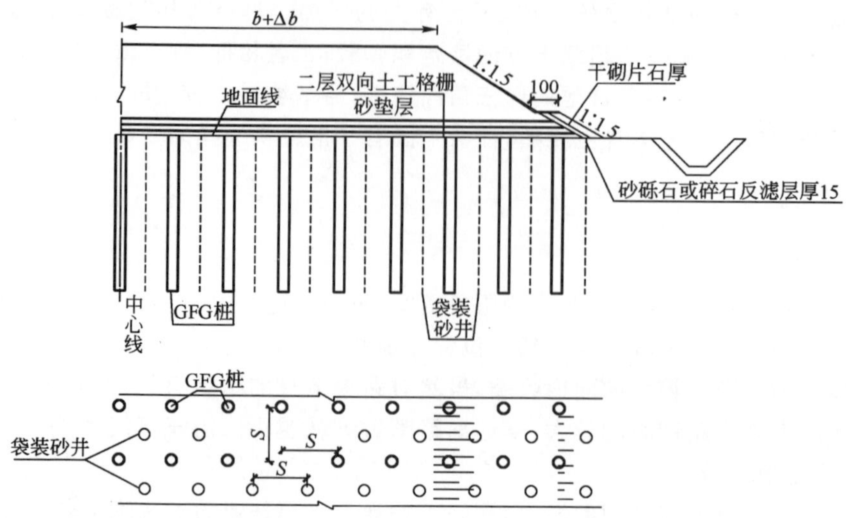

图 11-2-1 水泥粉煤灰碎石桩(CFG)+袋装砂井处理软土剖面图

CFG 桩在本项目的应用从一开始就有争议，焦点是 CFG 桩处理软基的深度。由于终点路段的软基深度大都在 30m 以上，个别达到 48m，而目前 CFG 桩所能处理深度仅在 25m 以内。处理不到底的 CFG 桩，通常被称为悬桩，有人喻为“筷子插在稀饭里”，不能起到增加承载力的作用，事实表明这种担心是有道理的。本项目采用 CFG 桩注意把握以下要点：

(1)采用 CFG 桩处理软基必须穿透软土层，否则效果不好，处理后的软基仍有与排水固结法几乎相同的沉降量，不能按复合地基来考虑。处理深度穿过软土层的效果较好，施工期的总沉降不会超过 200mm。

(2)在含水量过大的软土区(如流塑状软土)，实施 CFG 桩在施工技术上有些困难。因为流动性的混凝土混合物的容量要比软土大得多，呈流塑状的软土根本没法抵抗混凝土混合物的侧向流动，其结果就是施工 CFG 桩时混凝土混合物大量流入桩侧的软土中，造成所谓的扩桩，使混凝土用量急剧增加。

(3)作为桥头路段的软基处理，不应选用 CFG 桩法。由于 CFG 桩本身并不能提供对地基横向约束，技术上还需要设置土工格栅；在桥位设置的土工格栅对桩基础施工有一定影响，需事先在桩位处留出空间，不利于土工格栅作用的发挥。在钻孔灌注桩的钻进过程中，不管 CFG 桩是按梅花形布置或按正方形布置，都会使 CFG 桩中间的软土随着钻孔的进程坍塌，也就是说，钻孔灌注桩的桩径就会接近 CFG 桩的中间空出部分，造成严重扩孔事件，使灌注桩的混凝土用量大幅度上升。

(4)CFG 桩施工工艺相对复杂，机械设备较大，在无覆盖层或覆盖层较薄的软土地区施工，需要专门为此填筑作业平台。CFG 桩中间需要设置袋装砂井作为竖向排水通道，设置砂垫层作为横向排水通道，设置加强型的土工格栅以约束路基的横向位移，工序没有减少，费用自然也较高。在工期上，CFG 桩需要逐桩施工，等到一定龄期后才能桩检，且桩检需要的时间较长，加上其他因素的影响，比排水固结法在工期上没有太多的优势。在施工中还要注意 CFG 桩混凝土浇灌时不能污染砂垫层，如果污染就要及时清理干净，以免影响横向排水功能。人为在软土中加入混凝土，增加了建筑材料的消耗，浪费资源，也不利环境保护。

四、结　语

通过对江门段施工过程中各项监测资料的分析以及软基处理加固前后的监测结果表明，采用真空联合堆载预压法加固江门段工程软土地基是合适的。加固后地基土的物理力学指标得到了明显提高，是一种可以推广的软土地基处理方法。

第三节　袋装砂井处理软基的质量控制技术

袋装砂井是软基加固的一种处理方式，与塑料板排水、粉喷桩、管桩、复合地基（水泥搅拌桩）等其他软基础加固的方式相比较，有着易施工、造价低等明显优势。江珠高速公路珠海段软基深厚，分布广泛，绝大部分路段都使用了“袋装砂井＋堆载预压”处理软基的方式。通过全程跟踪珠海段袋装砂井施工、检测及加固效果的监测，把握了袋装砂井在软基加固过程中质量控制的重要环节。

一、从源头抓质量控制

（一）控制原材料

1. 控制砂垫层及砂袋用砂的质量

砂袋是淤泥中游离水分渗透上升到地表的竖直通道，砂垫层则是上升到地表的自由水横向排出路基的通道。这两项是软基加固处理的根基，若这两个通道不畅，则后续施工全部失败。

设计文件与施工规范对砂垫层材料的要求是：洁净中、粗砂，含泥量不大于5%。对砂袋用砂的要求是：渗水率较高的中、粗砂，大于0.5mm的砂含量宜占总量的50%以上，含泥量不大于3%，渗透系数不小于5×10^{-3}cm/s。由于设计意图不同，这两种砂在某些参数上的要求是不同的。砂垫层侧重于空隙率，以利于排水，砂要尽量粗；砂袋侧重于渗透率，以利于水通过毛细作用上升，细砂要占一定比例。

在质量控制上要注意三点：一是某些承包人贪图施工方便，直接把砂垫层的砂灌装在砂袋里，砂垫层、砂袋两个项目采用一种材料；二是某些承包人为贪图便宜，购买含泥较多的黑砂；三是砂源不稳定，造成质量不稳定。要控制好施工现场用砂的质量，唯一的做法就是要加强工地巡视，对有疑问的砂进行试验，加大抽检力度，用数据说话，不合格材料坚决清除出场。

2. 控制砂井用袋的质量

砂袋是淤泥竖向排水通道的载体，一是要有一定的渗透性；二是要能够承受在灌砂架上抖动砂袋产生的拉力；三是砂袋接头要少，砂袋接头过多会使砂在砂袋中难以下落，影响灌砂质量。

本项目的设计仅对砂袋材质、抗拉强度和渗透率提出了简单要求。质量控制着力于施工现场控制。要把好材料进场关，除了常规的试验外，在现场发现频繁断袋或接头过多的时候，要及时要求该批砂袋退场或更换厂家。

（二）对施工设备的要求

袋装砂井的施工设备，按照行走方式分为履带式和滚筒式。履带式砂井机的行走或就位与常规的运输设备一样，滚筒式砂井机则要人为地反复调整砂井机下滚筒的角度来完成就位。

滚筒式设备在施工过程一是行走缓慢，直接导致施工进度慢；二是设备为了自稳，滚筒长度通常超过10m左右。设备在调头时，滚筒要反复挪动，在已经施工的位置，滚筒很容易碾破袋头，在袋头位置造成断袋。因此本项目不推荐使用滚筒式施工设备。若设备紧张需要使用时，则要把施工完成的砂袋预先埋入砂垫层，防止行走时碾破袋头。

二、施工过程抓好细节控制

（一）抓好砂袋长度、灌砂率的控制

1. 砂袋长度的控制

在袋装砂井加固淤泥时，为了在最短时间内完成固结，一般尽量要求砂井打穿淤泥层，尽可能地把淤泥中的水引到地表。由于地质变化的不确定，设计提供的砂袋长度与实际情况往往有出入。

在施工时，本项目以设计为参考，正式施工先试打的做法：每 25m 选择一个断面，试打 2 个点，按照相临近两个断面试打砂井的平均长度作为这段的施工长度，尽可能使每根砂井打穿淤泥，发挥最大作用。

2. 灌砂率的控制

灌砂率是为了保证砂袋在施工各个阶段都处于饱满状态，在砂袋入淤泥后不出现局部无砂，应排水畅通，保证砂袋与砂垫层的充分结合，从而使淤泥中的游离水可以顺利排出。

在设计和施工规范中，对灌砂率 r 有专门的计算公式：

$$r=\frac{m_{sd}}{0.78d^2L\rho_d}\times 100\%$$

式中：m_{sd}——实际灌入砂质量，kg；

d、L——砂袋直径、深度；

ρ_d——中粗砂干密度。

这个公式没有考虑施工阶段砂中含水率的不同对灌砂质量的影响，在设计图纸中也没有对灌砂率作出具体数据要求，因此在施工中控制灌砂率并没有多大实际意义。为了保证砂袋饱满，本项目采用过程控制来确保砂袋饱满。

一是采用灌砂架灌砂，杜绝人工灌砂。要求灌砂架的高度大于砂袋的一半，确保灌砂过程中砂袋处于悬空状态；灌好的砂袋要避免长时间曝晒，因为曝晒造成水分蒸发，很容易出现"瘪袋"，也直接影响了灌砂率。

二是采用"二次抖动"的方式。除了在灌砂架上抖动一次外，在砂袋入井前挂到机架上随打桩过程再次抖动，抖空部分及时补充，保证砂袋密实。

三是加强对袋头空虚部分的补灌。砂袋入井过程中的晃动，会使砂袋袋头部分出现 50～100cm 空洞。如果不及时补砂或补充不完整，缺砂位置刚好在淤泥以下，很容易在砂垫层或土层以下"断颈"，使砂井和砂垫层不能连通，形成"断桩"。

(二) 回袋及桩头淤泥的及时处理

1. 回袋的处理

回袋是指砂袋入井后，在拔管的同时把砂袋带出的现象。回袋在施工中比较常见，除了在原桩位附近补打外，在施工过程常常采用往导管中灌水的方法解决回袋问题。由于不能确定导管中加水是否可能增加淤泥含水量、增大淤泥的流塑性，往往不推荐采用这个办法解决回袋问题。

2. 桩头淤泥的处理

砂井机移位施工下一个桩位时，导管上附着的淤泥会随打桩机的振动下滑，聚集在桩头位置，在砂袋周围形成一个泥堆，把砂袋包裹，使砂袋和砂垫层隔离，导致排水系统堵塞。因此在施工过程要派专人清运落在导管周围的淤泥，并用小斗车把淤泥运到施工现场以外。这个小环节不及时处理，也能酿成整个排水体系的大隐患。

(三)雨季施工的注意事项

在雨季尤其是雷雨天气，最好不进行砂井施工。但砂井用砂要及时覆盖，保证不淋雨，这样在雨停后可以马上进行灌袋。否则会造成湿砂很难入袋，或入袋风干后，体积缩小，灌砂率难以保证。

三、做好隐蔽工程有效检测

袋装砂井在施工完成后，便成了隐蔽工程。在以前的质量控制中，除了在施工过程中加强各个环节的质量控制外，对施工成品缺乏有效的检测手段。在袋装砂井的施工过程中除了控制灌砂率外，别的检

测项目仅局限于砂井的平面位置，手段单一。

本项目利用“钻孔桩循环清渣”原理，把施工完毕的砂袋成功的完整抽取出来，完成了对袋装砂井隐蔽工程的有效检测，在袋装砂井长度的施工控制上有重大突破。

四、施工结束后继续维护

成功控制袋装砂井、砂垫层的施工质量，并不等于软基加固已经进入正常的堆载预压期。确保砂井、砂垫层排水通畅，是贯穿整个预压期的大事，预压期保证砂垫层出水口的畅通，与控制砂井质量同等重要。在路基加载过程中对砂垫层被完全覆盖的位置，要及时清理覆盖物；若覆盖物难以清理，则要用渗沟、盲沟或 PVC 管连通砂垫层，保证内部水分可以排出。由于砂垫层被堵塞，使软基深层孔隙水压持续高值，从而造成路基安全隐患的情况并不少见。

（一）砂垫层横向排水畅通

为了防止砂垫层在施工过程被路基填土覆盖，本项目设计文件要求“砂垫层宽度要宽出路基坡脚 1m，两端干砌片石防护，并设 15cm 厚砂砾垫石或碎石反滤层”。但在施工过程中，对设计要求没有足够重视，因此没有控制到位，受雨水冲刷、路基沉降、施工不小心破坏等影响，砂垫层流失或被填土覆盖。虽然后期投入很大精力清理覆盖土，加长砂垫层，但收效甚微。这是本项目软基处理在质量控制上的一个遗憾点。

（二）及时防护裸露砂垫层

本项目砂垫层的施工有两种设计，砂垫层分别是两次或三次（有一层或两层土工格栅）施工。在第一次砂垫层施工后，就要把整个的干砌防护做好，防止砂垫层流失，如果干砌不能及时施工，则要用砂袋临时码砌。

五、对设计、规范要求的探讨

本项目设计中，砂垫层的加宽值是“宽出路基坡脚 1m，两端干砌片石防护”。但实际施工中，受路基沉降（江珠高速公路沉降量约在 2m 左右）、雨水冲刷，在施工后期砂垫层的有效宽度并不能维持原数值，加上路基填土不停滑落，1m 加宽值很容易被流失导致被覆盖，造成排水不畅。因此除了加强及时防护外，砂垫层的加宽值也要适当延长，最好也能适当加长至 2m 或更多。

第四节　吹填砂技术在软基处理中的应用

江珠高速公路珠海段沿线分布广泛的软土地基，填土路基地段普遍采用袋装砂井排水固结法。这种常用施工方法是先使用合格土方填出过渡层，再对过渡层分层填筑、碾压；压实度达到设计要求后，进行袋装砂井施工，最终完成软基处理。珠海段因受路线地理位置的制约，最近的土源都在十几公里以外，而且施工现场没有满足重车行驶的道路，要将大量的土方运到现场花费的时间长，还得配备足够的运载机械，耗资很大。珠海地区海岸线长 166km，华南地区几大河流入海口都汇聚于此，水运畅通，砂源丰富。软土路基可采用砂料进行填筑施工，在把填筑砂料直接运到工地现场后，使用动力泵通过管道将砂吹到填筑区内。这种吹填砂技术，因地制宜采用河砂作为填筑材料，解决了河滩段路基须大量远运泥土的困难；吹砂填筑的软土路基，通过质量检测，符合设计及规范要求。

一、吹填砂施工技术的特点

珠海段软基处理采用的吹填砂施工技术，与普通填土施工技术相比，具有以下特点。

(一)设备简单,施工成本低

在材料运输中,水运费用是最低的。施工现场附近砂源丰富,只需适用的动力泵及足够长的管道,即可将砂料吹填筑至河滩段路基区域内,运输成本低廉,降低工程造价。

(二)避免普通填土的弊端

在软土路基上进行普通填筑土方施工,因为机械设备难以在上面行驶,第一层根本无法压实,厚度也无法严格按照设计的层厚进行碾压。而采用吹填砂技术,因砂料的特殊性,管吹出来的砂料在水流失后自然达到一定的密实度,施工过程中不需要大型机械设备平整、碾压,可保证第一层填筑材料的密实度,有效提高路基质量。

(三)施工不受雨季影响,节约工期

普通填土处理软土路基,施工受雨季影响较大,雨后表面层泥泞,必须在阳光下晾晒3～5d方可进行下层施工,而且在施工前需重新碾压,填土路基层厚一般小于25cm,施工进度慢。由于砂料的渗水性能好,吹填砂施工可在雨季连续施工,不受雨季制约;施工分层吹填厚度为1～2m,当过渡层高度小于2m时,可做一次性吹填,施工进度快。

(四)有效提高软基的排水固结效果

采用袋装砂井排水固结法,把路基深层水受压,通过砂井将水排出地表,再通过砂垫层将水横向排出路基外。采用吹填砂施工技术增加了砂垫层厚度,从而有效提高了软基的排水固结效果。

二、施工工艺流程以及操作要点

在珠海段采用的吹填砂施工工艺流程,如图11-4-1所示。

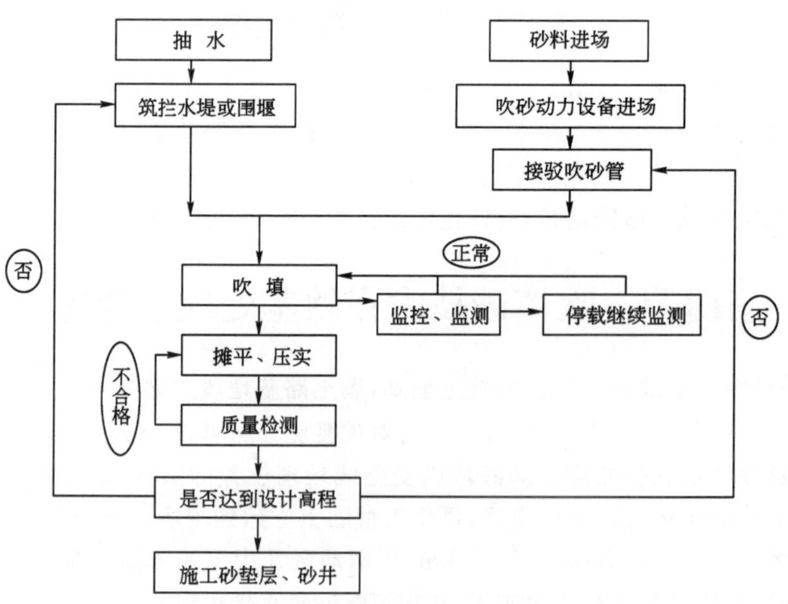

图11-4-1 吹填砂工艺流程图

实施吹填砂工艺技术,其操作要点如下。

(一)抽水、围堰施工

在鱼塘路段施工前,首先抽干或尽可能降低塘内水面,对路基边桩进行测量放线,挂线施工,人工从塘两侧向中间进行草袋围堰。根据围堰高度严格控制围堰底宽，外侧坡比为1∶1.75，内侧坡比为1∶0.5。分段分层码砌，码砌围堰应有足够的稳定性，保证施工过程不出现滑移、失稳现象。

(二)铺设吹砂设备及管道

在吹砂船配备合适的吹砂设备，1km范围内都不需要增加加压设备就可以直接将船上的砂吹到填筑区域。如果吹填距离远，可在适当的地点增加一台加压系统以增加吹送长度，但加压系统必须安装牢固。接驳吹砂船至吹填区的管道，一般采用轻质的PVC管，管道需接驳牢固，而且要固定在地面或支架上，接驳点要密封，由专人负责，随时检查。根据现场情况布置，尽量保持排砂管道直顺，避免横跨地方道路，以防受压破坏。排砂管道进入路基吹填范围后，可根据路基吹填宽度、高度，设置一个弯头以满足不同方位角度调整。

(三)埋设监控设施

软土路基填筑全过程需对路基稳定性进行监控，因此在砂垫层以下过渡层填筑前，需埋设好必要的监控设施，如沉降板、测斜管、位移边桩、孔隙水压力计等。监控设施一般设置在薄弱的地点，可根据实际情况沿路基方向进行纵向调整，可以监控到最不利的数据，保证监控路基的稳定程度。所有监控设施必须埋设合理、稳定适用。在施工过程中，严格按照规范要求的观测频率进行监测。

(四)吹填砂施工

1.材料准备

吹填砂使用的大量填筑材料都需要船运到施工现场，视河道运载能力及施工工作面的大小，可持续进行施工。用船运来的砂不需要卸载，可直接使用吹砂船自身配备的吹砂设备，将砂吹到填筑区域。船只需合理安排，避免堵塞河道。

2.吹填宽度和长度

路幅较窄路段，采用全断面推进施工，一般从砂源由近向远推进；路幅较宽时，可分左右交错推进，一侧推进几十米后再施工另外一侧，可以利用已吹填完的路基作为施工平台，便于施工操作。因吹填砂施工不受雨水影响，因此施工长度一般不受约束，根据实际工期情况、河道分布及施工能力，可适当增加工作面，在一般情况下，分段施工长度控制在500～1 000m之间。需分层施工的，可适当减短施工长度。施工中需安排专人负责，随时移动管口位置，尽量保持推进速度均衡。

3.吹填高度

因砂的特殊性，吹填砂施工的明显优点是施工层厚度大。根据设计要求，吹填砂施工控制厚度在1～2m范围，普通鱼塘、水沟的深度一般都在这个范围内。也就是说，横向排水的砂垫层以下的过渡层，采用吹填砂施工可一次吹填到位，无须多层施工。已完成填筑尽量保持相近的路基高程，不可相差过大。局部回填厚度大的地方，可分两层吹填施工。

4.淤泥清理

按设计要求，路基填筑前必须清除地表50cm的淤泥、鱼塘内腐殖土等不适用于路基填筑的材料。因机械设备无法置于鱼塘中，实际施工时清除起来非常困难，可采用挖除、挤逼、泥浆泵抽排方法清理淤泥质土。施工中一般从鱼塘塘埂开始吹砂，由于砂的比重大于淤泥，一般情况下吹填的砂会沉到淤泥下30～50cm。随着吹填面的不断前进，淤泥向后堆积量会越来越多；此时可用挖掘机在吹填砂推进面前沿清走淤泥，清理一段及时吹填一段，直到完成为止。另外一种清理方法是使用高压水泵抽围堰外的河水冲稀泥浆，再用泥浆泵将泥浆水抽到路基外，达到清理淤泥的目的。吹填砂施工路基表面难免出现被挤上来的淤泥、泥浆，因此表面清理非常重要。一般在路基吹填完晾晒干后清理，必须清理干净；如果清理不干净，在后期填筑的路基中容易形成淤泥夹层，易造成路基失稳。

5. 路基检测

吹填砂经水密实后，压实度可达90%左右。吹填完成的路段使用平地机精平，配合压路机碾压，可达到设计压实度要求。对吹填砂路基压实度的检测，在珠海段施工中分别采用灌砂法、环刀法、核子仪法进行同点对比试验。三种测试方法得出的干容重：灌砂法偏高，核子仪偏低，两者压实度相差3%左右，超出允许的误差范围。因此，施工填砂路基以采用环刀法检测压实度为宜，尤其是极细砂在不失水状态下，采用环刀法测试，快捷、准确。

6. 路基稳定监控

在软土路基施工中，为及时了解路基稳定状况，需不间断地对路基进行观测，参考观测值对路基加载速度进行控制。吹填砂施工也同样需采取有效的观测，保证路基的稳定，控制指标有路基沉降速率、水平位移、空隙水压力等。要严格按照施工规范要求的观测频率进行，如路基出现特殊情况时须加大观测频率，使路基施工过程保持稳定状态。

三、结　语

江珠高速公路珠海段11标段路基砂垫层以下的过渡层填土，采用吹填砂施工技术，不仅缩短工期，而且提高了施工单位的经济效益。通过两年来的观测显示，吹填砂施工段路基的各项指标，都满足软土路基设计及规范要求。在泥土资源稀缺而又处于多砂的河网区域，吹填砂施工对软土路基处理具有一定的推广应用价值。

第五节　快速加载对软基的影响与监控

在江珠高速公路工程建设中，对K4+750.73～852.7软基路段采用快速加载施工技术，从而给软基留下充足的超压时间，工后沉降量减少，路基稳定效果明显，达到了预期目标。

一、工 程 简 况

(一)地质地貌

K4+750.73～852.7段，在耕作土下与小河下为滨海冲积淤泥、淤泥质土，厚度在18.75～21.58m之间。软土呈流塑、软塑状，具有含水量高、孔隙比大、高压缩性、承载力低、透水性差、易触变、易剪切滑动等特点。软土下藏卧着大面积的中粗砂层，厚度12m。自地表向下各土层物理力学指标见表11-5-1。

各土层物理力学指标　　表11-5-1

土　层	ω	G_s	e	n	ω_L	ω_p	I_P	I_L	a	E_s
	(%)			(%)	(%)	(%)			MPa^{-1}	MPa
淤泥质土	41.0	2.57	1.063	51.5	43.0	24.8	18.2	0.89	0.567	3.33
淤泥	77.8	2.58	1.95	66.1	49.3	29.5	19.8	2.44	1.645	1.48
淤泥	64.3	2.58	1.659	62.4	42.6	24.4	18.2	2.19	1.748	1.40
亚黏土	22.9	2.68	0.616	38.1	37.0	22.1	14.9	0.06	0.29	5.47

该区段路基走向由北向南，路基两侧均为花木苗圃地，地面高程1.2～1.5m，厚1.2m左右。在K4+800处有一小河与路基斜交，交角约呈30°，河宽约14～16m，河底高程−0.98m。

(二)设计

该区段原设计为2孔20m宽幅空心板中桥，桥中心点桩号K4+830。中桥两端桥路过渡段K4+

757.3～807.3 与 K4＋852.7～902.7 为软土地基，设计采用真空联合堆载预压进行处理，竖向排水体为袋装砂井，井径 7cm，井长 16.3～16.7m，正三角形排列。横向排水体为砂垫层，厚 80cm，其余路基段采用袋装砂井＋堆载预压＋土工格栅的处理方法。K4＋800 处设计路基高程 7.597m，计算沉降量 1.07m；工后沉降 0.06m。

因当地村民要求，设计将该桥变更为填土路基。设计处理方法为袋装砂井＋砂垫层＋土工格栅＋超载预压，超载厚度 1.5m。其余要求同前。

设计要求在 K4＋750 与 K4＋900 路中与右路肩各设置一块沉降板，右侧路基外侧设置三根位移边桩。

（三）观测仪器布置

为了加快工程进度，对 K4＋750.3～852.7 段实行综合监测。在 K4＋800 断面增设的观测仪器设置如下。

(1)位移边桩 2 根，分别设置在左侧路基边坡趾部和反压护道坡脚临河处；

(2)沉降标 3 根，分设在 K4＋800 路中与路肩；

(3)孔压计 3 只，设置在 K4＋800 路中，埋深分别为：1 号孔 10m(高程－8m)，2 号孔 7m(高程－5m)，3 号孔 4m(高程－2m)；

测斜管 2 孔，埋设在路基两侧边坡趾部，测斜管穿透软土进入其下中粗砂层，埋深 28m，进入软土下砂层 4m 以上。观测点位布置见图 11-5-1。

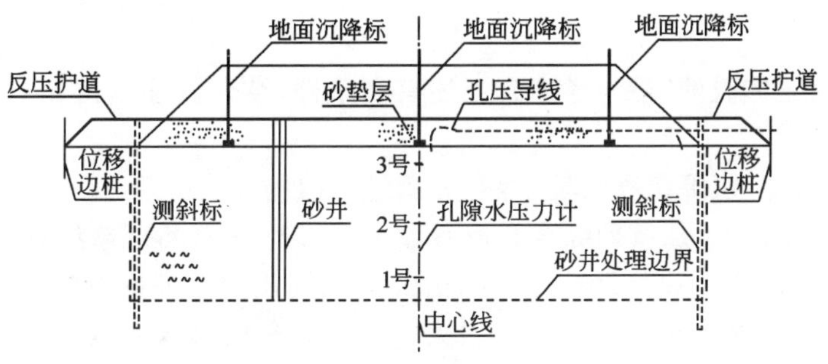

图 11-5-1　观测仪标平面布置

（四）加载前现场施工状况

2005 年 9 月 22 日，完成小河道清浮淤、调平土、砂垫层填筑与袋装砂井施工。由于外界因素的干扰，直至 2006 年 1 月 13 日恢复加载时，路基欠载厚度达 9m 左右(含超载 1.5m 与沉降量)，严重的妨碍了整体工程进度。

为加快工程进度，设计在路基两侧小河处增设长 30m、宽 15m 的反压护道，填土厚 3m(高程 2m)。同时新增观测项目与观测数量。观测仪标在 2005 年 11 月 14 日埋设。埋设时，原设置在 K4＋850 处沉降标总沉降量为 236mm。

二、加载设计与加载控制指标的修正

（一）现场加载设计

按设计要求的“薄层轮加法”进行现场加载设计。考虑到该段路基在 2005 年 9 月插完袋装砂井后，已在 52.33kPa 荷载下静置预压了 103d，其极限填土高程已得到相应提高。同时考虑到路基两侧增设了反压护道，阻滑能力增强，故将 9.0m 厚填土分成五级加载。

加载厚度第一、二级分别为 1.0m 与 2.5m，第三、四级分别为 2.5m 与 1.5m，余下荷载为第五级加载时完成。

第一、二、级加载按“薄层轮加法”要求组织施工，快速填土至极限高度，以增加预压当量，减少工后沉降。每级加载中的每层填土厚度，按 0.25m(压实后厚度)进行控制。计划加载历时 100d。

各级土或各层土的始填时间将由观测资料决定，必要时采用调整预压期这一工程措施，以使填土速率与地基强度增长相协调，充分利用每薄层填土时地基土的强度增长进行加载，达到安全、快速加载的目的。

(二)加载控制标准的修正

交通部 1996 年颁布《公路软土地基路堤设计与施工技术规范》(下简称《技术规范》)与设计要求的加载控制标准为：单级孔压系数 $B\leqslant 0.6$，综合孔压系数 $B\leqslant 0.4$；沉降速率 $V_s\leqslant 10\text{mm/d}$，水平位移速率 $V_h\leqslant 5\text{mm/d}$。

实践证明，影响沉降、位移速率的因素比较复杂，它是随着土的压缩性、固结特性、荷载大小和加荷速率等而变化的，因此控制沉速、位移的标准不应该是一个常数。不同设计处理方法有不同的控制标准。对于工期紧的高填方路堤，采用适当的工程措施并增加观测项目与数量，以利对观测资料进行综合分析。当沉降、位移、(含测斜)孔压互相配合使用时，控制标准是可以放宽的。

为加快本区段工程进度，考虑到设计对路基两侧小河增设了反压护道，同时增设了沉降、位移、孔隙水压力观测项目。此外，从地质条件与工程现状分析，耕作土下约 5m 厚淤泥质土的物理力学指标略优于其下淤泥层，软土下有厚度达 6～12m 大面积连续且与外界连通的中粗砂层，有利于双向排水，恢复加载前，路基插完砂井后在 2.98m 荷载下已预压了 100 多天，沉降量已达到 236mm，这些因素都是该段适应快速加载的有利条件。

鉴于本区段工程快速加载的需要，考虑到上述有利条件，结合以往施工与观测经验，将本区段观测控制标准修正如下。

总则：以孔压测斜为主，沉降位移为辅，综合分析进行监控。

孔隙水压力稳定控制标准：加载期综合孔压系数 $B\geqslant 0.4(\pm 0.05)$，单级孔压系数 $B\geqslant 0.9(\pm 0.1)$ 为停止加载报警点；当综合孔压系数 $B\leqslant 0.4$ 时(± 0.05)、孔压消散速率 $\geqslant 0.25\text{kPa/d}$ 可以进行下一层土加载；消散速率大小随着填土的增高而逐渐增大；不考虑孔隙水压力消散的 $\sum\Delta u\sim\sum\Delta P$ 关系图中曲线的切线斜率 $\leqslant 1$(或曲线斜率与 $\sum\Delta P$ 所在坐标轴的夹角 $\leqslant 45°$)。

沉降稳定控制标准：沉降速率 $V_s\geqslant 30\text{mm/d}$ 为停止加载报警点，$V_s\leqslant 20\text{mm/d}$ 时可恢复加载。

位移稳定控制标准：测斜位移速率 $V_h\geqslant 5\text{mm/d}$ 为停止加载报警点，$V_h\leqslant 3\text{mm/d}$ 可恢复加载，地表水平位移边桩控制标准同上。

三、施 工 过 程

第一级加载：1 月 13 日～1 月 24 日(11 天)，填土厚度 1.184m，因春节停工 18 天；

第二级加载：2 月 11 日～2 月 26 日(15 天)填土厚度 2.560m，因三项控制指标全部超标，按现场设计加载计划调整预压期，指令停载 6 天；

第三级加载：3 月 4 日～3 月 20 日(16 天) 填土厚度 1.950m，因故被动停工 26 天(停工期间，在 4 月 3 日加载一层土)；

第四级加载：4 月 15 日～5 月 13 日(28 天)填土厚度 1.962m，因故被动停工 26 天；

第五级加载：6 月 8 日～6 月 14 日(6 天)填土厚度 1.028m，完成加载。

四、孔隙水压力观测成果与分析

(一)孔隙水压力～时间～荷载关系过程线

K4＋800 路基中心点处孔隙水压力—荷载—时间关系过程线见图 11-5-2。

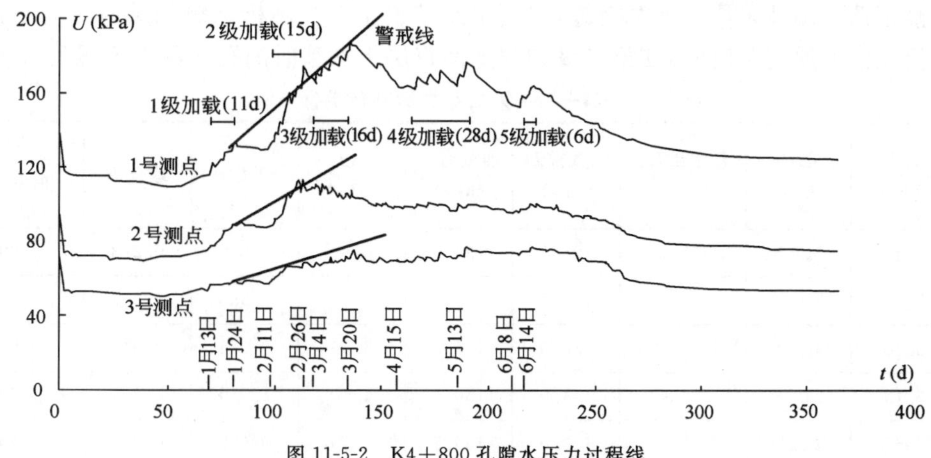

图 11-5-2　K4＋800 孔隙水压力过程线

从图 11-5-2 可以看出，三个测点孔隙水压力的消涨变化与荷载的变化均成很好的对应关系，反应相当灵敏，符合一般规律。孔隙水压力最大值发生在路基中线下－8m(埋设深度 10m)处的淤泥层中。

(二)孔隙水压力系数

根据开普顿提出的孔隙水压力理论，孔隙水压力系数 B 值的表达式为：

$$B = \Delta U/\Delta P \tag{11-5-1}$$

综合孔隙水压力系数 B 表达式为：

$$B=(U_i-U_0)/\sum P_i \tag{11-5-2}$$

上述式中：ΔU——孔隙水压力增量(kPa)；

ΔP——荷载增量(kPa)；

U_i——第 i 测点孔隙水压力(kPa)；

U_0——初始孔隙水压力(kPa)；

$\sum \Delta P_i$——累计到第 i 级的总荷载(kPa)。

按式(11-5-1)、式(11-5-2)，将 K4＋800 第 1 号孔压测点在各级荷载作用下的单级孔压系数、综合孔压系数计算得出汇总于表 11-5-2。

各级孔隙水压力系数计算　　表 11-5-2

荷载级别	时间	本级荷载(kPa)	总荷载(kPa)	静水压(kPa)	本级初始孔压(kPa)	本级最大孔压(kPa)	孔压升高值(kPa)	本级单级孔压系数	本级综合孔压系数
埋仪器	05-11-14	52.32	52.32	115.50					
第一级	1.13～1.24	23.21	75.53		116.50	132.50	16.00	0.689	0.225
第二级	12.1～2.26	50.14	125.67		128.50	173.50	45.00	0.897	0.462
第三级	3.4～3.20	38.16	163.83		165.00	187.50	22.50	0.590	0.439
(注)	4.2～4.3	5.03	168.86		173.50	178.00	4.50	0.895	0.370
第四级	4.15～5.13	38.47	207.33		161.00	175.00	14.00	0.364	0.287
第五级	6.8～6.14	20.16	227.49		152.00	164.00	12.00	0.595	0.213

注：第三级到第四级间抢加载一层土。

从表 11-5-2 可看出，加载后，第三、四、五级单级孔压系数与第一、四、五级综合孔压系数均没超过《技术规范》以及设计控制标准。第一级的单级孔压系数与第三级的综合孔压系数虽然超过了上述控制指标，但没有超过本工程修正标准控制值，路基稳定。但第二级加载后综合孔压系数达 0.462，超过稳定控制标准修正值。随即采取了停载措施，保证了路基安全。为剖析该级加载时综合孔压系数超过修正标准控制值发生的原因与时间，在第二级加载期间每层土加载时的孔压消涨情况列入表 11-5-3。

K4+800 第二级加载孔压消散 表 11-5-3

日期	ΔP (kPa)	ΣP (kPa)	静水压 U_0 (kPa)	加载前 U (kPa)	加载后 U (kPa)	Δu (kPa)	单级 B	综合 B	加载前孔压消散	
									消散值 (kPa)	速率 (kPa/d)
2-11	5.52	81.05	115.5	128.5	134.0	5.50	0.996	0.228	4.00	0.22
2-13	5.22	86.27		133.5	138.5	5.00	0.958	0.267	0.50	0.25
2-15	6.34	92.61		138.0	144.5	6.50	1.025	0.313	0.50	0.25
2-16	6.15	98.76		144.0	150.5	6.50	1.060	0.354	0.50	0.50
2-18	6.65	105.41		150.0	156.5	6.50	0.977	0.389	0.50	0.25
2-21	4.35	109.76		155.0	159.5	4.50	1.034	0.400	1.50	0.50
2-23	5.6	115.36		158.0	163.5	5.50	0.982	0.416	1.50	0.75
2-24	4.45	119.81		162.5	167.5	5.00	1.124	0.434	1.00	1.00
2-26	5.86	125.67		166.5	173.5	7.00	1.195	0.462	1.00	0.50

表 11-5-3 反映出，第二级加载共分 9 层填筑。15 天内加载达 50.14kPa，平均 1.5d 加载一层土，加载速度很快。每层土施加于路基后，单级孔压系数多在 1.0 处上下浮动，似无规律可循。而综合孔压系数呈现出良好的线性关系，随着荷载增长而逐日上升。到 2 月 21 日达 0.4，满足设计控制值，24 日达到 0.42，亦在修正控制标准之内。仅在 26 日，也是本级最后一层土加载后骤升至 0.462，超出修正标准。

如同沉降速率一样，加载前孔压消散速率应是控制加载速度的重要指标之一。但对消散速率多大才能进行加载，鲜见文献资料提及。涉及最多的是以孔压系数降低到某值后来体现。从表 11-5-3 所示的综合孔压系数分析，2 月 21 日就应停止加载，则第 2 级加载只完成了计划的 60%，实际情况已表明这样做就妨碍了工程进度，与本工程要求快速加载不合。

基于此点，在制定修正控制标准时，除明确孔压消散速率≥0.25kPa/d 可以进行下一层土加载外，还重点提出“消散速率大小随着填土的增高而逐渐增大”。但这是原则性用语。在实际施工中，由于地质情况的多样性与设计、施工情况的多变性，这个“增大值”的多少是必须现场求证的。

表 11-5-3 还反映出，2 月 11 日加载前孔压消散速率为 0.25kPa/d，到 2 月 24 日增至 1.0kPa/d，按此标准控制加载后，各种观测数据显示路基状况良好。表明平均每加载两层土后，以孔压消散速率增加 0.25kPa/d 进行加载控制是可行的。

2 月 26 日的加载，按上所述孔压消散速率应等于或大于 1.0kPa/d 后才能进行加载。但 26 日加载前的孔压消散速率仅为 0.5kPa/d，比 24 日消散度减少了 0.5kPa/d，致使路基侧向形变增大，其他各项观测数据超标，但从另一个角度分析，也就求证出了“平均每加载两层土，以孔压消散速率增加0.25 kPa/d 进行加载控制”是适合于本工程实际情况的。此后各级加载，均按此求证出的标准进行控制。特别是第 3 级加载，平均 2d 加载一层，加载速度也是很快的。但综合孔压系数未超过 0.45 修正控制值，路基稳定，未产生任何病害。

(三)孔隙水压力观测方法

一般情况下，单级孔压系数不会超过 1.0，但表 11-5-3 中有不少测点单级孔压系数超过此值。产生此现象有多种原因，如地下水位在加荷后上升、孔压计随土体一起下沉，甚至一场暴雨也会影响到孔隙水压力的升降。此外，荷载增量测量不准确、最大孔隙水压力较难捕捉，均直接影响孔隙水压力系数计算的准确性。因此，必须注重这些方面的观测与测量工作。

1. 最大孔隙水压力的捕捉

孔隙水压力观测的重点之一，是如何尽可能地捕捉到加载后的最大孔隙水压力值，以利对路基发展趋势作出判断。由于最大孔隙水压力值往往消散较快，特别是排水条件较好的区段更是如此。如果机械地按《技术规范》要求与沉降、位移"同步观测"，即：加载期间每天观测1次，能获得最大孔隙水压力的几率则很小。因此，须变"同步观测"为"跟踪观测"，其方法是：观测工作在加载土离孔压测点10m左右时，就守候其旁开始进行并定时观测，一般每隔15～30min观测一次。直至加载土超过测点位置10m以上；或观测到的孔压值稳定4h以上；或孔压值开始下降后为止。取其最大值可"视为"本级加载后的最大孔隙水压力值(因为目前的测试技术尚难测得精确的最大孔隙水压力值)。

2. 荷载增量的测量方法

在进行孔压观测的同时，应进行加载增量的测量。利用施工队提供的填土压实厚度，取其算术平均值作为填土厚度。这样虽然简单，但往往不够准确。因此，可在离孔压测点两端4～5m处，各设一固定观测点，当加载完成且经碾压后，即对该点地面高程进行测量，取其差值与两次观测间沉降量之和作为本次加载增量。

(四)加载中的预压期孔隙水压力消散

图11-5-3所示为K4+800第1号孔压测点孔隙水压力在加载中、加载中的预压期、加载完成后预压期内，孔隙水压力平均消散速率变化柱状图。

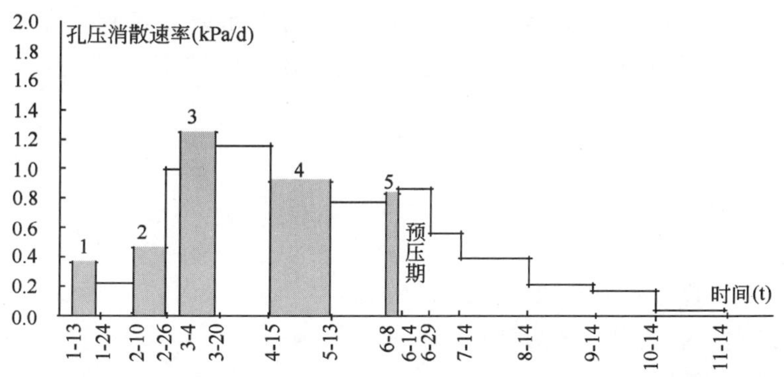

图11-5-3 K4+800(1号)孔隙水压力消散平均速率～时间过程线

注：图中阴影部分为加载期，数字为加载级数

从图11-5-3可以看出：第一级加载完成后，在春节停载的18d内，孔隙水压力只消散了4kPa，平均消散速率仅为0.22kPa/d。此消散速率略高于路基加载全部完成后静置预压三个月的消散率0.209kPa/d。据此，足见其消散之慢。

诚然，孔隙水压力消散快慢与软土本身结构、土的力学性质、砂垫层、砂井施工质量、荷载大小等因素有关，也可能与外加荷载施加在软土上时间的长短有关。因为砂井施工完成后，在荷载作用下，软土内部孔隙水取最佳路径从水平向流向袋装砂井的微小排水线(通道)，是需要一定时间才能发育形成的。在最佳排水通道尚未形成或完全形成前，孔隙水压力往往会消较散得较慢。

但是，经过第一级加载与春节期预压后，软土内部孔隙水通往砂井的排水通道已形成。因此，在第二级荷载完成后的6d暂短预压期内消散了6.0kPa，平均消散速率达到1.0kPa/d，为春节停载期间孔压消期速率的4.5倍。以后各级加载期间由于下雨或土场等原因被动停载的预压期内，孔隙水压力消散都很快，消散速率分别在1.154～0.808kPa/d之间，为第一级加载后春节预压期内孔压消散速率的5.19～3.64倍。

孔隙水压力消散慢，表明地基承载力提高也慢。倘若加载过快，极易使路基产生病害。近几年公路建设中，在设计极限填土高程内路基发生失稳或"准失稳"的事情时有发生，是否与此有关？值得探讨。由于以前对初始加载时的孔压消散速率、特别是对加载期间的预压期孔压消散速率的统计、研究报导较少，因此有进一步研究的必要。以期得到各种加载时期与各种预压期的孔压消散规律，更好的充实、完善"薄层轮加法"。

在正常情况下，如果加载速率与地基承载力的增长相协调，孔隙水压力消散速率与沉降一样，加载时增大，停载后减小。但图 11-5-3 反映出一种现象：第二级加载停止后的 6d 预压期内，孔压消散速率反而大于加载期，这是加载过快产生的结果。第二级加载速度很快(平均一天半加载一层)，使得正在消散过程中的孔隙水压力在新荷载的作用下重新回升，掩盖或部分掩盖了测得的孔隙水压力值，故测得的孔隙水压力消速率偏小。当加载停止后，孔隙水压力可不受干扰的得以释放消散，相比之下，就产生了上述现象。它反映出第二级加载速度过快，是不科学也是对路基安全不利的，据此反馈信息，将第三级加载速度降为 1 层/2 天，效果很好。至于对第五级超载预压层的加载又将加载速度提升到 1 层/1.5 天，有违于路基越高加载速度应适度放慢的经验，是基于第五级加载前置条件下考虑的。

其他各级加载速率相对较慢，两者间的关系正好与上述情况相反。

在加载完成后的预压期内，孔隙水压力的消散呈线性规律，消散速率逐渐变小，停载后半个月，孔压消散平均速率为 0.867kPa/d，5 个月后达到 0.048kPa/d。表明软土固结度得以提高，路基稳定性得到了加强。

(五)固结度的推算

土体在荷载作用下，孔隙水压力消散的过程就是土体固结沉降的过程。在工程上可根据实测的孔隙水压力消散度来定义土体在某一时刻某一位置土体的固结度。其计算式为：

$$U = 1 - \Delta U_t / \Delta U_{\max} \tag{11-5-3}$$

$$U = 1 - (U_t - U_0)/(U_{\max} - U_0) \tag{11-5-4}$$

式中：ΔU_t——t 时刻实测超静孔隙水压力(kPa)；

$\Delta U_{\max}$——实测最大超静孔隙水压力(kPa)；

$U_{\max}$——实测最大孔隙水压力(kPa)；

U_0——初始静水压力 (kPa)；

U_t——t 时刻实测孔隙水压力 (kPa)；

U——固结度(%)。

6 月 14 日加载完成后，孔隙水压力消散较快。采用上述公式计算，预压两个月时，固结度达到 80.16%，半年后达到 87.62%。

但是，采用上式计算的结果仅为 1 号测点所在土层处－8m 处的固结度，不能反映路基的固结度。为此，仍按上述方法对该断面另外两个孔压测点 2 号(－6m)和 3 号(－3m)测点观测资料进行计算，求出同期各自的固结度后，采用加权平均法计算得出：该段路基固结度为 89.76%，略高于 1 号测点值。原因是第 2、3 号孔压测点埋深较浅，离路基下砂垫层较近，排水、承压条件优于 1 号测点所致。

(六)其他监控方法

本工程除采用常规的孔隙水压力系数法对路基加载进行监控外，还采用了以下两种方法对路基加载进行监控。

1. 不考虑孔压消散的 $\sum\Delta U \sim \sum\Delta P$ 关系

绘制不考虑消散的累计孔隙水压力增量 $\sum\Delta U$ 与荷载增量 $\sum\Delta P$ 的关系曲线，这是检验土体稳定的一种途径。当曲线若呈较好线性关系，则说明土体是稳定的。同时也是控制加载速率的一种方法。

(1)检验土体稳定性

K4+800断面共设有三个孔压测点,在不考虑孔隙水压力消散时的$\Sigma\Delta U\sim\Sigma\Delta P$关系曲线如图11-5-4所示。

从图11-5-4可以看出,在第3点到第4点间(即第二级加载2月24日至26日间),三条曲线切线的斜率均增大而产生了拐点。拐点发展趋势偏向$\Sigma\Delta U$方。所不同的是,设在淤泥层的第1、2号测点的斜率大于设在淤泥质土的第3号测点的斜率。

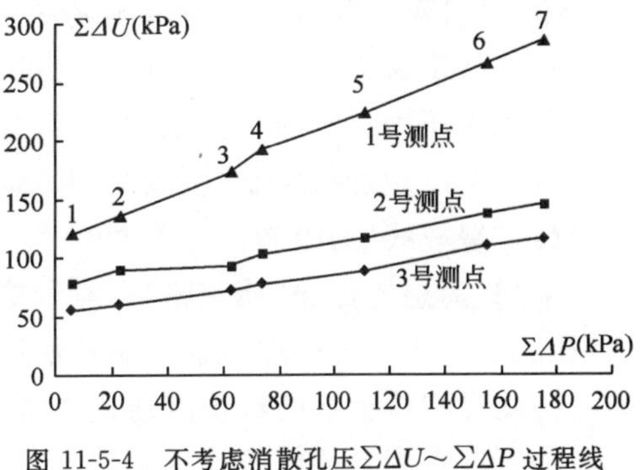

图11-5-4 不考虑消散孔压$\Sigma\Delta U\sim\Sigma\Delta P$过程线

拐点的产生,表明孔隙水压力消散速率不及荷载增变速率。因此对加载速度进行了调整。3月3日,当曲线回归到以前斜率后,于3月4日恢复加载。从整体上看,三线均成较好的线性关系,表明路基土体是稳定的。

(2)利用$\Sigma\Delta P\sim\Sigma\Delta U$关系线控制加载速率

不考虑孔压消散的$\Sigma\Delta U\sim\Sigma\Delta P$关系曲线的切线斜率与$X$轴(即$\Sigma\Delta P$轴,下同)的夹角$\alpha$的计算。如表11-5-4所示。

不考虑孔压消散$\Sigma\Delta U\sim\Sigma\Delta P$曲线斜率(夹角)计算 表11-5-4

日期	加载级数	$\Sigma\Delta P$ (kPa)	1号孔压测点			2号孔压测点			3号孔压测点		
			$\Sigma\Delta U_1$ (kPa)	斜率1	α_1(°)	$\Sigma\Delta U_2$ (kPa)	斜率2	α_2(°)	$\Sigma\Delta U_3$ (kPa)	斜率3	α_3(°)
06-1-13		5.89	121.50			77.0			55.0		
06-1-24	1	23.21	136.50	0.87000	41.02	89.0	0.6928	34.71	59.0	0.2309	13.00
06-2-24	2	63.08	175.00	0.96564	43.99	92.0	0.0752	4.30	72.0	0.3261	18.01
06-2-26		73.35	186.50	1.11977	48.23	103.0	1.0711	46.97	78.0	0.5842	30.29
06-3-20	3	111.51	224.00	0.98270	44.50	116.5	0.3538	19.48	88.0	0.2621	14.69
06-5-13	4	155.01	265.50	0.95402	43.60	137.0	0.4713	25.23	110.5	0.5172	27.35
06-6-14	5	175.17	285.50	0.99206	44.77	145.0	0.3968	21.64	115.0	0.2232	12.58

对照表11-5-4中的1、2、3点计算出曲线最大斜率值为0.965,与X轴最大夹角为43.99°,满足曲线斜率<1.0,与X轴夹角<45°的理论控制指标,表明路基稳定。

但是,对照表11-5-4中3、4点可知:1号孔压测点斜率超过1.0,达1.12,与X轴夹角超过45°,达到48.23°,表明此时路基已处于弹塑性形变状态,反映极其灵敏,这是测斜、沉降观测所不及的。因此可利用斜率<1.0或与X夹角<45°控制加载速率,具体方法如下。

当荷载施加于路基后,通过孔隙水压力观测资料绘制不考虑孔压消散的$\Sigma\Delta U\sim\Sigma\Delta P$关系曲线,即可精确地计算出斜率(或夹角)值,倘若:

①将新观测到不考虑消散情况下孔隙水压力、荷载资料反馈并绘在$\Sigma\Delta P\sim\Sigma\Delta U$关系线上,新、老曲线呈良好的线性关系(见图11-5-4中1、2、3点连线),计算所得斜率值小于1.0(或夹角小于45°),表明加载速率适度,可按原速率继续进行加载;

②倘若反馈观测资料绘在$\Sigma\Delta P\sim\Sigma\Delta U$关系线上出现拐点,拐点又偏向$\Sigma\Delta U$方向(见图11-5-4中3、4点连线),计算所得斜率值大于1.0(或夹角大于45°),表明加载过快,有调整、控制加载速率的必要;

③如果拐点偏向$\Sigma\Delta P$方向(见图11-5-4中5、6、7点连线),计算所得斜率值小于1.0(或夹角小于

45°),表明加载过慢,有提高加载速率的空间。

2.孔隙水压力—荷载—时间过程线的应用

孔隙水压力—时间—荷载过程线,是一种直观性很强且易于说明问题的曲线。根据曲线发展趋势,在曲线图上绘制加载控制“警戒线”并指导施工,这是保证土体稳定提高加载速度的一种途径。

(1)“警戒线”的绘制

采用“薄层轮加法”填筑路基,对砂垫层以上填土,往往是通过快速加载到极限填土高程。加载速度快,孔隙水压力上升必然也快。倘若快速加载对路基没产生病害,警戒线的绘制只需在孔隙水压力—时间—荷载过程线上取两峰值点连接并将其延长即可。但所取两点应满足以下条件:

①所取点当日的单级孔压系数与综合孔压系数,均应满足路基稳定控制标准,所取点为当天测得的最大值孔隙水压力值;

②两点时间间隔以一个月左右为宜;

③不考虑孔压消散的$\sum\Delta U$—$\sum\Delta P$关系图中曲线的切线斜率≤1或切线与$\sum\Delta P$与轴夹角≤45°。

本工程K4+800“警界线”的绘制是以第一级快速加载的1月24日(孔压值132.5kPa)与第二级快速加载中期的2月21日(孔压值159.5kPa)两点孔压值连线延伸形成的,如图11-5-2中所示“警戒线”。

(2)“警戒线”的应用

“警戒线”绘制后,此后加载,将测得的孔隙水压力值反馈在孔隙水压力—荷载—时间过程线上:倘若观测值接近但没有超越“警戒线”,即可按原加载速率继续加载(如第三级加载);观测值低于“警戒线”时,离警戒线越远填土速度可放得越宽(如第五级加载);观测值超过“警戒线”,应立即停止加载(如第二级加载期2月26日加载)。如果超过“警戒线”持续上升,则视其发展趋势并与其他观测资料进行综合分析,以决定是否采取工程措施。当孔压值下降到“警戒线”以下,表示荷载增量与地基强度增长已相适应,可复载。

本工程利用1月24日与2月21日两天孔隙水压力值绘制好“警戒线”后,在2月26日将测得的孔隙水压力值(173.5kPa)反馈到曲线上明显看出超过了“警戒线”,于是下达了停载指令,保障了路基安全。到3月4日,孔隙水压力值下降到“警戒线”以下,恢复加载。

由于“警戒线”是快速加载的产物 用其控制加载是可以提高加载速率的。从图11-5-2可明显看出,在第三级加载期间,各测点反馈到曲线上的孔隙水压力值,几乎是沿“警戒线”发展趋势行进的,表明此级加载填土速度控制得很好。在保证路基稳定前提下,获得了最快的填土速度。

第五级为超载预压区,由于该级加载前已经静置预压了26d,在曲线图上明显反映孔隙水压力过程线已低于“警戒线”约90kPa以上,于是进行快速加载,平均一天半加载一层,路基稳定。在填土高程达8.722m、填土总厚度达11.912m(含沉降量)的软土地基上,以这样快的速度填筑超载预压土,这是少见的。

与常规采用单级孔压系数或综合孔压系数控制加载速率相比,在孔隙水压力—时间—荷载过程线上绘制“警戒线”以控制加载速率,去掉了荷载增量测量误差对孔压系数计算的影响,对提高加载速度,保障路基稳定作用明显。此外,该方法具有简单、直观、易操作等特点。

五、水平位移观测成果与分析

水平位移观测分地表水平位与土体深层水平位移观测(测斜),两者均用于稳定监测。

测斜可观测到地基各层位土体在附加应力增加过程中的侧向位变发展情况,还能利用观测结果计算由于加载引起路基产生剪切变形引起的附加沉降S_d。从S_d的大小可分析加载速率是否与地基强度增长速率相协调,以便采取相应措施,在确保路基安全下尽可能提高加载速度。

地表水平位移观测除可测量路基水平位移以外还可兼测地表沉降或隆起量。

(一)土体深层侧向位移

K4＋810左侧路基边坡趾部不同深度土体侧向水平位移随时间、荷载变化曲线，如图11-5-5所示。

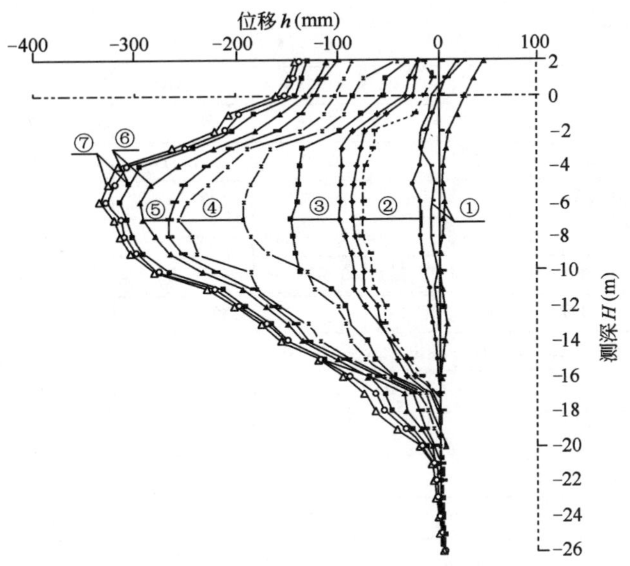

图11-5-5　K4＋800(左)土体深层位移曲线

注：①1级加载期06.1.13～1.24日；②2级加载期06.2.11～2.26日；③3级加载期06.3.4～3.20日；④4级加载期06.4.15～5.13日；⑤5级加载期06.6.8～6.14日；⑥预压2个月06.6.14～8.14日；⑦预压4个月06.8.14～12.10日

从图11-5-5中，可定性了解侧向位移与地质条件、荷载、加载速度等诸因素的关系，但难以作出定量表述。这或多或少的影响了对路基发展趋势判断的准确度。

侧向位移量的大小可用"侧向位移单宽面积F"表示，"F"见图11-5-6所示。

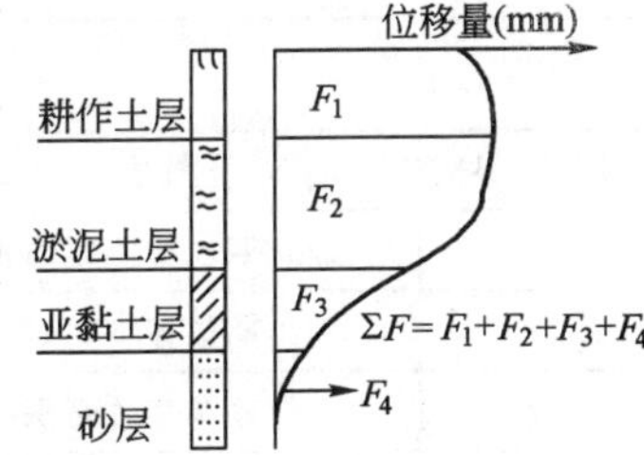

图11-5-6　位移单宽面积示意图

侧向位移单宽面积，就是单位宽度的路基在荷载作用被挤出的面积，量纲m^2。利用土体深层位移曲线，通过求积的方法，可定量了解路基在各种情况下位变大小。K4＋800侧向位移单宽面积计算结果，见表11-5-5与表11-5-6。

侧向位移单宽面积与地质条件关系　　表11-5-5

	淤泥质土层	淤泥层	亚黏土层	底砂层	Σ
位移单宽面积F(m^2)	0.55	3.53	0.41	0.1	4.59
占总位移百分数	12%	76.9%	5.9%	2.2%	

表11-5-5反映出土体侧向位移量的大小与土层结构有相当大的关系，从2006年1月13日～12月10日，位移单宽总面积为4.59m^2，最大侧向位移发生在淤泥层中，位移单宽面积达3.53m^2，占位移单宽总面积的76.9%，淤泥质土层位移单宽面积仅为0.55m^2，占位移单宽总面积的11.98%。这与该层淤泥质土离砂垫层较近有关，也表明该层土的力学性能优于其下淤泥土层，这也是能快速加载的有利条件之一。

表11-5-6反映出土体侧向位移量与加载速率的关系：最大侧向位移发生在加载过程中。

在一～五级的加载期(不含加载中的预压期)，位移单宽面积达2.702m^2，占位移单宽总面积4.575 m^2的59.06%。该百分率与相邻路段按正常速率加载的路基，在加载期位移单宽面积占其位移单宽总面积的百分率几近相同，如表11-5-7所示。

加载速率与侧向位移量位移速率统计

表 11-5-6

施工动态	一级加载	春节停载	二级加载		通知停载	三级加载	因故停载
时间	1.13～1.24	1.24～2.11	2.11～2.24	2.24～2.26	2.26～3.4	3.4～3.20	3.20～4.15
天数(d)	11	18	13	2	6	16	26
荷载增量(kPa)	23.21		44.79	5.35		38.16	5.03
荷载速率(kPa/d)	2.11		3.558	2.912		2.385	
最大位移量(mm)	10.86	12.96	57.46	10.62	13.38	46.51	45.54
最大位移速率(mm/d)	0.987	0.76	4.42	5.31	2.23	2.91	1.75
累计位移量(mm)	10.86	19.45	76.91	87.53	100.91	147.42	192.96
发生位置	－6	－6	－6～－7	－6～－7	－6～－7	－6～－8	－6～－8
位移单变面积(m^2)	－0.239	－0.135	0.728	0.185	0.157	0.576	0.465
施工动态	一级加载	春节停载	二级加载		通知停载	三级加载	因故停载
时间	4.15～5.13	5.13～6.8	6.8～6.14	6.14～7.14	7.14～9.14	9.14～12.10	
天数(d)	28	26	6	30	62	87	331
荷载增量(kPa)	38.47		20.16				175.17
荷载速率(kPa/d)	1.374		3.36				
最大位移量(mm)	63.66	21.32	13.76	22.84	13.12	7.26	
最大位移速率(mm/d)	2.27	0.82	2.29	0.76	0.21	0.08	
累计位移量(mm)	256.62	277.94	291.7	314.54	327.66	334.92	334.92
发生位置	－6～－8	－6～－8	－6～－8	－6～－7	－6～－7	－6～－7	
位移单变面积(m^2)	0.705	0.304	0.297	0.415	0.263	0.106	4.575

K4＋800 与相邻断面测斜观测位移量对比

表 11-5-7

序　号	桩号	K3＋900	K4＋800	K5＋900	K7＋580
①	加载期位移单宽面积(m^2)	1.282	1.959	2.467	1.645
②	预压期位移单宽面积(m^2)	1.391	1.723	1.945	1.730
③	位移单宽总面积(m^2)	2.673	3.682	4.421	3.375
④	①÷③(%)	47.96	53.20	55.92	48.74

产生此现象原因，是修筑了反压护道。反压护道的设置，减小了土体侧向位移挤出引起的形变，冲抵或部分冲抵了因快速加载引起的侧向位移增量，因而使两者间在加载期侧向位移量所占侧向位移总量百分率几近相同，这是整体分析的结果。

从局部情况分析(表 11-5-6)，在第二级快速加载期间，侧向位移单宽面积达 0.986m^2，占一～五级加载期位移单宽面积的 36.49%。而加荷量为 50.14kPa 仅占一～五级加荷总量 175.17kPa 的 28.62%。这表明该级加载速率略显过快，造成侧向挤出量略显过大。

填土结束后，侧向位移速下降很快，预压一个月后位移速率由加载时的 2.29mm/d 下降到 0.76mm/d；三个月后降到 0.21mm/d；六个月后降至 0.08mm/d，此时侧向位移单宽面积为 0.106m^2，仅为前三个月的 15.6%。这表明路基已处于稳定状态。

(二)地表水平位移观测

本区段设置的两根位移边桩，至 11 月 10 日卸载前，设置在路基左侧边坡趾部的位移边桩位移总量为 103mm，下沉量 256mm，设置在反压护道边坡的边桩位移总量 32mm。在整个施工期，位移量都不大，即使在孔压、测斜、沉降观测结果全部超标的 2 月 26 日，其位移量在 27 日分别为 1mm 与 3mm，反映相当迟缓。这与该区段调平土厚度达到 2m 以上超过位移边桩 1.5m 长度，使位移边桩难以深入到软土之中有关。

(三)瞬时沉降量计算

瞬时沉降是在荷载作用下，由于土的畸变(这时土的体积不变，即 $\mu=0.5$)所引起，并在荷载作用后立即发生瞬时沉降亦称附加沉降。影响瞬时沉降的因素较多，理论计算方法目前尚不太成熟。由于测斜观测所获得的侧向位移单宽面积与瞬时沉降基本假设相符合，因此，在工程应用上采用测斜观测成果直接进行瞬时沉降量计算应是可行的，故瞬时沉降计算式为：

$$S_d = A \cdot 2F/B \quad (11\text{-}5\text{-}5)$$

式中：S_d——剪切变形所引起的附加沉降(m)；

B——荷载有效宽度(m)；

F——测斜所得位移单宽面积(m^2)；

A——实测路堤中心沉降量与 B 范围内平均沉降量比值。

沉降量比值 A 可取 1.5，也可采用路基横向沉降盆图计算出 B 范围内沉降量，未设置此项观测可用沉降观测资料进行计算。

通过计算，K4+800 断面荷载有效宽度为 40.553m，A 值为 1.248，测斜所得位移单宽面积为4.575 m^2。采用上式计算，得到 K4+800 断面瞬时沉降量为 281mm。该值与其他正常施工区段，采用测斜观测资料计算的瞬时沉降量相差不太大。

六、沉降观测成果分析

(一)地表沉降

K4+800 中桩沉降～荷载～时间关系过程线，如图 11-5-7 所示。

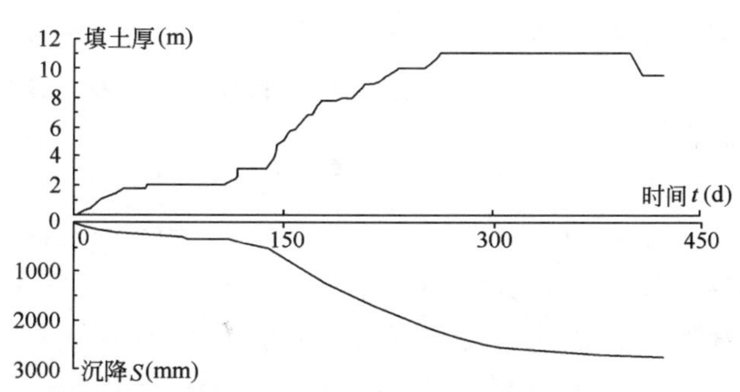

图 11-5-7　K4+800(中)H～S～t 曲线

从图 11-5-7 可以看出，填土总厚度为 11.864m，(总荷载 227.49kPa)。其中，调平土与砂垫层厚度 2.972m (荷载 52.32kPa)，砂垫层以上填土厚度共达 8.937m(荷载 175.17kPa)。

从调平土、砂井、砂垫层施工到加载前，沉降量为 315mm。第一级加载，由于所施加荷载仅23.21 kPa，地表沉降量较小，仅达到 92mm。第二级加载，15d 加荷 50.14kPa，地表沉降量大，沉降量达到 295mm。因此在过程线上产生明显的拐点。拐点的出现，表明此时段内土体开始发生塑性挤出变形，造成瞬时沉降 S_d 的增大。因此对加载速率进行了调整。

此后，第三、四、五级加载期内沉降量为 716mm。由于每两级加载间隔时间相对较长，加载后拐点不太明显，其灵敏性远不如孔隙水压力过程线。6 月 14 日完成加载时，总沉降量达到 2283mm。当加载停止后，曲线逐渐变缓，到修筑路面前已预压了近六个月，总沉降量达到 2757mm，沉降过程线已经很平缓。

(二)加荷速率控制综合分析

1. 加荷速率与沉降速率

K4+800 路基地表沉降速率与加载速率随时间变化过程线，如图 11-5-8 所示。

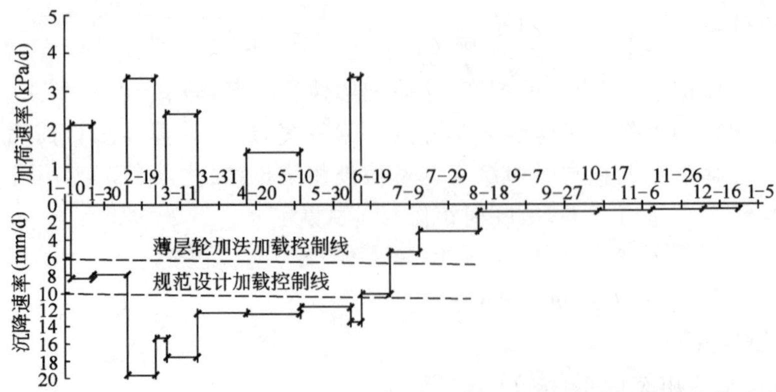

图 11-5-8 K4＋800(中)加荷速率与沉降速率过程

从图 11-5-8 可以看出，当荷载施加在路基上后，沉降速率增大，停载后，沉速减小，符合一般规律，有别于孔隙水压力在第二、五级加载后的预压期内，孔压消散速率反而大于加载期消散速率。

各级间的加载速率与沉降速率进行比较，未能形成较好的线性关系，两者变化差异较大。这些差异的产生可能与加载前置条件有关。

此外，从图 11-5-8 中还可以看出，由于加荷速度的增大，造成沉降速率的增大，在短时间内很难恢复到《技术规范》与设计及“薄层轮加法”规定的加载控制速率以内。

2. 加载前置条件对沉降速率影响

加载前置条件对加载后沉降速率会产生影响，了解此点，对控制或制定加载速率与计划有一定作用。

图 11-5-8 中反映出，第一级加载速率与第三级相近，但第一级加载后平均沉降速率却较小，仅为第三级的 47.6%；加载速率最慢的第四级，平均加载速率只有 1.37kPa/d，仅为第一级加载速率的 65.0%，但其沉降速率却是第一级的 1.5 倍。产生此现象的原因除了第一级加载时荷载较小外，还可能与初始加载时孔隙水压力消度较慢有关。

第五级加载前，由于路基在前四级加载完成后已预压了 26d，软土中孔隙水有时间得以排出，地基承载力已得到较大提高。在此前置条件下，可以进行快速加载。因而第五级加载速度很快，与第二级加载一样也达到了一天半加载一层土。观测得到第五级孔隙水压力消散速率是第二级的 1.79 倍，但加载后第五级的沉降速率却只有第二级的 2/3。这表明第五级加载后产生的瞬时沉降较小，所发生的沉降多为主固结沉降。表 11-5-6 中测斜观测资料同时反映出这一现象的存在，第五级的侧向位移单宽面积仅占第二级的 30.12%。

3. 加载后最大沉降速率

在正常情况下，最大沉降速率多发生在加载后 1～2d 之内，本区段情况也是如此。在五个级别的加载过程中，最大日沉降量发生在第二级加载，2 月 18 日上午加载 6.65kPa 后，19 日上午测得本区段加载后的最大沉速为 35mm/d，同期孔隙水压力上升了 6.5kPa，但孔隙水压力次日即下降了 0.5kPa，当 21 日孔隙水压力下降了 1.5kPa 后，恢复加载。各种观测数据显示，此次沉降速率达到 35mm/d，但其他各项观测均在监控范围之内。该层加载后沉降速率虽然较大，但对路基安全没构成威胁。

此后，第 3、4、5 级加载后测得的日最大沉速逐次递减。至第五级加载期间，最大沉速仅达到 17mm/d。除表明监控得当致使瞬时沉降量逐级减少外，也说明了土体的强度在不断的增长。

4. 加载前沉降控制速率

随着高速公路建设的发展，对软基观测的监控指标已由《技术规范》中笼统的“控制标准为：路堤中心线地面沉降速率小于 10mm/d”等，细化为“稳定控制标准”与“加载控制标准”。“薄层轮加法填筑技术的施工监测”要求沉降按 10mm/d 为停止加载报警点，按 6.0mm/d 可以恢复填土。

图 11-5-8 反映出一种现象，从 2 月 11 日第二级加载开始至 6 月 14 日完成加载的 123d 内，无论是

加载期还是加载期间的预压期，即使这期间的预压期高达 26d，路基平均沉降速率均超过了规范设计要求小于 10mm/d 的控制标准(图 11-5-7 中虚线)。在第二级加载后完成后的 6d 预压期内，平均沉速仍达 15.3mm/d。特别是加载完成后 10d 预压期内，逐日观测得到沉降量均大于 10mm，直到第 11 天后才降到 10mm 以下。

显然，如按上述要求控制加载，可以预料所需施工时间将会较长。由于本工程加载按"孔压测斜为主、沉降位移(地表水平位)为辅、综合分析"的原则进行监控，因此，只要孔隙水压力消散速率或孔压系数满足监控标准修正值，即使沉降速率超过规范、设计与"薄层轮加法"规定的加载控制标准，仍进行了加载。

统计得出，本工程加载前沉降速率多在 15～18mm/d 范围内，比上述控制标准放宽了许多，因而大大地提高了加载速度，抢回了部分被耽搁的工期。其中 3 月 11 日，在加载前测得的沉降速率为 22mm/d 的情况下，仍进行了加载施工，此值为规范、设计要求监控标准的 2.2 倍，是"薄层轮加法"的 3.7 倍。加载后孔隙水压力系数、测斜、位移等观测资料均在允许范围内，路基亦处在稳定状况的监控之中。

加载完成后，沉降速率呈逐日递减趋势，经过 6 个月静置预压，沉降速率降到 0.64mm/d。

(三)总沉降量(S_∞)计算

地基总沉降量 S_∞ 由以下三部分组成：

$$S_\infty = S_d + S_c + S_s \tag{11-5-6}$$

式中：S_d——瞬时沉降，由于剪切变形而产生的附加沉降，不是土体体积压缩产生的沉降；

S_s——次固结沉降，在静水压力消散后，在恒值有效应力作用下，土骨架的蠕变而导致发生的沉降；

S_c——主固结沉降，在荷载作用下土体内孔隙水压力逐步消散，孔隙水逐步排出而产生的体积压缩变形而引起的沉降。

在工程界，人们关心的是如何尽可能的加快主固结沉降，减少瞬时沉降，对次固结沉降往往不予考虑。因此地基总沉降量 S_∞ 可由下式计算：

$$S_\infty = S_d + S_c \tag{11-5-7}$$

此外，由于影响瞬时沉降的因素较多，瞬时沉降尚无成熟的计算方法，大多采用半理论半经验的方法。在用分层总和法求出路基主固结沉降量后，再用沉降经验系数 m 予以修正，作为路基总沉降量。故上式(11-5-7) 简化为：

$$S_\infty = m \cdot S_c \tag{11-5-8}$$

式中：m——沉降系数，综合反应土体特性及施工、设计条件的经验系数。

1. 地基主固结沉降 S_c 计算

地基主固结沉降采用分层综合法计算。常用的方法有 $e \sim p$ 曲线法、$e \sim \lg p$ 法与压缩模量等方法。本工程采用压缩模量计算主固结沉降。其表达式为：

$$S_c = \sum_{i=1}^{n} \frac{\Delta p_i}{E_{si}} \Delta h_i \tag{11-5-9}$$

其中：

$$\Delta p_i = \alpha_i P_0$$

式中：E_{si}——压缩模量；

Δp_i——地基中各分层中点的附加应力增量；

Δh_i——分层厚度；

P_0——地基顶面压应力；

α_i——基础下卧土层附加压应力系数，查基础下卧土层附加压应力系数表。

表中 Z_i/b：基底至下卧层土面距离/基础宽度，a/b：基础长度/基础宽度，其中 b 取路基宽，a 为无限长，即 $a/b>10$ 按条形基础取值。

2. 地基总沉降量 S_∞ 计算

综合上式(11-5-8)、式(11-5-9)两式得出地基最终沉降量计算式：

$$S_\infty = m\sum_{i=1}^{n}\frac{\Delta P_i}{E_{si}}\Delta h_i \tag{11-5-10}$$

3. 沉降系数 m

采用分层综合法计算地基最终沉降量，沉降系数 m 是修正包括侧限条件在内的各种因素的经验系数。它与地基条件、荷载大小、加荷速率等因素有关，也与处理方法有关。正因为如此，规范在对其取值范围作出规定的同时提出应根据现场沉降观测资料确定。这就产生了一个时间差的问题。因为在设计计算时，现场的沉降观测资料往往还没产生。此外规范中沉降经验系数取值范围在 1.1～1.7 之间，由于其取值幅度宽，人为取值随意性强，自由度大，因此计算结果往往与实际情况产生一些偏差，有时甚至产生较大的偏差。

综合分析以上影响沉降系数 m 的三大因素，笔者认为：对于同一段路堤，荷载大小应是一个恒量(暂不考虑沉降这一变量对沉降量的影响)，其中影响沉降量的主要因素在地基条件上。实验室试验表明，E_{si} 与 m 有一定的相关关系，为避免 m 取值的随意性，减少 m 取值自由度，本工程地基总沉降量采用 E_{si}—m 曲线决定经验系数 m，并考虑设计条件对其再作修正。综合部颁《公路软土地基路堤设计与施工技术规范》(JTJ 017—96)与《公路桥涵地基与基础设计规范》(JTJ 024—85)，其 E_{si}—m 关系见表 11-5-8。

E_{si}—m 关系 表 11-5-8

E_{si}(MPa)	1.0～4.0	4.0～7.0	7.0～15.0	15.0～20.0	大于 20.0
m	1.7～1.1	1.1～0.8	0.8～0.4	0.4～0.2	0.2

注：①采用真空联合堆载预压法、挤密砂桩法、碎石桩时，m 按上述值×0.9；采用反压护道、井点降水法时沉降经验系数 m 按上述值×0.95。

②m 取值采用内插法，当压缩模量 $E_{si}<1.0$MPa 时，按两者拟合曲线延长线"内插"。

4. 地基顶面压力 P_0

采用分层总和法计算最终沉降量，应考虑沉降土方这一荷载增量对路基产生的沉降影响，否则极易使沉降计算值偏小。计算时对荷载的处理可采用试算法，在数学上亦称逐次逼近法。先按设计荷载 P_0 代入(11-5-10)式计算出沉降量 S_1 后换算成 P_1，将 P_0+P_1 作为新的填土厚度代入(11-5-10)式重新计算……。经过反复试算，逐次逼近，即可计算出最终沉降量。采用电脑可很方便完成。手算一般情况下只需要试算 4～5 次即可。

5. 最终沉降量 S_∞ 计算

K+800 采用上述式(11-5-10)经过 5 次试算所得 K4+800 的最终沉降量，如表 11-5-9 所示。

K4+800 最终沉降量计算结果 表 11-5-9

计算次数	首次计算	1 次试算	2 次试算	3 次试算	4 次试算	5 次试算
沉降量(mm)	2367.3	2880.8	2991.9	3341.9	3021.3	3022.8

采用试算法，经过第 5 次试算，所得最终沉降量为首次计算沉降量的 1.277 倍，两者相差 0.66m，值得重视。经过计算，K4+800 处路基总沉降量为 3.023m。

(四)用实测 h—S—t 曲线推算最终沉降量

按实测 h—S—t 曲线采用双曲线法进行总沉降量推算，是工程界常用的方法之一。双曲线法表达式如下：

$$S_t = S_0 + t/\alpha + \beta_t \tag{11-5-11}$$

由式(11-5-4)进行推导得下式：

$$\alpha + \beta_t = t/S_t - S_0 \tag{11-5-12}$$

$$S_\infty = S_0 + 1/\beta \tag{11-5-13}$$

式中：t——从满载开始的时间；

S_0——满载时的地基沉降量；

S_∞——地基的最终沉降量；

α、β——与地基及荷载有关的常数；其值根据式 $\alpha+\beta_t=t/S_t-S_0$ 的线性表达式确定。

由式 $\alpha+\beta_t=t/S_t-S_0$ 对实测沉降进行回归(直线)的斜率及截距，即可求出 α、β 值。

采用上述公式对 K4+800 实测沉降进行回归计算，其结果 α、β 值见求解图 11-5-9。

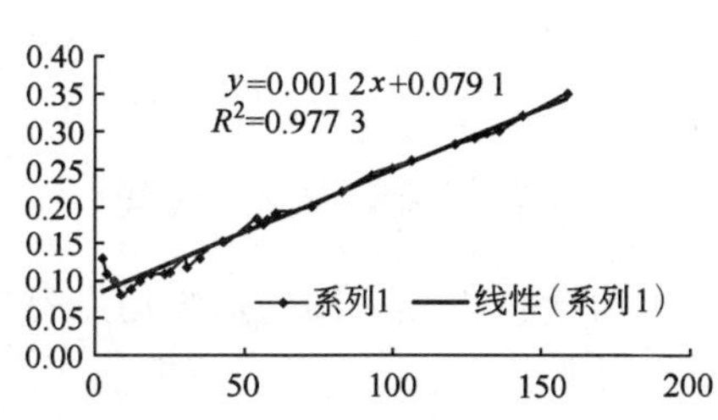

图 11-5-9 K4+800α、β求解图

从求解图求得：β=0.001 2，α=0.079 1，由直线代替实测线的协方差为 0.977 3，大于 0.95。表明采用双曲线法推算的最终沉降量是可靠的。由求解图推求最终沉降量为 3 116m。计算过程见表 11-5-10。

K4+800 最终沉降量、工后沉降量计算 表 11-5-10

推算日	β	$1/\beta$	S_0(mm)	S_t(mm)	S_∞ mm	$S_{工后}$(mm)
6 月 14 日	0.001 2	833	2 283	2 757	3 116	359

(五)用沉降资料计算固结度

通过实测沉降观测资料，计算土体某一时刻的固结度。其计算式为：

$$U = S_t \div S_\infty \tag{11-5-14}$$

式中：S_t——t 时刻的固结沉降量(mm)；

S_∞——地基土体总沉降量(mm)。

采用双曲线法推算出的土体总沉降量 3 116mm，按(11-5-14)式计算得出路基不同时期的固结情况列入表 11-5-11。

固 结 度 计 算 表 11-5-11

年-月-日	05 年 9 月 22 日～06 年 1 月	06 年 1 月	2 月 26 日	3 月 20 日	6 月 14 日	6 月 21 日	6 月 29 日	7 月 14 日	8 月 14 日	10 月 14 日	11 月 27 日
工作状况	砂井、砂垫层完工	一级加载	二级加载	三级加载	加载完成	预压一周	预压半月	预压一月	预压两个月	预压四个月	预压五个半月
沉降量(mm)	315	407	813	1228	2283	2370	2437	2520	2613	2729	2757
固结度(%)	10.11	13.06	26.09	40.41	73.27	76.06	78.21	80.87	83.87	87.54	88.47

从表 11-5-11 得出：至 11 月 27 日，路基卸载时路基固结度达到 88.47%。此值与同期采用孔隙水压力计算出的固结度 89.76%比较接近。

(六)工后沉降 $S_{工后}$ 计算

工后沉降为最终沉降与竣工后某时刻实测沉降总量之差求得，计算式为：

$$S_{工后} = S_{\infty} - S_i \tag{11-5-15}$$

式中：S_{∞}——路基最终沉降量(mm)；

S_i——完成路面施工时的总沉降量(mm)。

以 11 月 27 日卸载时测得的沉降量作为 S_i，以双曲线法推算的 S_{∞} 进行工后沉降计算，得出 K4＋800 断面工后沉降为 359mm。

此外，工后沉降可通过固结度反算获得。以 11 月 27 日观测得到的孔隙水压力按加权平均法计算出土体固结度 89.76％作为 S_i，采用分层总和法计算总沉降量 3 023mm 作为 S_{∞}，计算得出工后沉降为 310mm，与采用上式计算结果也较为接近，两者相差 49mm。

七、效 果 分 析

(一)路基加载与施工时间

由于本工程采用的监控原则是"孔压测斜为主，沉降位移为辅、综合分析"。按工程实际情况所修正的监控标准比规范、设计要求值要宽松，因此大大地提高了加载速度。故而在 152d 施工期内，除因各种原因(春节、天雨、无土场等)造成停载时间 74d 外，用于加载时间实际只有 78d。在此 78d 内，加载土厚达 8.937m(175.17kPa)，平均 2.5 天加载一层土。在填土总厚度达到 11.912m(含沉降量)的软土地基上以这样快的速度填筑路基是少见的。突破了在珠江三角洲采用常规排水固结方法进行地基处理时，5m 左右高的路基通常需要半年以上的填筑时间的惯例。

由于加载速度的提高，至 2006 年 12 月开始修筑路面底基层为止，给路基留出了 6 个月的超压时间。超过了《技术规范》超压时间不宜低于 3 个月的要求，达到了预期目的。

(二)路基稳定性

在路基加载过程中，依靠施工监测的信息反馈，及时调整施工中的预压期(如 2 月 26 日指令停载 6d)，以保证工程进度、安全与质量。虽然速度较快，但路基稳定始终处于受控之中，直至卸载修筑路面底基层时，路基未产生诸如微小裂纹等病害。孔压、测斜观测资料显示，路基稳定。

(三)工后沉降

工后沉降是评定路基最终施工质量的重要标准之一。其定义为：当忽略次固结沉降时，路面施工后 t 段时间内的残余沉降。

本工程采用两种方法计算出的工后沉降分别为 311mm 与 359mm，两者均未满足规范与设计要求路基工后沉降小于 300mm 的标准值。从整体工期考虑，由于上述"工后沉降"是以 11 月 27 日卸载前的观测资料进行计算的，此后路基从卸载、交验至路面完工还有两个多月时间，此时段内路基仍然会固结下沉，到路面施工完成时，其工后沉降有接近规范、设计要求的可能。

但是，即使工后沉降满足了设计要求，对于本区段来说，由于路基施工滞后于两端路基达半年之久，工后沉降大于两端路基、特别是大于江门端路基沉降为必然。观测资料表明，与该区相隔仅 50m 的真空预压区(K4＋604～700)段，在 9 月 27 日其平均沉速已降至 0.07mm/d，同期本区段 K4＋750 与 K4＋800 的沉降速率仍在 1.07mm/d 左右，卸载后才降到 0.78mm/d～0.67mm/d 间。因此，进行路面施工前，应采取措施减少这种差异沉降造成的不利影响。该工程也说明，保证路基均衡施工是减少差异沉降的治本方法之一。

八、结　　语

(1)本区段填土时间为 152d，其中因雨、土场等原因停载 68d，指令停载 6d，实际用于加载时间为 78d。包括沉降在内填土厚达 8.937m(相应荷载 175.17kPa)，平均 2.5d 加载一层土，且能安全填筑顶，达到了快速加载目的。给路基留下了近6个月预压时间，达到了预期目标与效果。

(2)实测最大侧向位移量33.5cm，发生在−7～−10m的淤泥层中，侧向位移总量(位移单宽面积)为4.575m^2，瞬时沉降量S_d为28.1cm。至2006年年底，−8m处的最大侧向位移速率为0.08mm/d，9月份以后三个月内侧向位移单宽面积为0.106m^2，仅为9月份前三个月侧向位移量的15.6%，表明路基已处于稳定状态。

(3)至06年11月卸载前，总沉降量为2.757m，工后沉降在310～359mm间，略高于设计允许值。至07年元月路面施工时，工后沉降将有所减少。

(4)快速加载易使路基产生过大侧向挤出，增加瞬时沉降量，给路基安全带来隐患。

(5)反压护道的设置，提高路基极限填土高度，能减小土体侧向位移挤出引起的形变，降低瞬时沉降量，加强路基稳定性，有利于快速加载。

(6)根据本工程观测结果，建议：加荷速率为1.64～2.45kPa/d；加载前沉降速率控制以小于或等于20mm/d为宜；在每层土加载过程中，初始加载时孔隙水压力消散速率大于0.25kPa/d可进行下一层土加载，此后每当填完两层土时孔压消散速率增加0.25kPa/d时可进行下一层土加载，直至到达1.5kPa/d为止；当路基调平土层或耕作土层厚度大于1.0m时，水平位移观测所起作用不大。

(7)快速加载应进行综合观测，以利互相配合、综合分析。采用综合法进行监控，监控指标可在现有《技术规范》基础上适度放宽。

(8) 以孔压消散速率作为控制加荷的主要依据优于沉降速率控制，有利提高加载速度。

(9) 在孔隙水压力～时间～荷载过程线上绘制“警戒线”以控制加载速率，具有简单、直观等特点。避免了因荷载增量测量不准确造成孔压系数计算的误差。

(10)应采用试算法分层综合法计算地基最终沉降量，将计算出的沉降量逐次纳入地基顶面压力(P_0)中，以使计算结果更趋于实际。

(11)本文沉降经验系数取值有别于常规做法，是否正确，是否有道理还待后续实践检验。

第六节　软基第二次超载预压效果分析与评估

在江珠高速公路工程建设中，对珠海段4 460m和江门段766m软土地基，在完成了等载或超载预压的基础上，实施第二次超载预压技术，加速路基完成主固结沉降，明显减少工后沉降，提高了路基质量，总体评估效果良好。

一、珠海段第二次超载预压前工程简况

江珠高速公路珠海段K41+230～K47+950段路基为典型的滨海相沉积软土区，在耕作土或鱼塘底下藏卧的淤泥、淤泥质土呈流塑、软塑状，具有含水量高、孔隙比大、高压缩性、承载力低等特点。淤泥、淤泥质土厚度普遍超过35m，最深处达46.60m。设计采用袋装砂井长25m，在软土地基中呈“悬井”状。

上述段路基分属于8A、9、10标范畴，分别于2004年10～11月完成等载(真空预压区)或超载预压。其中10标较其他两个标段提前2个月完成路基交验。至05年11月已预压了一年多。统计资料表明，此时路基沉降速率仍处在0.359～0.407mm/d间，最高处达到了1.0mm/d，离规范卸载修筑路面要求尚有一定距离。此外，由于离江珠高速公路主线通车日(2007年春节)还有一年多时间，为减少工后沉降，提高工程质量，决定对上述路段进行第二次超载预压。

二、第二次超载预压施工情况

第二次超载预压以春节为界分两阶段进行。2005年12月16日开始施工，次年3月10日全部完

成，累计超载预压线路长达4 460m。超载厚度在1.0～1.5 m间，分2～4层填筑，平均每层厚0.5m～0.4m(荷重10.5～8.0kPa)。其中8A标与9标超载层厚在1.0～1.2m间，10标桅夹小桥珠海端全部超载1.5 m。超载加荷时间由观测控制，填土时间间隔在一周以上。

超载填料采用路面施工备用的砂石料，符合交通部颁发的《技术规范》路堤超载预压“也可以用砂砾石料等材料填筑”的要求。

三、观测成果分析

(一)土体深层位移

第10标K46+400土体深层侧向位移随时间变化过程线如图11-6-1所示。

从图11-6-1可得：该测点在二次超载的72d内，最大侧向位移发生在－8m处，从－253mm增到－281mm，－8m处最大位移量为28mm，最大位移平均速率为0.389mm /d。其值仅占第一次等载(含超载)期间位移速率的35.44%，说明第二次超载所引起的侧向位移量不大，反映了土体在－8m处的位移速率而未反映出路基整体的变位情况。

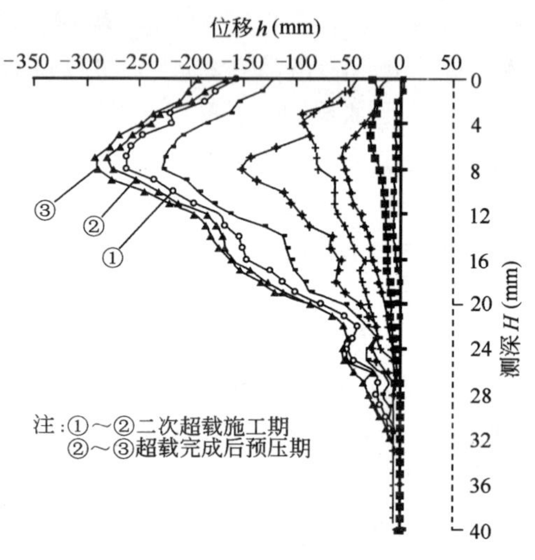

图11-6-1 K46+400土体深层位移曲线

笔者认为：路基整体位移量，可用“位移单宽面积”表示。其定义为：单位宽度路基在荷载作用下被挤出去的侧向面积为“位移单宽面积”(量纲m²)。而单位时间内被挤出的位移单宽面积称为“单宽位移速率”。“单宽位移面积”利用图11-6-1成图资料，用电脑可方便计算出，以此对二次超载预压效果进行分析与评估。

经计算，在二次超压施工期间，该测点侧向“位移单宽面积”为0.227m²，占整个路基侧向“位移单宽面积”总量4.942m²的4.724%，为第一次等载(含超压)施工期“位移单宽面积”1.393m²的16.29%。由此可定量说明：二次超载导致的侧向位移量很小，主要原因是路基已经静置预压了一年多，软土强度增高所致。

从二次超载结束至10月份进行路面施工的233d内，－8m处位移速率降到0.052mm/d，“位移单宽面积”0.174m²，其位移单宽速率为0.000 075m²/d，路基已处于相当稳定的状态。

(二)孔隙水压力

在第二次超载范围内，设有孔隙水压力计6孔共21只。加载时，孔隙水压力均呈上升趋势，大多测点上升2.0～3.5kPa，单级孔压系数多在0.25～0.45之间。最大孔压系数发生在9标天生河珠海端桥头延长段K45+425处。当第一层荷载施加后，孔隙水压力增量达到4.5kPa，计算得出单级孔压系数达到0.56，在控制范围之内。但是，孔隙水压力消散较慢，二次超载期间，平均5～7d仅消散2kPa左右，不及路基施工期消散速率的50%。这表明工程后期横、竖向排水体排水功能有所减弱。

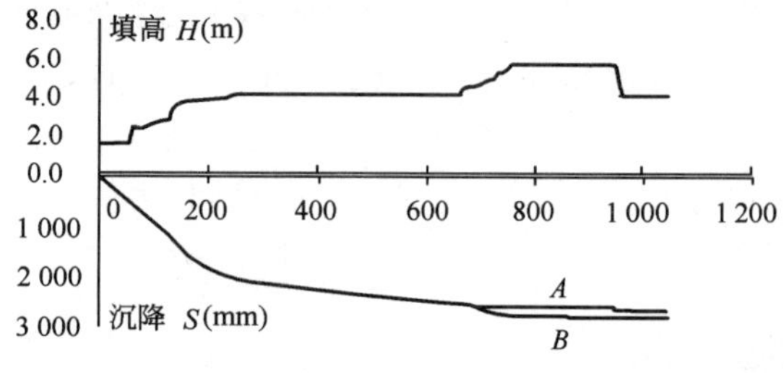

图11-6-2 K46+150(中)H—S—t过程线

(三)沉降

珠海段第10标K46+150路中心地表沉降过程线，如图11-6-2所示。

其中B为二次超载后实测沉降过程线，A为不考虑二次超载时的沉降发展趋势预测外延线。

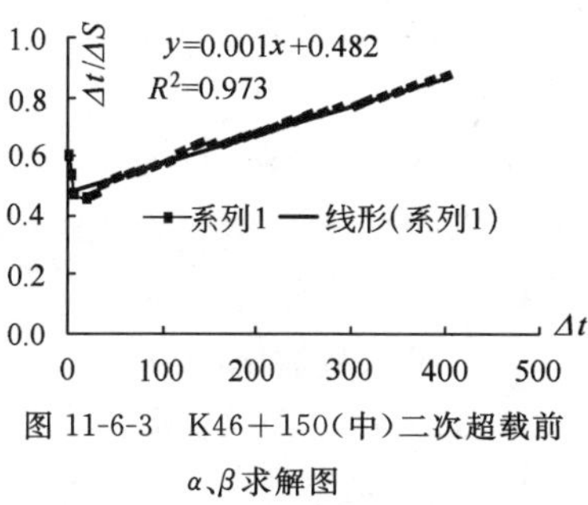

图 11-6-3　K46＋150(中)二次超载前 α、β 求解图

10 标 K46＋150 路段沉降过程线，如图 11-6-3 所示。

图 11-6-3 明显反映出，从 2005 年 12 月 16 日开始进行第二次超载后，曲线随即产生拐点，表明土体原有平衡已被打破，正寻求新的平衡。逐日观测资料显示：此时最大沉降速率在 4.5～5.0mm/d 间，在正常范围内，但却是超载前沉降速率 0.831mm/d 的 5.5～6.0 倍，这正是拐点产生的主因。此外，测斜观测资料提示所产生的侧向位移挤出量很少。此时拐点的产生、土体的平衡被打破正是工程所需要的，不会对路基产生不利影响。

超载施工完成一个月后，曲线发展趋势已相当平缓。从 5 月份开始，B 线显示出每月沉降量分别在 3～4mm 之间，已满足卸载修筑路面要求。

以下讲述不考虑二次超载时的沉降发展趋势预测外延线的求法。

利用 K46＋150 路中心沉降测点在二次超载前观测成果绘制的沉降—荷载—时间过程线，以 2004 年 12 月 4 日路基加载完成后作为计算日，采用双曲线法求出 $\alpha=0.482$，$\beta=0.001$。将其代入下式，即可求得任意时刻的下沉量 S_t。

$$S_t = S_0 + t/\alpha + \beta \tag{11-6-1}$$

式中：S_t——路基从填土开始到任意时刻的沉降量(mm)；

S_0——初始沉降量($t=0$)；

t_0——经过的时间(d)；

α、β——从实测值求得的系数。

从求解图可以看出，由直线代替实测曲线协方差为 0.973，大于 0.95 的规定值，表明采用双曲线法推算 S_t 所是可靠的。此外，二次超载前 K46＋150 段路基已预压一年多，超过了采用双曲线法推算最终沉降量，或某一时刻沉降量时预压期不应少于三个月的基本要求。为增强可比性，外延线所取时间应与第二次超载观测所取时间一致。通过计算，将预测外延线绘在原曲线上即可。

(四)效果评定与分析

对超压效果的评定，目前尚无可遵循的标准与方法。笔者认为，在超压过程中，能在确保路基安全的前提下，通过监控手段，使荷载增加速率与地基强度增长速率相协调，在通过超载预压完成设计预期主固结沉降的同时，又不使路基产生过大的侧向挤出，达到加快工程进度、减少工后沉降的目的。这样的超载(或二次超载)就是好的，否则就是不好的，甚至是失败的。

对本工程而言，排除工期这一因素，二次超载期间完成“主固结沉降增量”的多少、发生侧向挤出量所占总侧向位移量的百分率的高低、工后沉降量是否满足设计要求，这是评估二次超载效果的三项指标。对因超载产生的“主固结沉降增量”的计算，可采取以下三种方法。

1. 外延线对比法

超载“主固结沉降增量”，是评定超载效果的一项重要指标。本文定义为：在超载相同时间内，二次超载后路基沉降总量与未经二次超载时路基沉降总量之差，称为超载沉降增量。其计算表达式为：

$$\Delta S_1 = \sum\Delta S_2 - \sum\Delta S_3 \tag{11-6-2}$$

式中：ΔS_1——超载沉降增量(mm)；

$\sum\Delta S_2$——超载期间沉降总量，可由现场沉降观测获得(mm)；

$\sum\Delta S_3$——在超载期间内，假定在没进行超载时路基某时刻所发生的沉降总量(mm)。

按上述方法，将 K46＋160 测点的沉降预测外延线求出并绘在图 11-6-2 中，以 A 线示出。成图资料显示，在 2006 年 10 月，卸载后修筑路面前 A、B 两曲线反映出总沉降量分别为 2 694mm 与

2 855mm，两者相差 161mm。此值可视为第二次超载完成的"主固结沉降增量"，即第二次超载的效果。

此外，图中还显示出，从 7 月份开始，A、B 两线显示每月沉降量分别在 3～5mm 间，已满足卸载修筑路面要求。

2. 最终沉降量对比法

取二次超载后 K46＋150 实测沉降—荷载—时间过程线，采用双曲线法，以 2005 年 3 月 10 日二次超载完成后作为计算日，采用双曲线法求出 α、β，如图 11-6-4 所示。

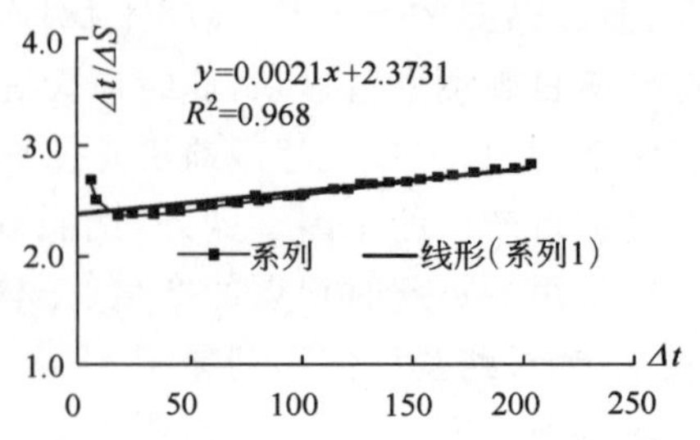

图 11-6-4 K46＋150(中)二次超载后 α、β 求解图

按 $S_\infty = S_0 + 1/\beta$ 计算出最终沉降量 $S_{\infty B}$，此后，采用同样方法，以图 11-6-3 所求 α、β 值，计算出二次超载前路基最终沉降量 S_{iA} 两者之差可视为此次二次超载预压产生的主固结沉降增量。S_{iA} 与 $S_{\infty B}$ 计算结果见表 11-6-1。

最终沉降量计算 表 11-6-1

桩 号	停载日期	β	β/1	S_0 (mm)	S_{iA} (mm)	S_{tB} (mm)	$S_{\infty 1}$ (mm)	$S_{\infty 2}$ (mm)	$S_{工后}$ (mm)
K46＋150A 线	04-12-4	0.001	1000	2030	2494		3030		336
K46＋150B 线	05-3-10	0.0021	476	2751		2855		3227	422

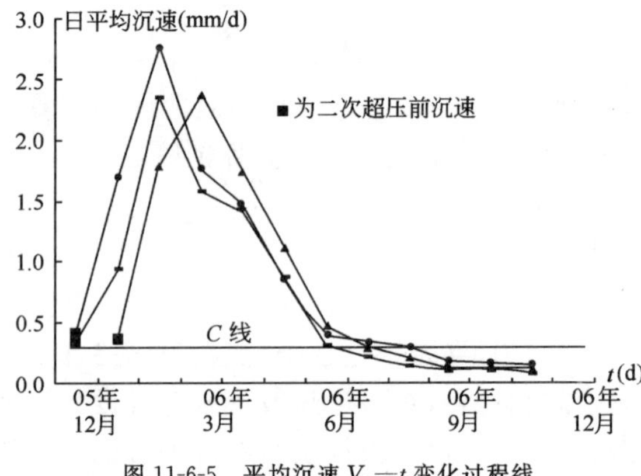

图 11-6-5 平均沉速 V_s—t 变化过程线

从表 11-6-1 得出：$S_{\infty A}$ = 3 030mm，$S_{\infty B}$ = 3 227 mm，两者之差为 197mm，此值即为第二次超载后所发生的沉降增量。该值比采用外延线法计算结果 161mm 高出 36mm，表明二次超后预压时间略显短了一些。

3. 统计对比法

8A、9、10 标在二次超载区域内的所有沉降观测点资料进行统计，计算得出的平均沉降速率与时间绘制成的 V_s—t 变化过程线，如图 11-6-5 所示。

从图 11-6-5 可以看出：在二次超载前，三个标段平均沉降速率几近相同，其值变化范围在 0.359～0.407mm/d之间，表明三个标段总体发展是平衡的，这是路基预压了一年多所产生的必然结果。但此沉降速率仍不能满足修筑路面要求。

当第二次超压荷载施加路基后，沉降速率迅速上升。2006 年元月份沉降速率上升分别为加载前的 4.964～7.334 倍，二月份为加载前的 4.30～6.633 倍。其中 8B 标上升最快，2006 年元月份平均沉速上升到 2.745mm/d，为二次超压前平均沉速 0.407mm/d 的 6.744 倍。由此可见二次超压产生的效果。

到 5 月底，10 标、8B 标日均沉降速率已低于超载前的沉速。6 月份，9 标日均沉降速率也低于超载前的沉速。

10 标、9 标与 8A 标三个标段平均沉降速率分别在 7、8、9 三个月内下降到 0.16mm/d 以下，达到了设计卸载要求值。

各标段在二次超压后沉降增量可利用图 11-6-4 求得。方法是在 y 轴上，以各标段超载前平均沉速为起点，作 x 轴平行线，对 C 线上部曲线积分即可求解。也可采用二次超载后沉降量与超载前一个月沉降量之差求得。其计算结果列入表 11-6-2。

二次超载期间沉降增量计算 表 11-6-2

标段 \ 时间	沉降增量(mm)							
	05-12-1～15	05-12-16～31	06 年 1 月	06 年 2 月	06 年 3 月	06 年 4 月	06 年 5 月	合计
8B 标	(6.512)	20.4	72.48	37.72	32.83	13.1		177
9 标		(5.385)	44.11	56.53	42.59	22.6	3.1	169
10 标	(5.376)	9.62	62.34	34.69	33.64	15.93		156
		30.62	178.93	128.94	109.06	51.63	3.1	502

注:表中括号内数值为二次超压前月沉降量,二次超压后预压期内沉降量低于括号内数值时未列入。

从表 11-6-2 统计结果可知,二次超压后,8B～10 标段沉降增量分别为 176.6mm、169.0mm 与 156.2mm。三个标段平均沉降增量比较接近,产生此现象的原因除与地质因素、荷载大小有关外,还与路基预压时间的长短、第二次超载荷重大小有关。8B 标、9 标预压时间少于 10 标 2 个月,且二次超压荷重约为第 10 标 70%左右。上述三个标段中,10 标段工后沉降将小于 8B 标与 9 标段。

经计算,三个标段平均沉降增量为 167.3mm。由于上述沉降增量是以二次超载后沉降量与二次超载前一个月的沉降量之差计算求得的,未考虑超载前一个月的沉降量在恒定荷载下是一个随时间不断减小的变量,因此,实际沉降增量应大于 167.3mm。该值与外延线法计算结果接近,但比双曲线计算结果 197mm 少 29.7mm。除与上述原因有关外,还与统计计算时的"点"与"面"之间必然会产生的差异有关。从整体考虑二次超载所产生的加固效果,以统计法计算的结果比采用单点双曲线推出的结果更接近于实际。

(五)工后沉降量

《技术规范》要求:在路面设计使用年限内,容许高速公路与一级公路工后沉降 $S_{ra} \leqslant 0.3$m。

工后沉降量是在忽略路基次固结沉降时,路面施工后 t 时段内的残余沉降。故工后沉降量可由 $S_{工后}=S_{\infty}-S_{t}$ 式求得。本文以路基卸载后修筑路面前所测得的沉降量作为 S_{t} 进行计算。计算结果列入表 11-6-1。

计算结果表明,采用二次超载后与超载前实测沉降资料,计算出工后沉降均超过了《技术规范》要求控制值。前者因为二次超压荷载远远大于公路营运后汽车荷载与动荷载。荷载增大,路基总沉降量 $S_{\infty B}$ 也会随之增大。

从路基实际情况分析,以第二次超载前所求得最终沉降量 $S_{\infty A}$(3 030mm)与经过二次超载后卸载修筑路面前完成的沉降量 S_{tB}(2 855mm)之差计算工后沉降,则是合理也是符合实际情况的。经计算得出该段路基的工后沉降为 175mm,满足技术规范要求。这从另一个角度说明,二次超载在加快软土固结、减小工后沉降中所起的作用。

(六)过量沉降与卸载时间

在超载预压过程中,如果超载荷载太大或预压时间过长,使得表 11-6-1 中 S_{tB} 值超过了 $S_{\infty A}$ 值,就会产生过量沉降。计算结果表明,本工程第二次超载未使路基产生过量沉降。

该段工程累计预压时间长达两年多且进行了第二次超载,在广东高速公路建设史上是少见的。即使如此,仍未使路基产生过量沉降.表明在珠江三角洲,特别在珠海、中山、台山等淤泥层厚大于 20m 以上的地区,按目前国民对高速公路建设速度的要求,因超载造成路基产生过量沉降是很难发生的。但因超载造成瞬时沉降量增大甚至路基滑塌所谓的"过量沉降"却是屡见不鲜的。对于淤泥层厚较浅,竖向排水体穿透了淤泥层,倘若超压荷载过大,超压时间过长,则有可能产生过量沉降。由于目前关于过量沉降的研究报道文章很少,因此是个有待研究的课题。

通过上述分析不难得出：超压卸载时间，以施工期完成的沉降总量等于或接近最终沉降量，但又不大于过量沉降为最合理。即：当 $S_{iB} \approx S_{\infty A}$ 时可卸载修筑路面。按此算式以及上述方法进行推算则需要4年以上时间。显然，这没必要，也不符合中国国情。本文主张仍按设计要求，卸载修筑路面时间，以最后连续三个月每月沉降量小于5mm为宜。

(七)二次超载预压对设计不同处理方法的影响

同处在第二次超载区内，两种不同加固形式在第二次超载期平均沉速与时间关系过程线，如图11-6-6所示。

其中 b 线为真空联合等载预压区，观测桩号K45+958；a 线为袋装砂井超载预压区，观测桩号K45+850；砂井区填土施工比真空预压区早2个多月，两区均在2004年9月完成路基填筑。

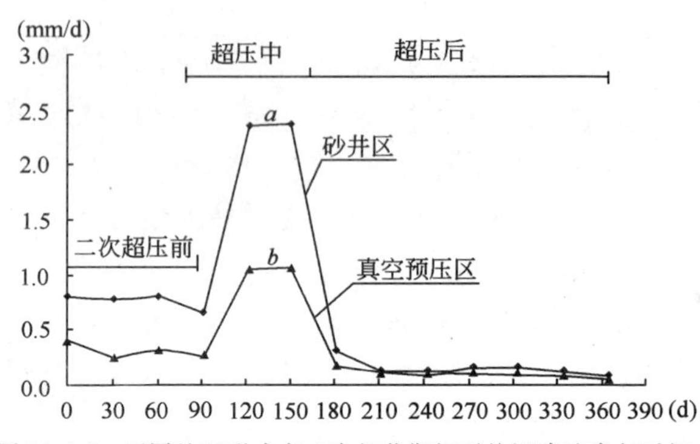

图11-6-6 不同处理形式在二次超载期间平均沉降速率与时间过程线

从图11-6-6可以看出，经过一年多时间预压，到2005年12月底，袋装砂井区平均沉降速率仍达0.66mm/d，真空预压区平均沉速为0.27mm/d，仅为砂井区平均沉速的41%，足见真空等载预压在软基加固中所起作用远优于袋装砂井超载预压。

两区第二次超载厚度均为1.2m（荷载约25.8kPa），分三次填筑，施工方向由南向北，首层始于2005年12月29日，2006年1月16日完成第二次超载施工。经过一个多月静置预压，至4月初，砂井区日均沉速锐减到0.16 mm/d，仅为二次超载前沉降速率的1/4，几乎与真空预压区平均沉速一致。从图11-6-6中 a、b 过程线可看到，从5月初到9月底，两测点沉降速率变化范围均处在0.16～0.07mm/d间，月沉降量早已达到卸载修筑路面要求。

上述情况表明，二次超载对袋装砂井区的作用，远高于对真空联合堆载预压区的作用。说明了二次超载（或超载）有协调不同加固形式两者间差异沉降的能力，能使两者间沉降速率逐日逼近。因此，进行二次超载（或超载）时，对于设计不同形式的处理区段的结合部，应是超载的首选范围。

在珠海段的二次超载中，9标K43+930至真空预压区K43+962.5约32m路段，因故未能进行二次超载，该段工后沉降有将会大于两端沉降量。

四、江门段二次超载情况

江门段9标主线K1+000～K2+300，长2 300m路段中有4座大、中桥，桥头两端路基延长段的软土地基，均采用真空联合等载预压法进行加固，余下路基采用袋装砂井+土工格栅压+超载预压进行处理。该路段路基施工多在4～5月完成，仅K1+447～598段在6月中旬才完成施工。

6月下旬进行桥台桩基施工时，因现场无场地设置沉浆池，数次征用临时用地未果，拟将泥浆池修筑在超载厚度已达1.5m的路基上。为此先进行了渗压试验，确认泥浆池内水对路基浸渗深度不足30cm，对超载1.5m以下的路基不会构成危害，通过对桩基出泥量计算，在路基上兴建了总长为766m的沉砂池6座。在解决桩基施工难题的同时对路基进行第二次超载预压。

泥浆池设计原则：一是端头离桥头桩基最短距离不得小于35m，防止新增荷载打破路基原有平衡产生过量侧向挤出损坏桩基；二是位居路中以防路基横向产生差异沉降；三是沉沙池围堰最大高度限定在1.0m以内，允许淤泥堆积层厚为0.8m（荷载约12kPa）；四是加强观测，提高观测频率，池内沉降测点设置固定测量标尺，以方便观测并保证观测频率；五是做好排水设施，防止池内水溢堰而过从路基边坡处渗入路基。

按照上述统计对比法，对其在二次超载中的沉降增量进行计算，所得结果见表11-6-3。

江门段九标二次超载沉降增量计算　　表 11-6-3

月　份	二次超载前		二次超载后				Σ
	5 月	6 月	7 月	8 月	9 月	10 月	
沉降量(mm)	(30.0)	(23.2)	50.79	25.82	8.86	−3.59	86.47

注:表中括号内数值为二次超压前月沉降量,10 月份后沉降量低于二次超载前沉降量,故以负值列入并且不参加“沉降增量”总量的计算。

表 11-6-3 反映了二次超载时逐月沉降增量变化情况,其中 7 月份沉降增量最大,达 50.79mm,为加载前的平均沉降量 23.2mm 的 2.19 倍。此后,沉降增量逐月减少。产生此现象是因为首次“蓄浆放淤”时,水荷载较大所致。在此后放淤过程中荷载的增加,仅为桩基中淤泥土与水的置换,荷载增量相对较小,产生的沉降增量也较小。

该区二次超载与珠海段最大不同点在于:二次超载前的预压时间。珠海段是在静置预压一年后进行二次超载,本区大多段是在静置预压一个月左右就进行。其中 K1+447～598 段,在真空卸载后 5 天就开始“蓄浆放淤”。正因为如此,在沉放浆液后第 3 天,侧向位移速率达到 4.3mm/d,按“薄层轮加法”填筑技术要求,指令暂停“放淤”。其他区段进行二次超载时路基多已预压了一个月,放淤超载对其未产生不良影响。

超载预压,路基处在最大荷载之下,稳定是最重要的。因此有的学者提出,超载预压在等载预压一定时间以后进行。江门段工程实践说明,超载预压在等载预压完成一个月后进行是适宜的。

该区二次超载从 6 月底桩基施工开始,8 月份结束,预压 3 个月后于 11 月卸载修筑路面。虽然二次超压荷载仅占珠海段的 1/3～1/2,且预压时间均不及珠海段一半,从表 11-6-3 反映数据得知,其沉降增量仍达到 86.48mm,约为珠海段二次超载沉降增量的 51.7%。这表明利用泥浆池对路基进行二次超载,对加速路基完成固结沉降也是有作用的。

在路基上修筑沉浆池解决施工场地的同时,进行二次超载预压,收到了“一举两得”的效果。但因这种类型超压,多发生在桥涵桩基施工时间,为防止超载造成侧向挤出损伤桩基,沉浆池端头离桥头桩基最短距离不得小于 35m。如果对桥台路基延长段的处理(如真空预压、CFG 桩、水泥系深层搅拌桩等)长度过短,超载范围不能涵盖桥头路基延长段与一般路基段的结合部,公路竣工后,在桥台路基延长段与第二次超载段间产生的差异沉降至少会影响行车舒适度。此外,该法有悖于《技术规范》“在预压期则不应在路堤上做任何工程”的要求,非不得已不宜采用。

五、效　　益

通过上述三种方法求出因二次超载产生的“沉降增量”,可很方便求出沉降总量。以统计法求得的珠海段路基中心线沉降标测得二次超载“沉降增量”为 167.3mm 为基础,设路基平均填土高度为 5m 时,按上世纪九十年代末公路计算路堤沉降体积的常用方法,以路堤中心沉降标所测沉降量×0.8 作为路基平均沉降量,计算得出珠海段因二次超载完成的主固结沉降土方为 24 473.9m^3。其中包括路面沥青混凝土(厚度以 10cm 计)约 10 035m^3。路面底基层约 6 754m^3。

六、结　　语

(1)能在确保路基安全的前提下,顺利地完成了第二次超载预压,全线超载线路长度共 5 226m,其中珠海段 4 460m,江门段 766m。总体评估效果是好的。

(2)珠海段在二次超载施工的 84d 内,侧向挤出量仅为侧向位移总量的 4.94%。侧向挤出量很小,说明二次超载期间发生的沉降量多为主固结沉降。

(3)二次超载能加速路基主固结完成,珠海段二次超载完成主固结沉降不小于 167.3mm,完成主固结沉降土方为 24 473.9m^3,减少工后沉降效果明显。

(4)有协调不同处理方法两者间差异沉降的能力,珠海段二次超载完成后,一般只需要2～3月可使两者间沉速趋于一致,加快后续工程进度。

(5)在珠海、中山、台山等淤泥层厚度大20m的地区,因二次超载(或超载)使路基很难产生过量沉降。

(6)在已预压一年的路基上进行二次超载,每周加载一层(荷重约8.0kPa);对路基安全不会构成威胁;

(7)侧向位移挤出量的大小以"侧向位移单宽面积"计,比仅采用某点最大位移速率更能反映出土体侧向挤出情况;

(8)超载(或二次超载)特别适应于不同形式处理区结合部;

(9)超载填料采用能为后期工程所用的砂砾石料填筑,符合《技术规范》要求,能节省资源与投资,避免了超压土废弃的麻烦;但必须注意环境保护,防止砂砾石料被灰、泥污染,给后续工程带来损失或隐患;

(10)超载(或二次超载)时,应重视横向排水体砂垫层畅通,以加快孔隙水压力的消散;

(11)引入"单宽位移面积"与"超载沉降增量"等计算方法,对超载(二次超载)效果进行评估,尚处在初始阶段,对其标准值的确定还需后续工程实践的检验。

第七节　超长袋装砂井施工深度的检测方法与作用

超长袋装砂井深度检测与砂井施工同步,这是江珠高速公路软基处理的技术创新。在此之前,我国公路施工由于没有超长袋装砂井深度检测方法,在施工记录中的砂井长度只能称之为施工前的井长。这项创新技术的运用,对提高江珠高速公路超长袋装砂井施工质量起到了重要作用。

一、袋装砂井施工深度检测沿革

袋装砂井加固软土技术1977年首先由交通部第二航务工程局科研所(现武汉港湾设计研究院)引进并获试验成功,1981年通过交通部部级鉴定,分别获得交通部、武汉市重大科技成果二等奖。此后,该项技术在全国得到了广泛应用。但二航局科研所在研究成果报告中,对如何检测袋装砂井施工入土深度却未涉及。由于没有成熟的检测方法,故交通部1996年12月发布的《公路软土地基路堤设计与施工技术规范》中未能将该项检测列入。

因此,长期以来,对袋装砂井施工入土深度的检测基本上处于半空白状态。为了解袋装砂井施工质量,工程界曾采用钻探法、拔井法,甚至开挖拔井等方法,对袋装砂井施工深度进行检验,但均未达到预期效果。20世纪末,京珠高速公路采用"高压冲水法取袋法"对袋装砂井入土深度进行检测试验获得成功,部分解决了这一检测难题。

高压冲水取袋检测法的基本原理是利用高压水的冲击力,使砂袋中的砂粒随水流一起泛起流出井口,此后将空袋从淤泥中拔出丈量,即可达到检测目的。

21世纪初,笔者曾参加广惠高速公路袋装砂井入土深度检测,确认高压冲水取袋法有效深度在15m左右。

从理论上分析,只要水流冲击力足够大,就能使砂袋中砂粒泛起高度得以提高,再长的砂井也能抽得出来。但是,由于检测所涉及的对象是呈流塑状淤泥以及被呈流塑状的淤泥包裹着的塑料编织物,过大冲击力易使砂袋破裂,即使不破裂也会从编织袋缝隙中挤压出而破坏原有淤泥土层结构,严重的会使淤泥浆从相邻砂井中溢出产生"串井"而污染邻近砂井,造成检测一根污染一片的恶果。因此,检测必须严格控制射流冲击流量与压力,至今尚没见到采用高压冲水取袋法检测袋砂井长度超过20m以上的工程实例报导。

二、江珠高速公路袋装砂井施工现状

江珠高速公路珠海段路基为典型的滨海相沉积软土区，在耕作土、鱼塘底下藏卧的淤泥、淤泥质土呈流塑、软塑状，层厚度普遍超过 35m，最深处达 46.60m。设计采用袋装砂井长 25m，下料长度在 27m 左右，在软土地基中呈“悬井”状。

袋装砂井施工时，受淤泥回淤影响或砂井灌砂不密实等原因，造成砂井机导管下“桩靴”开启不及时，在拔套管时往往会将砂袋带出而产生“回带”现象，致使袋装砂井入土深度达不到设计要求。由于没有对超长砂井的检测手段，对待回带出地面的砂井，一些素质较低的施工人员通常采取“割头”(即用镰刀将回带出地面的“多余”砂井头割掉，然后打个结)的方法解决，以避免返工，且多能蒙混过关。这已是不争的事实。

为保证砂井施工质量，江珠公司在广东省交通质量监督站支持下，拨出经费，对超长袋装砂井施工长度检测方法进行试验与研究，以期获得成功，为祖国建设做出贡献。

三、高压冲浆取袋法原理

高压冲水取袋法的理论基础，是砂粒在高压水流作用下克服地心引力，使砂粒随同水流泛起。在当水体浮力恒定时，砂粒泛起的垂直高度与射流的强弱成正比，与砂粒的质量成反比。只要射流冲击力大于砂粒在水中质量，即可使砂粒泛出井口。

高压冲浆取袋法是在上述高压冲水取袋法理论基础上，针对清水浮力不足的弱点而又不能无限量地加大射流压力这一必须遵循的准则，在清水中加入一定比例量的膨润土，增加水体浮力，以达到对超长袋装砂井实施检测的目的。

四、试 验 情 况

试验目的一是在对泥浆泵施加的压力与高压冲水取袋法相同情况下，在清水中加入一定比例量的膨润土后，由于水体浮力的增加，砂粒上浮行程增大后能否满足对 28m 砂井实施检测目的；二是求证出泥浆泵最大允许压力；三是推荐机械。

检测工作于 2004 年 3 月 28 日开始，地点在珠海段第 12 标段，试验区袋装砂井生产情况为：A 区砂井刚完工，B 区砂井在半年前已完成，两区袋内均为中粗砂，粗砂比例占 60%以上。使用机械为 BW—160H 型与 BW—150 型泥浆泵，材料为花都产 200 目与 400 目膨润土。

首先采用高压冲水(清水)法进行，在 B 区随机选点。当深度达到 15m 时，井口少见砂粒泛起。加大工作压力至 1.2MPa，后砂粒又开始泛起溢出井口，至 18m 后又停止溢出。再将工作压力升达 1.3MPa时，出现串井，检测工作失败。此后将检测点换在 A 区，结果与 B 区相似，所不同的是到 19.0m 后砂粒才停止溢出。因“串井”之故，接受监理建议，未予再试。

4 月 2 日下午在 A 试验区，改高压冲水为高压冲浆，将相对密度调至 1.25 的膨润土泥浆液用泥浆泵注入砂井袋中，泵机工作压力由 1.0 MPa 升到 1.2MPa，15min 成功地将一根长 25.35m 的砂井袋完整抽出，砂袋中残留砂粒长度不足 30cm，试验成功。

随后转入 B 区，试验过程、结果与 A 区相似，所不同的是到 17.0m 后砂粒就停止了溢出。此时将泥浆相对密度上调至 1.25，井口恢复出砂，经 21min，成功抽出一根 25.85m 的砂袋，复试成功。但袋中残留砂粒长度为 103cm，表明浆液相对密度略显不足。

通过讨论试验，利用所获得的经验与数据，开始对江珠高速公路全线砂井施工长度进行检测。

五、检测前准备工作

(一)检测场地布置

在施工现场，在监理工程师指定的被检测砂井旁砂垫层上开挖沉砂池与集浆池，池宽 60cm 左右即可，池底铺设能防渗漏的塑料布；开挖两池时注意不得损伤相邻砂井，此后再将相邻砂井头横卧于塑料布下即可；在砂井三个方向堆积高约30cm左右防溢导流砂包（防止泥浆溢出污染砂垫层），仅留一面向沉砂池的出口，供砂井中砂粒随流泛起后流入沉砂池，砂包上包裹防水塑料布；两池间设置拦砂坎与拦砂网。检测场地布置见图11-7-1。

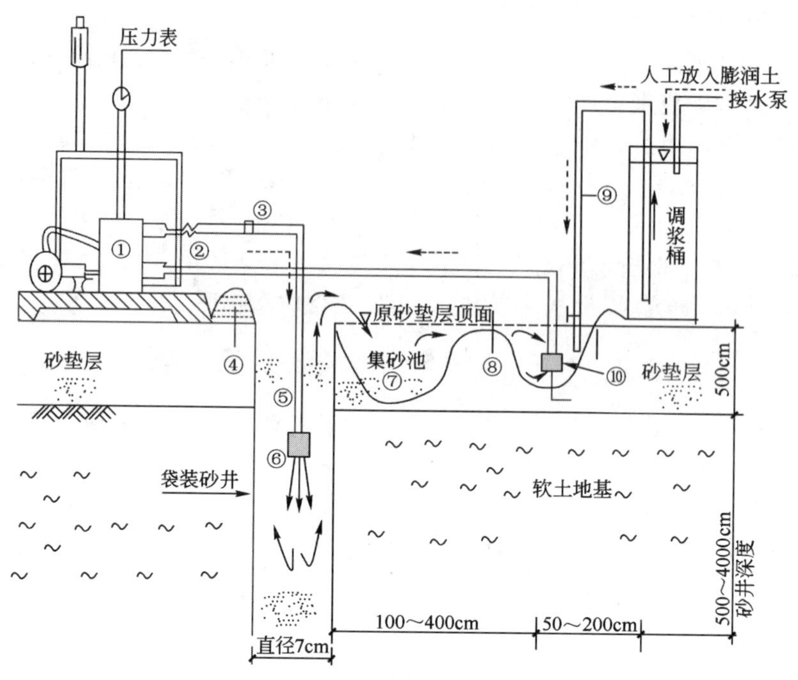

图11-7-1 袋装砂井深度检测示意图

①-泥浆泵；②-进流管；③-出流管；④-导流防溢浆沙包；⑤-射流杆；⑥-射流口保护套；⑦-集浆池；⑧-拦沙坎与拦沙网；⑨-进浆管；⑩-集浆池

（二）检测机械设备的选择与配置

1.机具的选择及性能

经过试验，对三种泥浆泵的实用性进行比较，认定BW—160H型泥浆泵较适合用于砂井深度检测。这种泵的主要性能指标是：排量165L/min；质量（含柴油机）200kg；最大工作压力1.3MPa；柴油机功率5.88kW；外形尺寸为1 110mm×725mm×965mm。其主要特点是轻便、灵活且自带动力，机动性强，可置放在小货车上运往任何检测井点，不易受到场地或施工单位制约，从而能保证检测结果具有代表性。

2.其他材料与设备

（1）射流杆与射流出口

射流杆长0.5m左右，材质为镀锌水管，直径30mm左右。射流杆与泥浆泵间用耐高压软管连接，软管长度自定。射流出口管头采用橡胶软管套牢，软管内径等于或略大于射流杆外径。安装时将软管用力拧入到射流管上2～3cm即可。管头出流口四周，用刀削切呈圆弧形状后用锉刀磨平，以避免射流管进出砂袋时划伤砂袋壁。

（2）沉砂池与集浆池

沉砂池的作用，是使被水流冲浮泛起的砂粒在池内沉积，无砂泥浆水回流到集浆池内供泥浆泵循环使用。沉砂池与集浆池可利用工地砂垫层易于开挖的特性，在砂垫层上人工开挖后即可成型。沉砂池几何尺寸以3.0m×1.0m×0.5m（长×宽×高）为宜，集浆池几何尺寸略小于沉砂池。必要时可派人员将沉淀在沉砂池内砂粒捞出，以增大沉砂功效。

值得注意的是，池底必须铺好防渗漏的塑料膜，以防泥浆水渗入污染了砂垫层。两池间应设立拦砂坎与拦砂网，防止砂粒入侵到集浆池后被泥浆泵吸入，对泵机造成损伤。

(3)配浆桶与泥浆配料

配浆桶用废旧汽油桶制作,泥浆配料采用200目膨润土效果最好,也可采用细颗粒黄土粉或钻孔废泥浆等,只要能增加水体浮力即可。

六、检 测 方 法

(一)检测点位的确定

检测点位的确定权在业主或监理工程师。在现场或在记录表上随机抽取被检测点位。此后,解开被检测砂井接头,在监理工程师旁站情况下,测量砂井外露长度与砂垫层厚度,并如实记入"袋装砂井施工长度检测报告"中。

(二)泥浆液的配制

检测前,将水注入调浆桶内倒入膨润土(或其他原料)搅拌均匀,用比重计测出浆液相对密度,认为合适后,利用软管采用虹吸法,将泥浆水注入集浆池中。

据试验所得经验数据:按砂井长度与砂粗质量决定浆液相对密度,袋装砂井长度在15m以内,可用清水;15～20m,浆液相对密度以1.10～1.15为宜;25m以上,浆液相对密度则需达到1.25。在检测过程中,当泥浆相对密度达1.25时,检测出最长砂井长度为26.6m(由此推论出,当砂井长度超过30m以上时,泥浆相对密度达到1.25～1.35间应能满足抽检要求)。此外,浆液相对密度大小还需从砂袋中粗砂含量的多少,砂井置放期长短等因素来考虑。

(三)泥浆泵压力控制

初始压力可按由小到大,随着砂井深度的增加,逐步加大至1.0MPa以内;20m以上,控制在1.0～1.2MPa。非特殊情况不要将压力提高到BW—160H型泥浆泵极限状况1.3MPa,以免"串井"与机损。检测过程可始终将流量开启到最大值。

(四)射流杆的操作

射流杆的插入,是检测工作重要步骤之一,操作者不可急躁,应仔细掌握好射流杆,使之尽可能位于砂井中心。随着砂粒泛起和排出,射流杆会自然下沉。必要时操作员可对其略施外力,以加快检测速度或校正其入井角度。当射流杆下沉到达砂井底部后,还要继续开机2～3min,使砂袋内砂粒如数泛出。当用手测得砂袋出流口几乎没有砂粒泛起后,采用人工可轻松地将砂袋拔出丈量即可。抽出的砂袋交监理工程师带回驻地储存备查。

(五)射流杆穿出砂袋的判断方法与处理措施

检测时,检测人员应密切注意砂粒泛出量的增减与出流浆液颜色的变化。一般情况下,如果泛砂量减少、出流浆液颜色由土黄色(浆液色)变为青灰色(淤泥色),则表明射流杆已穿透砂袋进入了淤泥层。此时可将射流杆慢慢上提到1～2m后,重新向下试插放,往返数次,大多情况下射流杆都能重新进入到袋内。

(六) 沉砂池的维护

在检测过程中,应派专人将沉砂池内沉积的砂粒捞出,并经常清理与更换拦砂网,以保持沉砂池与拦砂网的功能,减少砂粒流入集浆池造成机损。

(七)检测报告与报告检测

检测报告在监理工程师旁站下,由检测单位或监理工程师填写。检测报告一式三份,由监理、检测单位、标段承包人三方代表签字后各存一份。该报告作为袋装砂井验收是否合格、是否可进行下道工序的凭证。此后在业主开办的 OA 网上定期公示，报告检测结果，以加强透明度。

江珠高速公路采用的“袋装砂井施工长度检测报告”格式见表 11-7-1。

江珠高速公路袋装砂井砂袋长度检测报告 表 11-7-1

合同段：________

No：________

<table>
<tr><td>①</td><td>②</td><td>③</td><td>④</td><td>⑤</td><td>⑥</td><td>⑦</td><td>⑧</td><td>⑨</td><td>⑩</td></tr>
<tr><td>测次</td><td>代表桩号</td><td>控制范围</td><td>设计井长
(m)</td><td>施工记录井长
(m)</td><td>外露长度
(m)</td><td>砂垫厚度
(m)</td><td>砂井底部打结长度
(m)</td><td>检测长度
(m)</td><td>实测砂袋总长
(m)</td></tr>
<tr><td></td><td></td><td></td><td></td><td></td><td></td><td></td><td></td><td></td><td></td></tr>
<tr><td></td><td></td><td></td><td></td><td></td><td></td><td></td><td></td><td></td><td></td></tr>
<tr><td colspan="2">监　　理：
签　　名：</td><td colspan="8">年　月　日</td></tr>
<tr><td colspan="2">检测单位：
签　　名：</td><td colspan="3">年　月　日</td><td colspan="2">施工单位：
签　　名：</td><td colspan="3">年　月　日</td></tr>
</table>

备注：①实测砂井总长＝外露长度＋砂垫层厚度＋检测长度＋砂井底部打结长度；检测长度⑨＝⑩－⑥－⑦－⑧。

②检测前在监理旁站下，由施工单位现场提供“施工设计图”和“袋装砂井施工记录”。

③填写设计井长与施工记录井长后开始抽检，检测长度≥设计井长

注：本表一式三份，监理、检测单位、标段承包人各一份。　　检测日期：　年　月　日

(八)检测注意事项

无论是冲水取袋还是冲浆取袋检测砂井深度，泛起的淤泥与配制的泥浆都会对砂垫层造成污染，影响排水功效，因此检测时必须注意，力求减少或避免这种负面影响。检测完成后尽可能将浆液回收。对冲出的砂粒应如数清出场外后再恢复砂垫层，复插袋装砂井。

七、检测结果与原因分析

通过珠海段对袋装砂井深度检测试验的成功实践，业主与江门段总监办按路基隐蔽工程施工常规要求，将砂井检测纳入砂井验收程序，改变了昔日“飞行检查”一次过的做法，开创了国内袋装砂井深度检测与砂井施工同步进行的先例。

检测工作从 2004 年 12 月 3 日开始，到 2005 年 12 月 23 日结束，历时一年有余。共检测砂井 101 根，检测频率(按根计)为 0.1% 左右，各时段砂井检测结果及合格率见表 11-7-2。

江珠高速公路袋装砂井施工长度检测报告资料汇总 表 11-7-2

区　段	检 测 时 间	检测数量(根)	合格数量(根)	合格率(%)	被测砂井欠缺长度(m)
珠海段	04-4-2～5-3	25	23	92.0	4.40，0.90
江门段	04 年 12 月	29	25	76.0	1.25，0.48，0.65，1.10，0.52
	05 年一季度	37	35	94.6	0.50，0.40
	05 年二季度	24	22	91.7	0.61，0.70
	05 年三、四季度	9	9	100	

注：资料来源见江珠高速公路 OA 网站。

江门段砂井施工除第二标段以外，均始于 2004 年 11 月前。12 月 3 日开始检测。从上表看出，12 月份检测合格率仅有 76%，短井最大值为 1.25m，最小值为 0.48m。如此低的合格率，势必引起业主与总监办的重视。为此，总监办除下达加强袋装砂井施工质量监督、控制的指令以外，并与业主一同在

2004年12月底工地例会上，进一步强调了袋装砂井施工质量的重要性以及处罚措施。因此，从2005年元月开始，江门段袋装砂井施工质量有了明显的好转。次年第一季度，合格率上升到94.6%。

但是，第二季度砂井抽检合格率又回落到91.7%。经查，不合格砂井均发生在第二标段；而第二标段在第二季度是首次被抽检。排除此特例，第二季度其他各标段砂井合格率就达到100%。与之雷同的是，第二标段通过此次检测，在以后6个月的10次抽检中，合格率始终是100%。

检测前后合格百分率变化的情况说明：对袋装砂井施工深度实行跟踪检测，特别是将砂井检测纳入砂井验收程序，对提高江珠高速公路袋装砂井施工质量所起的作用是很大的。

八、袋装砂井施工深度检测的必要性

《技术规范》规定对袋装砂井施工的验收标准与方法是："砂井长度符合设计规定，允许偏差不小于设计"。"检查方法和频率"为"查施工记录"。同时说明如产生回带则"应在原孔边缘重打，连续两次将砂袋带出时，应停止施工，待查明原因后再施工"。该验收标准实质上只进行了"过程控制"，没有进行"结果控制"。

在此之前，由于没有对施工后砂井入土深度检测的方法，承包人施工记录中的井长只能称之为施工前的井长。准确地讲是下料长度减去两端打结后的井长。换句话说，这只是对施工过程进行控制而没有对施工结果进行验收。况且这种控制也是间断型的。不可能一台机械派3名监理人员24小时连续跟班，处处旁站。而上述对砂井实施"割头"只需几秒钟就可完成，因此采用抽检的方法对结果实行控制就显得更有必要。因为抽检的随机性对那些置工程质量于不顾者是具有一定威慑力的。从江门段初次检测与后续检测的合格率的变化，就显现出对砂井施工长度实行检测的必要性。

袋装砂井施工为隐蔽工程，过程控制很重要，但结果控制是终极目标。在已有了检测手段的今天，过程控制不应是件困难的事。

九、结　　语

(1)高压冲浆取袋法，适用于各种直径的袋装砂井施工长度检测，当浆液相对密度为1.2时，实际工程检测长度已达26.6m(因受设计井长25m限制)。试验表明，当提高泥浆液相对密度，理论上检测长度可达30m以上甚至更高。

(2)实行砂井施工与砂井施工深度检测同步，对提高江珠高速公路袋装砂井施工质量起到了很好作用。

(3) 检测时必须注意泥浆水污染沙垫层，特别注意泥浆泵压力不宜太大，以防射流穿透砂袋对邻近砂井造成污染；检测机械可采用各类泥浆泵，推荐机械为BW—150H型泥浆泵。

(4)高压冲浆取袋检测为破损检测，因此检测频率不宜太高，建议值为0.2%左右。

(5)由于已有对砂井施工长度的检测方法，对隐蔽工程袋装砂井施工质量除进行"过程控制"外，还应进行"结果控制"。建议在今后重新修订《公路软土地基路堤设计与施工技术规范》时，对袋装砂井施工深度实施检测，应纳入袋装砂井验收范畴。

·第十二章·

荷麻溪特大桥施工技术

江珠高速公路桥梁总长11.62km，占全线总里程21.78%，其中特大桥、大桥21座。搞好桥梁工程建设，是本项目三大难点之一，而全国目前主跨最长的部分斜拉桥——荷麻溪特大桥，更是难中之重。

本书第四章，从质量控制的角度，详细阐述了荷麻溪特大桥的质量内控机制；第九章，从设计的角度，扼要叙述了荷麻溪特大桥的设计特色。本章则从施工角度，翔实展示荷麻溪特大桥的施工技术。

第一节 施工总体布局

荷麻溪特大桥的工程概况、施工总体布置和安排，在本节分述于下。

一、工程概述

(一)主桥

1. 主桥上部构造

荷麻溪特大桥主桥上部构造为部分斜拉桥，构造跨径组合为125m+230m+125m，分两个T构独立施工。两个T构悬臂段浇筑完毕后，与边跨现浇段合龙，第一次转换体系，T构由静定结构转换成一次超静定结构。然后合龙中跨，第二次转换体系，由低次超静定结构转换成高次超静定结构，两个T构形成一个整体。

2. 主桥0号段

0号段作为悬臂浇筑的起步段，具有结构复杂，预埋件、钢筋、预应力孔道、锚具密集交错等特点。同时0号块既是主塔的施工场地，也是挂篮的拼装场地。

主桥预应力箱梁0号块全长18m，梁顶宽28.3m，梁底宽16～16.28m，变高度单箱(双)三室截面，斜腹板，其结构形式具体为中间8m为单箱双室，两室之间为钢筋混凝土实体结构，两端设横隔板和人洞；0号块两端各5m为单箱三室结构，翼缘板宽4.5m。0号块采用C50混凝土，共计1 078.8m^3。0号块与墩身采用固结形式，墩身钢筋伸入0号块，斜拉索主塔钢筋锚固在0号块实体部位。

(二)主梁

1. 主梁为预应力混凝土结构

采用变高度单箱三室截面，斜腹板，顶板宽28.3m，顶板悬臂长度4.5m，跨中梁高3.0m，支点梁高6.5m，梁底曲线按圆曲线变化。中跨直线段86m，边跨直线段52.9m。顶板板厚25cm，底板板厚由跨中25cm变厚至支点处100cm，边腹板板厚为60cm，中腹板板厚为45cm。悬臂板端部厚15cm，根部板厚 55cm。在支点和斜拉索锚固处设置横隔板，横隔梁上设进人孔，中室和边室横隔梁厚度分别为 50cm 和 30cm。端横隔梁的厚度为 150cm。主梁底板为水平，顶板设 2% 横坡，通过中腹板与边腹板做不等高处理。

2. 主桥箱梁预应力体系

主桥箱梁采用三向预应力体系，按全预应力构件设计。三向预应力体系分别介绍如下。

(1)纵向预应力体系

分为纵向预应力粗钢筋和纵向预应力钢绞线束。其中在主梁 9～27 号块顶板设置公称直径为 32mm，标准强度 R_b^y＝750MPa，张拉强度 675MPa 的预应力精轧螺纹粗钢筋，局部置于箱梁顶板，控制主梁悬臂施工阶段的混凝土应力，随悬臂施工阶段分段张拉锚固接长，纵向粗钢筋均采用隔阶段张拉锚固措施；纵向预应力钢绞线束分为顶板悬臂束、边跨合龙束和中跨合龙束，采用 ϕ15.24 低松弛钢绞线，钢束规格分别为 19ϕ15.24 和 12ϕ15.24，标准强度 R_b^y＝1 860MPa，张拉强度 1 395MPa。

(2)横向预应力体系

其中顶板采用 5ϕ15.24 预应力钢绞线束，扁形锚具；在主梁 9～24 号块主梁横隔板设置 15ϕ15.24 预应力钢绞线束，标准强度 R_b^y＝1 860MPa，张拉强度 1 395MPa。

(3)竖向预应力体系

中、边腹板内设置公称直径为 32mm 的预应力精轧螺纹粗钢筋，标准强度 R_b^y＝750MPa，张拉强度 675MPa。

(三)主塔

主塔布置在 0 号段中心中央分隔带上，为钢筋混凝土结构，截面为双圆构成的哑铃形截面，塔高 39.0m，顺桥向宽 5.0m，横桥向宽 2.5m，圆柱直径为 2.5m。斜拉索在塔顶的锚固采用双钢管鞍座结构。主塔采用 C50 混凝土。

(四)斜拉索

斜拉索为单面索，布置在中央分隔带上。塔根附近无索区长度为 44.0m，梁上索距 4.0m，塔上索距 0.8m，拉索采用双排索，单根最大索力控制在 5 700kN，全桥共 64 对索。斜拉索采用环氧喷涂钢绞线成品索，规格为 43ϕ15.24 和 31ϕ15.24，其标准强度为 1 860MPa。

斜拉索的防腐措施：由柳州 OVM 公司提供的成品索，整个索股均在工厂生产，更有利于保证质量。为克服普通拉索外包 PE 老化后出现的环向开裂而影响使用寿命，在喷涂钢绞线与索股聚乙烯层之间加有特制油脂，除增加防腐功能外，更使 PE 与环氧绞线的不同步延性得以分离，即形成所谓的无黏结预应力筋。

二、施工总体布置

(一)供电方案

与当地电业部门协调，在临近供电网架设变压器，用电力线引至荷麻溪两岸配电房。

备用电源。考虑断电时，为满足局部重要部位的供电，在每个配电房处各安装一台 250kW 的柴油发电机组，以保证施工需要。

(二)施工供水

荷麻溪水经化验合格，可作为施工用水。在现场设抽水泵站、过滤水池，为施工生产提供水源。生产用水水质符合《混凝土拌和用水标准》(JGJ 63—89)。生活用水从当地自来水网接引。

(三)混凝土拌和设施

根据工程需要,在荷麻溪两岸主桥墩位旁分别设置混凝土拌和站。拌和站场地进行硬化处理。拌和站主要设备配置详见表 12-1-1。

拌和站主要设备配置　　表 12-1-1

序　号	设备名称	型　号	能力(m^3/h)	数　量
1	搅拌机	JS750	>30	6
2	配料机	1200		2
3	配料机	800		2
4	装载机	ZL50		2

(四)施工平面布置

主桥施工平面置见图 12-1-1。

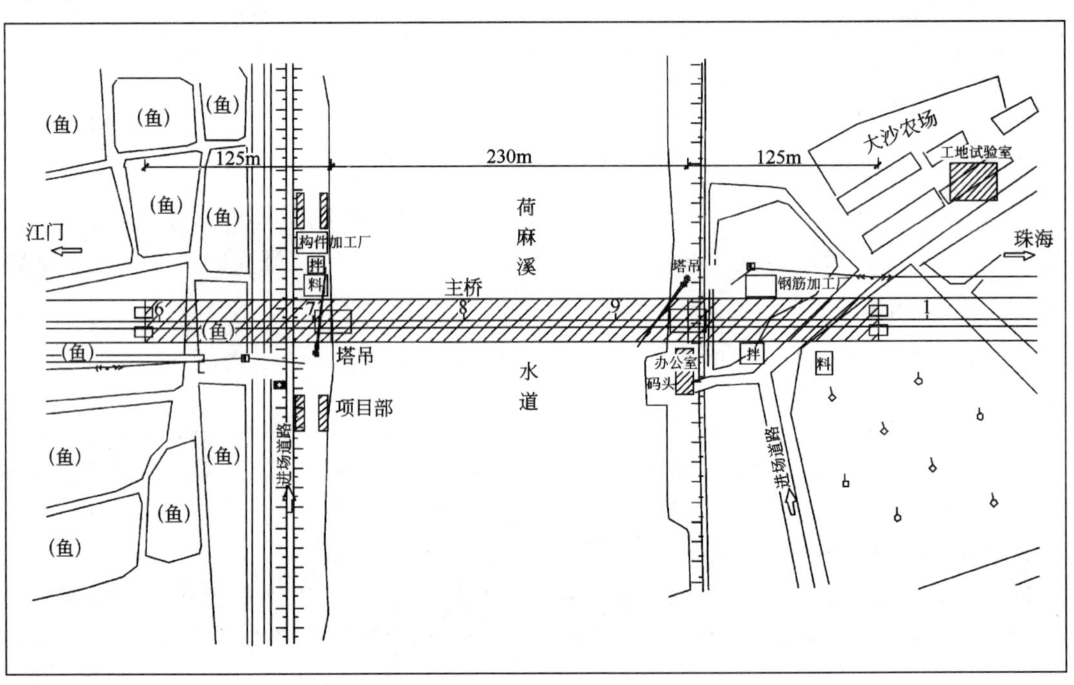

图 12-1-1　主桥施工平面布置图

三、施工总体安排

(一)施工组织机构

荷麻溪特大桥施工组织机构见图 12-1-2。

(二)劳动力组织

荷麻溪特大桥劳动力组织结构见表 12-1-2。

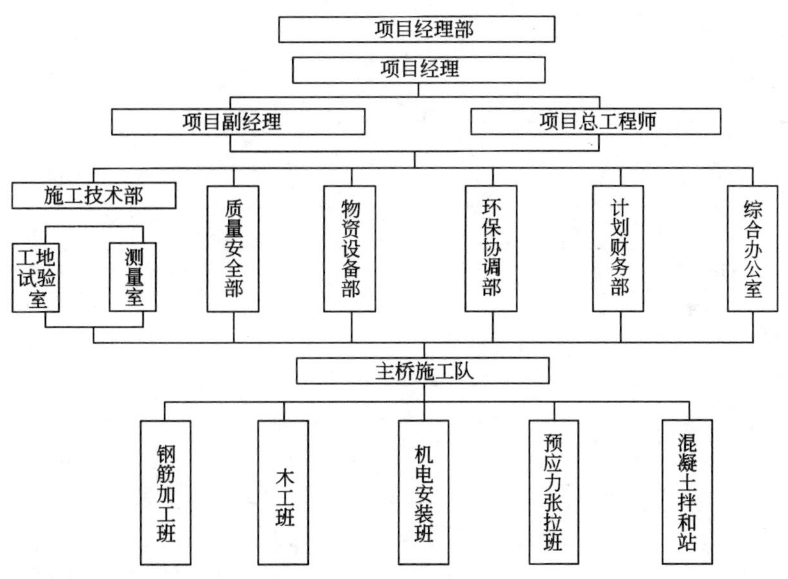

图 12-1-2　施工组织机构

劳动力组织　　表 12-1-2

工种	钢筋加工班	木工班	机电、安装班	预应力张拉班	混凝土拌和站	合计
人数	60	60	30	40	20	210

(三)主要机械设备配置

根据机械设备配置原则，投入悬臂施工梁的主要施工机械设备详见表 12-1-3。

主要施工机械设备　　表 12-1-3

机械名称	规格型号	额定功率(kW)或容量(m^3)或吨位(t)	厂　牌	数量(台)
装载机	ZL50	3.0m^3	常德	2
起重机	QY25A	25t	徐州	1
钢筋切断机	GW40—1	32kW	太原 98.9	2
钢筋弯曲机	GW6—40	5.5kW	太原 99.1	2
钢筋镦粗机	GD—80		北京	2
闪光对焊机	BS—33		北京	2
电焊机	BX3—50	5.5kW	广东	16
混凝土拌和机	JS750		都江堰	6
卷扬机	2～10t		洛阳	4
配料机	HPD1200		成都	2
配料机	HPW800		成都	2
塔式起重机	23B	55M/10T		2
挂篮设备	套			4
混凝土输送车	三菱	7m^3		3

续上表

机械名称	规格型号	额定功率(kW)或容量(m^3)或吨位(t)	厂牌	数量(台)
混凝土输送泵	HBT60	110kW	长沙	2
预应力千斤顶	YCW500		柳州	4
预应力千斤顶	YC—70B		柳州	2
油泵	ZB—500	1.5kW	柳州	4
拌浆机	HJ200			2
真空注浆机	SZ—2			1
发电机		250kW	扬州	2
变压器		400kVA		2
经纬仪	J2		北京	1
水准仪	S2		北京	2
全站仪	索佳		日本	1

第二节 主梁段施工技术

荷麻溪特大桥主桥主梁段施工工艺流程，见图 12-2-1。

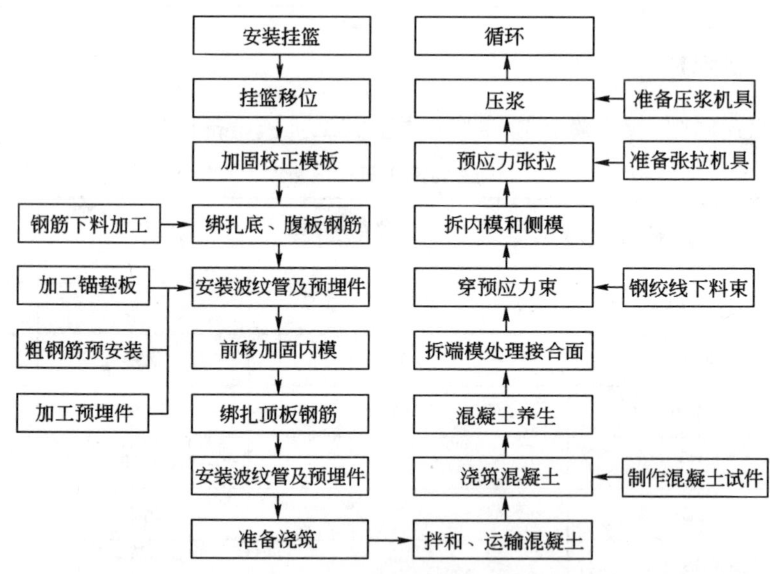

图 12-2-1 主桥主梁段施工工艺流程

一、0 号块施工

0 号块施工采用支架法。支架采用贝雷架拼装，顶部搭设平台，安装底模和侧模，进行分层浇筑，见图 12-2-2。

在图 12-2-2 中：

(1)分配梁全部采用贝雷架。贝雷架安放在竖向贝雷架上，之间用角钢连接。

(2)0 号块水平分三次浇筑。第一次浇筑下部 1.5m 高底板，第二次浇筑中部 2.5m 高腹板，第三次浇筑上部 2.5m 高腹板及顶板箱梁。

鉴于主桥预应力箱梁 0 号块几何尺寸较大(长 18m、顶宽 28.3m)，混凝土方量大(1 078m^3)，采用水

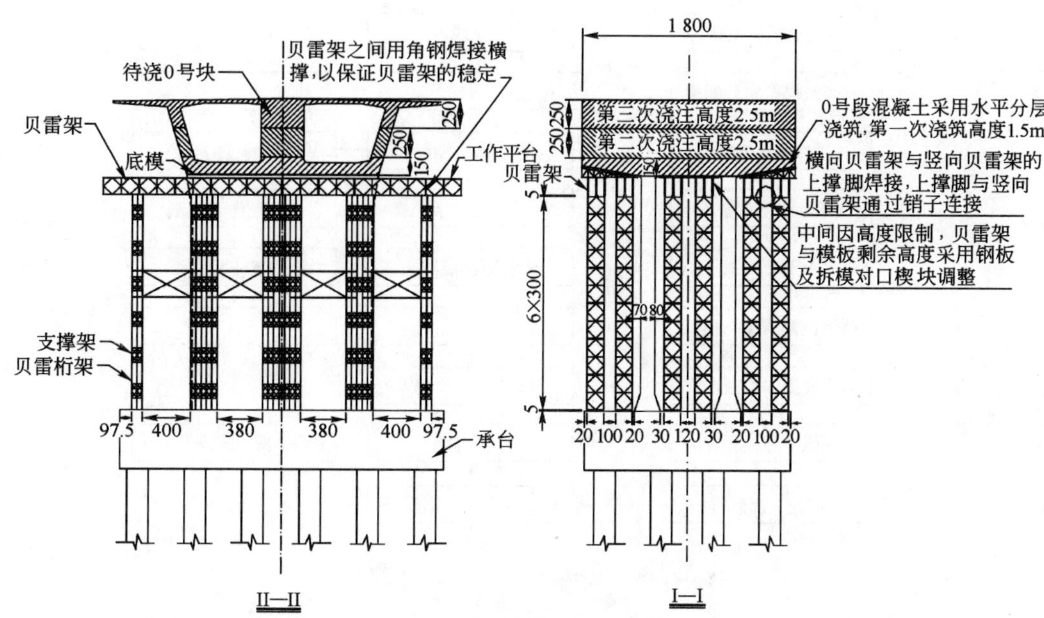

图 12-2-2 0 号块分层浇筑(尺寸单位:cm)

平分层浇筑的方案。0 号块水平分三次浇筑。据西南交大设计,第一次浇筑下部 1.5m 高,第二次浇筑中部 2.5m 高,第三次浇筑上部 2.5m 高腹板及顶板箱梁,见图 12-2-3。

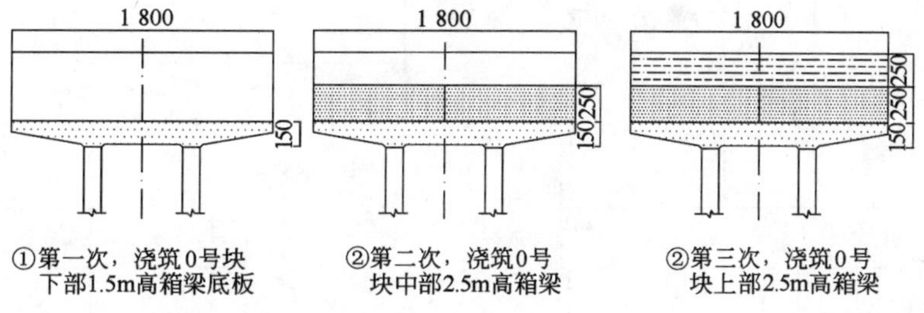

图 12-2-3 0 号块浇筑流程图(尺寸单位:cm)

在图 12-2-3 中:

(1)0 号块件共长 18m,因 0 号块混凝土体积较大,采用水平分层灌筑,共分三次浇筑。第一次浇筑 1.5m 高箱梁底板,使 0 号块与墩身连为一体,固结后,第二次浇筑中部 2.5m 高箱梁,第三次浇筑上部 2.5m 高箱梁。

(2)一个墩需加工 8m×4.8m 长的外模,配合浇筑流程组合使用。内模由于箱梁形状变化较大,采用组合模板按实际浇筑梁长配置。

0 号块模板、钢筋等材料采用塔吊配合,垂直运输安装。混凝土采用 2 台输送泵垂直泵送。0 号块施工工艺流程见图 12-2-4 所示。

(一)贝雷支架的拼装

根据西南交大设计的 0 号块施工支架图,在主墩承台上拼装贝雷架支架,并进行横向连接,详见图 12-2-5。

在图 12-2-5 中:

(1)因塔吊坐落在承台上,故 0 号块施工时,在翼板塔吊通过的位置 2.5m 范围内混凝土暂不浇筑,留出空缺,待梁部施工完毕后再灌注。

(2)梁部顶板有横向预应力钢绞线通过,塔吊通过翼板的位置 2.5m 范围内有 2 束预应力筋,在施

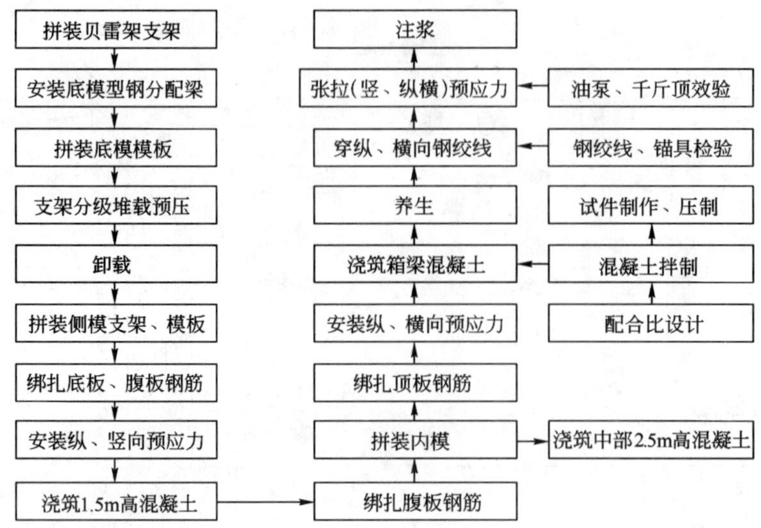

图 12-2-4 0 号块施工工艺流程图

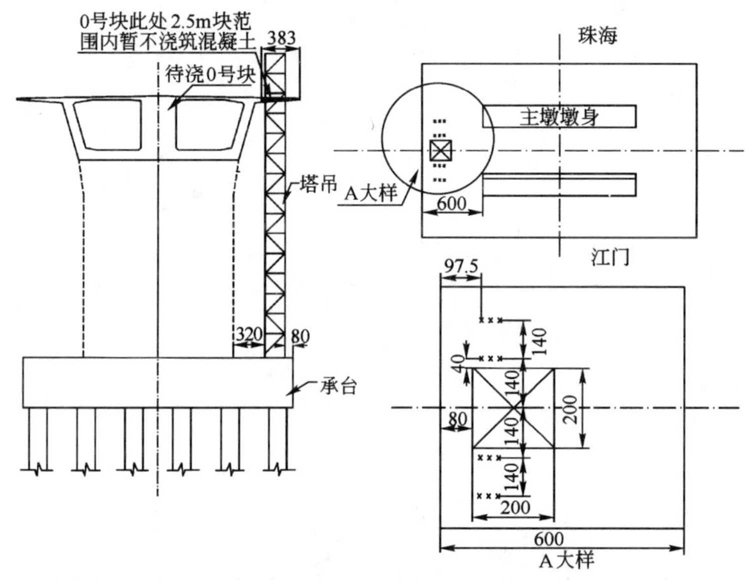

图 12-2-5 0 号块施工支架(单位尺寸:cm)

工 0 号块时,该两束预应力筋暂不张拉,待全桥梁部施工完毕后,塔吊拆除后,0 号块空缺浇筑完毕后,再张拉。

(3)为了减少 0 号块施工时间,贝雷架拼装与主墩双薄壁墩施工同步进行。贝雷架每个标准节 3m,共拼装 6 层;顶部以贝雷架作分配梁,使 0 号块质量均匀分布在贝雷架上,防止局部应力集中。

(二)贝雷支架的预拱度设置

贝雷支架的预拱度,包括支架的预抬值预留和 0 号块高程预抬值。

1. 支架的预抬值

按理论计算出贝雷支架的弹性变形,并预留出贝雷架连接销子间隙的高度,按照计算得出的预抬值,在分配梁上利用拆卸模板的对口楔块进行预留,见图 12-2-6。

在图 12-2-6 中:

(1)图中底板预抬值为贝雷架的弹性变形和非弹性变形值,施工时应按监控单位提供的高程,再加上本图的预抬值,作为立模高程。图中区域与区域之间由于是用工字钢联系,预抬值自然形成渐变段。

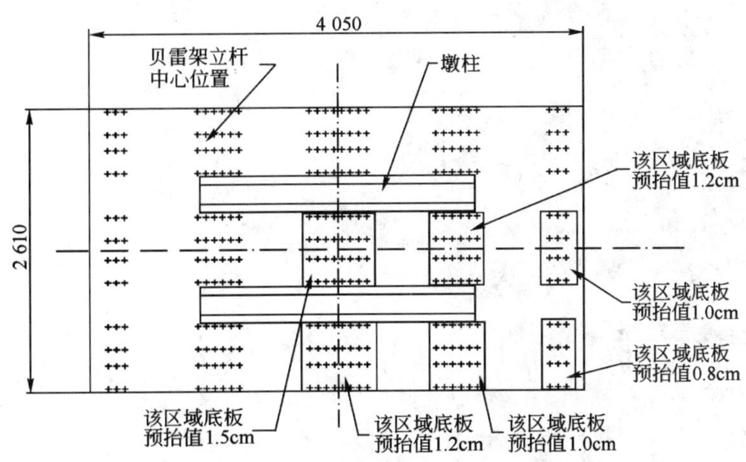

图 12-2-6　0 号台地底模板预抬值(尺寸单位:cm)

(2)关于支架的预压,由于本支架基础设在承台上,地基的沉降可以设为零。支架的变形就为杆件的压缩和销孔的孔隙之和,即图中的预抬值。

2.0 号块高程预抬值

按照线形监控单位提供的 0 号块预抬高程进行设置。

(三)0 号块模板及支架

0 号块外模板采用定制的大钢模,宽 4.8 m、高 6.8m,采用 6mm 钢板和 16 号槽钢制作,保证模板的刚度。模板内涂 ZM—90 长效脱模剂。板缝处粘贴双面胶,确保密封不漏浆。

内模采用 12mm 厚竹胶板,外钉加劲木框。外模板支架采用 125 工字钢支撑,内模板支架采用钢管脚手架支撑,内外模板通过对拉螺栓固定。

0 号块水平分三次浇筑。第一次浇筑下部 1.5m 高,第二次浇筑中部 2.5m 高,第三次浇筑上部 2.5m高腹板及箱梁顶板。

0 号段模板在第一次混凝土浇筑完毕后,待其混凝土强度达到 80%以上,即可施工上部两次 2.5m 高箱梁混凝土。

0 号段模板支架及工作平台均采用标准脚手架钢管搭设。

(四)0 号块支架预压

0 号块支架及模板拼装完毕后,按规范要求进行堆载预压,以检验支架的稳定性,同时消除非弹性变形,测出弹性变形。对底模高程作进一步调整,确保 0 号块安全施工。

支架堆载预压采用砂袋,预压的质量按照第一次浇筑 1.5m 高箱梁的质量(混凝土质量+钢筋、精扎螺纹钢质量+内模板质量+人员机具质量)进行,安全系数取 1.2,计算的荷载分布布置如图 12-2-7 所示。

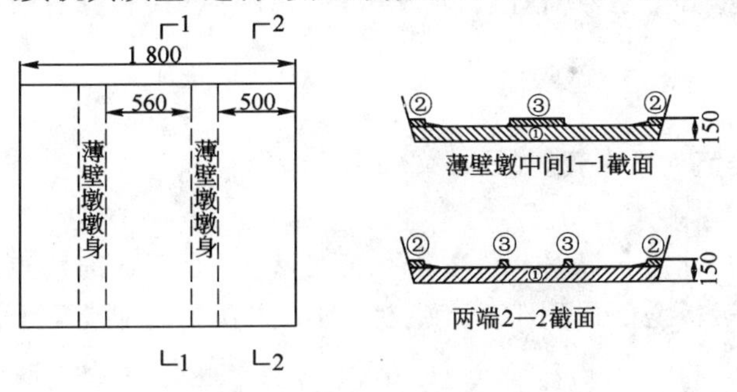

图 12-2-7　荷载分布(尺寸单位:mm)

1. 两个薄壁墩中间 1—1 截面分布荷载计算

(1)5.6×16×2.4=215(混凝土)+38.55(钢筋、精轧螺纹钢)+15(内模板)=268.55t

268.55×1.2÷(5.6×16)=3.6t/m^2

(2)1×5.6×0.5×2.4=6.72×1.2=8.06t

8.06÷(5.6×1)=1.44t/m^2

(3)3.6×5.6×0.5×2.4=26.4×1.2=32t

32÷(3.6×5.6)=1.57t/m^2

2. 两端 2—2 截面分布荷载计算

(1)0.8×5×16.14×2.4=155(混凝土)+35(钢筋、精轧螺纹钢)+15(内模板)=205t

205×1.2÷(5×16.14)=3.05t/m^2

(2)1×5×0.45×2.4=5.4×1.2=6.48t

6.48÷(5×1)=1.3t/m^2

(3)1.52×5×0.45×2.4=8.21×1.2=9.85t

9.85÷(1.52×5)=1.3t/m^2

堆载预压分级进行。第一次加载至 60%,第二次加载至 100%。预压 24 小时后,一次性卸载。预压过程中,在底模顶布置测点,分别测出加载 60%、100%及卸载完毕后的高程,计算出其弹性变形,与预留的支架预拱度对比,调整其模板高程。

0 号段支架预压完毕后,绑扎钢筋,安装预应力管道,按照方案的步骤分层灌注混凝土。待混凝土强度达到设计强度的 85%以上,张拉相应的预应力束。其钢筋、管道、混凝土、预应力施工程序待后面叙述。

二、挂篮设计、制作、拼装、试压

挂篮采用西南交大设计的三角形桁架式挂篮,每套重 150t,制作四套。

(一)挂篮设计

1. 挂篮受力计算

挂篮分为承重系统、锚固系统、底篮和吊带系统、行走系统、模板系统,共 5 个系统。按照 1 号块混凝土为控制荷载进行设计计算,并考虑人群及施工荷载、风荷载等,按照 1 号块浇筑和挂篮行走两个工况计算,并将控制工况的荷载分到挂篮的相应部位,用结构分析程序 SP2000 进行了电算,同时进行挂篮的抗倾覆检算和结构计算。由于篇幅所限,本文不展示计算公式和计算过程。挂篮主要结构受力计算结果,如表 12-2-1 所示。

2. 挂篮总体布置

(1)挂篮立面布置。挂篮立面布置,如图 12-2-8 所示。

在图 12-2-8 中:

①本桥采用三角式斜拉挂篮。根据本桥主梁一箱三室、桥面较宽的特点,加强了前上横梁、后下横梁的强度和刚度。本挂篮钢板全部采用 16Mn 钢板,型钢采用普通型钢,销子、螺杆、螺帽均采用 40Cr 材料,需进行调质处理。

②主锚、轨道和滑梁锚固系统均采用预留孔穿锚杆的方法进行锚固。

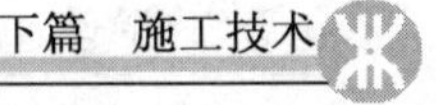

挂篮主要结构受力计算结果　　表 12-2-1

杆件名称	轴力 (kN)	弯矩 (kN·cm)	应力 (kN/cm²)	许用应力 (kN/cm²)	备注
主纵梁	−894.3	108 828.2	9.91	[21.0]	16Mn
立柱	−1 343.3		−5.13	[14.0]	A3 和 16Mn
斜拉杆	1 120.9		11.67	[20.0]	16Mn
前上横梁	−641.7	−12 216.4	−12.45	[14.5]	A3 和 16Mn
前吊带	351.7		11.27	[20.0]	16Mn
前下横梁		−27 144.13	−8.29	[21.0]	16Mn
后下横梁		−31 235.6	−9.54	[21.0]	16Mn
顶板滑梁		−22 395.6	−11.36	[14.5]	A3
底纵梁		−12 261.1	−13.35	[14.5]	A3
后内吊带	756.0		12.6	[20.0]	16Mn
后外吊带	135.2		2.65	[20.0]	16Mn
斜拉杆销子			4.94	[30.0]	剪应力,40Cr
后内吊带销子			13.3	[30.0]	剪应力,40Cr
前吊带	351.7		8.96	[30.0]	剪应力,40Cr
后锚点反力	295.6+245.0+196.8				三道锚固
前支点反力	1 607.1				一个前支点

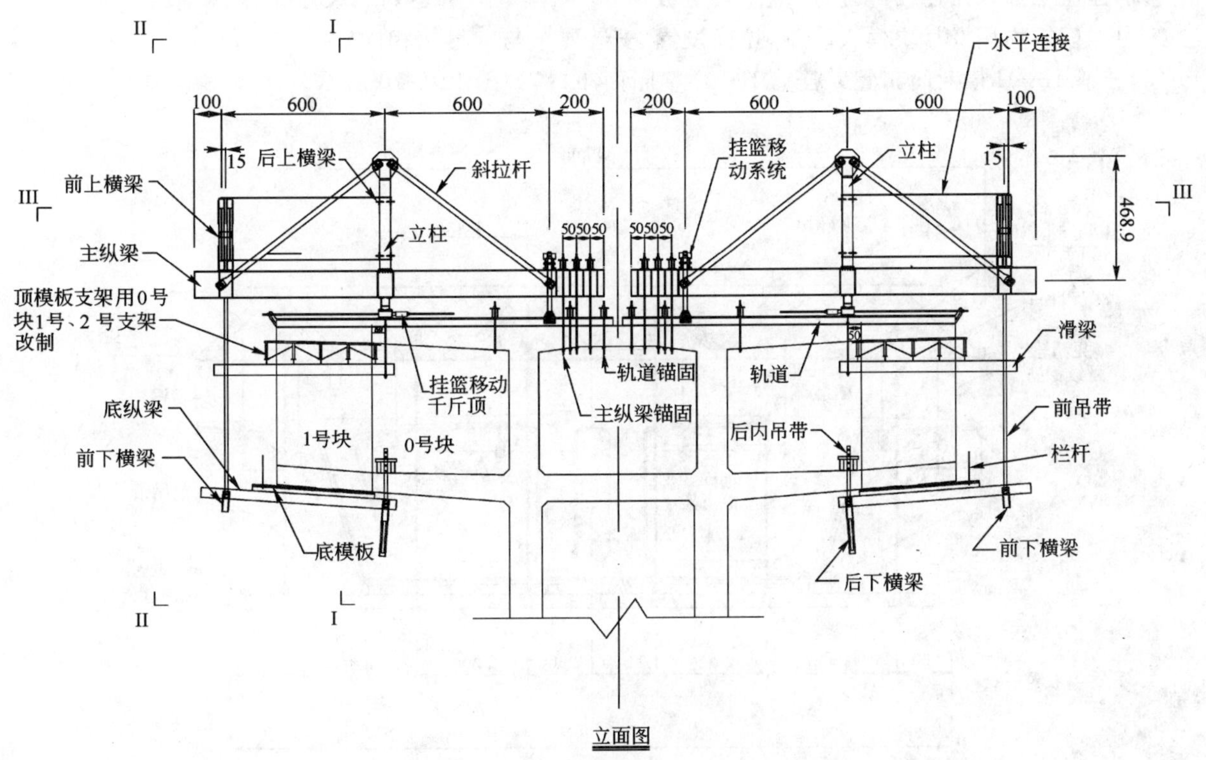

图 12-2-8　挂篮总体布置(尺寸单位:cm)

③挂篮移动时,用千斤顶顶进,以保证两片主桁架受力同步。每片受力桁架用一台 60t 穿心式千斤顶,一台挂篮共用 2 台千斤顶。

④挂篮最大浇筑混凝土质量为 1 号块件,约为 350t。一台挂篮质量为 145t(包括模板)。

(2)挂篮 I—I 横断面布置。挂篮 I—I 横断面布置,如图 12-2-9 所示。

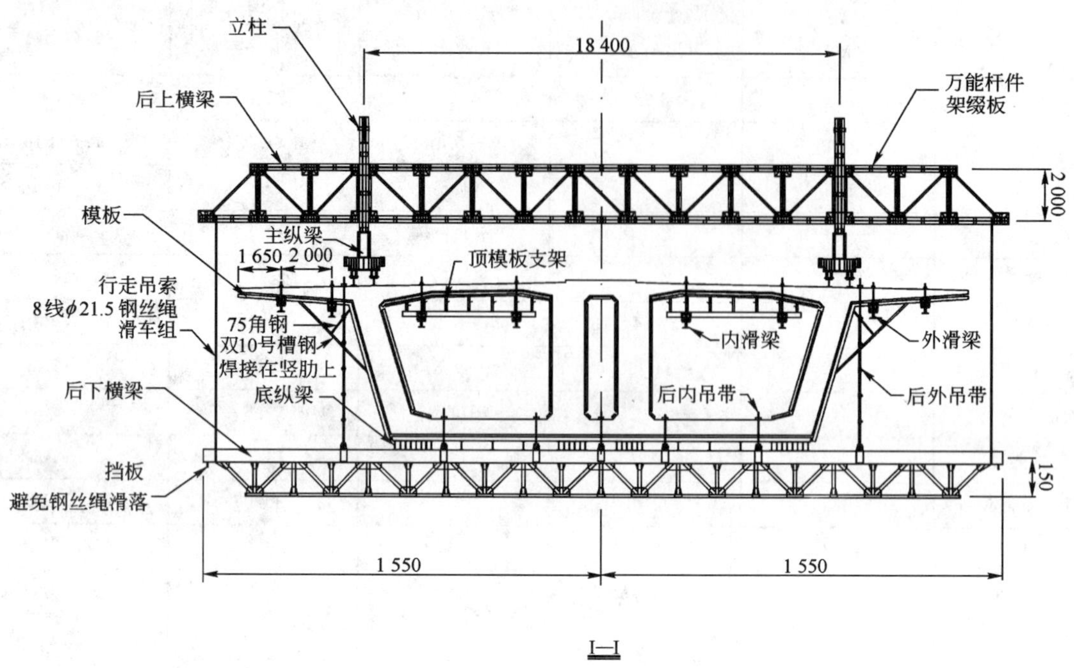

图 12-2-9 挂篮总体布置(尺寸单位:mm)

在图 12-2-9 中:

①本挂篮全部采用连续焊缝,焊缝高大于板厚 80%,焊缝质量达到二级标准。

②内外模板均用 0 号块模板改制,拉杆设置、安装要求与 0 号块相同。

(3)挂篮 II—II 横断面布置。挂篮 II—II 横断面布置,如图 12-2-10 所示。

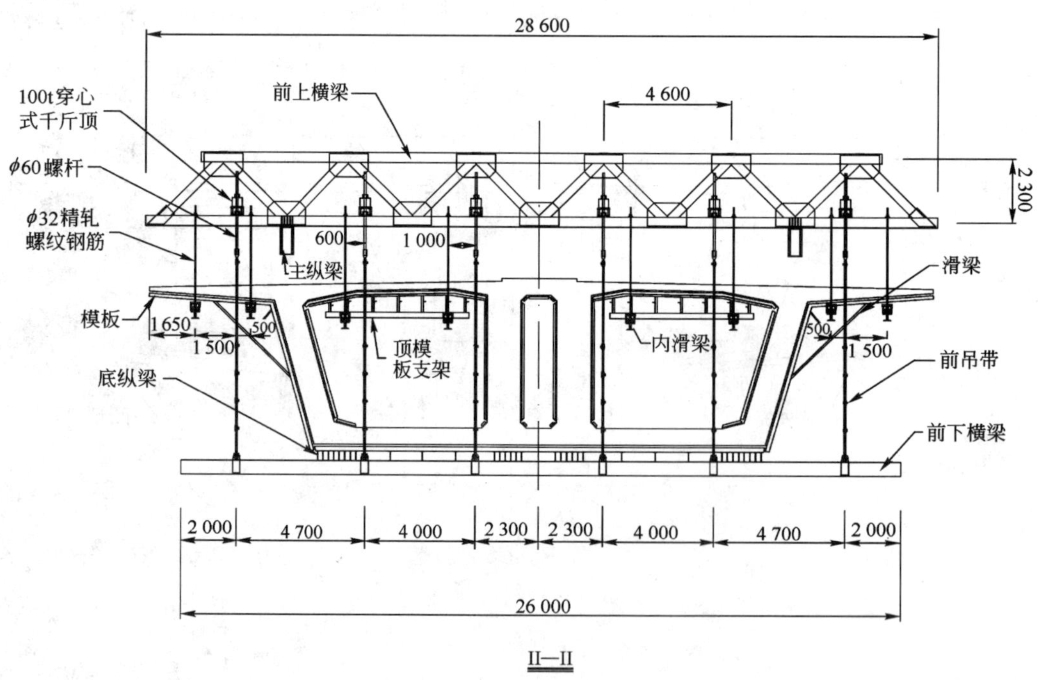

图 12-2-10 挂篮总体布置(尺寸单位:mm)

图 12-2-10 中：底纵梁应随主梁底板宽度增加而增加，间距仍为中—中 20cm。

(4)挂篮平面布置。挂篮平面布置，如图 12-2-11 所示。

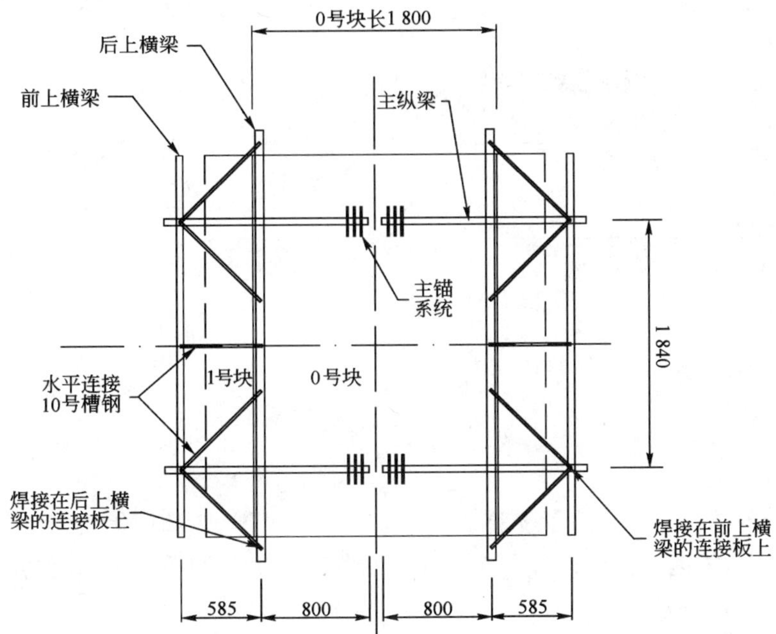

一台挂篮重力表

编号	名 称	重力(kN)
1	立柱	29.1
2	主纵梁	156.5
3	拉杆	27.1
4	前上横梁	222.1
5	后上横梁	110.4
6	前支点	22.6
7	移动小车	17.6
8	后下横梁	95.6
9	前下横梁	54.9
10	后吊带	32.7
11	前吊带	27.2
12	滑梁	118.5
13	主后锚	39.9
14	底纵梁	187.7
15	模板	350.0
合计		1491.9

图 12-2-11　挂篮总体布置(尺寸单位：cm)

在图 12-2-11 中：

①本图为挂篮平面布置示意图；

②本挂篮质量指标为：挂篮自重/浇筑混凝土质量＝1 491.9/3 500＝0.426(计算质量指标时按常规未计入轨道质量)。

3. 挂篮行走流程

挂篮行走流程按以下 9 个步骤进行。

(1)安装主锚系统、轨道 1 及 2 道锚固梁；浇筑 1 号块。

(2)用千斤顶顶升前支点，轨道端向前拖，安装轨道；安装三道轨道锚固梁、移动小车和牵引千斤顶；解除主后锚杆的约束。

(3)利用千斤顶驱动挂篮前移至③号锚固梁；安装④号锚固梁。

(4)将①号锚固梁前移至图示位置；拆除③号锚固梁。

(5)利用千斤顶驱动挂篮前移至④号锚固梁位置；安装③号锚固梁。

(6)拆除④号锚固梁安装于小车后；利用千斤顶驱动挂篮前移至指定位置。

(7)安装主锚固系统，松移动小车使其不受力；立模浇筑 2 号块混凝土。

(8)拆除所有轨道锚固梁，用千斤顶顶起前支点；将轨道 1、2 向前拖拉到 1 号块端头。

(9)安装移动小车、锚固梁，拆除主锚固系统；从第三步重复，如此循环。

挂篮行走从第一步～第九步的流程，如图 12-2-12 所示。

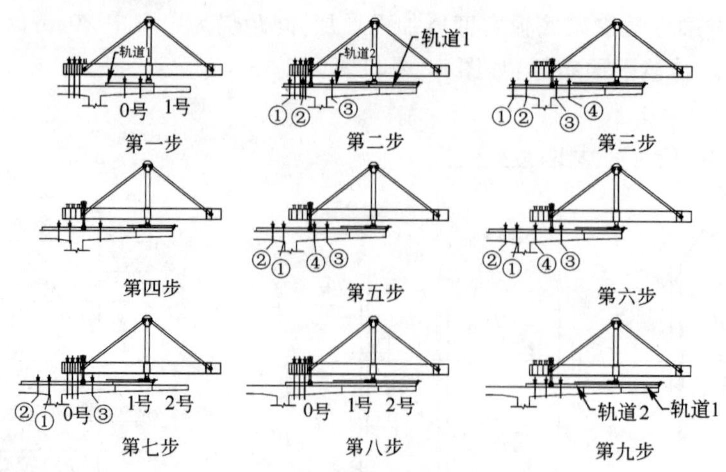

图 12-2-12 挂篮行走流程

(二)挂篮加工制作

挂篮由施工单位按照设计图纸自行加工。聘请了经验丰富持证上岗的电焊工,选用优质钢材,严格控制焊接质量及机加工件的加工质量,关键部位的部件委托专业厂家加工并进行调质处理,确保挂篮的质量。

挂篮各部件在加工厂制造完毕后,进行焊缝探伤和试拼,分类妥善存放。在主墩0号块施工完毕后,即可拼装挂篮。

(三)挂篮拼装

挂篮按照设计图纸加工完毕各杆件后,经探伤、试拼后,运至主墩桥位处,塔吊配合垂直吊装,在0号块上现场拼装。

拼装的顺序是:主纵梁移到指定位置→顶升后安装轨道→前支点→后锚点及进行锚固→立柱→斜拉杆→后上横梁→前上横梁→平联→前吊带→后吊带→前下横梁→后下横梁→底纵梁→内外滑梁→内外模板。

(四)挂篮预压

挂篮安装完成后,按照挂篮设计荷载进行预压。采用钢材进行预压,塔吊将钢材吊至挂篮内,分层堆放整齐;预压时按照分级加载,消除挂篮的非弹性变形,测出挂篮的弹性变形以及上横梁等主要杆件的挠度,并对模板系统的高程、垂直度等进行调整校正,对其液压系统进行检查,符合要求后即可投入使用。根据预压测出的变形量和线形控制设置的预拱度等,进行高程控制。

三、钢筋制作与安装

钢筋的调直、除锈、切断、弯曲工作,都在钢筋作业场进行,现场绑扎。水平筋绑扎时,按间距预先在竖筋上画上水平线,保护层采用标准塑料垫块在靠模板一侧支垫。为保证质量,在钢筋进场后,按照规范要求抽样进行力学性能试验,合格后,经监理工程师同意,方可用于施工;钢筋操作工必须培训上岗,并在规范范围内进行操作;在正式焊接前,应先制作对焊试件进行冷弯试验,合格后方可成批焊接;对焊接接头外观逐个检查,并从每批成品中切取三个试件进行力学试验,发现不合格品立即返工。施工过程严格按照《钢筋焊接及验收规程》(JGJ 18—2003)控制。钢筋制作安装的质量标准见本书第四章。

四、预应力管道的设置

为确保预应力筋布置、穿束、张拉、灌浆的施工质量，确保预应力管道的准确设置，满足设计要求的真空注浆，本桥造孔管道均采用塑料波纹管成孔。三向预应力筋塑料波纹管由厂家定制。波纹管安装严格按照设计的弯起坐标及高程进行设置，如果钢筋抵触波纹管，适当调整钢筋的间距，确保波纹管的位置正确。预应力管道安装质量标准见本书第四章。

五、模 板 安 装

主梁混凝土悬臂浇筑外模板全部采用大块钢模板，内模采用竹胶板拼装，劲性骨架支撑。模板的安装质量标准见本书第四章。

六、混凝土施工

(一)浇筑施工前的准备工作

混凝土浇筑前，对模板支撑，钢筋绑扎及保护层的设置，预埋件、预留孔洞位置的准确性；模内有无杂物；浇筑混凝土用的漏斗、串筒分布是否满足浇筑顺序；振捣人员分工定位是否满足施工需要等进行检查。自检完毕后，报监理工程师检查合格并签认后开盘浇筑混凝土。

混凝土施工前，测量砂、石的含水量，及时调整配合比。

(二)混凝土的生产供应

混凝土由两岸拌和站同时生产供应。一侧通过拌和站直接泵送至工作面，另一侧通过混凝土输送车运至现场，泵送至工作面，现场采用两个混凝土输送泵同时输送，分别对称浇筑两端混凝土。

(三)混凝土施工技术要点

除 0 号段混凝土分 3 次水平浇筑外，其余节段全部采用一次灌注成形。混凝土浇筑按最佳浇筑位置和振捣范围，预留顶板及腹板“天窗”，对称布置小导管，导管口设漏斗，使混凝土通过导管送入模板内，混凝土浇筑连续进行，混凝土自高处倾落的自由高度，不超过 1.5m；混凝土采用插入式振动器振捣。

浇筑顺序先中间两侧后，两腹向中对称浇筑混凝土。两腹板对称同时浇筑，然后灌注中间部位的底板；浇筑翼板混凝土时，从两侧向中央推进。每次浇筑前做好技术交底工作，混凝土振捣定人、定位、定责任，分工明确，尤其是钢筋密布部位、端模、拐(死)角及混凝土连接部位，指定专人进行捣固。每一振点的振捣延续时间，应使混凝土表面呈现浮浆和不再沉落为止。每层浇筑厚度控制在 30cm 左右，振捣时振动棒要插入到下一层 5～10cm，确保混凝土上下层连接，振捣到混凝土表面泛浆和光泽使混凝土达到均匀为止。

混凝土入模过程中，随时保护管道不被碰瘪，在已浇筑的混凝土强度未达到 1.2MPa 以前，不得在其上踩踏或安装模板及支架。混凝土未浇完前，禁止操作人员在混凝土上走动，避免管道下垂，使混凝土“搁空”、“假实”现象发生。捣固混凝土时设专人密切观察和处理模板接缝是否漏浆。试验人员定时测定坍落度和和易性的变化情况，及时通知拌和站进行调整。当混凝土浇筑完毕初凝后，即可洒水养护，地板顶板洒水即可，腹板用水冲浇降温；要专人进行洒水养护，二十四小时值班。

梁体混凝土终凝后，即可拆除端头模板，进行凿毛，并洒水进行养护；在浇筑下一梁段混凝土时，将端头用高压水冲洗干净，以利于新旧混凝土连接。模板拆除后，如果梁体表面出现少量蜂窝麻面时，经质检工程师和监理工程师检查缺陷程度后，确定处理方案后才能修补。

七、纵、横向预应力钢绞线施工

纵横向预应力束张拉流程见图 12-2-13。

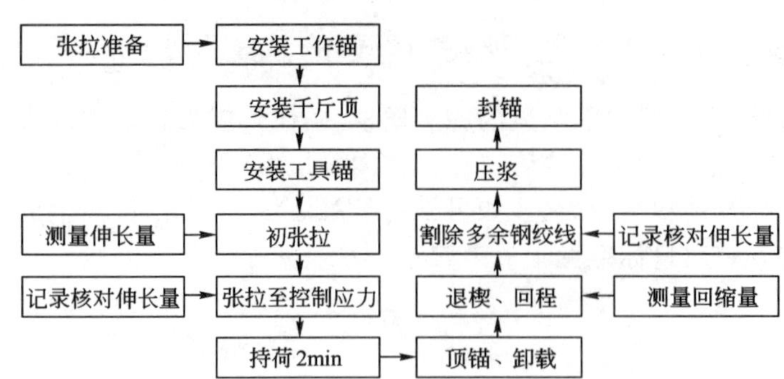

图 12-2-13 纵横向预应力钢绞线张拉工艺流程

(一)施工要点

本桥箱梁采用三向预应力结构，纵横向预应力为 ϕ^j15.24 低松弛钢绞线，采用 4 套张拉设备在两端沿横截面中线对称张拉。

(二)张拉机具和压浆设备

箱梁预应力施工选用张拉 YM15-19 纵向钢绞线的 YCW500 型千斤顶 4 台、ZB-500 油泵 4 套，压浆泵、灰浆拌和机各 2 套。

(三)张拉程序

1. 后张法施工程序

悬灌连续箱梁三向预应力均采用后张法施工，张拉程序见表 12-2-2。

后张法施工张拉程序 表 12-2-2

预 应 力 筋	张 拉 程 序
纵向钢绞线束	低松弛钢绞线 0→初应力→σ_{con}（持荷 2min 锚固）
横向钢绞线束	低松弛钢绞线 0→初应力→σ_{con}（持荷 2min 锚固）

注：初应力按 20%σ_{con}控制。

2. 材料进场检验和验收

钢绞线进场检验：材料进场后，进行钢绞线外观检查、钢绞线力学性能检查；锚具的进场检查：锚具外观检查、硬度试验、静载锚固试验。上述进厂检验报请监理工程师签认后，方可使用。

材料存放：预应力钢筋、锚具、钢绞线和波纹管，存放在通风良好并防潮、防雨措施的仓库中，不得同其他油性和带锈蚀性物品放在一起。

3. 机具设备配套标定工作

千斤顶、油泵、油表进场前进行检校。在千斤顶、油泵、压力表校验合格以后，进行配套标定工作。施工过程中，按照规范规定的频率及周期及时标定。

4. 预应力钢绞线下料、穿束

钢绞线下料长度＝设计锚固长度＋工作长度；钢绞线下料采用砂轮锯切割。钢束长度在 40m 以内时，采用人工穿束，将钢绞线端头用胶带缠裹，人工穿入波纹管；超过 40m 时，采用人工配合机械穿束，制作锥头，用卷扬机牵引锥头，一次性将钢绞线整束穿过。

5. 锚具及其安装操作

锚具按规定程序进行试验验收，使用前逐件清洗，表面不得残留铁屑、泥沙、油垢。采取可靠的钢筋定位措施，保证工作锚环与孔道的同心度。工作锚环的楔片，安装时用适当力将夹片敲入锚孔即可。

6. 张拉

混凝土强度达到设计强度的85%以上时，方可进行张拉。张拉前检查张拉校验记录是否完整、正确、有无异常、理论油压是否正确，千斤顶、锚具、夹具、限位板对中情况。纵向预应力束张拉控制力19束3710.7kN、15束2929.5kN，桥面板横向预应力张拉控制力为976.5kN。

张拉原则：纵向预应力束张拉时，按照先腹板后顶板，先下部后上、由箱梁中心线处向箱梁两翼顺序对称进行张拉(两端千斤顶升、降压速度应接近相等)，桥面板横向预应力张拉按照由中间向两端对称进行。

张拉顺序：第一步，张拉纵向预应力钢束；第二步，张拉横向预应力钢束第三步，张拉竖向精扎螺纹钢；第四步，竖向精扎螺纹钢二次张拉补强。

纵向预应力钢束采用两端对称整体张拉，横向预应力束(扁锚)采用两端对称单根张拉。初始张拉按张拉吨位的20%计算。在钢绞线拉紧过程中，该孔道轴线、锚具轴线和千斤顶轴线三者为一条直线上，否则应进行调整；同时调整各松紧程度，使其受力均匀，然后再加载至初张拉吨位，记录伸长量和滑丝情况。张拉至设计吨位时，测量钢束的伸长量。锚固后测量回缩值，卸荷至0时，测总回缩量及夹片外露量。

7. 压浆

张拉全部完成，经现场监理检查合格签认后，进行孔道压浆，以防止预应力筋锈蚀或松弛。压浆由一端压入，另一端溢出的稀浆变成浓浆时，关闭出浆口继续压浆，保持1min且压力表读数达到0.6MPa，关闭压浆阀，等水泥浆终凝后，再拆卸压浆阀。压浆采用真空压浆工艺，压浆孔位置严格按照设计要求布置。施工步骤为：施工准备→试抽真空→拌和水泥浆→压浆泵试泵→关闭→启动真空泵→维持真空(真空度维持在−0.09MPa)→注浆→浆液传出后、持荷2min→清洗机具。真空压浆施工如图12-2-14所示。

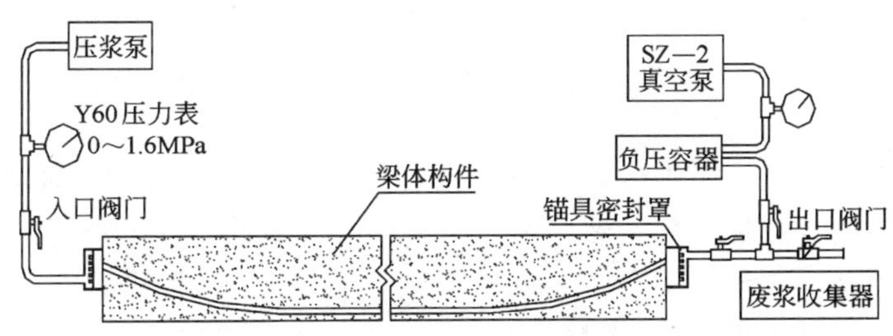

图12-2-14　真空泵压浆施工流程

水泥浆的技术要求：水泥浆一般为净浆，强度等级与梁体相同，其技术指标符合规范要求。张拉质量检验见本书第四章。

八、纵、竖向预应力粗钢筋施工

(一)施工要点

纵、竖向预应力粗钢筋采用标准强度为750MPa的公称直径为32mm的精轧螺纹粗钢筋。

(二)张拉机具

箱梁纵、竖向预应力施工选用YC—70B型穿心式单向作用千斤顶，共2台，ZB—500油泵2套。

(三)材料进场检验和验收

精轧螺纹粗钢筋进场后，进行外观检查、力学性能检验；精轧螺纹粗钢筋在存放、搬运和安装过程中要细心操作，不得搭火和碰伤。

(四)精轧钢筋的安置

在混凝土浇筑前，将精轧螺纹钢筋装入内径 ϕ50mm 的塑料波纹管内，下端穿入锚板内(锚板与定位钢筋焊接固定于底板钢筋上)，下端丝扣上拧进一个螺母，并按照要求将精轧钢筋露出 2 丝，锚板上面安装弹簧筋；打完混凝土后自行锚固于梁体内，上端先安置点焊有弹簧筋的锚垫板，然后在锚垫板上端丝扣拧进一个六边形螺母，并紧贴锚垫板；上端安装完毕后，用胶带将螺母包好，锚板的排气孔用海绵堵住，预防浇筑混凝土时水泥浆进入。在安装竖向精轧螺纹钢筋时，如果与纵向钢绞线管道锚固端位置抵触，将精轧螺纹钢筋适当移动位置或截短，保证纵向管道的位置准确。

注浆管及排气管的设置：竖向精轧螺纹钢筋压浆管道，按照每两根为一组，在腹板底部将两根精轧螺纹钢波纹管用 PVC 管连通(波纹管与 PVC 管用胶带粘贴固定)，每根顶部各设一注浆管，一根注浆，另一根排气、出浆。为防止底部连通管在浇筑混凝土时碰弯损坏，可在连通管表面用钢筋绑扎固定，预防损伤(如竖向精轧螺纹钢为单数，即两根为一组，还剩余一根，可设为三根为一组，中间一根注浆，两边出浆)。

(五)张拉、压浆

精轧螺纹粗钢筋张拉：采用一端张拉，以张拉力控制为主，伸长量校核。张拉程序：悬浇连续箱梁，纵、竖向预应力采用后张法施工，张拉程序如下：0→初应力(10%控制应力)→σ_{con}＝543.9kN(持荷 2min 锚固)。

精轧螺纹钢采用二次张拉工艺。张拉后，用加力扳手将螺母拧紧，同时将螺母与锚垫板焊接固定。

压浆：压浆前对孔道用高压水进行冲孔，检查是否堵孔，全部检查合格后自下至上逐一压浆。

张拉质量检验见本书第四章。

九、张拉注意事项

(1)加压或卸载时均应力求徐缓平稳。加压时，两端千斤顶注油要一致，即伸长量要基本同步，严禁一边快，一边慢；在锚固以后，切忌突然急速降荷。

(2)管道中心、锚垫板中心、锚具中心一定要位于同一直线上，如出现锚垫板与千斤顶不垂直时，采取加楔形板的方法，使其位置校正。

(3)锚垫板孔道要光滑，钢丝束要按次序卡入千斤顶的分丝槽内，不能错乱、重叠。

(4)对于长丝束，张拉时如果千斤顶行程不够，可采用倒顶分两侧张拉。第一次张拉后顶锚力要适度，计算伸长量时注意扣除第一次张拉后钢束的弹性回缩量。

(5)张拉过程中，严禁在千斤顶后方站立或穿行。

(6)张拉前，压力表与千斤顶要仔细检查，一定要一一对应，配套使用。

(7)张拉过程中，必须有专人量测及记录。

(8)张拉结束后，切除钢绞线和精轧螺纹钢多余部分，最后用 C50 混凝土封锚。

十、2～27 号块施工

挂篮在 0 号段上拼装预压完毕后，安装模板，绑扎 1 号块钢筋，浇筑混凝土，待其混凝土达到设计强度的 85%以上后，张拉相应的预应力束；1 号段施工完毕后，移动挂篮，按照上述程序依次施工 2～27 号段，直至合龙段。其钢筋绑扎安装、波纹管安放、混凝土浇筑及预应力施加与 1 号段相同。各段混凝土浇筑中注意预埋锚固件等。当一个梁段浇筑完成，梁体混凝土达到设计强度后，即将挂篮移至下一个梁段。

悬臂浇筑施工时，必须严格掌握均匀对称的原则，一个 T 构的两只挂篮同时移动，同时浇筑混凝土;混凝土浇筑顺序:纵向从悬臂端部向后部、横向从两边向中间浇筑。两端混凝土浇筑数量差不得大于 $2m^3$,减小 T 构的偏心力矩。

在移动挂篮时,因后锚已经松动,一定要在挂篮的中部另行固定,以防挂篮在行走过程中发生倾倒;挂篮移到位后,要将所有的锚固螺栓上紧,在浇筑混凝土前,要在检查一遍锚固情况,确保安全稳固。

在梁体施工期间,连续梁已完成梁段顶面不得随意堆放材料,要按照对称的原则,不能使一侧超重,产生不平衡力矩,使 T 构发生偏心现象,同时避免横向荷载的偏心;材料尽量放在 0 号段中间。

悬臂浇筑质量标准见本书第四章。

第三节　合龙段施工技术

一、边跨现浇段施工技术

边跨合龙段在主梁施工至 18 号块时开始拼装支架施工。全桥共两个边跨现浇段,每段长 8.9m、梁高 3.0m、混凝土总方量 $236.8m^3$,采用支架法施工。如在后续实际施工时,方案变化或调整,另行报批。

支架立柱采用直径 1.2m 钢筋混凝土立柱,基础采用 4 根 ϕ400mm 的混凝土管桩,顶部安装 3 片贝雷架作为横梁,均匀铺设 28 槽钢作为分配梁,安装底模、侧模、绑扎钢筋、浇筑混凝土。

边跨现浇段支架拼装完毕安装底模后,按照总质量=钢筋混凝土质量+模板质量+人员、机具质量,乘以 1.2 的安全系数,采用沙袋预压,检验支架的安全稳定性,同时测出弹性变形,消除非弹性变形,保证边跨现浇段的安全施工。支架预压方法和步骤与 0 号块支架预压相同,加载时分两级进行,第一次加载至 60%,第二次加载至 100%,预压 24 小时后,一次性卸载。支架布置见图 12-3-1。

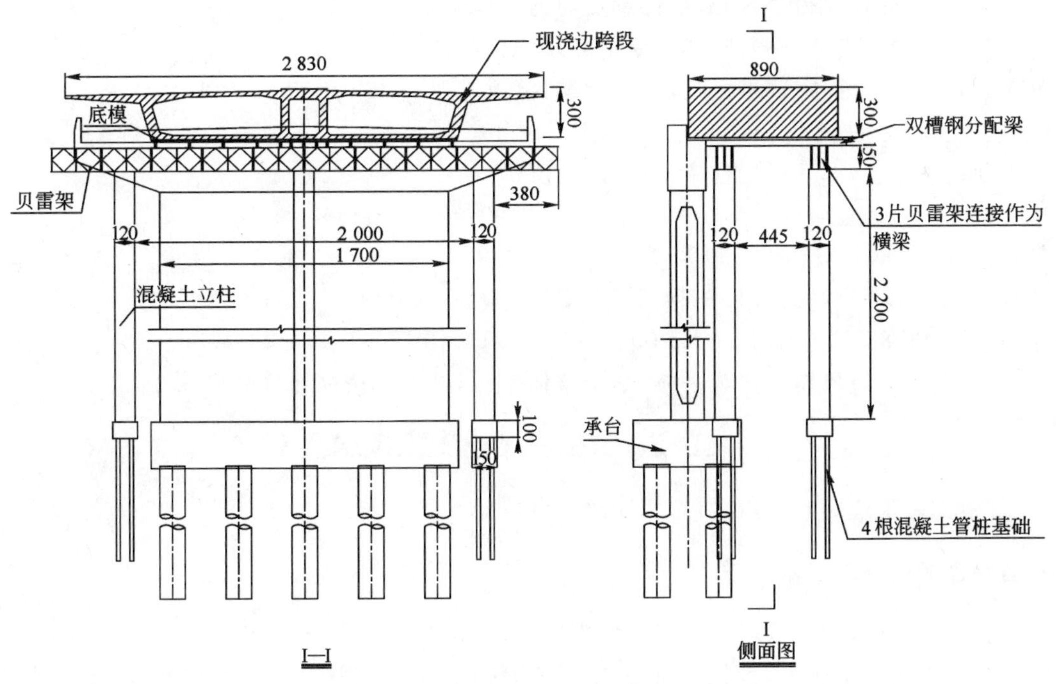

图 12-3-1　边跨段现浇施工支架图(尺寸单位:cm)

在图 12-3-1 中:

(1)边跨现浇段支架立柱采用 6 根直径 1.2m 混凝土立柱,其中 5 根设管桩基础,1 根放在边墩承台上,基础采用 4 根直径 40cm 混凝土管桩。

(2)分配梁横梁采用贝雷架。贝雷架安放在混凝土立柱上,之间用花窗连接。

(3)边跨现浇段按照全断面施工,共分三段浇筑。第一、二次分别浇筑 3.0m 长,第三次浇筑 2.9m。

边跨现浇段梁体混凝土分三次进行：第一、二次各灌注 3.0m 长；第三次灌注 2.9m 长，预应力施工程序同主梁相同。待合龙段施工完毕后，张拉边跨合龙束，拆除底模和支架。支架的设计计算如下。

(一)支架基础承载力计算

根据公式：

$$P=U\times f\times h$$

式中：U——桩的周长(m)；

f——摩阻力(kPa)；

h——土层厚度(m)，每个立柱基础采用 4 根直径 $\phi 40$ 的混凝土管桩。

根据设计提供地质资料计算：

淤泥层摩阻力：$P_1=U\times f_{淤}\times h_1=3.14\times 0.4\times 20\times 14\times 4=1\,406\text{kN}$

亚黏土摩阻力：$P_2=U\times f_{亚}\times h_2=3.14\times 0.4\times 60\times 6\times 4=1\,808\text{kN}$

$$P_1+P_2=1\,406+1\,808=3\,214\text{kN}$$

基础总承载力：3 214×5(5 个基础)＋2 500(承台上立柱承载力)＝18 552kN

支架总重力：3 870(6 根立柱自重)＋300(5 个立柱承台)＋6 720(边跨现浇段自重)＋1 200(贝雷架、分配梁、模板重力)＋940(20 根管桩质量)＝13 030

安全系数：18 552÷13 030＝1.42

(二)贝雷架受力计算

已知贝雷片截面模量 $W=3\,578\text{cm}^3$，惯性矩 $I=250\,497.2\text{cm}^4$ 弹性模量 $E=2.1\times 10^5\text{MPa}$，单组贝雷片容许承受弯矩$[M]=780\text{kN}\cdot\text{m}$，容许承受剪力$[Q]=245\text{kN}$。

因贝雷片上均匀铺设分配梁，则其所受荷载按均布荷载计算：

均布荷载 $q=8\,000$(边跨现浇段自重、分配梁、模板重力)÷28m＝285.7kN/m；

6 组贝雷片单组所受荷载 $q=28.5\div 6=47.5\text{kN/m}$。

取最不利荷载位置，即两根立柱中间部分，跨度 10m，

则：贝雷片所受弯矩：$M=1/8ql^2=1/8\times 47.5\times 100=594\text{kN}\cdot\text{m}$

安全系数：$K=[M]/M=780/594=1.313$

所受剪力：$Q=ql/2=47.5\times 10\div 2=237.5\text{kN}<[Q]=245\text{kN}$

挠度：$f=5ql^4/384EI=5\times 4.75\times 1\,000^4/384\times 2.1\times 10^5\times 250\,497.2=1.2\text{cm}$

实际施工时，每 3 组贝雷片连为一体，是个整体结构，其实际挠度比计算的要小。

二、边、中跨合龙段施工技术

施工顺序：先施工边跨合龙段，再施工中跨合龙段。

(一)边跨合龙段施工技术

在主梁 27 号段、边跨现浇段施工完毕后，拆除挂篮，进行边跨合龙段的施工。

边跨合龙段在吊架上施工，模板直接与 27 号、边跨现浇段衔接即可，并牢固连接，进行绑扎钢筋和安装波纹管，浇筑混凝土。合龙段施工时，在两侧梁段安装合龙吊架，底模骨架利用预留在两个梁段底板的预留孔挂在底板上，并用千斤顶顶紧，外侧模利用顶板翼缘处预留孔安装，内模利用顶板预留孔安装。边跨合龙段的内外模板采用边跨现浇段的内外模，底模采用挂篮的底模，滑移至合龙段即可。安装模板时，测量两端梁顶的相对高差，其值超过允许范围时，将配重放置在另一侧指定位置，如高差超出 10mm，调整配质量和配重位置，使两者高程差值在允许范围内，再进行合龙段施工。

为防止 T 构的热胀冷缩对合龙段产生不利影响，按设计的位置数量焊接型钢，将两边的结构物联

结成一个钢性整体，锁定边墩支座。在灌注混凝土前，按照设计张拉布置在底板与顶板上的纵向预应力合龙临时张拉束，控制应力为500kN。

本桥体外刚性支撑采用16根40槽钢，两根为一组焊接，刚性支撑共布置八个，顶板顶和地板顶各对称布置四个。

在一天温度最低、温差最小的时间浇筑合龙段混凝土。为保证合龙段的质量，可将混凝土提高一个等级，即C55混凝土。

在边跨合龙段混凝土施工完毕，混凝土达到85%设计强度后，按照设计张拉边跨合龙预应力钢束。

(二)中跨合龙段施工技术

在主梁施工至27号块后，拆除挂篮，施工边跨合龙段，张拉边跨预应力钢束，施工中跨合龙段。

中跨合龙段在吊架上施工，模板直接与两个T构的27号段衔接即可，并牢固连接，进行绑扎钢筋和安装波纹管，浇筑混凝土。中跨合龙段吊架及刚性支撑、钢筋绑扎、混凝土灌注等同边跨合龙段施工程序相同。合龙前在两端悬臂预加压重，并于浇筑混凝土过程中逐步拆除，使悬臂挠度保持稳定。

在一天温度最低、温差最小的时间浇筑合龙段混凝土。为保证合龙段的质量，可将混凝土提高一个等级，即C55混凝土。合龙段混凝土浇筑完毕后，加强养护，并覆盖，防止日晒。

在中跨合龙段混凝土施工完毕，混凝土达到85%设计强度后，按照设计张拉中跨合龙段预应力钢束。

1.合龙温度的选定

在施工中，影响合龙梁段质量的主要原因是由于气温的变化而引起的箱梁伸缩和混凝土凝固过程中的收缩。因此，施工中选择合适的合龙温度对合龙施工非常重要。浇筑合龙段混凝土的时间，应选择在日温差较小的阴天或一天中温度最低的时段。如果是阴天，混凝土浇筑时间选择在晚上20～22点，到午夜1点，虽有降温过程，但温差不大，到第二天早上升温时，混凝土已有一定的养护时间，具有足够的强度可以抵抗受膨胀而产生的压力。如果是晴天，可以将混凝土浇筑时间选择在午夜0～2点，此时段的温度为最低的时段，到早上升温时，混凝土已有几个小时的凝固时间，其强度也可以抵抗受膨胀而产生的压力。

2.合龙施工注意事项

(1)挂篮拆除过程中，必须有必要的安全防护。

(2)合龙施工前，应对作业内容作详细的技术交底，包括劳力安排和机具配备。

(3)合龙施工时，作业人员必须绝对服从指挥。各级安全员和技术人员必须加强工作责任心，全过程现场监控，坚决消灭安全隐患，确保合龙施工顺利进行。

第四节　主塔和斜拉索施工技术

一、主塔施工技术

主塔布置在中央分离带上，采用钢筋混凝土结构，截面为双圆构成的哑铃形截面，塔高39m，顺桥面宽5.0m，横桥向宽2.5m，圆柱直径为ϕ2.5m。

因0号段顶面拼装挂篮，场地有限，主塔施工安排在主梁悬灌3个节段以后进行，与主梁各阶段施工同步进行，确保斜拉索挂锁时，混凝土强度达到设计要求。

(一)主塔施工工艺流程

搭设双排脚手架→焊接绑扎主塔钢筋→安装第1、2层模板→浇筑第一次5.6m高混凝土→接高脚手架→接长钢筋→拆除第1层模板、安装第3、1层模板→浇筑第二次5.6m高混凝土→接高脚手架→接长钢筋→拆除并安装第2、3层模板→浇筑第三次5.6m高混凝土→循环反复至塔顶。

施工中在斜拉索索鞍处预留安装索鞍管。

(二)主塔模板设计

模板采用 14 号槽钢、63×63×10 角钢、16mm 钢板、10 钢板及 6mm 厚钢板加工而成,工作平台采用搭设外双排脚手架。

主塔哑铃形截面模板共分 4 块,两边圆形各为 1 块,中间哑铃型制作 2 块异型钢模。模板每层高 2.8m,共分三层。在哑铃模板处,设加劲平连在槽钢上进行加固。模板拼装示意图见图 12-4-1。

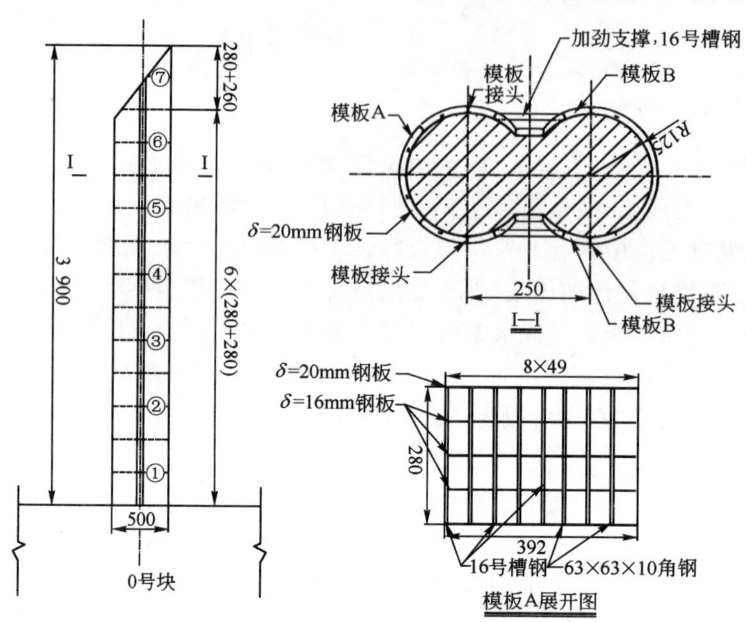

图 12-4-1 主塔膜板图(尺寸单位:cm)

在图 12-4-1 中:

(1)墩柱模板仅分为两种类型:A 型(半圆形)和 B 型(蝴蝶形),用螺栓连接,安拆非常方便。

(2)采用翻模施工法,一个墩柱需加工模板 3 套,每次浇筑 5.6m 高,循环上升,共浇筑 7 次。

(3)一个模板最大质量为 0.5t,一个主塔模板共重 6t。需用相应的起吊设备配合施工。

(三)主塔钢筋安装

施工程序及方法按常规方法进行,竖向主筋接长采用套筒机械连接。

(四)鞍座预埋管件安装

斜拉索鞍座套筒预埋的精度要求较高,须严格按照设计要求进行预埋。

套筒定位包括套筒上、下口的空间位置,套筒倾斜度和高程等。先预先按设计要求准备锚板和钢管等材料,然后下料,修理角度,将钢管焊接在锚板上,要确保钢管与锚板圆孔同心,锚固面与钢管垂直。套筒的测量采用空间坐标法,测定套筒上、下口的设点位置,使其符合设计要求。具体实施中,先测出套筒的下口位置,将套筒下口在此处铰接,然后调节套筒上口,将其按设计位置固定在劲性骨架上,防止灌注混凝土时移位同时将其两端入口堵住,以防灌注混凝土堵塞孔道。

钢筋和套筒的安装,并不是截然分开的两个施工步骤。一般情况下,当主筋定位后,就要安装套筒,如果将所有的钢筋绑扎完成就难以安装套筒。

在立模板时,应使斜拉索套筒的下口贴合紧密,消除模板接头间的不平整现象。在调模时,应注意保护套筒不移位,并紧固连接螺栓,固定模板。

(五)主塔混凝土浇筑施工

主塔混凝土浇筑采用输送泵垂直运输浇筑,混凝土入模采用串桶,混凝土灌注时连续进行,混凝土自高处倾落的自由高度，不超过1.5m。混凝土采用插入式振动器振捣。底层模板拆除时，混凝土强度不低于2.5MPa；模板拆除后，洒水养护，并用塑料薄膜包裹。其详细施工过程参见主梁混凝土施工。

主塔施工质量标准见本书第四章。

二、斜拉索施工

（一）斜拉索的检验标准和检验方法

每根斜拉索进场时应有合格证，进场后按照规范进行验收和检测。

护套料、锚具组件、缠绕件纤维等均应有质保单及合格证，并符合相应的技术标准。

成品拉索的表面不能有1mm的划痕，不能有面积大于3cm^{2}的损伤；两端锚具的外表面镀锌层及螺纹不得有任何损伤；锚圈和锚杯完全能自由旋和。

（二）斜拉索结构

斜拉索为单索面，布置在中央分隔带上，锚固在箱梁中室内。梁上索距4.0m，塔上索距为0.8m。每个索塔共设16对（32根）斜拉索，在横向分为2排，全桥共32对（64根）斜拉索。斜拉索采用环氧喷涂钢绞线成品拉索，其标准强度为1 860MPa。斜拉索共有两种规格：其中C1号至C8号为31ϕ15.24，C9号至C16号为43ϕ15.24。拉索采用多层防腐措施，首先采用环氧喷涂钢绞线，在单股钢绞线外涂专用防腐油脂热挤彩色PE防护套，缠包后热挤PE防护层。斜拉索在塔顶的锚固采用内外钢管鞍座结构和两端锚固装置，并埋设于混凝土塔内。锚固装置内灌注环氧砂浆，以达到平衡中边跨索力差、防止索体滑动的目的。为防止桥面低处斜拉索人为破坏，在其下端2.5m竖直高度范围内设外包不锈钢管。

斜拉索由锚固段＋过渡段＋自由段＋塔柱内索鞍段＋自由段＋过渡段＋锚固段构成。

1.锚固段

主要由锚板、夹片、锚固螺母、密封装置、夹片防松装置及保护罩组成。

在锚固段中，夹片、锚板、锚固螺母是结构的主要受力件。密封装置主要起防止漏浆、防水的密封作用，它由隔板、O形密封圈、内外密封板、密封圈构成；夹片防松装置主要由压板、空心螺栓和固定螺栓组成，防止斜拉索索体的振动引起的钢绞线与夹片、锚孔之间的松动与滑脱。

2.过渡段

主要由锚垫板、预埋管、减振器和梁端防水罩组成。预埋管在锚固体系中起支承作用；锚垫板在体系中起支撑和受力的作用，同时在锚垫板正下方最低处应设有排水槽，以便施工过程中临时排除进入水；减振器对索体的横向振动起减振作用，提高斜拉索的整体寿命；梁端防水罩主要起成品索体及预埋管之间的过渡及防水作用。

3.自由段

主要由钢绞线成品拉索构成。环氧涂层无黏结筋为拉索的受力单元，由低松弛、强度等级达1 860MPa的钢绞线构成。

索体分四层防腐体系：第一层为环氧涂层；第二层为防腐油脂层；第三层为单根外挤PE护套层；第四层为整束外包双层PE护套，黑色＋彩色。

4.塔柱内索鞍段

塔端连接装置即塔端新型防水罩，长1.2m，下部与成品索体连接，上部与锚固装置连；锚固装置（锚固块外带加劲肋的圆筒结构，上端底板含有槽形栓接孔，下端为锥形孔结构，以安装减振器，内注环氧砂浆体对索体起固结作用并防止钢绞线滑移；索鞍内外钢管由规格分别为ϕ180×8.0mm和ϕ245×12mm的内外套管组成，埋设于混凝土塔内，斜拉索钢绞线通过内管穿过塔身；锚固装置和索鞍内钢管内灌注环氧砂浆握裹抗滑。

(三)斜拉索安装

斜拉索工程主要工序为:备索、牵引挂索、斜拉索张拉、调索、斜拉索防护。斜拉索施工工艺流程如图 12-4-2 所示。

斜拉索采用环氧喷涂钢绞线成品索,在工厂预制成品索后卷盘运至工地。由于索体及索盘比较重,根据现场的垂直运输起吊设备,索体及索盘只能放在桥底。斜拉索安装采用卷扬机为牵引动力,牵引卷扬机安放在桥面上;在桥面及索塔上布置索体的牵引行走路线,利用钢丝绳来牵引成品索体。

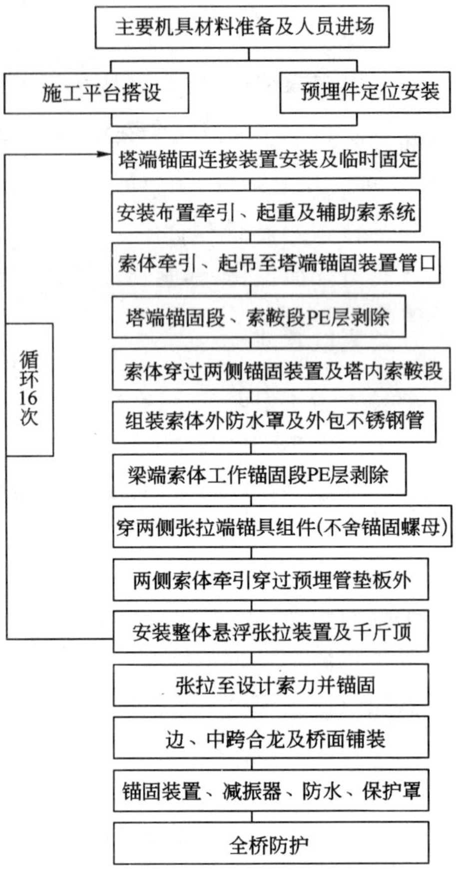

主要机具材料准备及人员进场
施工平台搭设 | 预埋件定位安装
塔端锚固连接装置安装及临时固定
安装布置牵引、起重及辅助索系统
索体牵引、起吊至塔端锚固装置管口
塔端锚固段、索鞍段PE层剥除
索体穿过两侧锚固装置及塔内索鞍段
组装索体外防水罩及外包不锈钢管
梁端索体工作锚固段PE层剥除
穿两侧张拉端锚具组件(不舍锚固螺母)
两侧索体牵引穿过预埋管垫板外
安装整体悬浮张拉装置及千斤顶
(循环16次)
张拉至设计索力并锚固
边、中跨合龙及桥面铺装
锚固装置、减振器、防水、保护罩
全桥防护

图 12-4-2 斜拉索施工工艺流程

1. 斜拉索安装前准备工作

(1)预埋管、索鞍定位

预埋管(含锚垫板)、索鞍定位可通过端面确定其空间位置,空间位置误差可控制在±10mm,轴线与斜拉索轴线的相对误差可控制在±5mm。

定位作业程序首先放样预埋管的概略位置于劲性骨架上,使之基本就位;由控制点上的全站仪直接测量锚垫板中心和管口中心三维坐标,并由实测坐标计算两点之间距离;将锚垫板中心调整到设计位并检测;由锚垫板中心实测坐标(调整到位后)、斜拉索的空间方向余弦和两中心距离,计算管口中心的设计坐标;将管口中心调整到设计位并检测,然后计算实测点位;由于调校管口时可能引起锚垫板移动,故应复测锚垫板中心并再次调校。

(2)斜拉索塔顶吊点

斜拉索采用卷扬机牵引,塔顶支架辅助端头起吊,所以该吊点结构采用"T"结构,竖向加斜撑加强。

(3)鞍座出口处导向装置

为保证斜拉索穿过索鞍减少摩阻和棱体刮伤,在索鞍进口和出口位置设两个导向装置。导向装置为三向滚轮支架结构,横桥向对准鞍孔位置,顺桥向位置、高程应满足转向要求,索的转向半径大于1m。滚轮支架在地面加工,整体吊装就位,栓接在横桥向塔壁的预埋件之上,该滚轮支架可反复使用。

(4)设置滚轮

为减少索体在牵引过程中的摩阻力及对索体的保护,在索体行走线路上布置滚转轮,约每 3m 设置一道滚轮或者设置支撑架保护索体 PE 层,见图 12-4-3 所示。

(5)放索架

放索架根据索盘尺寸、质量、最小曲率半径决定放索架形式、位置,为了防颠覆,放索架应布置一个底座,见图 12-4-4 所示。

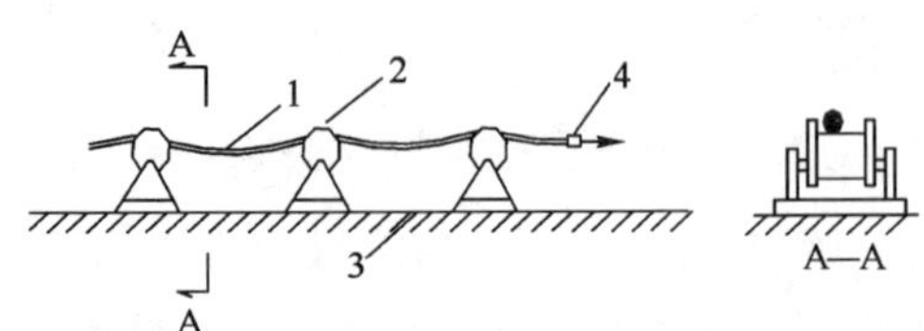

图 12-4-3 拉索移动示意图

1-拉索;2-滚轮;3-桥面;4-锚头

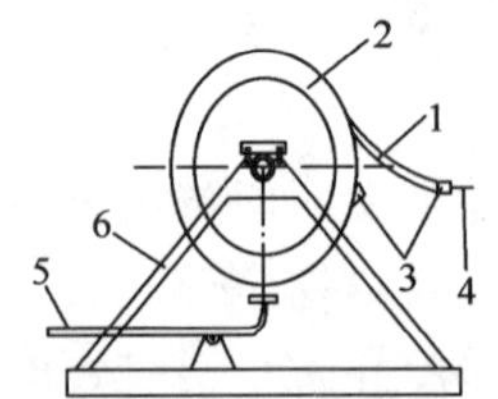

图 12-4-4 放索架示意图

1-拉索;2-索盘;3-锚头;4-卷扬机牵引;5-制动构件;6-支架

(6)“哈夫”式吊具

钢丝绳端“哈夫”式吊具采用上下压板形式栓接结构，哈夫吊点特殊加工，哈夫盖板内侧布置橡胶层，外侧焊接吊耳。

(7)索盘运输及上架

索盘用汽车运输到索塔承台附近(吊臂满足吊装需要)，用塔吊直接吊到桥面的放索架。根据施工工作面，尽量减少索盘的水平运输。

(8)塔端锚固装置安装

由于塔端锚固装置为整圆式，因此必须在索体穿过塔端索鞍段前将其临时固定在塔端垫板上。

(9)牵引、起吊系统的安装

索体牵引动力设主牵引卷扬机和辅助牵引卷扬机。卷扬机采用5t卷扬机，在中跨桥面上安装主牵引卷扬机，辅助牵引卷扬机安装在边跨桥面上靠近索塔根部。主牵引卷扬机牵引索体从地面的索盘处到桥面，再经过索鞍座，最后牵引索体至中跨梁端预埋管口处。辅助牵引卷扬机辅助主牵引卷扬机牵引索体从地面的索盘处牵引到桥面。

2. 牵引挂索

(1)释放牵引钢丝绳，钢丝绳从中跨桥面上放出，穿过索塔鞍座内管，经过边跨桥面，穿进边跨梁端预埋管，牵引至桥底地面索盘处。同时把索体及索盘安装到放线盘上。

(2)把牵引钢丝绳与索体通过高强卸扣连接，启动卷扬机收紧牵引钢丝绳牵引索体，同时需转动索盘释放索体。

(3)索体牵引至梁端前，用手拉葫芦把索体前端拉高，再缓慢收紧牵引钢丝绳把索体牵引上滚轮。当索体牵引至索塔鞍座预埋管前以同样的方式把索体牵引进内管。

(4)把索体牵引至中跨梁端预埋管口后，解除牵引钢丝绳。

(5)索体两端及索鞍段剥除PE层，然后清洗干净，安装锚具把工作螺母卸下，用专用的牵引索把索体牵引出锚垫板后安装上工作螺母。把索体及锚具牵引出梁端锚垫板前，在索鞍两侧预埋管出口处用索夹把索体固定，以阻止索体在索鞍预埋管内及来回托动。索体牵引安装完成。

3. 剥皮清洗

索体两端及索鞍段按计算长度剥除PE层，然后清洗。

(1)索鞍段剥皮清洗

从索体中心往两边量取剥皮长度，用钢锯弓或者可调锯齿高度的切割机，沿索体四周把HDPE层锯断，然后用可调锯齿高度的切割机沿索体纵向把HDPE层剖开，用撬棍把HDPE层剥除掉。再用撬棍把一根根钢绞线按顺序抽高，用裁纸刀把PE层剥除。单根钢绞线PE层剥除完成后，清洗油脂，先用棉纱头、抹布把的油脂擦掉，再用柴油把油脂彻底清洗干净，后用干净的面纱头抹干净。剥除索体外圈HDPE层及单根钢绞线PE层时，要注意使用的工具包括钢锯弓、或者可调锯齿高度的切割机、裁纸刀、撬棍等，不能伤及单根钢绞线的环氧涂层。

(2)索体两端剥皮清洗

把索体两端牵引头用砂轮切割机切除，用钢锯弓和可调锯齿高度的切割机把外层HDPE层剥除掉，然后把一根根钢绞线单独剥皮、清洗干净。剥除索体外圈HDPE层及单根钢绞线PE层时，要保护好单根钢绞线的环氧涂层。

(3)在现场索体剥除PE层及清洗条件有限，难度大，效果不好，因此除已制作好的C1-C3索外，其余索体应业主要求在工厂完成剥除PE层及清洗工作。

4. 斜拉索张拉

(1)张拉端锚具安装

锚具安装前应先将锚具检查清洗后重新组装；检查锚孔、密封板孔位是否齐全；清理锚孔内杂物(如机加工碎屑)，保持锚孔清洁无污。

由于张拉端锚具的锚筒小于预埋管内径，为便于锚具的安装，可在索体穿过预埋管前安装，用工作夹片进行临时锚固，并用压板以适当的压紧力压紧夹片。

(2)穿索

张拉锚具安装完成后，即可用从预埋管内穿过的牵引绳将索体牵引出下端垫板口，直至满足锚固螺母所需的旋合长度。由于该桥斜拉索长度和自重都比较大，故其垂度影响也相当大。穿过梁端预埋管时可以考虑设辅助软牵引索，或者使用滑轮组进行预紧。

(3)单根索力的控制

由于索体在制作过程中需要扭转，加上通过塔端预埋管 4.35m 长弧度段互相挤压，参考系杆成品索体张拉工艺以及以往施工经验，成品索体的单根张拉是无法进行的，因此索体张拉采用整体张拉方式。索体在工厂制作时对长度控制要求很严格，索体在牵引安装完成后，切除牵引头，剥皮清洗后安装锚具，两端锚具之间的钢绞线是等长的，在张拉时保证钢绞线的伸长是等值的，因此整体张拉能满足单根钢绞线的索力均匀性。单根索力均匀性的监测，根据实际情况可选择前面几对斜拉索来进行检验，检测方法采用 EM sensor 传感器来监测。

(4)整体张拉

由于索体较长且其垂度较大，从索体预紧至张拉至设计索力，需反复进行张拉和临时锚固。鉴于钢绞线外有环氧涂层，为防止环氧涂层的脱落而影响钢绞线的锚固效果和锚固安全，采用悬浮张拉法进行整体张拉。

(5)张拉机具

张拉机具采用 YDCS5500 千斤顶及工具锚板配套进行张拉。张拉所用的千斤顶、油压表、油泵配套标定，在华南国家计量检测中心、广东省计量院完成。在使用时，千斤顶、油压表、油泵要一一对应使用使。

(6)张拉系统的安装。张拉系统部件质量大，安装时借助手拉葫芦将限位装置、千斤顶、张拉撑脚及工具锚板依次安装，应注意整体张拉系统对中，如图 12-4-5 所示。

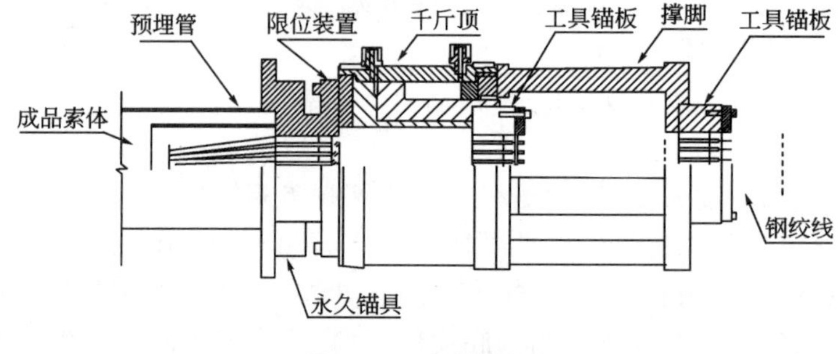

图 12-4-5 张拉示意图

(7)张拉力

控制索力。施工过程中每阶段的索力，以及成桥后的索力由监控单位提供。根据标定校准报告书提供的标定曲线回归方程，把张拉力换算成油压值，以控制油压值来进行张拉。

整体张拉过程中，分级加载至设计要求的(超)张拉值，测量各级伸长值；两张拉端要求做到同步对称，相互呼应，级差应控制在设计和监控允许范围之内。

由于采用悬浮张拉方式进行，张拉到位后，锚固时通过调节活动限位板把工作夹片锚固到位。

(8)张拉

张拉以应力控制为主，以伸长值来校核。整体张拉采用 4 台顶同步对称加载张拉至控制力，测量各级伸长值。

(9)张拉锚固力

由于采用悬浮张拉方式进行，夹片回缩产生的应力损失很小，回缩量一般在 6mm 左右；可通过回缩量来推算应力损失，C1 索按 6mm 回缩量推算回缩应力损失为 1%，外加 2%的锚固应力损失，然后进行 3%超张拉。考虑到锚具变形、混凝土徐变收缩引起的应力损失，张拉锚固后最好是与监控单位配合，由监控单位测量出锚固后索体的索力是否满足要求，以决定是否需对索力进行调整或者在以后的其他索体上进行修正。

(10)塔端连接装置、减振器、防松装置安装

整体张拉完成后，即可依次进行塔端锚固装置、减振器、防松装置等配套部件安装。在安装过程中要注意减振器处索体之间的密封，以保证塔内索鞍段不漏浆。

夹片防松装置的安装：夹片防松装置可以在整体张拉完成以后进行，安装夹片防松装置，用专用扳手将各空心螺栓旋紧，以随时保持对夹片的压紧力。

5. 斜拉索防护措施

(1)施工过程中索体及锚具的临时防护

穿索过程中应保护好索体的外包 HDPE 的保护，锚具应注意螺牙的损伤。

(2)上下端防水罩安装防护

防水罩的安装一定要密封严实，这样才能起到有效的防水作用，以保证沿拉索索体流下来的雨水不致进入预埋管内。

(3)两端锚头防护

防护材料：根据设计要求，锚具外露钢绞线的保护罩和密封筒内灌注无黏结筋专用防护油脂；锚具内、索鞍内管和塔端锚固装置内灌注环氧砂浆防护；灌注方法：灌注防护油脂时，为保证其密实度，除用专用的高压注油泵外，还要注意灌浆孔在下排气孔在上；在灌注环氧砂浆时，为保证其密实度，除用专用的高压灌浆泵外，也要注意灌浆孔在下排气孔在上。

(4)两端防水罩安装

全桥调索结束且减振装置固定后，按产品设计要求固定两端防水罩，做好防水处理，下端还需安装 2.5m 高度的不锈钢管。

6. 斜拉索安装、张拉其他技术措施

(1)斜拉索安装、张拉过程，注意保护好 HDPE 层不要被刮伤，牵引过程索体下方一定要布置好滚轮。

(2)索体牵引过程，不能出现过大的折角，在梁端及索鞍预埋管口两侧布置滚轮。

(3)索体剥皮时，锯弓、切割机及裁纸刀等剥皮工具不能伤及钢绞线环氧涂层。

(4)索体剥皮处要彻底清洗干净。

(5)索体剥皮清洗时，要做好索塔及桥面的防护防止被污染。

(6)做好防火措施，索体的包装带要收拾干净，索体周围不能有易燃易爆物品。索鞍处预埋管口两侧索体上方 3m 范围内铺上防火材料铁皮、石棉布等，以阻止从上面落下的火星焊渣烧伤索体。

(7)整体张拉设备安装要保证对中。

(8)安装工作锚板、限位板、工具锚板孔位要对齐。

(9)整体张拉要对称张拉、同步，油泵加压要求缓慢进行。

(10)斜拉索安装、张拉前，进行安全技术交底，对张拉操作人员进行技术培训，考核过关才能持证上岗。

·第十三章·

预应力高强混凝土管桩的技术应用

预应力管桩是指采用离心成型的先张法预应力混凝土管型构件。目前此构件主要有两类：一是预应力混凝土管桩(代号 PC 桩)；二是预应力高强混凝土管桩(代号 PHC 桩)。PHC 桩近 20 年来在我国广泛应用，尤其是广东地区，其应用量从上世纪 80 年代中期开始，一直处于国内的领先地位。据统计，2003 年应用量突破了 6000 万延米，占全国应用总量的 40%，应用在工民用建筑、公共建筑、高层建筑、桥梁工程、铁道工程、港口工程、机场工程、地下支撑、软土地基处理和临时工程等领域，成为土建工程应用最广泛的、首选的基础形式。上世纪 80 年代中期，番中公路的沙湾大桥、亭角大桥及海鸥大桥等工程，在广东公路建设中率先使用了管桩基础；上世纪 90 年代中期，花清高速公路新华跨线桥在熔岩地基的处理中，将原有的钻孔桩基础改成了管桩基础。由于种种原因，PHC 桩在广东高速公路建设中没有得到推广应用，没有发挥其应有的作用；在长江三角洲的上海、江苏一带，应用却十分广泛，甚至用在特大型桥梁基础上，取得了良好的经济效益和社会效益。

江珠公司研究了 PHC 桩的物理力学性能，分析研究了江珠高速公路的地质性质以及建设形势，聘请广东省公路规划勘察设计院对江珠高速公路应用 PHC 桩提出专题咨询意见。研究结果表明：在软土地基路段的桥梁基础第二批桩基中，采用 PHC 桩是可行的；其优势主要体现在质量可靠、施工简便、施工期短、节约成本、影响环境小。为此，江珠公司将研究成果上报广东省交通厅并得到认同，进行了变更设计和工程实施，大力推广 PHC 桩，既加快工程进度，又提高工程质量，还节省工程成本 500 多万元。

第一节　预应力管桩的应用研究

一、预应力管桩材料强度及其产品规格要求

(一)混凝土强度要求

预应力管桩用混凝土质量控制，应符合 GB 50164 的规定：PC 桩用混凝土强度等级，不得低于 C60；PHC 桩用混凝土强度等级，不得低于 C80。

(二)混凝土弹性模量要求

混凝土受压或受拉时的弹性模量 E_c，取自《公路钢筋混凝土及预应力混凝土桥涵设计规范》(JTG D62—2004)，详见表 13-1-1。

混凝土的弹性模量 E_c(MPa)　　表 13-1-1

混凝土强度等级	C60	C65	C70	C75	C80
E_c	3.60×10^4	3.65×10^4	3.70×10^4	3.75×10^4	3.80×10^4

(三)钢筋强度要求

管桩采用的预应力纵向钢筋,必须是预应力混凝土专用钢棒(代号 SBPDL 1275/1420),其质量应符合现行行业标准《预应力混凝土用钢棒》(YB/T 111)的规定。预应力钢棒应沿管桩周围均匀布置,无特殊要求时,其保护层厚度不得小于 25mm。现用管桩的预应力钢棒直径和数量不得低于表 13-1-2 的规定。

现用管桩的预应力钢棒数量 表 13-1-2

外 径	壁厚(mm)	单节桩长(m)	型 号	预应力钢棒配置
ϕ300	70	≤11	A	6ϕ7.1 *
			AB	8ϕ7.1
			B	8ϕ9.0
			C	8ϕ10.7
ϕ400	95	≤12	A	7ϕ9.0
			AB	8ϕ7.1
			B	8ϕ10.7
			C	12ϕ10.7
ϕ500	100、125	≤15	A	10ϕ9.0 *
			AB	12ϕ9.0
			B	12ϕ10.7
			C	13ϕ12.6
ϕ550	100、125	≤15	A	11ϕ9.0
			AB	11ϕ10.7
			B	15ϕ10.7
			C	15ϕ12.6
ϕ600	110、130	≤15	A	13ϕ9.0
			AB	13ϕ10.7
			B	15ϕ10.7
			C	17ϕ12.6
ϕ300	70	≤11	A	15ϕ10.7
			AB	15ϕ12.6
			B	22ϕ12.6
			C	27ϕ12.6

预应力钢棒还应满足《公路钢筋混凝土及预应力混凝土桥涵设计规范》(JTG D62—2004)中对预应力钢筋的要求;普通钢筋应满足《公路钢筋混凝土及预应力混凝土桥涵设计规范》(JTG D62—2004)的相关要求,采用 R235 钢筋或 HRB335 钢筋。

(四)产品规格要求

预应力管桩按外径划分有以下规格。

PHC 桩:300mm、400mm、500mm、550mm、600mm、800mm、1000mm。

PC 桩:300mm、400mm、500mm、550mm、600mm。

其具体分类可参照国标《先张法预应力混凝土管桩》(GB 13476—1999)的相关规定。考虑到桥梁桩基受力特点,适宜桥梁的桩基直径宜大于 500mm,管桩壁厚不小于 120mm。

二、预应力管桩的设计

(一)引用和参考的标准、规范、资料

(1)《先张法预应力混凝土管桩》(GB 13476—1999);

(2)《混凝土结构设计规范》(GBJ 10—89);

(3)《公路桥涵地基与基础设计规范》(JTJ 024—85);

(4)《公路工程结构可靠度设计统一标准》(GB/T 50283—1999);

(5)《公路钢筋混凝土及预应力混凝土桥涵设计规范》(JTG D62—2004);

(6)《建筑结构设计通用符号、计算单位和基本术语》(GBJ 83—85);

(7)《预应力混凝土用钢棒》(YB/T 111—1997);

(8)《预应力混凝土管桩基础技术规程》(DBJ/T 15—22—98);

(9)《先张法预应力高强混凝土管桩》(JISA 5337－1993);

(10)《高强混凝土结构设计指南》(HSCC 93－1);

(11)《高强混凝土结构设计指南》(HSCC 93－2);

(12)广东省《锤击式预应力混凝土管桩基础技术规程》(征求意见稿)(以下简称《锤击》)。

(二)管桩基础设计的一般规定

1.管桩基础设计遵循的原则

(1)桩基采用以概率理论为基础的极限状态设计方法,以可靠指标度量桩基的可靠度,采用以分项系数表达的极限状态设计表达式进行计算。

(2)桩基承载能力极限状态的计算,采用荷载效应的基本组合和地震作用效应组合。进行桩基的抗震承载能力计算时,荷载设计值和地震作用设计值应符合现行交通部《公路工程抗震设计规范》(JTJ 004—89)的有关规定。

(3)按正常使用极限状态验算桩基的水平变位、抗裂、裂缝宽度时,应根据使用要求和裂缝控制等级,分别采用作用的短期效应组合或短期效应组合并考虑长期效应组合的影响进行计算。

2.管桩基础设计荷载效应最不利组合及相应的抗力与变形限值须符合的规定

(1)按单桩承载力确定桩数时,传至承台底面上的荷载效应,应按正常使用极限状态下荷载效应的标准组合;相应的抗力应采用单桩承载力特征值。

(2)计算桩基变形时,传至承台底面上的荷载效应,应按正常使用极限状态下荷载效应的准永久组合,不应计入风荷载和地震作用;相应的限值应为桩基变形允许值。

(3)在计算管桩基础承台内力、确定承台高度、配筋和验算管桩桩身强度时,上部结构传来的荷载效应组合和相应的基底反力,应按承载能力极限状态下荷载效应的基本组合,采用相应的分项系数;相应的抗力应采用承载力设计值;当需要验算承台和桩身变形、裂缝宽度时,应按正常使用极限状态下荷载效应的标准组合。

(4)管桩基础设计安全等级、结构设计使用年限、结构重要性系数,应按有关规范的规定采用,但结构重要性系数 γ_0 不应小于1.0。

3.管桩基础承载力极限状态和变形控制的计算或验算

(1)根据桩基的使用功能和受力特征,进行桩基的竖向(抗压或抗拔)承载力计算和水平承载力计算;

(2)桩身承载力验算;

(3)计算承台内力并验算其承载力;

(4)当桩端平面以下存在软弱下卧层时,应作下卧层承载力验算;

(5)当桩中心距小于或等于4倍桩径的群桩基础,可视作一假想实体深基础进行基础下地基承载力

验算和沉降计算；

(6)当桥梁上部结构对桩基的沉降或水平位移控制要求严格时，应作沉降或水平变位验算；

(7)当使用条件要求限制混凝土裂缝时，应作抗裂或裂缝宽度验算。

4. 基础结构件的截面承载力计算或验算

按下列规定确定相应的荷载效应基本组合设计值 S，取其不利者：

(1)永久荷载与竖向可变荷载组合

计算时已考虑组合值系数(即活荷载折减)，取：

$$S = 1.35S_k \tag{13-1-1}$$

计算时组合值系数取 1(即不考虑活荷载折减)，取：

$$S = 1.3S_k \tag{13-1-2}$$

(2)永久荷载与可变荷载(包括竖向荷载、风、地震作用等)组合，取：

$$S = 1.25S_k \tag{13-1-3}$$

并应满足：

$$S \leqslant R \tag{13-1-4}$$

式中：R——基础结构构件抗力的设计值，按有关建筑结构设计规范的规定确定；

S_k——荷载效应的标准组合值。

5. 管桩布置须满足的要求

(1)桩的最小中心距应满足表 13-1-3 的规定。

管桩的最小中心距　　表 13-1-3

桩 基 情 况	桩的最小中心距
独立承台内桩数超过 30 根；大面面积群桩	4.0D
独立承台内桩数超过 9 根，但不超过 30 根；条形承台内排数超过 3 排	3.5D
其他情况	3.0D

(2)采用多桩或群桩时，宜使桩群承载力合力点与其上构件竖向长期荷载作用的合力中心相重合。

(3)桩的长径比应小于 100。当桩的长径比大于 60，或当桩穿越厚度较大的淤泥等软弱土层、可液化土层时，应考虑桩身的压缩量、桩的稳定性对承载力的影响。

(4)同一结构单元宜避免同时采用摩擦桩和端承桩，也宜避免同时采用浅基础和桩基础。当受条件限制不得不采用时，则应估计其可能产生的差异沉降对上部结构的影响，必要时应有相应的加强措施。

(5)按《锤击》的规定选择桩端持力层。桩端进入持力层深度，对于黏性土、粉土、砂土、全风化、强风化软质岩等，不宜小于 $2D$，对卵石、碎石土、强风化硬质岩等，不宜小于 $1D$。

(6)同一承台的桩数不多于 2 根时，应加强承台间的拉结。单桩承台应在纵横方向设置双向连系梁；双桩承台应至少在短轴方向设置连系梁。

三、预应力管桩计算

(一)单桩桩顶作用力的计算

对于一般建筑物和受水平力(包括力矩与水平剪力)较小的高大建筑物且桩径相同的多桩或群桩基础中，单桩桩顶作用力按下列公式计算。

1. 轴心竖向力作用下

$$Q_k = \frac{F_k + G_k}{n} \tag{13-1-5}$$

2. 偏心竖向力作用下

$$Q_{ik}=\frac{F_k+G_k}{n}\pm\frac{M_{xk}y_i}{\sum y_i^2}\pm\frac{M_{yk}x_i}{\sum x_i^2} \tag{13-1-6}$$

3. 水平作用下

$$H_{ik}=\frac{H_k}{n} \tag{13-1-7}$$

式中：F_k——相应于荷载效应标准组合时作用于桩基承台顶面的竖向力；

G_k——桩基承台和承台上土自重标准值；

Q_k——相应于荷载效应标准组合时的轴心竖向力作用下任一根桩所承受的竖向力；

M_{xk}、M_{yk}——相应于荷载效应标准组合时作用于承台底面、通过群桩形心 x、y 轴的弯矩；

x_i、y_i——第 i 根桩至桩群形心的 y、x 轴线的距离；

H_k——相应于荷载效应标准组合时作用于承台底面的水平力；

H_{ik}——相应于荷载效应标准组合时作用于任一根桩桩顶的水平力。

(二)单桩竖向承载力计算

单桩竖向承载力计算应符合下列设计表达式。

1. 不考虑地震作用效应组合的标准值

轴心竖向力作用下：

$$Q_k\leqslant R_a \tag{13-1-8}$$

偏心竖向力作用下，除满足式(13-1-6)外，尚应满足：

$$Q_{ikmax}\leqslant 1.2R_a \tag{13-1-9}$$

2. 考虑地震作用效应组合的标准值

轴线竖向力作用下：

$$Q_k\leqslant 1.25R_a \tag{13-1-10}$$

偏心竖向力作用下，除满足式(13-1-10)外，尚应满足

$$Q_{ikmax}\leqslant 1.5R_a \tag{13-1-11}$$

式中：R_a——单桩竖向承载力特征值；

Q_{ikmax}——相应于荷载效应标准组合时的偏心竖向力作用下单桩所承受的最大竖向力。

(三)单桩竖向承载力特征值的计算

单桩竖向承载力特征值，可通过下列方法和规定加以确定。

(1)单桩竖向承载力特征值可根据工程场地地质和桩端持力层等条件按下列经验公式进行预估：

$$R_a=\xi\cdot R_p \tag{13-1-12}$$

式中：R_p——管桩桩身结构竖向承载力设计值，详见《锤击》(征求意见稿) 3.0.10 的规定；

ξ——经验系数，一般可取 0.6～0.75。当桩周地质条件较好、桩端持力层为 $N>50$ 的强风化岩层时取高值；桩周地质条件较差、桩端持力层为软质风化岩时取低值。

在使用管桩历史较长、设计经验较丰富的地区，当管桩桩端持力层为 $N\geqslant50$ 的强风化岩层或 $N\geqslant30$ 的密实砂土层时，这种估算法也可作为初步确定单桩竖向承载力特征值的一种设计方法。

(2)当工程设计等级为甲级地基基础且地质条件较复杂或当地使用管桩的历史较短、设计经验不足时，单桩竖向承载力特征值应在设计阶段通过打试验桩确定。同一个管桩工地的试验桩数量，宜为预估总桩数的 0.5% ～ 1.0%，且不得少于 3 根。选择试验桩的位置应考虑工程地质条件的代表性和基础受力部位的重要性。试验桩的竖向静载荷试验方法应符合现行广东省标准《建筑地基基础设计规范》(DBJ 15—31)附录《单桩竖向静载荷试验的要点》。但静载荷试验的开始时间，根据管桩基础的特点，除纯摩擦型桩及持力层为遇水易软化的风化岩(如泥岩等)的基桩外，不管在砂土、粉土、黏性土还是饱和软黏土层中的管桩，为沉桩完成后 7d。持力层为遇水易软化的风化岩的基桩，宜在收锤后 25～30d 进行静载荷试验。

(3)当工程处于应用管桩多年且设计经验较丰富的地区，单桩竖向承载力特征值可利用工程桩在正式施工前进行试打并配合高应变动测法确定。同一个管桩工地的试打桩数量，不宜少于预估总桩数的 1%，且不得少于 5 根，根据管桩基础的特点和广东省的经验，宜以试打桩完成 24h 后复打的高应变动测值作为单桩竖向极限承载力。

(4)当根据地基土的物理力学指标与承载力参数等经验关系估算单桩竖向承载力特征值时，可按下式计算：

$$R_a = (U_p \sum q_{sia} \cdot l_i + q_{pa} \cdot A_p)/\gamma_{sp} \qquad (13\text{-}1\text{-}13)$$

式中：U_p——管桩桩身外周长；

q_{sia}——管桩第 i 层土(岩)的侧摩阻力特征值；

l_i——管桩穿越第 i 层土(岩)的厚度；

q_{pa}——单桩的端阻力特征值；

A_p——桩尖水平投影面积，当为开口型桩尖时，仍按封口型桩尖的水平投影面积计算；

γ_{sp}——桩侧阻端综合抗力分项系数，当根据静载试验确定单桩竖向极限承载力标准值时，取 $\gamma_{sp}=1.60$。当根据土的物理指标与承载力参数之间的经验关系确定单桩竖向极限承力标准值时，取 $\gamma_{sp}=1.65$。

在上式中，管桩第 i 层土(岩)的侧摩阻力特征值 q_{sia}，在无试验参考数时，按表 13-1-4 取值：

管桩侧摩阻力特征值的经验值 q_{sia}(kPa)　　表 13-1-4

土(岩)的名称	土(岩)石的状态	q_{sia}
填土		10～14
淤泥		6～9
淤泥质土		10～14
黏性土	$I_L>1$(流塑) $0.75<I_L\leqslant1$(软塑) $0.25<I_L\leqslant0.75$(可塑) $0<I_L\leqslant0.25$(硬塑) $I_L\leqslant0$(坚硬)	10～18 18～25 25～41 41～45 45～50
红黏土	$0.7<a_w\leqslant1$ $0.5<a_w\leqslant0.7$	6～16 16～37
粉土	稍密 中密 密实	11～22 22～32 32～43
粉细砂	稍密 中密 密实	11～21 21～32 32～43

土(岩)的名称	土(岩)石的状态	q_{sia}
中砂	稍密 中密 密实	16～27 27～37 37～47
粗砂	稍密 中密 密实	21～37 37～47 47～58
砾砂	中密或密实	58～69
全风化或强风化软质岩	$30\leqslant N<50$	50～70
全风化或强风化硬质岩	$30\leqslant N<50$	70～100
强风化软质岩	$N\geqslant50$	80～120
强风化硬质岩	$N\geqslant50$	100～150

在表 13-1-4 中，对于尚未完成自重固结的土类，可不计算其侧阻力；a_w 为含水比，$a_w=W/W_L$；N 为修正后的标准贯入击数。根据土(岩)层中点埋深 h，q_{sia} 可乘以表 13-1-5 所列的修正系数。

修正系数表　　表 13-1-5

土层中点埋深 h(m)	≤5	10	20	≥30
修正系数	0.8	1.0	1.1	1.2

在式(13-1-13)中，管桩的端阻力特征值的经验值 q_{pa}，在无试验参数时，可按表 13-1-6 取值。

管桩的端阻力特征值的经验值 q_{pa}(kPa)　　表 13-1-6

土名称	土的状态	q_{pa}
黏性土	$0.25<I_L\leqslant0.5$	1100～2200
	$I_L\leqslant0.25$	2000～3500
	中密、密实	1200～2500
粉砂	稍密	1000～1500
	中密、密实	1200～3000
细砂	中密、密实	2500～4500
中砂		3000～5000
粗砂		3500～5500
角砾	中密、密实	3500～6000
砾砂、圆砾		4000～6500
碎石、卵石		4500～7000
全风化或强风化软质岩	$30\leqslant N<50$	3000～4500
全风化或强风化硬质岩	$30\leqslant N<50$	3500～5500
强风化软质岩	$N\geqslant50$	3500～5000
强风化硬质岩	$N\geqslant50$	5000～7000

注：N 为修正后的标准贯入击数。

(四)高应变动测试桩结果用于确定管桩竖向承载力特征值时须符合的规定

除应符合《锤击》中 5.2.3 第 3 款及现行行业标准《建筑基桩检测技术规范》(JGJ 106—2003)中的有关规定外，尚应符合下列规定：

(1)相同条件桩基的动静对比资料较多；

(2)试桩经验丰富；

(3)试验结果除应提供单桩竖向极限承载力外，尚应提供按《锤击》中 6.1.7 条所列的信息数据和资料。

(五)桩身混凝土强度须满足桩的承载力设计要求

对于轴向受压的预应力管桩，当不考虑桩身构造配筋的作用时，应符合下列规定：

$$Q\leqslant R_p \tag{13-1-14}$$

式中：Q——相应于荷载效应基本组合时的单桩竖向力设计值；

R_p——管桩桩身结构竖向承载力设计值。

(六)管桩基础的单桩抗拔承载力验算

承受拔力的管桩基础，按下式试验单桩的抗拔承载力：

$$Q_{tk}\leqslant R_{ta}$$

式中：Q_{tk}——相应于荷载效应标准组合时单桩竖向拔力；

R_{ta}——单桩竖向抗拔承载力特征值。

(七)确定单桩竖向抗拔承载力特征值的规定

(1)单桩竖向抗拔承载力特征值宜通过现场竖向抗拔静载试验确定。试桩数量宜为预估总桩数的0.5%～1.0%，且不得少于3根；当工程抗拔桩总数在50根以内时，不得少于2根。单桩竖向抗拔静载试验，应按现行广东省标准《建筑地基基础设计规范》(DBJ 15—31)附录《单桩竖向抗拔静载试验要点》执行。沉桩完成至开始试验的时间：在砂土中不得少于7d；在黏性土中不得少于25d。

(2)当根据土的物理力学指标与承载力参数之间的经验关系确定单桩竖向抗拔承载力特征值时，可按下式计算：

$$R_{ta}=U_p\sum\lambda_i\cdot q_{sia}\cdot l_i+0.9G_p \tag{13-1-15}$$

式中：R_{ta}——单桩竖向抗拔承载力特征值；

U_p——管桩桩身外周长；

λ_i——抗拔摩阻力折减系数；

q_{sia}——单桩第 i 层土(岩)的侧阻力特征值，如无试验参数时可按表13-1-4取值；

l_i——管桩穿越第 i 层土(岩)的厚度；

G_p——桩身自重设计值，地下水位以下取有效重度计算。

在上式中，抗拔摩阻力折减系数 λ_i，其取值按表13-1-7：

抗拔摩阻力折减系数 λ_i　　表13-1-7

土(岩)的类别	λ_i
强风化岩、花岗岩残积土	0.50～0.70
砂土	0.40～0.60
黏性土、粉土	0.60～0.70

当桩长与桩径比小于20时，取表13-1-7中的较小值。

(八)管桩基础的单桩竖向抗拔承载力须符合的规定

除应符合《锤击》中5.2.6条规定外，尚应符合下列规定。

(1)当管桩桩头用手工凿出的全部预应力钢棒直接插入承台内作为抗拔桩的受力钢筋时，应满足下列要求：

$$Q_{tk}\leqslant\sigma_{pc}\cdot A \tag{13-1-16}$$

式中：Q_{tk}——相应于荷载效应标准组合时单桩竖向拔力；

σ_{pc}——管桩混凝土有效预压应力值，按《锤击》(征求意见稿)(3.0.8)计算；

A——管桩横截面面积。

(2)当管桩不用桩身预应力钢棒作抗拔筋而用内孔填芯混凝土中的钢筋作为抗拔桩的受力钢筋时，除应满足上式要求外，还应满足下列要求：

$$Q_{tk}\leqslant f_n\cdot U_p\cdot L_a \tag{13-1-17}$$

$$Q_t\leqslant A_s\cdot f_y \tag{13-1-18}$$

式中：Q_t——相应于荷载效应基本组合时单桩竖向拔力设计值；

f_n——填芯混凝土与管桩内壁的黏结强度标准值，宜由现场试验确定。填芯混凝土应是无收缩混凝土。当缺乏试验资料时，C30的掺微膨胀剂的填芯混凝土 f_n 可取0.2～0.25MPa；

U_p——管桩内孔圆周长；

L_a——填芯混凝土长度，不应少于 2.0m；

A_s——管桩内孔受拉钢筋总公称截面积；

f_y——钢筋的抗拉强度设计值。

对于桥梁工程用桩，建议设计采用在桩头加焊钢筋和填心混凝土共同作用的方式与承台相接。

（九）管桩基础单桩的水平承载力计算

（1）单桩的水平承载力应符合下列规定：

$$H_{ik} \leqslant R_{ha} \tag{13-1-19}$$

当验算与地震作用效应组合的管桩基础水平承载力时，应满足下列要求：

$$H_{ik} \leqslant 1.25R_{ha} \tag{13-1-20}$$

式中：H_{ik}——相应于荷载效应标准组合时作用于任一根桩桩顶的水平力；

R_{ha}——单桩水平承载力特征值。

（2）管桩基础的单桩水平承载力特征值，与管桩的规格品种、桩周土质条件、桩顶水平位移允许值和桩顶嵌固情况等因素有关，宜通过现场单桩水平荷载试验确定。满足桩最小中心距的同一承台中的多桩或群桩的水平承载力特征值，可视为各单桩水平承载力特征值之和。

（3）当缺少单桩水平荷载试验资料时，可按变形控制采用下列公式估算管桩基础单桩水平承载力特征值：

$$R_{ha} = \frac{\alpha^3 E_c I}{V_x} \cdot x_{oa} \tag{13-1-21}$$

式中：E_c——管桩桩身混凝土的弹性模量；

I——管桩横截面惯性矩；

E_cI——管桩桩身抗弯刚度；

x_{oa}——管桩桩顶允许水平位移；

V_x——管桩桩顶水平位移系数；

α——管桩的水平变形系数。

式中管桩桩顶水平位移系数 V_x，按表 13-1-8 取值。

管桩桩顶水平位移系数 V_x 表 13-1-8

桩顶约束情况	桩的换算深度(αl)	V_x	桩顶约束情况	桩的换算深度(αl)	V_x
铰接	4.0	2.441	固接	4.0	0.940
	3.5	2.502		3.5	0.970
	3.0	2.727		3.0	1.028
	2.8	2.905		2.8	1.055
	2.6	3.163		2.6	1.079
	2.4	3.526		2.4	1.095

在表 13-1-8 中，当 $\alpha_l>4.0$ 时，取 $\alpha_l=4.0$。

管桩的水平变动系数 α，按下列式计算：

$$\alpha = \sqrt[5]{\frac{mb_0}{E_c \cdot I}}$$

式中：m——土的水平抗力系数的比例系数；

b_0——管桩桩身计算宽度(m)，$b_0=0.9(1.5D+0.5)$；

D——管桩外直径。

在上式中，水平抗力系数的比例系数 m，可按表13-1-9选用。

地基土体水平抗力系数的比例系数 m 值　　表13-1-9

序　号	地基土类别	m(MN/m⁴)	相应桩顶面处水平位移(mm)
1	淤泥，淤泥质土	2.0～4.5	10
2	流塑($I_L>1$)、软塑($0.75<I_L\leqslant1$)状黏性土，松散粉土，稍密细砂	4.5～6.0	10
3	可塑($0.25<I_L\leqslant0.75$)状黏性土，稍密粉土，中密填土，稍密细砂	6.0～10	10
4	硬塑($0<I_L<0.25$)、坚硬($I_L\leqslant0$)状黏性土，中密或密实粉土，中密中粗砂，密实老填土	10～22	10

在表13-1-9中，当桩顶位移大于10mm，m值宜适当降低；反之，可适当提高；当水平荷载为长期荷载时，应将表列数值乘以0.4后采用。

(十)预应力管桩的其他相关计算验算规定

(1)当管桩桩身承受弯矩作用时，应符合下列规定：

$$M_{ik} \leqslant R_{ma}$$

式中：M_{ik}——相应于荷载效应标准组合时作用于任一根桩的弯矩；

R_{ma}——桩身的抗弯承载力特征值；当桩身不允许开裂时，可按《锤击》表3.0.7中的抗裂弯矩 M_{cr} 除以1.5确定；当桩身允许裂缝出现时，可按《锤击》表3.0.7中的极限弯矩 M_u 除以2.0确定。

(2)当管桩桩周土体因自重固结或受地面大面积堆载影响而产生的沉降大于管桩的沉降时，应考虑由此引起的桩侧负摩擦力对管桩抗压承载力及沉降的影响。当缺乏经验及实测资料、没有相似条件下的工程类比经验作参考时，桩侧负摩擦力可参照现行广东省标准《建筑地基基础设计规范》(DBJ 15—31)的有关规定进行估算。

(3)管桩基础的沉降，不得超过桥梁上部结构的沉降允许值。当有可靠地区经验时，对地质条件不复杂、荷载均匀、对沉降无特殊要求的非摩擦型管桩基础可不进行沉降验算。建议对以下结构的管桩基础进行沉降验算：

①上部结构为连续结构；

②体型复杂、荷载不均匀或桩端以下存在软弱土层的桩基；

③纯摩擦型桩基。

(4)管桩基础的沉降量估算方法及建筑物的沉降允许值，应按现行广东省标准《建筑地基基础设计规范》(DBJ 15—31)的有关规定执行。

(5)根据管桩基础的特点和广东的工程建设经验，也可利用单桩静载试验资料来估算管桩基础的沉降量。当管桩桩端持力层为 $N\geqslant50$ 的强风化硬质岩或 $N\geqslant30$ 的砂、卵石层时，最终沉降量可按单桩静载荷试验时单桩承载力特征值所对应的试桩桩顶沉降量的2.0～3.0倍取值；其余非摩擦型的管桩基础沉降量，可按单桩静载荷试验时单桩承载力特征值所对应的试桩桩顶沉降量的3.0～4.0倍取值。

(6)当管桩基础的桩端持力层为强风化、全风化泥岩，或其他遇水易软化的风化岩(土)层时，设计应注意以下问题。

①单桩承载力问题：此时的单桩承载力特征值应比常规情况下降低(20～30%)，甚至更低。

②桩尖的密封性问题：应采用封口型桩尖，焊缝要连续饱满不渗水；必要时在成桩孔底灌注高1.5～2.0m、石子粒径1～3cm的C20封底混凝土。

③送桩深度问题：送桩深度不应太深，一般不宜超过1.5m，以便必要时可采取复打的措施。

④承载力检测的开始时间问题：比常规情况下的检测开始时间7d要长，一般为收锤后25～30d。

第二节 江珠高速公路PHC管桩的设计与施工

PHC桩，应用于江珠高速公路软基路段的桥梁基础第二批桩基中。所谓第二批桩基，是指在软土路段为防止软基的横向位移给桩基造成破坏，特将桥台和临近桥台的桥墩桩基留下，待软基基本稳定后再进行施工。第二批桩施工过程中常发生断桩、沉渣超标等质量问题，后来决定变更设计，采用工厂化生产的PHC桩，使混凝土的强度高、质量有保障，且减少材料消耗，降低成本。

一、第二批桩基的地质概况

江珠高速公路第二批桩基桥梁位处地层表层，多为淤泥或淤泥质土，浅层为亚黏土，其下依次为全风化、强风化及弱风化岩层，江门段和珠海段地层构造相似。上部淤泥、淤泥质土呈流塑、软塑状，扰动易失水离析，具高压缩性、高含水量、欠固结、高灵敏度、低强度，低承载力的特点，工程性质差。浅层为亚黏土(Q^{al})，呈粉红色、灰色，主要由黏粒及粉粒组成，土质较均匀，黏性强，呈软塑状。属中压缩性土；推荐地基承载力$[\sigma_0]=160$kPa。极限摩阻力$[\tau_i]=35$kPa。下伏基岩珠海段多以花岗岩为主，江门段以泥岩及粉质砂岩为主，分全、强、弱、微风化层，全风化层原岩已风化成砂土状，具弱黏性，手捏易散，浸水易软化，呈半坚硬～坚硬状，标准贯入击数低。强风化层原岩被风化破坏成半岩半土状，风化不均匀，坚硬强度高，标准贯入击数N一般在50～70击。

根据广东工程建设的经验：PHC桩最适宜应用在基岩埋藏深、强风化岩层或风化残积土层厚的地质条件。从江珠高速公路所在区域的地质构造来看，比较适合PHC桩要求。

二、第二批桩基的设计变更

(一)设计变更要点

(1)变更设计范围为桥墩的桩基及系梁、桥台的桩基及承台，原设计相应的内容废止。

(2)PHC管桩基础桩端持力层以上，要求有不小于12m的有效覆土层(不包括淤泥层)。

(3)PHC管桩基础原则上用于桥梁斜交角度不大于20°的桥梁。

(4)设计变更后，桥墩承台中心与原桥墩桩基中心相同，桥台支承中心线位置与原设计相同，施工时据此推算PHC管桩放样坐标。

(5)PHC管桩接长宜采用端板焊接，端板坡口高度尺寸应比标准规格增加1mm；焊接宜采用二氧化碳气体保护电弧焊，焊缝质量应符合二级焊缝要求。接头处的外露钢结构部分，需采用防腐措施。接头抗弯性能不得小于相应规格管桩桩身的极限弯矩要求。

(6)PHC管桩桩尖应采用封口型桩尖，焊缝要连续饱满不渗水；且需在成桩孔底灌注高不小于2.0m、石子粒径1～3cm的C30封底混凝土。

(7)PHC管桩与承台的连接，同时采用插筋锚固及管桩预应力钢棒伸入锚固，桥墩插筋采用6ϕ25，桥台采用15ϕ25。

(8)本次设计变更，PHC管桩按摩擦桩设计，管桩容许承载力结合PDA高应变检测技术实测综合考虑。

(二)桥墩基础的构造

桥墩基础的立面和侧面构造,如图 13-2-1 所示。

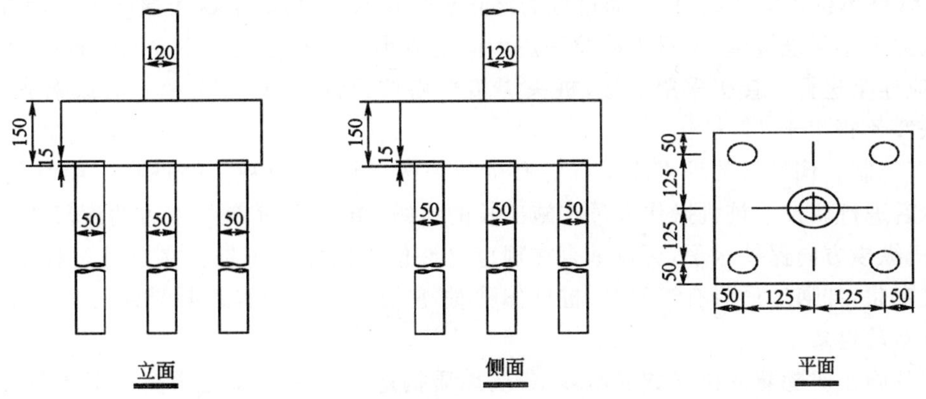

图 13-2-1 桥墩基础构造(尺寸单位:cm)

(三)座板桥台的基础构造

座板桥台的基础立面和侧面构造,如图 13-2-2 所示。

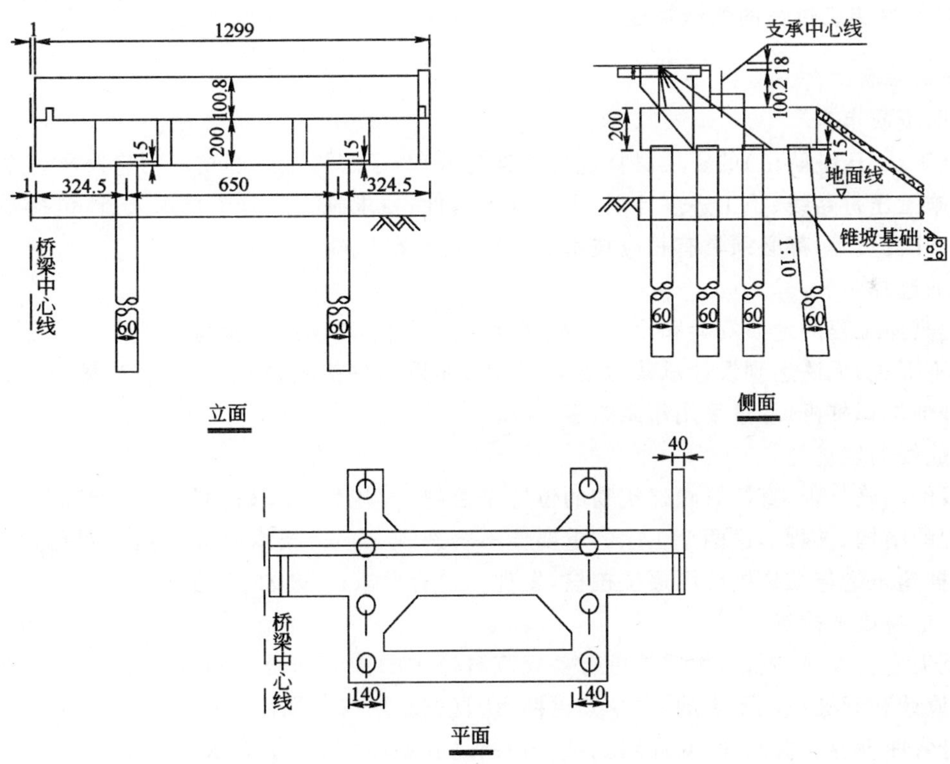

图 13-2-2 座板桥台的基础构造(尺寸单位:cm)

三、PHC 管桩施工与质量控制

(一)PHC 管桩施工

1. 施工程序

PHC 管桩的施工程序为:测量定位──→桩机就位──→复核桩位──→吊桩插桩──→桩身对中调

直——→沉桩(灌混凝土)——→接桩——→再沉桩送桩——→终止沉桩——→桩质量检验——→切割桩头——→填充管桩内的细石混凝土。

2.施工要点

(1)PHC 管桩单桩竖向承载力,可通过桩的终止压力值大致判断,但因土质的不同而异。为保证管桩的桩头承载力不小于设计值,承载力检验采用大应变或小应变对已施工完成的管桩进行承载力检验。

(2)接桩应连续进行。接头采用焊接,桩头焊接严格按设计进行;上下校中心线对齐,偏差不大于10mm;节点矢高不得大于1%桩长。

(3)垂直度控制。调校桩的垂直度是沉桩质量的关键,须高度重视。插桩在一般情况下入土30~50cm 为宜,然后进行调校。桩机操作人员在施工长的组织、指挥下,掌握好双方角度尺在两个方向上都归零点,使桩机纵横方向保持水平,调校垂直在规范允许值以内才能沉桩。在沉桩过程中,施工员随时观察桩的进尺变化,如遇地质层有障碍物、桩杆偏移时,应分一两个行程逐渐调直。

3.沉桩线路的选定

预应力桩基施工时随着入桩段数的增多,各层地质构造土体密度随之增高。土体与桩身表面间的摩擦阻力也相应增大,沉桩所需的压入力也在增大。为使沉桩中各桩的压力阻力基本接近,入桩线路应选择单向行进,不能从两侧往中间进行(即所谓打关门桩)。这样,地基土在入桩挤密过程中,土体可自由向外扩张,既可避免地基土上溢使地表升高,又不致因土的挤压而造成部分桩身倾斜,保证了群桩的工作基本均匀并符合设计值。

(二)PHC 管桩施工过程的质量管理

1.沉桩前的准备工作

(1)施工队资质审查

必须对施工队(压桩队伍)的资质材料进行审查与管理,了解施工队的技术力量及压桩水平;审查施工组织设计、施工压桩路线、施工进度计划,评价其可行性;要求施工队每个技术人员,包括施工技术员、焊工、记录员、开机员等,都必须具有相应技术资格证和上岗证。

(2)桩机的选择

必须根据具体工程的地质资料和设计的单桩承载力要求,准确地选择管桩机。如果管桩机吨位过小,可能桩沉不下去,无法达到设计承载力要求;反之,如果压桩机吨位过大,易发生陷机。因而应会同有关部门合理地选择桩机,尽量采用超载施工。

(3)施工放线与定桩位

由于放线的准确与否,直接影响建筑物的位置是否符合“规划”要求;而桩位的准确与否,又直接影响着整个工程的结构。因此,这两个工序的重要性不容忽视。项目技术管理人员应对已定好的轴线位进行复核,根据建筑物与结构桩位图逐位校核,发现不符合要求的应及时纠正。

(4)桩尖、桩身质量检查

必须对桩尖进行查验、测量,按照管桩有关规范对桩尖的构造和设计图纸的要求,测量所有到场的桩尖,不满足设计和管桩规范要求的,责令其更换;认真查验所有到场的管桩,测量管桩的外径、壁厚、桩身、长度、桩身弯曲度等有关尺寸,并详细记录。特别是管壁厚度,由于静压法施工中的夹持力较大,壁厚不够很容易把桩夹碎。同时应对桩身外观质量进行仔细地查验,检查是否粘皮麻面、内外表面是否露筋、表面是否有裂缝、是否断头脱头、桩套箍是否凹陷、表面混凝土是否坍落等,不符合管桩规范要求的,责令厂家退回。

2.沉桩施工过程的质量管理

(1)底桩(第一节入土的桩)的定点

虽然在放线与定桩位时已经核查过,但是经验不足或技术水平不高的施工技术人员往往在放底桩时偏离原定的桩位,从而导致成桩的偏位。要求在每个桩位处,用石灰或贝灰以原定的桩心为圆心、以该桩的桩径为直径画一圆，压底桩时以此圆为准，控制桩不偏离该圆，使成桩的偏位尽可能减小。

(2)桩身垂直度的控制

由于静压管桩桩机驾驶室内一般会悬挂一吊有重锤的绳线，由开机员以此线为准控制桩一个方向的垂直度；另一方向的垂直度必须另外控制，方法就是在垂直于桩与此绳线连接的地方(即另一正交方向)，另设一吊重锤的绳线(视线要通透)，以这两条绳线来控制桩的垂直度。当桩在两个方向都已经垂直，方允许沉桩，而且在沉桩过程中要经常检查桩身垂直度。

(3)接桩及焊缝控制

接桩前，应保证上下两节桩的顺直，而且两桩桩心的错位偏差不宜大于 2mm(宜设置接桩导向箍)。管桩施工主要采用焊接接桩法，在焊接前应该把两节桩的端头板用钢刷清刷干净，直至坡口露出金属光泽，而且保证上节桩已经垂直后方能焊接。焊接最好由两名焊工同时进行，先在坡口圆周上对称点焊 4～6点，焊接层数不少于 2 层，每层焊渣必须清理干净，保证焊缝连续饱满；自然冷却约 8～10min(严禁用水冷却或焊完即压)，防止高温的焊缝遇水变脆而被压坏。

(4)确定收锤标准

根据设计承载力要求，结合工程地质情况，收锤标准确定为：

①桩基按摩擦桩进行设计，桩端要求进入强风化层，施工中除以桩端高程作为控制外，还应对最后贯入度加以控制；

②每根管桩总锤击数不宜超过 2 500，最后 1m 沉桩锤击数不宜超过 300；

③控制最后三阵锤，贯入度不大于 30mm/10 锤，当需要送桩时，贯入度应比上述要求减少 5mm；

④收锤时除满足贯入度要求外，桩端尚应到达地质资料显示的持力层深度；若桩端达不到持力层，则应增加施打三阵锤均符合贯入度要求才可收锤；最终施工采用的收锤标准，须通过试打时由设计、监理和建设单位共同研究决定。

3. 桩头填芯的质量控制

由于桩与上部结构的连接主要通过桩的承台，因此桩头嵌入承台的长度不宜太短，有关管桩技术规范规定不宜小于 10cm。从日本桩基的典型震害实例调查中可知，有不少是由于桩嵌入承台长度不足，抗拔不够，因此在地震设防区有必要把桩嵌入承台的长度加长，且桩头的插筋长度也应加长及增加配筋量，桩头填芯混凝土的强度等级应满足规范要求和设计要求。工程技术管理人员应该加强这一环节的质量控制。

4. 成桩的质量检查

(1)桩身垂直度及桩身质量的检查

桩身的垂直度，可用垂球吊线的办法来量测。对不符合规范要求的，应及时报送设计单位，由设计单位提出补强修改意见。对于配置封口桩尖的工程桩，桩身质量可直观检查，即将低压电灯泡沉入桩内腔检查。在正常情况下，内腔是不进土和水的，若桩内腔完整干燥，说明桩身基本完好、焊接质量完好、桩尖无损坏，可不采取其他方法另行检查；反之，应该采取其他方法另行检查，如按桩总数的一定比例采取小应变动测的检测方法，对桩身的完整性进行检测。

(2)桩顶高程及偏位情况的检查

基础开挖后，应对桩顶高程及桩的偏位情况进行测量，并把记录资料完整报送设计单位，由设计单位提出方案，解决那些桩顶高程低于设计高程以及桩偏位超过规范要求的问题。对于桩顶高程高于设计高程的问题，施工单位应用电锯法截去多余的桩段，不该用人工敲打把多余的桩段敲掉，否则很容易把成桩敲伤。

(3)单桩竖向承载力的检测

PHC 管桩的承载力采用 PDA 高应变进行检测。从验证结果看，这种检测方法完全能满足设计要求。

5. 常见质量问题分析与处理

PHC 桩在施工过程中，会碰到以下的主要质量通病。

(1)沉桩困难,达不到设计高程

产生这种质量通病的主要原因一是压桩设备桩选型不合理,设备吨位小,能量不足;二是压桩时,中途停歇时间过长;三是压桩过程中设备突然出现故障,排除时间过长或中途突然停电;四是没有详细分析地质资料,忽略了浅层杂填土层中的障碍物及中间硬夹层、透镜体等的存在;五是忽略了桩距过密或压顺序不当,人为形成“封闭”桩,使地基土挤密,强度增加;六是桩身强度不足,沉桩过程中桩顶、桩身或桩尖破损,被迫停压;七是桩就位插入倾斜过大,引起沉桩困难,甚至与邻桩相撞;八是桩的接头较多且焊接质量不好或桩端停在硬夹层中进行接桩。

预防这种质量通病的相应措施:一是配备合适压桩设备,保证设备有足够压入能力;二是一根桩应连续压入,严禁中途停歇;三是进场前对设备进行大修保养,施工时进行例行检修,确保压桩施工时设备正常运行,避开停电时间施工;四是分析地质资料,清除浅层障碍物,配足压重,确保桩能压穿土层中的硬夹层、透镜体等;五是制定合理的压桩顺序及流程,严禁形成“封闭”桩;六是严把制桩各个环节质量关,加强进场桩的质量验收,保证桩的质量满足设计要求;七是桩就位插入时如倾斜过大应将桩拔出,待清除障碍物后再重新插入,确保压入桩的垂直度;八是合理选择桩的搭配,避免在砂质粉土、砂土等硬土层中焊接桩,采用3～4台焊机同时对称焊接,尽量缩短焊接时间,使桩被快速连续压入。

(2)桩偏移或倾斜过大

产生这种质量通病的主要原因:一是压桩机大身(平台)没有调平;二是压桩机立柱和大身(平台)不垂直;三是就位插入时精度不足;四是相邻送桩孔的影响;五是地下障碍物或暗浜、场地下陷等影响;六是送桩杆、压头、桩不在同一轴线上,或桩顶不平整所造成的施工偏压;七是桩尖偏斜或桩体弯曲;八是接桩质量不良,接头松动或上下节桩不在同一轴线上;九是压桩顺序不合理,后压的桩挤先压的桩;十是基坑围护不当,或挖土方法、顺序、开挖时间、开挖深度不当等。

预防这种质量通病的相应措施:一是压桩施工时一定要用顶升油缸将桩机大身(平台)调平;二是压桩施工前应将立柱和大身(平台)调至垂直满足要求;三是桩插入时对中误差控制在10mm,并用两台经纬仪在互相垂直的两个方向校正其垂直度;四是送桩孔应及时回填;五是施工前详细调查掌握工程环境、场址建筑历史和地层土性、暗滨的分布和填土层的特性及其分布状况,预先清除地下障碍物、处理暗浜等;六是施工中确保送桩杆、压头、桩在同一轴线上,在沉桩过程中随时校验和调正;七是提高桩的制作质量,加强进场桩的质量验收,防止桩顶和接头面的歪斜及桩尖偏心和桩体弯曲,不合格的桩坚决不用;八是提高施工焊接桩质量,保证上下节同轴,严格按规范要求进行隐蔽工程验收;九是制订合理的压桩顺序,尽量采取“走长线”压桩,给超孔隙水压力消散提供尽量长的时间,避免其累积叠加,减小挤土影响;十是压桩结束10d左右,待超孔隙水压力充分消散后方可开挖且围护结构应有足够的强度与刚度,避免侧向土体位移。机械开挖至桩顶30cm时,采用人工开挖,避免挖斗碰撞桩头。

(3)桩达到设计高程或深度,但桩的承载能力不足

产生这种质量通病的主要原因:一是设计桩端持力层面起伏较大;二是地质勘察资料不详细,古河道切割区未察清楚,造成设计桩长不足,桩尖未能进入持力层足够的深度;三是试桩时休止期没达到规范规定的时间而提前测试,或测试时附近正在打桩,桩周土体仍在扰动中。

预防这种质量通病的相应措施:一是当桩端持力层面起伏较大时,应对其分区并且采用不同的桩长。压桩施工除高程控制外,尚应控制最终压入力;二是当发现某个区域最终压桩力明显比其他区域偏低时,应进行补勘以查清是否存在古河道切割区等不良地质。针对特殊情况及时和设计单位联系,争取变更设计改变布桩或增加桩数或增加桩长等措施,以满足设计承载力。对开口桩,可考虑在桩尖端设置十字加强劲或其他半闭口桩尖等形式,增加尖端闭塞效应,提高桩的承载能力;三是试桩的休止期必定满足规范规定,在桩周1.5倍桩长范围内严禁打桩等作业。

(4)压桩阻力与地质资料或试验桩的反映阻力相比,有异常现象

产生这种质量通病的主要原因:一是桩端持力层层面起伏较大;二是地面至持力层间存在硬透镜体或暗浜;三是地下有障碍物未清除掉;四是压桩顺序和压桩进度安排不合理。

预防这种质量通病的相应措施：一是按照持力面的起伏变化，减小或增大桩的入土深度，压桩时除以高程控制为主外，还应以压入力作参考；二是配备有足够压入能力的压桩设备，提高压桩精度，防止桩体破损；三是用钢送桩杆先进行桩位探测，查清并清除遗漏的地下障碍物；四是确定合理的压桩顺序及合适的日沉桩数量，对有砂性土夹层分布区，桩尖可适当加长，压桩顺序尽量采用中心开花的施工方法，严禁形成“封闭”桩。

(5)桩体破损，影响桩的继续下沉

产生这种质量通病的主要原因：一是由于制桩质量不良或运输堆放过程中支点位置不准确；二是吊桩时吊点位置不准确，吊索过短，吊桩操作不当；三是压桩时桩头强度不足或桩头不平整、送桩杆与桩不同心等所引起的施工偏压，造成局部应力集中；四是送桩阶段压入力过大，超过桩头强度，送桩尺寸过大或倾斜所引起的施工偏压；五是桩尖强度不足，地下障碍物或孤块石冲撞等；六是压桩时桩体强度不足，桩单节长度较长且桩尖进入硬夹层，桩顶冲击力过大，桩突然下沉，施工偏压，强力进行偏位矫正，桩的细长比过大，接桩质量不良，桩距较小且桩布较密。

预防这种质量通病的相应措施：一是桩身混凝土强度达到设计值70%方可起吊脱模，达到100%方可施工。运桩时，桩体强度应满足设计施工要求，支点位置正确，上下支点对齐；二是吊桩时桩体强度应满足设计施工要求，支点位置正确，起吊均匀平稳，水平吊运采取两点吊，吊点距桩端0.207L。单点起吊时吊点距桩端0.293L(L为桩长)，起吊过程防止桩体晃动或其他物体碰撞；三是使用同桩径的送桩杆，压头、送桩杆、桩体保持在同一轴线上，避免施工偏压；四是确保桩的养护期，提高混凝土强度等级以增强桩体强度，桩头设置钢帽、桩尖设置钢桩靴等；五是根据地基土性和布桩情况，确定合理的压桩顺序；六是保证接头质量，用楔型垫铁填实接头间隙，提高桩的就位和压入精度，避免强力矫正。压入时保证一根桩连续压入，严禁中途停歇。

四、结　　语

江珠高速公路对PHC管桩的研究应用起步较晚，仅在软基路段的桥梁基础第二批桩基中得到应用。据统计，全线共采用PHC管桩基础23 000万延米，经PDH高应变检测的结果，85%以上为A类桩，其余为B类桩，工程质量优良。原设计桥台的桩基础大致分两种，一种形式为一个桥台为12根ϕ120cm桩基；另一种形式是一个桥台8根ϕ150cm桩基，桩长约40m左右，一个桥台正常桩基施工时间为60～90d。而采用PHC管桩，正常施工时间为2d。就一个桥台而言，节约工期在两个月以上，综合其他因素，全线节约工期在三个月以上。据初步估算，全线采用PHC管桩节省工程成本在500多万元。在江珠高速公路，PHC管桩的推广应用在设计、施工、监理、检测等方面，均积累了一定的经验，为广东高速公路工程建设大规模采用这种基础形式开了先河，具有积极意义。

·第十四章·

睦州隧道施工技术

第一节 概 述

江珠高速公路睦州隧道位于睦州镇大冲附近，穿越底丘，横穿吉仔公主峰。睦州隧道由睦州1号(304m)和睦州2号(299m)隧道组成，两者相距253m，均为双向四车道双连拱隧道。隧道净高5.0m，净宽11.0m。1号隧道沿线路前进方向为0.75%的上坡，部分位于缓和曲线上，部分处于半径为3000m的圆曲线上；2号隧道沿线路前进方向为0.6%的下坡，隧道全部处于半径为3000m的圆曲线上。隧道衬砌结构按新奥法原理进行设计，设计中考虑充分发挥围岩的自承能力，采用柔性支护体系的复合式衬砌结构，即以锚杆、喷射混凝土(掺入刚纤维)等为初期支护，以钢筋混凝土为二次衬砌的复合式衬砌结构。在初期支护和二次衬砌之间敷设土工布加EVA防水卷材作为防水层。隧道的围岩类别划分见表14-1-1，隧道标准断面衬砌见图14-1-1，隧道设计支护参数见表14-1-2。

围 岩 分 类　　表14-1-1

隧道名称	起讫桩号	长度(m)	围岩类别及衬砌长度(m)				
			II类加强	II	III	II类半明洞	II类明洞
睦州一号隧道	K14+130～434	304	40	95	140	12	17
睦州二号隧道	K14+687～986	299	40	56	170	0	33

注：围岩类别按2004年8月完成的设计文件老规范表述。

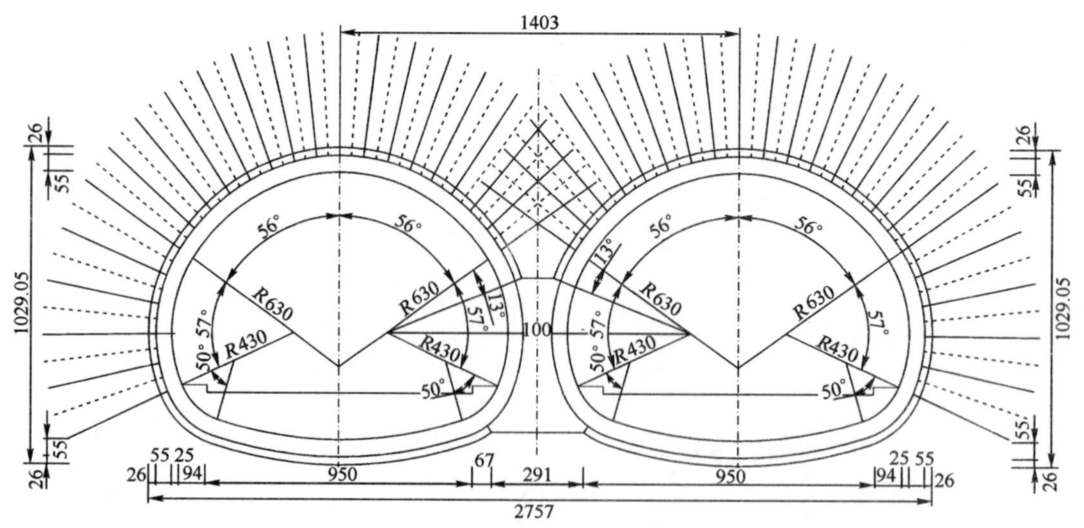

图14-1-1 隧道标准断面衬砌图(尺寸单位:cm)

睦洲隧道支护设计参数表　　表 14-1-2

项目		单位	围岩级别			
			II 加	II	III	II 明洞
喷射混凝土	C20 钢纤维混凝土	cm	26	26	21	
径向锚杆	直径	mm	ϕ22	ϕ22	ϕ22	
	长度	cm	400	400	350	
	锚杆布置	cm	100×80	100×80	120×100	
钢筋网	直径	mm	ϕ8	ϕ8	ϕ8	
	钢筋布置	cm	15×15	15×15	20×20	
钢架	工字钢架	型号	120b	120b		
	格栅	型号			H13	
	纵距	cm	50	50	80	
二衬模筑混凝土	C25 钢筋混凝土	cm	55	50	40	70
仰拱厚度	喷 C20 钢纤维混凝土	cm	26	26	21	
	二衬 C25 钢筋混凝土	cm	55	50	40	
超前支护	类型		大管棚	小导管	砂浆锚杆	
			ϕ108	ϕ42	ϕ22	
	间距	cm	40	40	40	
	长度	m	35	4.5	3.5	

注：拱部径向锚杆采用 HBC22N 组合式锚杆；边墙径向锚杆采用药包锚杆。

第二节　隧道洞口加固及施工技术

睦洲隧道进、出口都是浅埋段，埋深由 2.85m 到 4.2m。覆盖层为风化强烈的粉、细砂岩，呈半岩半土状，裂隙极发育，局部散体结构。施工中稍有大意将极易发生坍塌事故。

一、进 洞 施 工

(一)进洞施工原则和工序

(1)先将明洞部分土石方按设计轮廓线开挖成型，洞口边仰坡按照设计坡度开挖到位，然后将坡面刷平，再按实际情况对边坡坡面进行喷锚挂网防护。洞口段纵断面如图 14-2-1 所示。

(2)做好洞口段边仰坡的防排水工作，在距边坡顶 5m 外的地段开挖天沟和截水沟，将山上水引到路基上，再在路基两侧开挖施作横向水沟，让水通过路基上排水沟排走。

(3)施工采用超短台阶法进洞，本着“短进尺、弱爆破、强支撑、紧衬砌”的原则进行施工。

①架设进洞格栅钢拱架，打入管棚或超前小导管。进洞辅助措施如图 14-2-2 所示。

②挂钢筋网，在拱架上部设顶板，在开挖面附近喷射混凝土，形成假拟洞口，如图 14-2-3 所示。

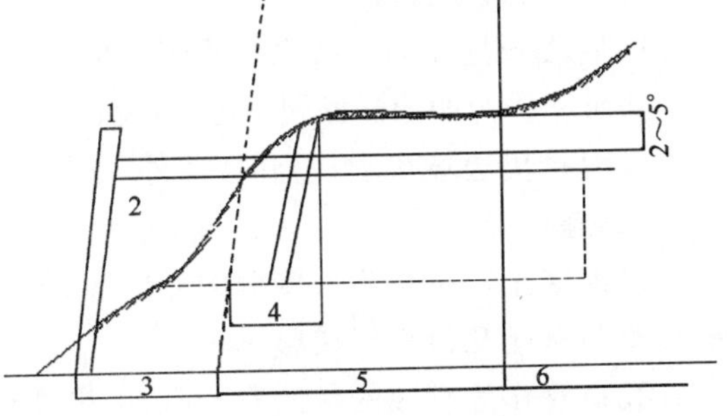

图 14-2-1　洞口段纵断面示意图

1-洞门位置；2-洞口位置；3-明洞段；4-进洞过渡段；5-洞口；6-隧道洞身段

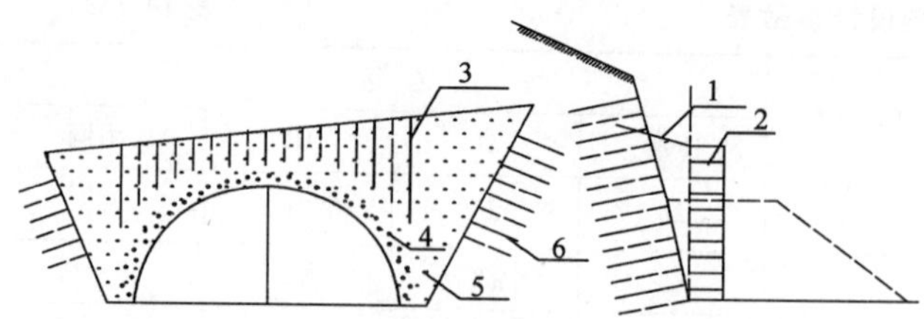

图 14-2-2 进洞辅助措施示意图

1-超前小导管和锚杆；2-型钢拱形支架；3-地表垂直加固锚杆；4-两排超前大管棚；5-仰坡加固锚杆；6-边坡加固锚杆

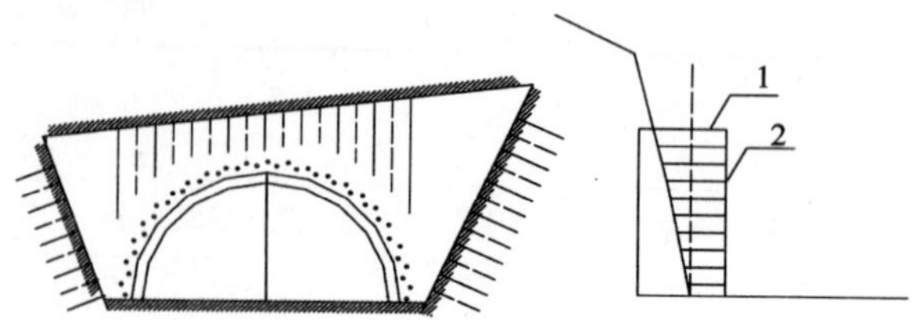

图 14-2-3 假拟洞口示意图

1-顶板；2-挂网

(二)超前管棚施工技术

1. 管棚设计参数

钢管采用 $\phi108\times7$ 热轧无缝钢管，布设在隧道拱部 120°范围内，环向间距 40cm，管心距衬砌外廓线 40cm，管棚长度为 35m 和 25m，由节长 3～6m 钢管拼接而成(同一环管棚中接头位置应相互错开不小于 1m)；管棚内设置钢筋笼。孔口导向管采用 2m 长 $\phi121\times5$mm 无缝钢管。具体布置见图 14-2-4。

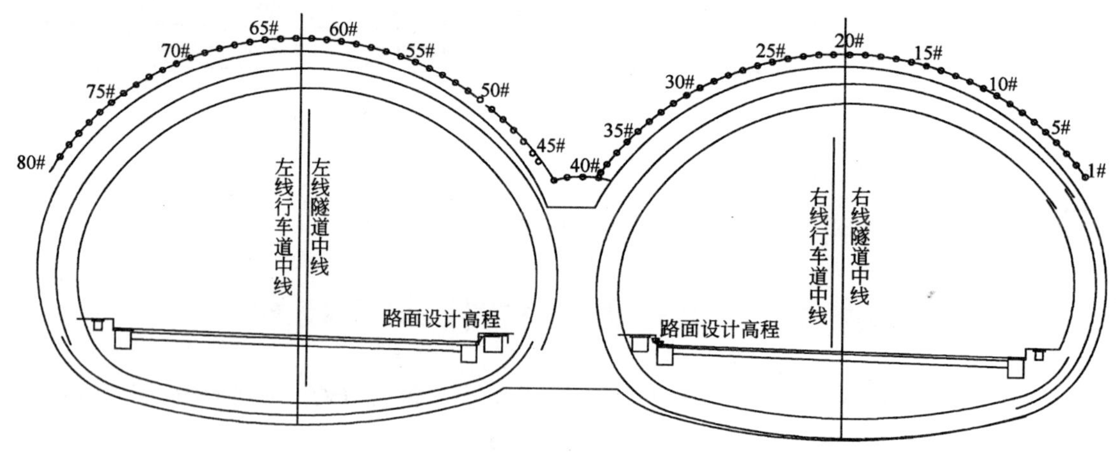

图 14-2-4 管棚布置

2. 施工工序流程

测量布孔→钻机就位→钻机固定→钻孔及接长钻杆→钻杆退出→分节顶进→加工焊接管棚钢管→管棚钻机撤出→注浆→效果检查→结束。

3. 施工要点

(1)明洞边坡仰坡开挖支护

明洞段开挖在洞顶截水沟施工完成后进行，应尽量避开雨季施工。

边坡防护与明洞开挖同步进行，及时施工明洞边坡的锚杆、挂设钢筋网、喷射混凝土，及时封闭坡面。

及时排出边坡渗水，引到坡面外，加强坡面防护。

(2)施作导向墙

以混凝土套拱作为长管棚的导向墙，套拱在明洞外廓线以外施作，套拱内埋设 4 榀工字形钢支撑，钢支撑与管棚孔口管焊成整体。

孔口管作为管棚的导向管，安设的平面位置、倾角、外插角的准确度直接影响管棚的质量。在工字钢架上用经纬仪以坐标法定出其平面位置；用水准尺配合坡度板设定孔口管的倾角；用前后差距法设定孔口管的外插角。孔口管应牢固焊接在工字钢上，防止浇筑混凝土时产生位移。

(3)搭钻孔平台安装钻机

钻机平台可用枕木或钢管脚手架搭设，平台应一次性搭好。钻孔由两台钻机从高孔位向低孔位对称进行，可缩短移动钻机与搭设平台时间，便于钻机定位。

平台支撑要着实地，连接牢固、稳定。防止在施钻时钻机产生不均匀下沉、摆动、位移等，以免影响钻孔质量。

钻机定位：钻机与已设定好的孔口管方向平行，必须精确核定钻机位置。用经纬仪、挂线、钻杆导向相结合的方法，反复调整，确保钻机钻杆轴线与孔口管轴线相吻合。

(4)钻孔

因钢管较长，防止钻孔孔径太小摩擦阻力加大，钻头直径采用 ϕ135mm，使钢管与钻孔间留有一定的余地。岩质较好的可以一次成孔；钻进产生坍孔、卡钻时，需补注浆后再钻进。

钻机开钻时，可低速低压，待成孔 10m 后，可根据地质情况逐渐调整钻速及风压。钻进过程中经常用测斜仪测定位置，根据钻机钻进的现象及时判断成孔质量，及时处理钻进过程中出现的事故，同时要确保动力器、扶正器、合金钻头按同心圆钻进。

认真做好钻进过程的原始记录，及时对孔口岩屑进行地质判断、描述，作为开挖洞身的地质预探预报和指导洞身开挖的依据。为保证管棚打入孔内的设计长度，防止浮渣堵塞管头，钻孔深度比设计深度长 1 000mm 左右。

(5)清孔验孔

用地质岩芯钻杆配合钻头(ϕ135mm)进行来回扫孔，清除浮渣至孔底，确保孔径、孔深符合要求，防止堵孔；用高压气从孔底向孔口清理钻渣；用经纬仪、测斜仪等检测孔深、倾角、外插角。

(6)安装管棚钢管

钢管应在专用的管床上加工好丝扣，棚管四周钻 ϕ8 出浆孔(靠掌子面 1 500mm 的棚管不钻孔)；管头焊成圆锥形，便于入孔。管棚构造见图 14-2-5。

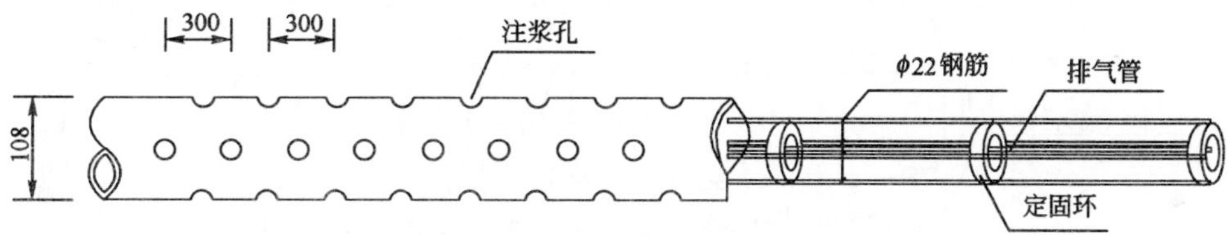

图 14-2-5　管棚构造

棚管顶进采用大孔引导和棚管机钻进相结合的工艺，即先钻大于棚管直径的引导孔(ϕ135mm)，然后用 15t 以上卷扬机配合滑轮组反压顶进；也可用钻机的冲击力和推力低速顶进钢管。接长钢管应满足受力要求，相邻钢管的接头应前后错开。同一横断面内的接头数不大于 50%，相邻钢管接头至少错开 1 000mm。

(7)注浆

安装好有孔钢花管、注浆孔、排气孔及堵塞钢管与钻孔间的缝隙后，即对孔内注水泥浆。

注浆前首先进行注浆试验，根据实际情况调整注浆参数；取得管棚注浆施工经验后，再进行大面积管棚注浆；水泥浆液水灰比 1∶1(质量比)；采用 KBY 50/70 液压注浆机，将水泥浆液注入管棚钢管内，初压 0.5～1.0MPa，终压 2MPa，持压 15min 后停止注浆。注浆量一般为钻孔圆柱体的 1.5 倍，若注浆量超限，未达到压力要求，应调整浆液浓度继续注浆，直至符合注浆质量标准，确保钻孔周围岩体与钢管周围孔隙均为浆液充填，方可终止注浆。

注浆结束后，用 M30 水泥砂浆充填钢管，以增强管棚的刚度和强度。

第三节　洞身施工技术

洞身施工将根据围岩情况采用不同的施工方法：II 类围岩地段采用小导管超前支护，环向开挖留核心土法开挖，上下阶距离 5～10m。开挖后立即喷射 C20 钢纤维混凝土，然后打锚杆、架立钢架、复喷至设计厚度，人工配合风镐开挖。施工工序如图 14-3-1 所示。

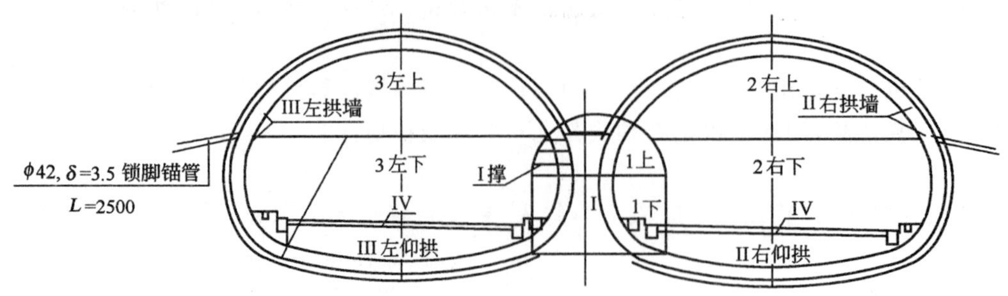

图 14-3-1 II 类围岩施工方法

图 14-3-1 中，1 上，表示中道坑上半断面开挖与临时支护；1 下，表示中道坑下半断面开挖与临时支护。I，表示中隔墙浇筑；I 撑，表示中隔墙左侧设钢管支撑。2 右上，表示右侧正洞上半断面开挖与初期支护；2 右下，表示右侧正洞下半断面开挖与初期支护。II 右仰拱，表示右侧正洞仰拱与隧底填充；II 右拱墙，表示右侧正洞二次模筑衬砌。3 右上，表示左侧正洞上半断面开挖与初期支护；3 左下，表示左侧正洞下半断面开挖与初期支护。III 左仰拱，表示左侧正洞仰拱与隧底填充；III 左拱墙，表示左侧正洞二次模筑衬砌。IV 表示，内装修与洞内沟槽及路面施工。

III 类围岩地段，采用短台阶爆破开挖，网喷锚格栅钢架初期支护，全断面灌注二次衬砌混凝土，上断面超前 3～5m，作为上断面钻孔喷锚网工作平台，上、下断面同时爆破开挖。施工工序如图 14-3-2 所示。

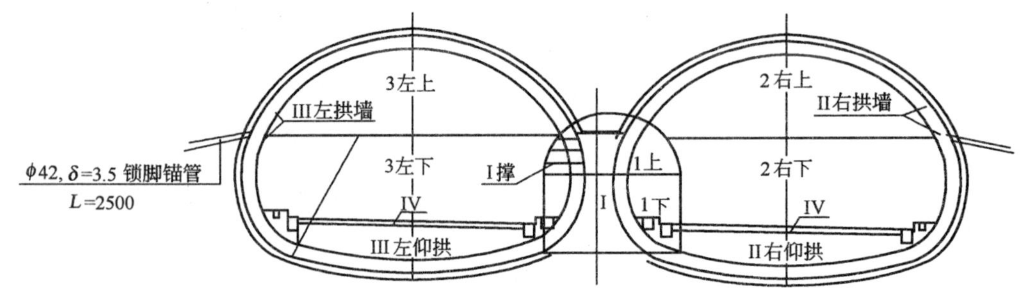

图 14-3-2 III 类围岩施工方法

在图 14-3-2 中，1 上，表示中道坑上半断面开挖与临时支护；1 下，表示中道坑下半断面开挖与临时支护。I，表示中隔墙浇筑；I 撑，表示中隔墙左侧设钢管支撑。2 右上，表示右侧正洞上半断面开挖与初期支护；2 右下，表示右侧正洞下半断面开挖与初期支护。II 右仰拱，表示右侧正洞仰拱与隧底填充；II 右拱墙，表示右侧正洞二次模筑衬砌。3 右上，表示左侧正洞上半断面开挖与初期支护；3 左下，表示左侧正洞下半断面开挖与初期支护。III 左仰拱，表示左侧正洞仰拱与隧底填充；III 左拱墙，表示左侧正洞二次模筑衬砌。IV，表示内装修与洞内沟槽及路面施工。

一、隧 道 开 挖

(一)隧道开挖基本作业程序

施工准备→测量划线→钻孔→装药爆破→排烟降尘及排险→出碴→排烟→初期支护。

(二)钻爆作业

钻爆作业是隧道施工控制工期、保证开挖轮廓的关键。为了充分发挥围岩的自承能力，减轻对围岩的振动破坏，睦州隧道采用光面爆破和预裂爆破技术。其中 II 类围岩地段采用预裂爆破，先爆周边眼，再爆掏槽眼，后爆辅助眼；III 类围岩地段采用光面爆破，先爆掏槽眼，再爆辅助眼，后爆周边眼；根据围岩情况及时修正爆破参数，达到最佳爆破效果，形成整齐圆顺的开挖断面，减少超欠挖。钻爆作业按照批准的钻爆设计进行钻爆、接线和引爆。钻爆作业流程见图 14-3-3。

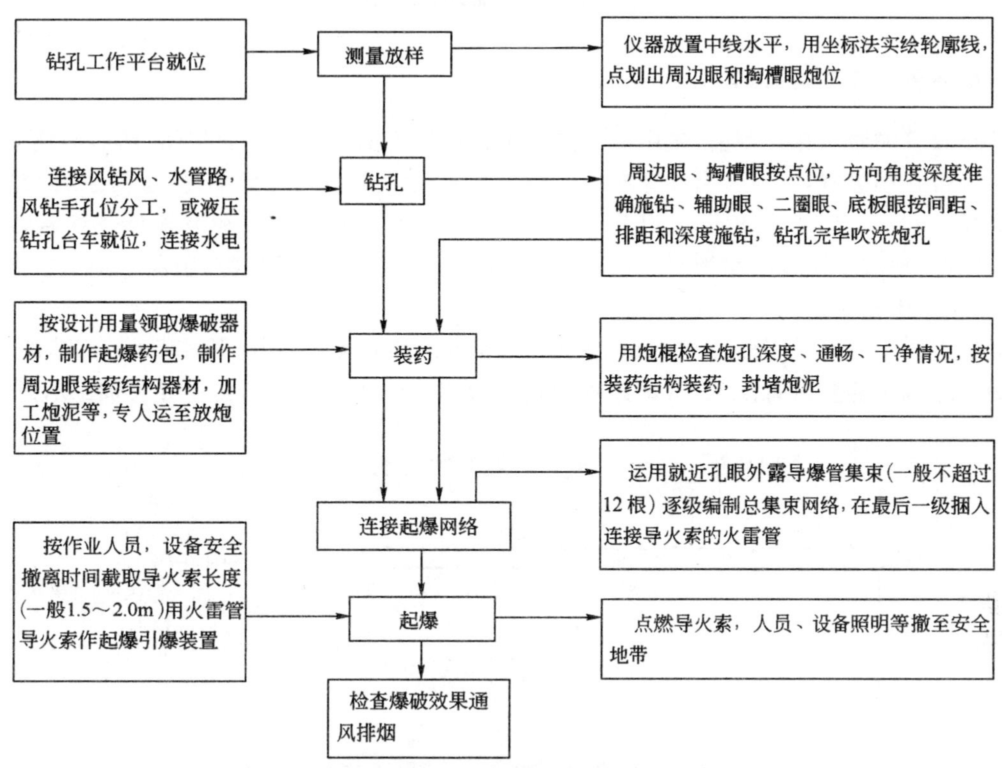

图 14-3-3　钻爆作业流程

(1)测量放样。放样轮廓的计算公式为：设计净空＋二次衬砌厚度＋初期支护厚度＋预留沉落量＋施工误差。预留变形量先暂按设计 15cm 预留，施工误差按 5cm 预留。用仪器放置隧道中线和开挖拱顶高程，用坐标法绘制开挖断面轮廓线，按钻爆设计划出掏槽眼、周边眼孔位。

(2)钻孔。按钻爆设计中各种炮眼的孔径、深度、角度、方向、间距钻孔，其掏槽眼和周边眼的孔位允许误差为小于 5cm，力求使除掏槽眼以外的所有钻孔的眼底在同一垂面上。

(3)钻眼完成后，必须将孔内石屑、残液吹洗干净，按设计检查，做好记录。

(4)按设计装药量，起爆顺序和装药结构装药，每装完一个孔，应及时用炮泥封堵炮口，长度 20cm。

(5)孔内有出水的孔眼，药卷外应采用防水胶套防水，若普遍水大，应更换使用防水炸药。

(6)装药结束，及时连接起爆网络，接头应避开淋水区，更不能掉在水中，联结完毕后，还应检查一遍有无漏接和不良接头。

(7)网络终端用一个火雷管起爆，导火索应事先进行燃速试验，其截取的长度，应使爆破人员和设备有足够的时间撤离至安全地带。

(8)爆破效果检查

①爆破面目测。检查有无瞎炮或孔内残余爆炸物，如有应及时按照规程进行处理；检查有无危石或险情，如一切正常，专人清找顶部危石后(找顶)，下一工序人员方可进入作业；检查掌子面是否平整，周边眼外插角度是否合适等。

②爆破效率检查。丈量实际进尺，与设计循环进尺对比，求算出爆破效率，如果低于设计值，应研究分析原因，不断修正设计参数，使之达到预期目标。

③眼迹保存率检查计算。眼迹保存率是光面爆破效果的重要指标，每茬炮需检查记录围岩上残留有半个炮眼眼迹的周边眼数量，其与周边眼总数的比值即为眼迹保存率。规范要求眼迹保存率不低于以下百分比：II 类围岩≥30％，III 类≥50％。如果未达到上述要求，则未达到预定光爆效果，应分析原

因,改善周边眼钻爆参数,使之达到上述要求。

二、隧道衬砌施工方法

(一)小导管预注浆超前支护

超前小导管注浆是在开挖前,先用喷射混凝土将小导管附近和开挖面封闭,然后沿隧道周边向前方围岩内打入带孔小导管,并通过小导管向围岩内压注起胶结作用的水泥浆;待水泥浆凝结后,隧道周围围岩就形成了有一定厚度的加固圈,以此保护安全进行开挖等作业。水泥浆被压注到岩体裂隙中并凝结后,不仅将岩块或土颗粒胶结为整体,起到了加固作用,而且填塞了裂隙,阻隔了地下水向坑道渗流的通道,起到了堵水作用。

睦洲隧道中小导管采用外径 ϕ42mm、壁厚 4.0mm 的热轧无缝钢管,长 4.5m。前端加工成尖锥状,尾部焊 ϕ6 加劲箍,管壁四周按 15cm 间距梅花形钻设 ϕ8mm 压浆孔。超前小导管加工示意图见 14-3-4。

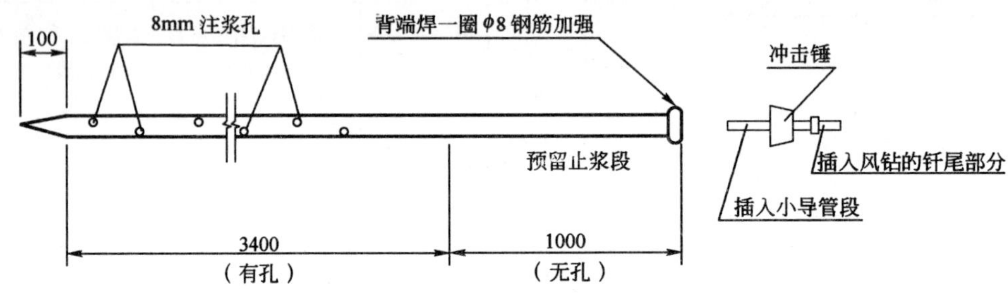

图 14-3-4 超前小导管加工示意图(尺寸单位:mm)

在图 14-3-4 中,小导管环向间距 40cm,外插角 5°~10°,纵向每开挖 3.5m 施作一环,搭接 1.0m。在拱部 120°范围布置。

施工采用钻孔打入法。即先用风动凿岩机钻孔,钻孔直径比钢管直径大 3~5mm,孔口位置偏差不超过 5cm,孔底位置偏差不超过孔深 1%;然后将小导管穿过钢架,用锤击或钻机顶入长度不小于钢管长度的 90%,并用高压风将钢管内的砂石吹出。小导管安设后,用塑胶泥封堵孔口及周围裂隙,根据围岩情况,必要时对小导管附近及工作面喷射混凝土,以防止工作面坍塌。

注浆采用注浆泵,注浆材料采用水泥——水玻璃浆液。注浆参数如下:水泥浆液水灰比(质量比)为:1∶1;水泥浆与水玻璃浆液体积比为:1∶1;注浆压力 $P=0.5\sim1.0$MPa,必要时在孔口处设置能承受规定的最大注浆压力和水压的止浆塞。

注浆顺序按先上方后下方,先无水孔后有水孔的顺序进行。注浆过程中要随时观察注浆压力和注浆泵排浆量的变化,分析注浆情况,防止堵管、跑浆、露浆。达到设计注浆量和注浆压力达到设计终压时,结束注浆。注浆后至下次开挖前的时间间隔宜为 3~4h。开挖时应保留 1.5~2.0m 的止浆墙,防止下一次注浆时孔口跑浆。

(二)初期支护

初期支护能迅速控制或限制围岩松弛变形,充分发挥围岩自身承载能力,是隧道施工的重要环节。初期支护应紧跟开挖面同时施作,以减少围岩暴露时间,抑制围岩由于应力集中而变位,防止围岩在短期内松弛剥落、形成冒顶、塌方。初期支护施工工艺流程如图 14-3-5 所示。

1.喷射钢纤维混凝土

为了降低粉尘,减少回弹量,提高喷射混凝土的质量,本隧道喷射混凝土均采用湿喷法,喷射机型号为 TK—961。混凝土由洞外拌和站拌和,混凝土罐车运输至洞内卸入 TK—961 湿喷机料斗,人工抱喷嘴湿喷。

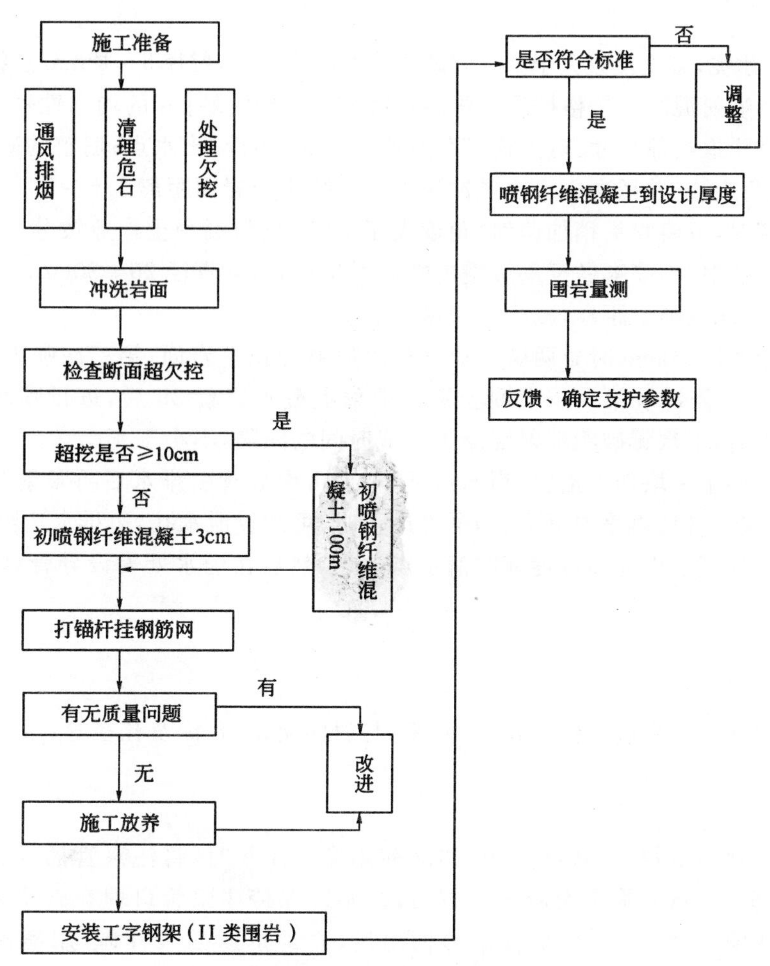

图 14-3-5　初期支护施工工艺流程

(1)喷射混凝土材料

主要材料为:32.5 普通硅酸盐水泥;河砂,细度模数>2.5;石子,粒径≯15mm;速凝剂,TX—1 型液体,掺量 4%～7%。

施工配合比:水泥、砂、石子、水、硅粉、高效减水剂的比例为:1∶2.47∶1.53∶0.43:0.1:0.007。

施工过程:先将水泥、砂、石子、钢纤维、水、硅粉和高效减水剂,按配合比投入强制式搅拌机进行拌和,然后由搅拌运输车运至洞内,卸至喷射机进料口,在喷嘴处再加入液态速凝剂 4%～7%后,喷射岩面上,工艺流程见图 14-3-6 所示。

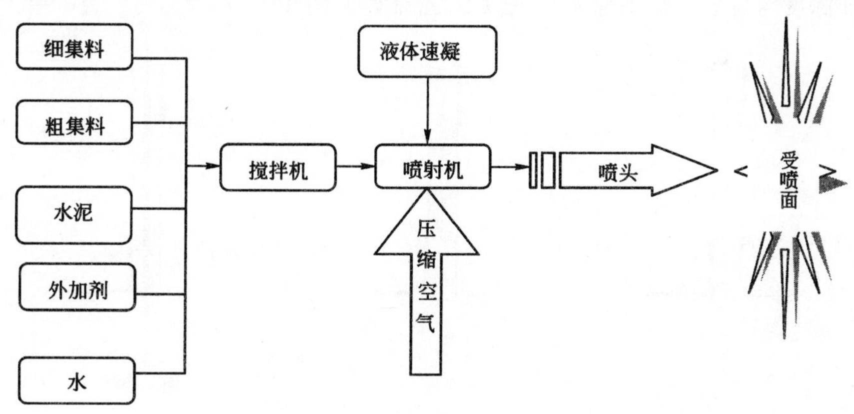

图 14-3-6　喷射混凝土材料工艺流程

(2)工艺要点

选用普通硅酸盐水泥,细度模数大于2.5的硬质洁净砂或粗砂,粒径5～12mm连续级配碎(卵)石,化验合格的拌和用水。喷射混凝土严格按设计配合比拌和,配合比及拌和的均匀性每班检查不少于两次。

喷射前认真检查隧道断面尺寸,对欠挖部分及所有开裂、破碎、出水点、崩解的破损岩石进行清理和处理,清除浮石和墙角废渣,并用高压水或风冲洗岩面。喷头与岩面距离1.5～2.0m为宜,喷头应垂直受喷面。喷初支钢架时,可将喷头稍加偏斜,角度大于70°。喷射混凝土作业按分段分块,先墙后拱、自下而上的顺序进行。喷射时,喷嘴做反复缓慢的螺旋形运动,螺旋直径20～30cm,以保证混凝土喷射密实。同时掌握风压、水压及喷射距离,减少回弹量。

隧道喷射混凝土厚度>5cm时分两层作业。初次喷射先找平岩面,第二次喷射混凝土如在第一层混凝土终凝1h后进行,需冲洗第一层混凝土面。喷射混凝土终凝2h后,进行喷水养护,时间不少于7d。喷射混凝土开挖时,下次爆破距喷射混凝土完成时间的间隔,不小于4h。

有水地段喷射混凝土采取如下措施:当水点不多时,可设导管引排水后再喷射混凝土;当涌水量范围较大时,可设树枝状导管后再喷混凝土;当涌水严重时,可设置泄水孔,边排水边喷混凝土。增加水泥用量,改变配合比,喷混凝土由远而近逐渐向涌水点逼近,然后在涌水处安设导管,将水引出,再向导管附近喷混凝土。

2. 系统砂浆锚杆施工

(1)钻孔

按锚杆支护的设计要求来确定锚杆孔位、间距、与岩面交角、孔深及孔径等,用人工手持式凿岩机进行钻孔。

(2)注浆插杆

砂浆采用强制式拌和机拌和,随拌随用,初凝前用完。注浆时,将注浆管插入到孔底,压力控制在0.4MPa。在注浆的同时,将注浆管徐徐向外拔出,并始终保持注浆管口埋在砂浆内,以免浆中出现空洞。注浆体积略多于需要体积,将注浆管全部抽出后,立即迅速插入杆体,用锤击,使杆体强行插入钻孔。

杆体插入孔内的长度不得短于设计长度的95%,实际黏结长度亦不短于设计长度的95%。注浆是否饱满,可根据孔口是否有砂浆挤出来判断。杆体到位后用木楔或小石子在孔口卡住,防止杆体滑出,砂浆未达到设计强度的70%时,不得随意碰撞,三天内不得悬挂重物。

锚杆及锚杆孔的质量要满足以下要求:杆身必须调直无缺损;锚杆长度大于孔深6～10cm,每根加工长度误差不大于±1cm,缝长误差不大于±5cm,并除去杆上油污、铁锈、杂质;锚杆孔位置误差不大于±10cm;钻孔后,孔内石粉必须用高压水冲洗干净。

钻到设计深度时,若流出的岩粉呈黄色或褐色,或钎头冲击异常时,说明遇到较软弱的岩石或破碎夹层,则变更锚杆深度与位置。砂浆锚杆的施工工艺流程见图14-3-7。

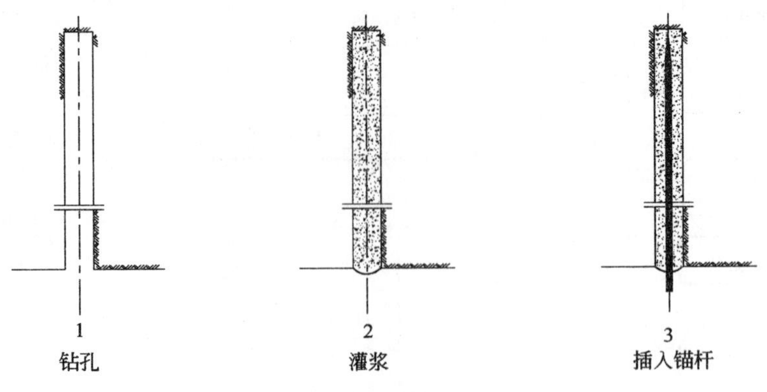

图14-3-7 砂浆锚杆施工工艺

3. 钢支撑

钢架具有较大的支护强度和刚度，安装后可立即承受开挖引起的松动压力，并能很好地与锚杆、钢筋网、喷射混凝土相结合，构成联合支护，增强支护的有效性，且受力条件较好。

(1)钢支撑加工

格栅钢架采用钢筋现场加工制作，运至施工地点就位安装。段与段之间设拼接板，采用螺栓连接，钢筋按设计图放样、下料；放样时预留焊接收缩余量，保证尺寸正确，弧形圆顺。为架设方便，将每榀钢拱架分成几节，设螺栓刚性接头，每榀钢拱架之间设置 ϕ22 的钢拉杆。

(2)架设工艺

安装前，先对断面进行检查，局部欠挖时及时处理。钢支撑安装在初喷后进行，安装时测量控制钢支撑的中线、高程、垂直度。为保证钢架安设牢固和位置准确，隧道开挖应满足以下要求：在钢架基脚部位预留 0.15～0.20m 原地基，架设时挖槽就位，若围岩较软，则底脚沿洞轴线铺设钢板；在钢架的各连接板处预留安装花钢架连接板凹槽；在两拱脚处、两墙脚处预留安装钢架凹槽；初喷混凝土时在凹槽处打入木楔，为架设钢架留出连接板(或槽钢)位置；安设时预先打设定位筋(或用锚杆定位)，按设计位置安设，将钢架与锚杆焊在一起，两榀钢架之间设置 ϕ22 钢筋焊接连接筋，钢架与钢架连接焊接牢固。钢架架立好后立即喷混凝土，将钢架全部覆盖，钢支撑与围岩受喷面之间尽量接近，留 2～3cm 间隙作为保护层。钢拱架的安设在开挖后的 2h 内完成。

(3)施工工艺流程

钢支撑施工工艺流程如图 14-3-8 所示。

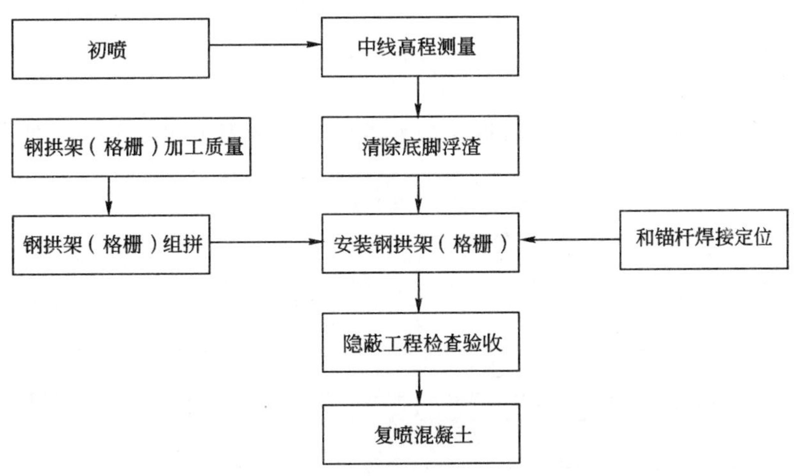

图 14-3-8 钢拱架(格栅)安装工艺流程

(4)施工工艺要点

安装前分批检查验收钢支撑的加工质量，不合格的禁止使用；钢支撑有足够的刚度和强度，焊接质量符合规范要求；各节接头连接牢固、纵向连接钢筋等配件齐全，结构稳定；同一榀钢支撑位于同一平面上，倾斜度不大于 50m；严格控制中线及高程；钢支撑与岩面间安设鞍形垫块，确保岩面与拱架密贴；确保初喷质量，钢架在初喷 5cm 后架设；段间连接安设垫片拧紧螺栓，确保钢支撑结构稳定。

(三)防水层施工

1. 施工准备

主要是对喷射混凝土面进行处理，将钢筋头切断；钢管头切断，打平，用砂浆填实；岩面个别凸出较大部位予以凿除，凹洼较严重的部位补喷混凝土找平。

2. 铺设无纺布

简易防水板铺设台车就位后，把无纺布全幅沿隧道全断面散开，再从一侧边墙底脚用射钉(水泥钉)

把无纺布固定在初期支护的混凝土上。为防止发生危险，射钉用铁锤打入墙内。射钉纵向间距 1m，环向间距 1.5m。在固定射钉的同时，射钉上要铺以塑料垫块。垫块布置呈梅花形，间距 0.8m×0.8m，无纺布搭接宽度为 10cm。

3. 防水板的铺挂与焊接

无纺布铺设好后即铺挂防水板。在洞内把全幅防水板按隧道断面尺寸散开，然后用自动热融机把防水板焊接在一起。采用双焊缝焊接，运至洞内，挂吊到隧道断面位置先与塑料垫板焊连固定，焊接顺序为从底向上，从一侧向另一侧焊接。防水板与所有塑料垫块焊接好后，进行环向接缝的焊接(即每幅之间的搭接缝)。环向接头缝的焊接顺序也是从底向上，从一侧向另一侧进行。对铺挂完毕的防水板要仔细检查，发现有焊焦、漏焊和焊接机没焊好的部位要进行补焊。

4. 施工要求

防水板应在初期支护变形基本稳定后，二次衬砌施作前进行，喷混凝土表面应大致平整、圆顺。严禁在铺设防水板后，二次模筑混凝土灌注前，在已铺设防水板地段进行爆破作业。为防止爆破时飞石和冲击波对已铺设防水板的撞击影响，铺设地段距成洞面以不小于 100m 为宜。

(四)二次衬砌施工

二次衬砌采用全液压钢模衬砌台车施工，一次衬砌长度 9m，在出口设一座混凝土拌和站，混凝土由输送车运输，混凝土输送泵泵送入模，插入式振动器振捣。

1. 施工准备

初期支护已达到设计要求，纵、横向排水管设置完毕，预留孔及预埋件按设计及时施作。隧道中线、高程、断面尺寸准确无误，隧道无欠挖，二次衬砌内轮廓符合设计要求。二次衬砌施作时间要满足要求。

2. 台车加工安装

根据衬砌断面尺寸，台车在工厂加工后运送洞外组装。安装程序如图 14-3-9 所示。

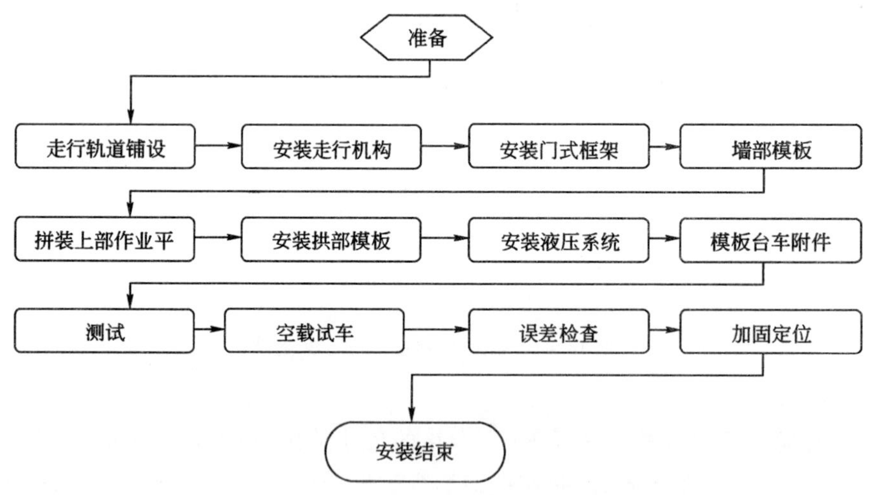

图 14-3-9 台车加工安装程序

3. 台车就位、立模

将台车平移至立模位置，此时台车中心线与隧道中心线一致，其偏差小于 3cm。台车就位后，锁定卡轨器，启动垂直油缸和侧向油缸，使边墙及拱部模板立于设计要求位置。

就位调整按以下要求进行：通过台车走行机构来完成前后调整；左右横向在 3cm 以内用侧向千斤顶调整，超过 3cm 需先调整轨道位置；用单调垂直油缸调整模板高度；运用全站仪对台车进行中线、边墙、顶面高程的核查和调整，符合设计要求后方可进行下一步的混凝土浇筑作业。

4. 混凝土灌注

混凝土拌和采用带自动计量设备的强制式拌和机，保证混凝土拌和的质量。衬砌混凝土设计为防水混凝土，采用 32.5 级普通硅酸盐水泥(熟料铝酸三钙含量小于 8%)；抗渗添加剂采用水泥中用 30% 粉煤灰(1 级)置换 25%的水泥，用 10%膨胀剂 UEA 置换 8%的水泥。其程序为施工单位试验室试验达到设计要求，并经总监办试验合格，业主认可后方能投入使用。

混凝土运输采用混凝土输送车，混凝土输入输送泵后，开泵浇筑。操纵混凝土输送管头自上而下，从两侧墙脚向顶部方向对称、分层、成辐射状不间断地灌筑，分层厚度为 30cm，随灌筑随捣固，做到表面光滑内部密实。两墙浇筑面高差不超过 50cm，时差不超过 30 分钟。浇筑速度适当，不致离析；混凝土倾落高度不超过 2m；当浇筑超过隧道衬砌内拱圈后，混凝土排出管的末端应埋在混凝土中，以保证混凝土充填密实完全。

5. 捣固

混凝土振捣以插入式振动器为主，附着式振动器为附，混凝土振动标准：混凝土不再下沉，无气泡上升，排气孔出浆为止。

6. 脱模养护及质量检查

混凝土强度达到设计强度的 70%后方可拆模；拆模时先拆堵头板，再拆连接件及支撑，然后用垂直与侧向丝杠收缩模板使台车处于运行状态；清除模板表面黏结的混凝土，喷涂脱模剂；拆模后，混凝土连续养护不小于 7d。

·第十五章·

路面施工技术

在项目建设期间，努力提高路面工程质量，防范南方雨季对沥青路面大面积的水损害，切实延长沥青路面的使用寿命，这是江珠高速公路建设者关注的一个重点课题，在施工技术方面积累了一些经验体会。

第一节　路面材料质量控制

全长53.3km的江珠高速公路，2006年进入了路面施工阶段。考虑到沿线地质情况复杂，深挖、高填与软基交错，路面结构主要有四种形式：一是沉降稳定的主线软基路段：未筛分碎石垫层20cm＋半刚性底基层20cm＋半刚性下基层20cm＋上基层8cmAC—20＋10cm沥青面层；二是沉降未稳定的主线软基路段：未筛分碎石垫层20cm＋半刚性底基层20cm＋半刚性上下基层32cm＋10cm沥青面层；三是非软基填方及土质挖方段：未筛分碎石垫层20cm＋半刚性底基层20cm＋半刚性下基层20cm＋10cmATPB—25透水基层＋10cm沥青面层；四是石质挖方段：未筛分碎石垫层20cm＋半刚性基层22cm＋10cmATPB—25透水基层＋10cm沥青面层。多种结构决定了需要多种材料，主要包括：垫层未筛分碎石材料、底基层碎石和石屑材料、上下基层碎石和石屑材料、沥青路面碎石和石屑材料、基层和底基层水泥材料、沥青路面沥青材料以及桥面防水材料、稀浆封层乳化沥青材料等。对路面材料质量控制，是提高路面质量的源头。

一、对基层、底基层材料质量的影响因素分析

基层、底基层垫层材料主要有结合料、碎石和石屑，影响质量的因素主要是碎石的质量、石屑的质量和水泥特性。具体来说包括：碎石的最大粒径、压碎值和针片状含量，石屑含粉量、液限和塑性指数，水泥的类型、初终凝时间和强度标号。必须抓住这些影响路面基层、底基层材料主要因素，紧紧围绕这些因素进行控制和检测。普通硅酸盐水泥、矿渣硅酸盐水泥和火山灰质硅酸盐水泥都可用于稳定土，但应选用初凝时间3h以上和终凝时间较长(宜在6h以上)的水泥；不应使用快硬水泥、早强水泥以及已受潮变质的水泥；宜采用32.5级或42.5级的水泥。除了水泥，石屑含粉量、液限和塑性指数也是质量控制的主要因素。因为对于基层和底基层水稳料，影响其强度的除了水泥用量外，水稳料的含粉量对其强度有较大的影响，并且较大的含粉量常常导致基层的干缩。在水稳料材料中，石屑的含粉量要控制在12%以下，塑性指数要求小于6，只有这样，才能保证水稳料0.075mm的通过率小于5%，并有利于水稳料形成足够的强度和减少干缩裂缝。碎石要求三档备料，分别为6～11mm、11～22mm、22～37.5mm，碎石的压碎值要求小于26，针片状含量小于20%。对于垫层的未筛分碎石，按照4.75mm筛通过率40%为目标控制，波动范围为±8%；0.075mm筛通过率按照4%为目标控制，波动范围允许±3%，这样就能保证垫层未筛分碎石的质量。

通过对以上主要材料的质量控制，为路面垫层、底基层和基层的施工打下坚实的基础。因需求基层材料较大、较集中，且由多个石场供应，必须要求施工单位分别对各个石场供应的基层碎石或石屑进行配合比设计，分隔对方，配伍使用，不准混用。

二、对面层材料质量影响因素分析和质量控制要求

沥青路面面层材料包括碎石、石屑和沥青，材料质量要求较高。对于碎石和石屑，影响质量的因素包括石料的岩性、石料的破碎工艺、堆放方法、粉尘含量、各档料级配、压碎值、冲击值、针片状含量、表面层的磨耗值，石屑的粉尘含量、砂当量和级配。分别要求如下。

(1)集料主要包括碎石、石屑等，要求储量足够，产能充足。碎石和石屑包括 0～3、3～6、6～11、11～18(表面层用)以及 11～22、22～30 六种规格料。为保证沥青混合料施工质量的稳定性，沥青面层细集料分档为 0～3、3～6 料十分必要。

(2)路面石料生产时，采石场必须彻底清除覆盖层及泥土夹层、风化岩层或不合格的岩层，确保开采的块石颜色均匀，不混杂泥土、风化岩石或不合格岩石。

(3)集料成品不得堆放在泥土地上。石料生产场地须进行硬化，做好场地排水措施，各种规格石料之间须进行有效的间隔，防止石料混杂和污染。

(4)碎石至少采用颚式破碎机——圆锥式破碎机——反击式破碎机三级破碎设备生产，在反击破碎和振动筛中设置除尘设备进行除尘。

(5)碎石加工破碎和筛分设备须满足碎石生产的规格和质量要求。石场自检筛分检验不少于每天两组，集料粒径以方孔筛为准，按《公路工程集料试验规程》(JTG E42—2005)指定方法进行。考虑到石料物理特性、加工设备等差异对筛分可能产生的影响，以及确保配合比设计的顺利完成，既要控制粒径又要简洁方便，粗集料粒径规格如表 15-1-1 所示。

粗集料粒径规格　　表 15-1-1

公称最大粒径	通过各筛孔的通过率					
	26.5	19	16	13.2	9.5	4.75
22～30	90～98					
11～22		92～97		30～40		
11～18			91～98			
6～11					85～95	
3～6						80～90

为保证生产质量，要求石料生产中级配稳定，根据每日筛分结果的变异程度，及时停机检查筛网，并根据产量定时更换石筛网，一般要求每生产 3000m^3 或者半个月更换一次筛网。

(6)扬料高度不宜过高，否则会造成离析，也不宜太低，高度 5～10m 为宜。

(7)粗集料须洁净、干燥、无风化、无杂质，水洗法确定小于 0.075mm 颗粒含量不大于 1%，要求使用反击破式破碎机加工的碎石，有两个破碎面颗粒比例应不少于 75%，对磨耗层石料，要求石料压碎值小于 18，各档料针片状颗粒含量不大于 12。粗集料主要技术指标，如表 15-1-2 所示。

粗集料主要技术指标　　表 15-1-2

压碎值	洛杉矶磨耗	视密度	吸水率	扁平颗粒含量	小于 0.075 颗粒	磨光值(抗滑表层)
≤18%	≤28%	≥2.6t/m^3	≤2%	≤15%	≤1%	≥42

(8)各档集料必须满足《公路沥青路面施工技术规范》(JTG F40—2004)规定的物理力学性能要求，并满足粒径规格要求及沥青面层用黏附性要求。不满足要求的集料，禁止用于本工程。其中 0～3mm 石屑规格和性能必须满足表 15-1-3 的要求，细集料主要技术指标必须满足表 15-1-4 的要求。

0～3mm 石屑规格要求　　表 15-1-3

公称最大粒径(mm)	通过各筛孔的质量百分率(%)						
	4.75	2.36	1.18	0.6	0.3	0.15	0.075
0～3	100	90～100	50～70	25～60	8～45	0～25	0～15

细集料主要技术指标　　表 15-1-4

视　密　度	坚　固　性	砂　当　量
≥2.5t/m³	≤12%	≮60%

(9)路面面层石料要水洗，运输应加盖篷布，防止运输过程中碎石被污染。对石料加工场堆料场加工，进行过程监督和必要抽检，跟踪块石生产、碎石筛分、除尘、装卸运输全过程，确保碎石各项指标达到相关要求。

(10)沥青路面面层最重要的材料是沥青。本工程中下面层采用的是某国产 A 级 70 号沥青。针对江珠高速地处珠三角，在我国气候分区中属 1～4 范围，特点是雨量大、气温高且持续时间长，要求采用黏度较大的沥青。磨耗层采用某国产 A 级 50 号沥青，通过实验得到 A 级 50 号沥青的黏温曲线，得到 A 级 50 号沥青的混合料生产温度和碾压温度，在施工中采取 170～175℃进行拌和，155～160℃开始碾压。为此制定了详细的检测指标，如表 15-1-5 和表 15-1-6 所示。

A 级 70 号基质沥青质量要　　表 15-1-5

序　　号	试 验 项 目			技 术 指 标
1	针入度(25℃,100g,5s)		(0.1mm)	60～70
2	延度(15℃,5cm/min)		不小于(cm)	100
3	软化点 T_{RAB}		(℃)	>47
4	针入度指数 PI			−1.5～+1.0
5	运动黏度(135℃)		(mm²/s)	实测记录
6	动力粘度(60℃)		(Pa·s)	180～240
7	闪点(COC)		(℃)	260
8	含腊量(蒸馏法)		不大于(%)	2.2
9	密度(15℃)		(g/cm³)	实测记录
10	溶解度(三氯乙烯)		不小于(%)	99.5
11	薄膜加热试验(163℃,5h)	质量损失	不大于(%)	0.8
		针入度比(25℃)	不小于(%)	61

A 级 50 号基质沥青质量要求　　表 15-1-6

序　　号	试 验 项 目		技 术 指 标
1	针入度(25℃,100g,5s)	(0.1mm)	50～60
2	延度(15℃,5cm/min)	不小于(cm)	100
3	延度(15℃,5cm/min)	不小于(cm)	20
4	软化点 T_{RAB}	(℃)	>49
5	动力黏度(60℃)	(Pa·s)	>200

必须严格进行石料和沥青的进场管理，按规定频率进行检测。为防止碎石的离析，在堆石料时，采取平堆；取料时，采取竖取的办法，不得形成高的圆锥形堆积。从每一个工序进行有效地控制，对于沥青进场严格检验，并要求沥青进场 140℃储存时间不超过 10d。做到监控预防抓好材料质量，从源头上对沥青路面质量进行有效的控制。

三、结　　语

本文结合江珠高速公路工程建设实际，从材料的源头质量控制上阐述了明确的要求。对于石屑塑性指数的检验，能有效地控制水稳料的质量；对于石屑含粉量控制，减少了后续施工拌和过程中沥青拌和楼的除尘压力，并有利于除掉粉尘，提高工程质量。本工程沥青路面磨耗层使用了 A 级 50 号基质沥青，在使用过程中从各项指标到施工温度都不同于普通 A 级 70 号基质沥青的要求。实践证明：石料和沥青质量的严格控制，为创优质路面工程奠定了良好基础。

第二节　ATPB—25 排水基层的设计与施工

我国现有高速公路，绝大部分是半刚性基层路面结构。但国内外经验和加速加载试验成果指出，半刚性基层作为高速公路沥青路面结构的承重层具有一定的缺陷：一是裂缝几乎是不可避免的；二是过分依赖水泥的胶结料作用，发生的破坏是不可逆的；三是维修费用高，一旦产生半刚性基层结构性破坏，破坏发生的层位越靠下，维修需要的费用就越高。国外很早就修建了很多柔性基层高速公路，使用效果良好。近几年我国部分省份开始了组合式基层的研究，修建了少量的柔性基层高速公路，经过几年的使用，效果较好。

根据以上研究成果，江珠高速公路部分路段采用半刚性下基层＋柔性基层组合式基层的沥青混凝土路面方案，在半刚性下基层之上增加了柔性的沥青稳定碎石排水上基层（ATPB—25）。

一、排水基层的设置

ATPB—25 沥青混合料排水上基层（以下简称 ATPB—25 排水基层），设在沥青面层和水泥稳定碎石下基层之间。由于 ATPB—25 排水基层的回弹模量值低于沥青面层，设 ATPB—25 排水基层以后，有可能使沥青底面出现拉应力。为此，须对 ATPB—25 排水基层的回弹模量指标规定最低要求值，以控制沥青底面不出现拉应力。在此前提下，沥青面层仍可保持为受压状态。因而，可考虑 ATPB—25 排水基层在整个结构中的承载作用，减薄一定厚度的水泥稳定碎石基层或沥青面层。经过结构分析和比较，采用 ATPB—25 排水基层的段落过渡路面结构为 10cm 两层式沥青面层，10cmATPB—25 排水基层，20cm 或 22cm 水泥稳定碎石下基层。其他段落过渡路面结构为 18cm 三层式沥青面层，20cm 水泥稳定碎石基层。

二、ATPB—25 排水基层沥青混合料组成设计

（一）混合料组成设计遵循原则

（1）检验原材料（矿料和沥青）的性质是否符合要求。

（2）按使用要求确定混合料性质指标（沥青用量、空隙率、强度等）。

（3）拟定几种符合性质指标要求的混合料（集料级配和沥青用量）试配方案。

（4）对各试配混合料进行性质测定试验。

（5）性质指标测定结构不满足要求时，对试配混合料的组成作相应的调整，由此得到混合料的设计配合比。

（二）原材料性质要求

ATPB—25 排水基层沥青混合料为开级配骨架型结构，集料间点接触较多，压实过程中集料容易因应力集中而被压碎，导致混合料空隙率下降。因而，选用坚硬、洁净、未风化的碎石，其压碎值不大于 25％，针片状含量不大于 18％，含泥量（水洗法）不大于 1％。

为保证混合料的水稳定性，沥青和集料应有良好的黏附性，其黏附指数应不低于 4 级。沥青采用 A 级 70 号道路石油沥青。

（三）选定混合料性质指标的设计目标值

作为排水基层，要求它既要有足够的排水能力，还要求它具有足够的承载能力和耐久性。

1. 空隙率

为了满足排水需要，空隙率控制在 15％～20％。

2.设计回弹模量

由路面结构应力分析得知，为保持沥青面层底面在设置ATPB排水基层后不出现拉应力，沥青稳定碎石混合料设计回弹模量值应不低于900MPa(20℃)。

3.承载能力

由于ATPB—25排水基层以上只有10cm的沥青面层，所以要求ATPB—25排水基层结构具有一定的强度，即要求沥青混合料马歇尔稳定度大于5kN。

4.耐久性

为满足水稳定性要求，混合料应具有足够的沥青膜厚度，故选取沥青用量的目标值为2.9%左右。

(四)拟定混合料配合比

采用体积设计法(CAVF)进行粗细集料比例的设计，设计值采用目标空隙率值15%～20%，沥青用量3.0%，填料用量3.0%，通过试验测得ATPB—25排水基层现行施工技术规范级配中值。粗集料紧装密度和粗集料间隙率，按照体积填充进行粗细集料比例的初步计算，计算结果确定粗细集料和填料的比例为82∶15∶3。在此基础上，按照ATPB—25排水基层现行施工技术规范级配中值，进行目标配合比设计和确定最佳沥青用量，并在符合体积指标和强度指标的前提下，考虑析漏试验合格尽量加大沥青膜厚。

按照以上计算结果和设计要求，进行了目标配合比的设计。

(五)试配混合料性质测试

根据试验结果，ATPB—25排水基层沥青稳定碎石混合料的设计组成级配方案见表15-2-1。

级配方案表　　表15-2-1

筛孔(mm)	31.5	26.5	19	16	13.2	9.5	4.75	2.36	1.18	0.6	0.3	0.15	0.075
合成级配	100	98.7	77.1	65.0	56.3	44.2	17.6	13.3	10.6	8.9	6.9	5.7	4.6

该混合料的沥青用量为2.91%，填料用量3.0%；混合料性质测定值分别为：空隙率17.9%；马歇尔稳定度8.3kN；矿料间隙率23.6%。

三、排水系统施工要点

(一)下基层和边沟施工

在水泥稳定碎石下基层上喷洒透层油和摊铺稀浆封层后，应保持表面清洁，如有灰尘和泥砂污染必须清扫干净。排水基层横向集水管的布设的高度，一定要保证水能够顺利排到纵向边沟中。纵向边沟施工，应注意纵向坡度。

(二)排水基层施工

边沟、水稳下基层施工完后，应立即进行排水基层施工。为了保证排水要求，施工空隙率采用15%～20%的目标值进行控制。沥青稳定碎石要求生产拌和温度为150～165℃，初碾温度130～140℃，复压温度为100～130℃，终压温度不低于80℃。

由于排水基层的空隙率大，石料间点接触多，现场碾压初压采用钢轮压路机静压一遍，复压采用钢轮压路机振压两遍，轮胎压路机碾压三遍，终压采用钢轮收光碾压一至两遍。采用以上的压实功可以达到要求的压实度和空隙率。

(三)上覆层施工注意事项

ATPB—25排水基层的上覆层施工，应紧跟ATPB—25排水基层的施工。若两层施工存在间隔时间，应避免车辆和人员通行，以确保沥青稳定碎石排水基层不受泥土和灰尘的污染，保证排水基层空隙通畅，并与上覆层紧密黏结。

四、试验段质量检测

(一)混合料空隙率

实测试验段混合料空隙率，满足目标设计要求的15%～20%，平均值为17.9%。

(二)混合料马歇尔稳定度

实测试验段混合料马歇尔稳定度，均大于目标设计要求的5kN，平均值为8.5kN。

(三)路表弯沉实测结果

路表弯沉实测统计结果为14.8，远小于设计要求的26.2。

五、结　　语

(1)ATPB—25排水基层材料的组成设计，应综合考虑排水性能、力学性能、耐久性的要求，选取同时满足三方面要求的混合料组成。

(2)ATPB—25排水基层施工时，应注意防止离析(粗集料多)和交叉施工的污染(保证空隙畅通)，以确保排水性能达到预期的设计目的。

第三节　水泥稳定碎石基层收缩性能试验研究

水泥稳定粒料材料作为当前国内广泛使用的半刚性基层，对于湿度和温度的变化敏感，当水分减少、温度降低时产生的收缩应力超过其极限抗拉强度时，就会产生收缩裂缝，不仅降低了基层自身的板体性，还极易诱使上覆的沥青面层产生反射裂缝，加速整个路面结构的早期破坏，降低公路服务水平与使用年限。

江珠高速公路采用半刚性基层+柔性基层的组合式基层结构，半刚性基层结构以结构的疲劳破坏为主要的破坏特征，组合式基层结构以表面坑槽为主要破坏特征；半刚性基层大修周期比组合式基层结构短很多；半刚性基层结构的初期建设费用较组合式低，但维修费用高、路况差、服务寿命短。通过全寿命周期费用分析，组合式基层全寿命周期费用较半刚性基层占有优势；近15年来修筑的半刚性基层沥青混凝土路面已经发生了不同程度的损坏，仍以基层结构性损坏为主，采用合理的级配对工程质量好坏至关重要。国内外经验和加速加载试验成果指出，半刚性基层作为高速公路沥青路面结构的承重层具有一定的缺陷，由收缩引起的裂缝不可避免。所以从水泥稳定粒料的配合比开始分析收缩引起裂缝的起因，效果将是事半功倍。

水泥稳定粒料的收缩可分为温缩和干缩。干缩主要发生在竣工后初期阶段，当基层上铺筑沥青或水泥混凝土面层后，基层的含水量一般变化不大，此时收缩转化以温缩为主。影响水泥稳定碎石基层收缩性能的因素很多，结合广东地区已使用水稳基层情况及国内外对水泥稳定粒料的研究成果，本项目对收缩影响较大的因素为：水泥结合料的品种和剂量；现场施工所用拌和用水量或室内制作试件时的用水量；集料品种及级配；养生环境，特别在施工期间及养生期的温湿度。

一、试 验 设 计

为通过试验验证分析不同级配类型对水泥稳定粒料收缩等性能的影响，本文选定三种不同的级配类型。

(1)级配 I 按《公路路面基层施工技术规范》(JTJ 034—2000)规范中值为连续密级配,属悬浮密实型结构。

(2)级配 II,按最大密度曲线理论确定的连续开级配,属骨架空隙型结构采用 n 次幂的通式确定,n 取值为 0.7。

$$p = 100\left(\frac{d}{D}\right)^n$$

式中:d——某级矿质混合料颗粒粒径(mm);

P——各级颗粒粒径集料的通过率(%);

D——矿质混合料最大粒径(mm)。

(3)级配 III 为间断级配,设计成骨架密实结构,参照 n 次幂法及粒子干涉理论,本项目尝试一种新的间断级配组成计算方法。

首先按照 n 次幂法,将 n 取为 0.6(便于与级配 I 和级配 II 比较)计算出各级粒径的通过率 p 后,再去除 4.75～9.5mm 的中间料,即:$p'=p/1-\alpha_{4.75}$其中 p'、p 分别为修正后与原有的通过率,$\alpha_{4.75}$ 为按 n 法计算出的 4.75～9mm 的中间料用量,也即 4.75mm 筛的分计筛余。

将 4.75～9.5mm 档粒径的集料除去,是因为本文认为 4.75mm 和 9.5mm 是两个关键分界点。9.5mm以上的粗料应当相互嵌挤成骨架,而 4.75mm 以下的细料则填充骨架间的空隙,但是在级配 I 和级配 II 中由于 4.75～9mm 中间料的存在,使得 9.5mm 以上的粗料被推开不能相互嵌挤成骨架,4.75mm以下的细料无法填充骨架间的空隙。

(4)三种级配的具体组成如表 15-3-1 所示。

三种级配组成　　表 15-3-1

级配类型 \ 通过率(%) \ 方孔筛尺寸(mm)	31.5	19	9.5	4.75	2.36	0.6	0.075
级配 I	100	94	67	39	26	16	3
级配 II	100	70	43	27	16	6	1
级配 III	100	69	38	38	25	11	3

兼顾强度性能、收缩性能与经济性,结合实际生产中常用的剂量,对已经选定的 3 种级配都由低到高采用 3 种剂量 4%、5%、6%,总共形成 9 种组合。养护龄期选用 5 个,即 7d、14d、28d、60d 和 90d。

水泥采用 32.5 级普通硅酸盐水泥,集料为石灰岩轧制碎石。均满足《公路路面基层施工技术规范》(JTJ 034—2000)对水泥稳定土原材料的技术要求。

(5)干缩试验采用小梁试件,试件规格为:长×宽×高＝24cm×5cm×5cm。用压力机在混合料最佳含水量下静压成型。小梁试件采养生温度为 20±2℃,相对湿度大于 90%,养生过程中要保持试件的原始含水量基本不变。每种材料制备四根试件,两根做干缩试件,另外两根用于测量试件含水量变化。

(6)温缩试验温度范围－20～15℃。测定 15～10、10～5℃、5～0℃、0～－5℃、－5～－10℃、－10～－15℃、－15～－20℃等 7 种温度变化下的温缩系数。试件与干缩试验相同。

二、干缩性能

(一)平均干缩系数随龄期的变化

9 种组合平均干缩系数与龄期之间的关系,如图 15-3-1 所示。

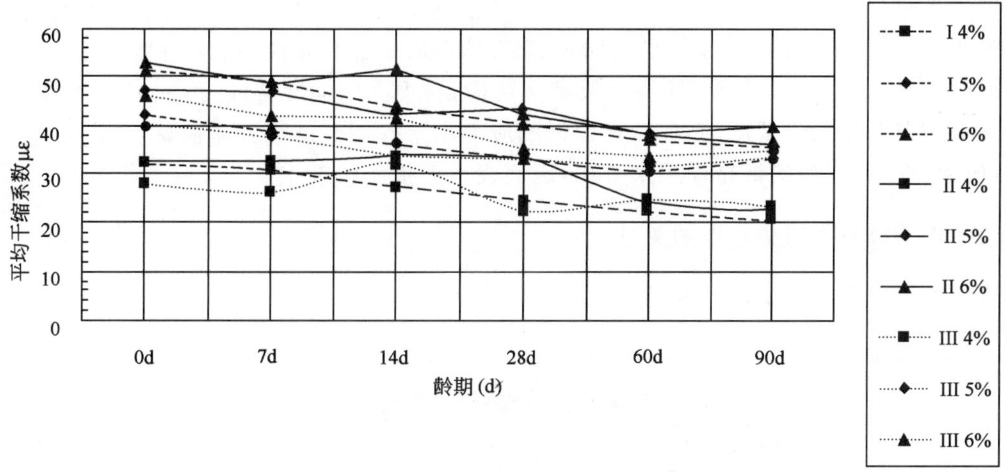

图 15-3-1 9 种组合平均干缩系数与龄期关系曲线

由图 15-3-1 可知:9 种组合材料的干缩系数随龄期增长而减小,在成型初期(7～14d)时干缩系数较大。随龄期的增长,材料内部各结晶及凝结物不断生成,使颗粒间的连接性及整体性越来越强,材料刚度随之增大,所以材料的干缩系数随龄期的增长而减小。

三种级配相比,间断级配 III 三个水泥剂量组合的干缩系数都比相同水泥剂量的连续密级配 I 和连续开级配级配 II 的干缩系数小,间断级配 III 混合料的空隙率较小,毛细管张力作用、吸附水作用、层间水作用和碳化收缩作用要小于其他两种级配,有较好的抗干缩性能。

(二)水泥剂量对平均干缩系数的影响

平均干缩系数与水泥剂量的关系,如图 15-3-2 所示。

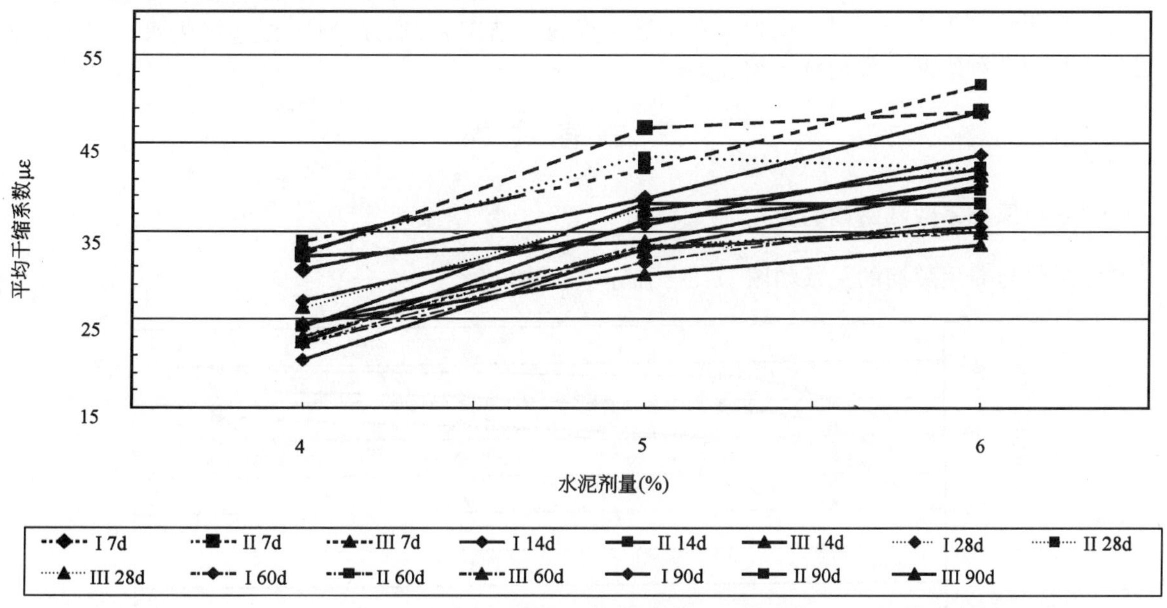

图 15-3-2 平均干缩系数与水泥剂量关系曲线

在一定水泥剂量范围内,各个级配、龄期的水泥稳定粒料干缩系数都随水泥剂量的增加而增大。这是因为:结合料的增加使结合料与集料在水参与下反应生成物的数量增加,凝胶孔增多,毛细孔也相应增多。所以整体材料的比表面积和孔隙率增大,提高了材料的干燥收缩性。

水泥剂量对材料干缩系数影响显著。因此,为增强材料的抗裂性能,在满足高速公路对基层的强度要求的前提下，应尽可能采取低水泥剂量。水泥剂量越小，水泥稳定碎石基层的干缩系数越小。

宜采用上述级配 III 间断级配，水泥剂量和养生龄期一定的条件下，采用级配 III 的无侧限抗压强度要明显高于级配 I 和 II。级配 III 属骨架密实结构，有很高的强度特性；级配 II 属骨架空隙结构，由于细料太少不能填充密实骨架间的空隙，在较低的应力水平作用下就会发生破坏；级配 I 使混合料形成悬浮结构，由于没有粗骨料的嵌挤作用来分担，因而强度要低于级配 III。

(三)平均干缩系数与失水率的关系

干缩系数与失水率的关系如图 15-3-3 所示。

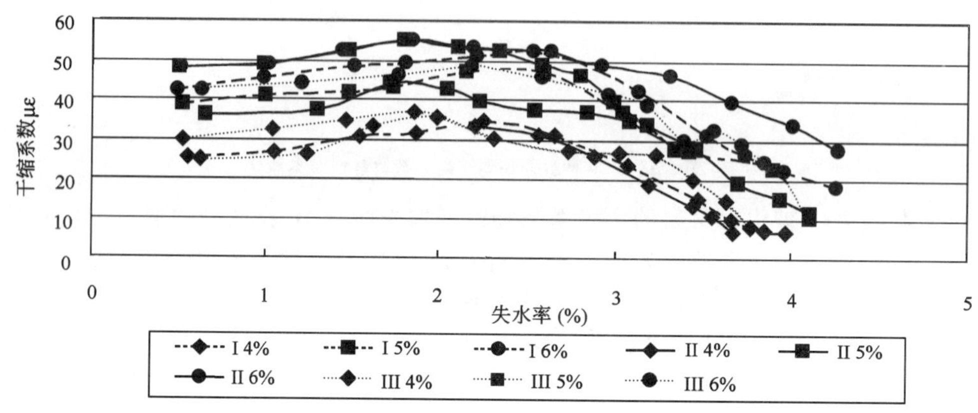

图 15-3-3 干缩系数与失水率关系曲线

由图 15-3-3 可知，各组材料的干缩系数随失水率的变化趋势总体相同，大致呈抛物线形状。干缩系数先随失水率增加而增大，在失水率达到 2%～3%时，干缩系数达到最大值。之后随失水率增加而减小。

级配 III 的三个不同水泥剂量组合在失水率低于 2%的状况下有较低的干缩系数，当失水率超过 3%时，这种优势并不十分明显。但如果在基层工程施工结束后，加强养护，使基层失水率尽可能低，可以起到比其他两种级配更好的抗干缩效果。

三、温缩性能

(一)平均温缩系数随龄期的变化

温缩系数与养生龄期的关系如图 15-3-4 所示。

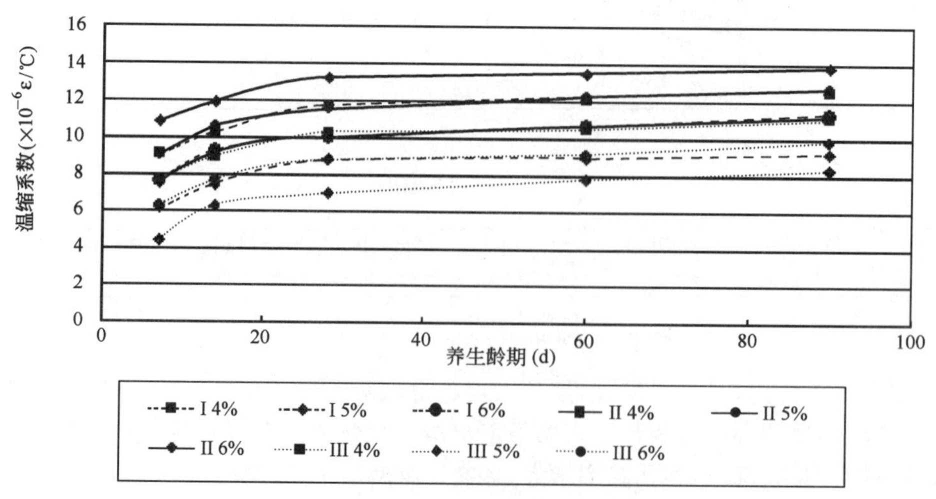

图 15-3-4 温缩系数与养生龄期的关系曲线

由图 15-3-4 可知，各组水泥稳定粒料的温缩系数均随龄期的增大而不断增大。温缩系数 α_t 随龄期的变化有以下特点：温缩系数随龄期的增加而不断增大，但龄期 $T>7d$ 时，α_t 增长率较大；水泥稳定类材料在龄期 $T>28d$ 后，α_t 增长率变小。这是因为：形成半刚性材料强度的主要胶结物——$Ca(OH)_2$、$CaCO_3$ 等晶体以及主要水化物——含水硅酸钙（C-S-H）凝胶、含水铝酸钙（C-A1-H）凝胶等具有比原材料高的强度和比较大的温缩系数。初期此类胶结物和水化物较少，随着龄期的增长生成的胶结物和水化物越来越多，温缩系数随之增大。

从图中可明显看出，间断级配 III 的三个水泥剂量组合在每个龄期的温缩系数均低于同条件下的其他两个级配，说明级配 III 具有优良的抗温缩性能。

（二）水泥剂量对平均温缩系数的影响

水泥剂量对平均温缩系数的影响，如图 15-3-5、图 15-3-6、图 15-3-7 所示。

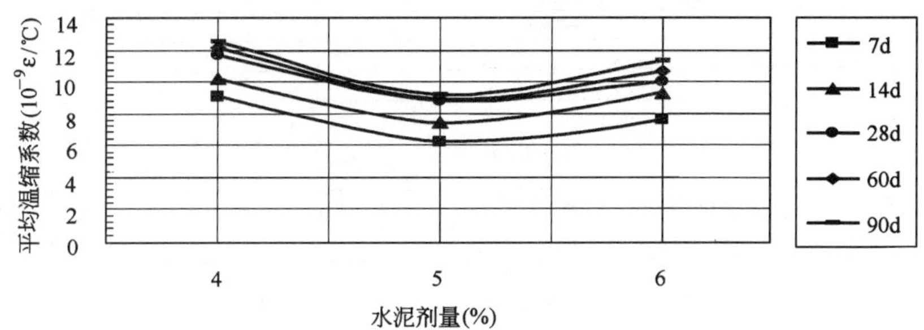

图 15-3-5　级配 I 平均温缩系数与水泥剂量的关系曲线

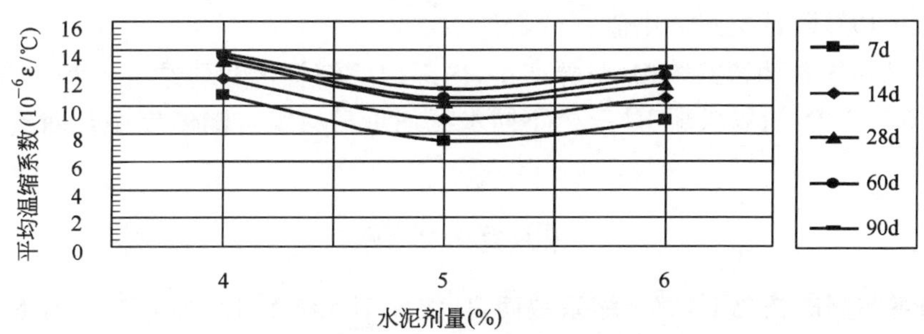

图 15-3-6　级配 II 平均温缩系数与水泥剂量的关系曲线

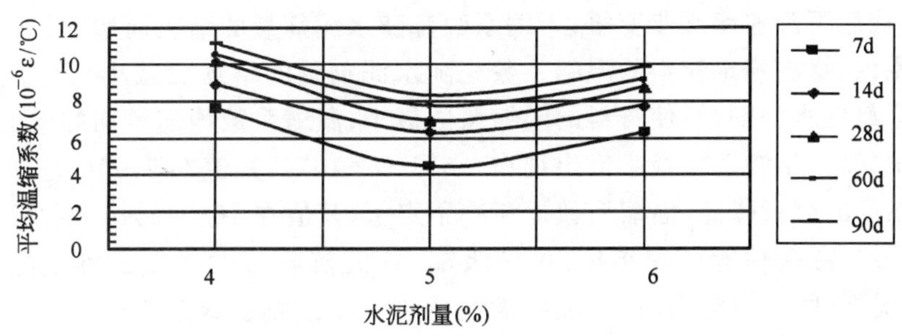

图 15-3-7　级配 III 平均温缩系数与水泥剂量的关系曲线

由图 15-3-5～图 15-3-7 可知，在一定剂量范围内且其他因素相同的情况下，水泥稳定粒料的温缩系数先随水泥剂量的增加而减小，再随水泥剂量的增加而增大。说明对特定的级配而言存在一个最佳水泥剂量，使材料的温缩系数最小。即对半刚性材料强度起主要贡献的胶结物——$Ca(OH)_2$、$CaCO_3$ 等晶体以及水化物——含水硅酸钙（C-S-H）凝胶、含水铝酸钙（C-A1-H）凝胶等的数量有个最佳值，小于这个最佳值时强度不足，温缩系数较大；多于这个值时，该类胶结物和水化物具有比原材料大的温缩系数，同样使材料的温缩系数较大。

三种级配的最优水泥剂量都在5.2%左右，但在相同的水泥剂量下间断级配III的温缩系数最小，7d龄期时为4.2×10^{-6}/℃左右，90d龄期时也只有8.2×10^{-6}/℃。

(三)平均温缩系数随温度的变化规律

根据90d龄期的各组水泥稳定粒料的温度收缩试验结果，可绘出温缩系数随温度的变化曲线。分析其他龄期的试验结果，亦可得出类似图15-3-8所示温缩系数随温度变化曲线。

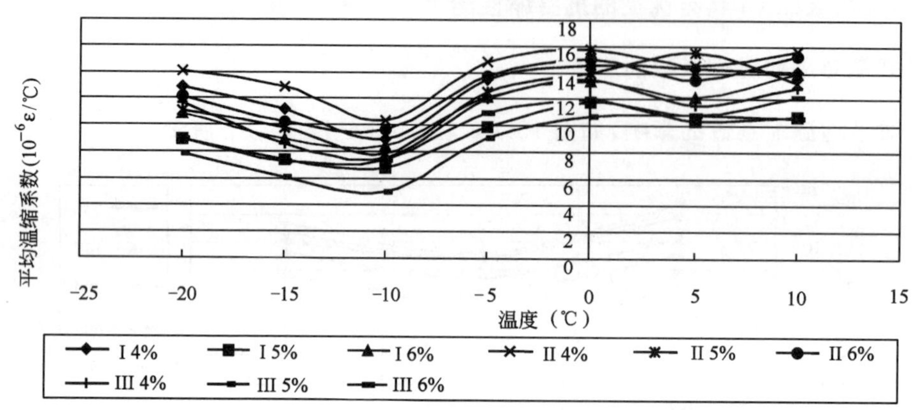

图15-3-8 温缩系数随温度变化曲线(90d龄期)

由图15-3-8可以得出以下结论：不同级配、不同水泥剂量的水泥稳定粒料的温度收缩系数，随温度变化的趋势相同。在15℃～－5℃的区间内，温缩系数改变量很小；从－5℃开始温缩系数随温度下降而急剧增加，且在－10℃附近达到最小值。

间断级配III结构为骨架密实结构，空隙率小，内部的毛细管水和弱结合水相对其他两种结构悬浮结构和骨架空隙结构要少，所以级配III三个不同水泥剂量材料组合随温度变化曲线要平缓些，要较好的抗温缩特性。

四、结　　论

(1)在其他因素相同的情况下，就干缩系数而言，级配II>级配I>级配III，级配I与级配III比较接近；就温缩系数而言，级配II>级配I>级配III，级配III相对较小。

(2)不同级配类型、水泥剂量的水泥稳定粒料在成型初期，干缩系数相当大；干缩系数随龄期变化率，初期下降很快，往后下降速率逐步变缓；干缩系数都随水泥剂量的增大而增大。

(3)在一定范围内，水泥稳定粒料的温缩系数先随水泥剂量的增加而减小，再随水泥剂量的增加而增大，应当存在一个最佳水泥剂量，使材料的温缩系数最小；温缩系数均随龄期的增大而增大，但增长幅度不大；对文中9组材料，温缩系数最小值出现在－5℃～－10℃，其值在$5\sim10\times10^{-6}$/℃左右；而后温缩系数增大，但随温度的继续降低，温缩系数逐渐趋于定值，其值在$10\sim15\times10^{-6}$/℃左右。

(4)综合分析干缩、温缩性能两项指标，可知级配III的抗收缩性能在三种级配类型中是最佳的。在其他条件相同情况下，间断级配III的强度刚度性能也优于连续密级配I和连续开级配II，是比较好的一种水泥稳定碎石基层级配类型。推荐级配III作为集料级配类型，水泥剂量采用5.2%～5.5%为宜。

(5)江珠高速软基路段长，可能会因路基沉降造成基层受力不均而出现裂缝。故后期要多加观测，监控实际使用情况。

·第十六章·

回归自然的绿色生态施工技术

大力推广应用“环境友好技术”，把江珠项目融入建设“绿色广东”之中，这是江珠公司实施环境保护的主线；而绿色生态排水系统、绿色生态边坡防治技术，则是构成江珠项目回归自然的两大亮点。

第一节 绿色生态排水系统

一、变革路基排水系统的圬工体系

在高速公路建设中，排水系统的常规技术是采用圬工体系，经年月久，习之为常。在广州～清远高速公路施工中，率先把适用在雨量较少、气候干燥的北方高速公路生态排水技术，首次移植到广东，取得了成功。江珠项目积极实施“建设绿色广东”的战略决策，大力变革路基排水系统的圬工体系，以绿色生态排水系统取而代之。

二、生态排水沟设计

根据珠海、江门两市不同重现期条件下部分汇流历时的暴雨强度资料，江珠高速公路生态排水沟的水文水力计算公式如下：

$$I=\frac{14.54(1+0.553\lg N)}{(t+11)^{0.668}}\text{mm/min}$$

生态排水沟采用抛物线形草皮沟，以草皮沟横断面最低点为原点的抛物线方程为：

$$y=ax^2$$

本次设计沟宽采用 2m，此时抛物线方程的系数 a 等于沟深 H。若沟中水深为 h，则相应的各水力要素分别为：

$$A=\frac{4}{3\sqrt{H}}h^{1.5}$$

$$R=\frac{A}{\chi}$$

$$\chi=\sqrt{\frac{h}{H}}\times\sqrt{1+4Hh}+\frac{1}{2a}\ln(2\sqrt{Hh}+\sqrt{1+4Hh})$$

$$v=\frac{1}{n}R^{2/3}I^{1/2}$$

$$Q=Av$$

式中：A——过水断面面积；

h——水深；

R——水力半径；

I——水力坡度；

n——草皮沟的糙率。

经计算分析，江珠项目生态排水沟设计的具体要求如下。

(1)一般情况下生态排水沟(边沟)宽 200cm，深度为 30cm；当沟段长度大于 250m 时，可将沟深增至 35cm，过渡段的浆砌部分相应亦调至 35cm。

(2)排水纵坡坡度超过 2%、或沟段长度超过 400m，采用半生态排水沟。

(3)考虑雨水冲刷，生态排水沟(边沟)出口段(与涵洞或桥梁连接处)5m 范围内，采用 M7.5 浆砌片石碟形沟。

(4)生态排水沟与浆砌片石排水沟连接处，采用碟形浆砌片石过渡，过渡段长为 5m。

三、生态排水沟的三种类型

江珠项目采用三种类型的生态排水沟，构成了绿色生态排水系统。

1. 挖方段浅碟式三维网草皮边沟

在江珠项目挖方段，基本采用碟式三维网草皮边沟，其结构设计如图 16-1-1 所示。

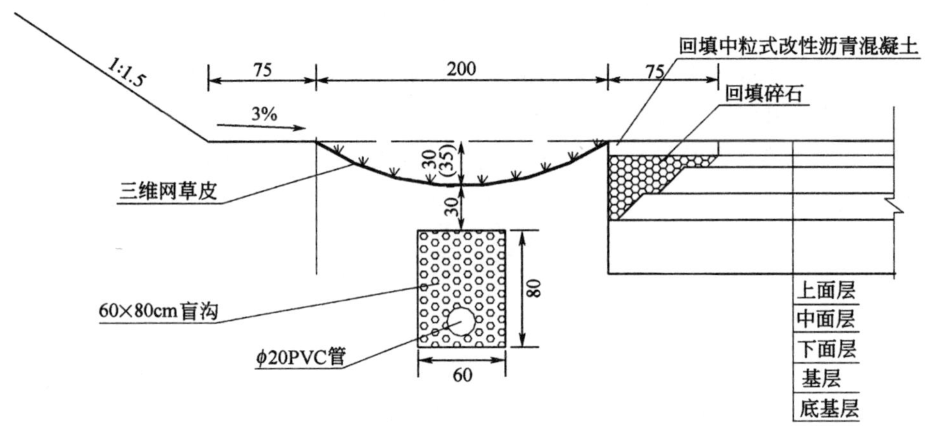

图 16-1-1 生态水沟设计图

2. 路堤三维网草皮排水沟

三维网草皮排水沟，大面积应用于江珠项目路堤，其结构设计如图 16-1-2 所示。

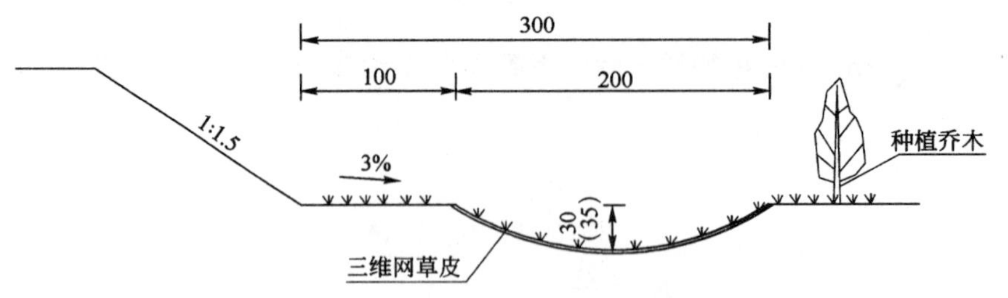

图 16-1-2 路基三维网草皮排水沟

3. 水塘路堤三维网草皮排水沟

江珠项目征用水塘较多，针对水塘的特殊性，在设计中采用了水塘路堤三维网草皮排水沟，如图 16-1-3 所示。

在上述三种类型的生态排水沟设计中：

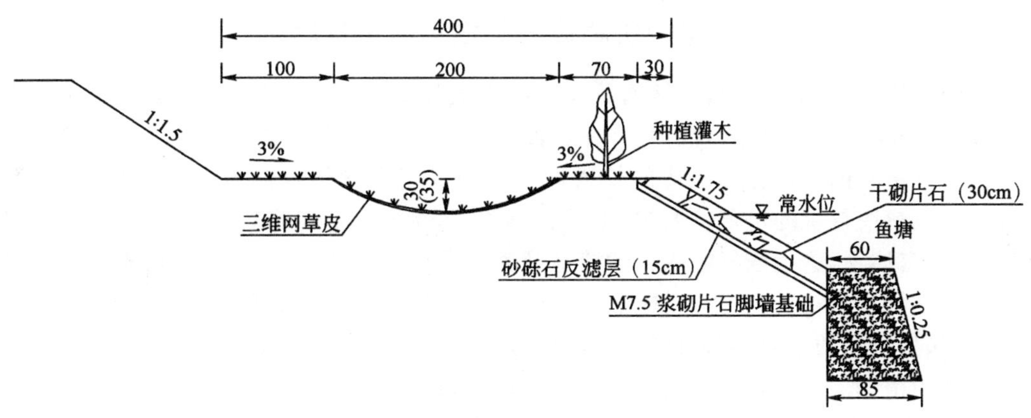

图 16-1-3 水塘路堤三维网草皮排水沟

(1)设计图尺寸均为 cm；

(2)水塘路堤坡脚增设干砌片石护坡，基础采用浆砌片石脚墙；

(3)括号内的数值适用于长度大于 250m 的沟段；

(4)应严格控制草皮沟植草施工质量。

四、成 效

江珠项目大面积推广应用绿色生态排水系统，其成效可概括为："功能效果好，景观效果佳"。它产生的经济效益、社会效益、环境效益，见本书第七章第四节。

第二节 绿色生态边坡防治技术

在江珠高速公路工程建设中，江珠公司引进了绿色生态边坡防护的技术成果，将全线边坡表面圬工防护，变革为以植草和灌木为主体的绿色防护，显见成效。

一、绿色生态边坡防治技术原理

1. 深根的锚固作用

植物的垂直根系穿过坡体浅层的松散风化层，锚固到深处较稳定的岩土层上，起到预应力锚杆的作用。树木根系的锚固作用，可影响到地下更深的岩土层。

2. 浅根的加筋作用

植草的根系在土中盘根错节，使边坡土体成为土与草根的复合材料。草根可视为带预应力的三维加筋材料，提高土体强度。

3. 降低坡体孔隙水压力

边坡的失稳与坡体水压力的大小有着密切关系。降雨是诱发边坡坍塌的重要因素之一。植物通过吸收和蒸腾坡体内水分，降低土体的孔隙水压力，提高土体的抗剪强度，有利于边坡体的稳定。

4. 降雨截留，削弱溅蚀

一部分降雨在到达坡面之前就被植被截留，以后重新蒸发到大气或下落到坡面。植被能拦截高速下落的雨滴，减少能量及土粒的飞溅。

5. 控制土粒流失

地表径流带走已被滴溅分离的土粒，进一步可引起片蚀、沟蚀。植被能够抑制地表径流并削弱雨滴溅蚀，从而能控制土粒流失。

二、绿色生态边坡防治植被选择原则

为了兼顾施工期间短期迅速覆盖坡面及长期恢复生态植被的效果，江珠高速公路在植物种子选择上，选配乔、灌、藤、花草相结合进行混播，并在坡面上适当人工加种灌木、藤本，通过播种和栽种双重手段，确保坡面恢复植物的多样性和绿化的长久性。早期以花草绿化防护为主，后期则以乔灌木防护为主，这样既有效地解决传统的植草护坡"半年绿、1年黄、2年枯"，草本植被易退化的现象；又可构建乔灌花草立体防护生态体系，达到恢复生态自然植被及美化环境的目的。植物种子的选择及配置走本地化的道路，以地带性植被、乡土植物为基调，适当引进适于本地生长条件的野生植物和外地植物；同时又考虑浅根植物和深根植物的结合、豆科植物与非豆科植物的结合；并尽可能配置抗逆性强的植物和水、肥、光、热利用率高的植物。这样才能使植物能适应当地气候，与自然植被融为一体，建设一个具有生物多样性的、稳定的、生命力强的立体生态群落，并达到四季有花，四季常绿的生态景观效果。

三、绿色生态边坡防治施工技术

1. 三维植被网喷播植草

江珠高速公路6m以上的土质边坡采用三维植被网喷播植草技术。三维植被网亦称土工网垫，是以热塑性树脂为原料制成的三维结构网，其底层为具有高模量的基础层，一般由3～4层平面网组成，上覆起泡膨松网包，包内填种植土和草籽，具有防冲刷和有利于植物生长的两大功能。

三维植被网喷播植草技术的主要原理：一是草皮未形成之前，三维网的加筋锚固作用可保护坡面免受风雨侵蚀；二是草皮长成后，植物根系与三维网的网筋纠结，形成具有高抗拉强度的整体模块结构，可以提高草的覆盖面积，增加植物根部系统的纤维密度，三维网自身的高抗拉强度能使植物根部强度显著增加。具体施工工艺如下。

(1)坡面处理

清理坡面至设计要求，刈除野草及杂树，并辅以喷药，以抑制野草生长。覆5～7cm厚的土壤于平整好的坡面上，覆土厚度视土壤类型和坡面平整度而定。根据坡面干湿情况，用水将坡面浇湿，以土壤不出现浮土和粉尘土为宜。

(2)三维网铺设

将三维网垫沿坡面从上而下铺下，整平，用U形钉将网垫固定，U形钉交错排列，竖向间距100cm，横向间距140cm，其间采用钢钉固定，使网垫紧贴坡面。坡顶采用埋压沟或用U形钉固定三维网，坡脚三维网埋于填土内，两级边坡平台处将三维网压于现浇边坡平台下。铺设第二幅三维网时，与已铺好的第一幅三维网搭接处重叠10～15cm，搭接处用U形钉固定，U形钉在坡面的间距为1m。三维植被网与构造物接触范围周边应将三维网卷边5～10cm，用U形钉压边，使三维网与周边构造物接触密合。三维植被网铺通、固定后，将细粒土及肥料采用人工方式自坡顶向下摊铺，以将网包覆盖为宜。

(3)回填土步骤

因三维网网包尺寸较小，为了确保回填土的密实度，应分为三步进行：一是网筛回填土。筛孔小于三维植被网的网孔，过筛后自上而下进行第一次回填并拍实(忌用湿土)。二是喷水沉降。第一次回填后用高压水车浇水湿透，让回填土壤自然沉降，防止"空鼓"现象；第二次回填土方法同上。三是泥浆回填。在进行第二次回填后，网、土及坡面泥土基本上形成一体，对小部分"空鼓"地方，用泥浆泵再喷一次泥浆，进一步增加密实度，将"空鼓"现象减少至最低直至密实。

(4)喷播和覆盖

采用液压喷播机将混有种籽、肥料、土壤改良剂、保水剂和水的混合物，均匀喷洒在坡面。喷播完后，可视情况撒少许土，以覆盖网包为宜。丙纶无纺布的作用是防止水流对坡面及种子的冲刷、保水保温，利于花、草种的发芽生长，丙纶无纺布盖后用U形钉固定。

(5)边坡养护

养护分前、中、后期。前期养护60d，以喷灌水为主，经常保持土壤湿润，以促进种子发芽和快速生长覆盖；中期靠自然雨水为主，若遇干旱，每月喷水1～2次；后期养护每月喷水2次，追施肥，促苗转青，及时发现并防止病虫害的发生。

2.客土喷播

江珠高速公路的所有岩石边坡采用客土喷播技术。它利用特制喷混机械将按比例混合并充分搅拌均匀的有机基材与长效肥、速效肥、保水剂、黏结剂、植物种子和水的混合物，喷射到裸露坡面上。由于黏结剂的黏结作用，含有植物种子的有机混合物可在坡面上形成一层既能让种子生长发育，种植基质又不被雨水冲刷的多孔稳定结构层（即一层具有连续空隙的硬化体）。种植基质中含有多种营养元素，能不断给种子供给养分，使种子在空隙中生根、发芽、生长，从而达到恢复生态自然、稳固坡面、保持水土、改善景观、美化环境的目的。

客土喷播生态护坡技术，具有适应性广，植物成活率高、生长均匀、绿化速度快、防护效果好，施工机械化程度高、施工效率高等特点。其施工工序如下。

（1）整理平复坡面

喷播前一定要修好截水沟、拦水土埂等排水设施，严禁流水上坡面。按照设计的坡率、坡高、平整度刷顺坡面，将坡面松散层的浮土、碎石、杂草、树根等清除，要求坡面平整，线形顺畅，无浮石，无杂物。对于过于光滑坡面需要通过挖掘横沟等措施进行加糙处理，以防止有机基材下滑。对凹陷处需人工嵌补修平。

（2）测量放线

测量定位主辅锚杆在坡面的具体位置。主锚杆与辅锚杆相间排列，间距1m。使用水平仪及卷尺首先按纵横间距2m放点，确定主锚杆钻孔位置，再在相邻的主锚杆之间中点补钻辅锚杆。

（3）安装锚杆

主锚杆0.4m，ϕ14mm螺纹钢，辅锚杆0.2m，ϕ10mm螺纹钢。安装前锚杆要作防锈处理。用ϕ38mm钻头钻孔，插入锚杆后用30号水泥砂浆灌注固定，注意灌满灌实，灌好后的锚杆需伸出坡面6～8cm。

（4）固定植生袋及泄水孔

植生袋为聚丙烯纱布或反滤土工布包裹植物纤维、细砂，也可放置少量固型长效性肥料，直径8～10cm。在坡面上纵向间距1m，横向布置一条植生带，将其固定。采用ϕ46mm软式透水管间距3m方格形布设泄水孔，深0.7m，特别在潮湿部位要布设。

（5）固定铁丝网

用ϕ2.6mm镀锌铁丝网（抗拉强度不低于380kPa，网目尺寸8×12cm）从上至下披复在坡面，坡顶应伸出50cm，坡底伸出20cm，置于浆砌石底下，或埋置于平台填土中。要求平顺舒展，用ϕ2.2mm铁丝锁紧在锚杆上。铁丝网与坡面间用混凝土垫块使之悬空3～5cm，网与网之间搭接15cm，或用ϕ2.2mm镀锌铁丝扎绑牢固。

（6）喷布有机基材

将有机基材拌匀后，用喷浆机将其喷布在已挂好高镀锌机编网及植生袋的岩石坡面上，使有机基材全面包复整个坡面和植生袋外表面，平均厚度6cm，此为基层料。

（7）喷播含草、灌木种子表层

在喷混有机基材基层后自然风干4～12h，即可进行常规的喷播草籽表层工序。此次要求在喷播时掺配一定量的灌木种子，选用常绿的山毛豆、木豆、多花木兰、大翼豆、黑松、油松、野生马缨丹、桃金娘、乌风蕨、鹿角蕨等，灌木种子最好要经催芽处理。将草籽、灌木种子、有机基材、复合肥料等按一定比例混合加水搅拌，依据机械液压原理将其喷播附着在坡面，铁丝网面最少要有1～2cm厚。

（8）覆盖无纺布

规格15g/m^2，轻轻覆盖作业面，布幅间重叠5～10cm，防止雨水冲刷种子，减少水分蒸发，保湿保温。

（9）炼苗揭布

当草灌苗长至5～6cm或2～3片叶时揭掉无纺布。揭布前适当露苗锻炼，宜在阴天或傍晚揭布，禁止大晴天猛然揭布。

(10)养护管理

包括浇水、施肥、防病、治虫、清除杂草、补喷补苗、修剪等，根据苗情灵活掌握，促使早日成坪。如果灌木种籽失败，必须迅速组织人工补播，按50cm×50cm间距、每穴补5～8粒经过催芽处理的灌木种籽。对于过密的灌木要提早间苗，保证每平方米有2株灌木。碎落台坡脚处高1m不保留灌木，以免遮挡景观树。

客土喷播施工如图16-2-1所示。

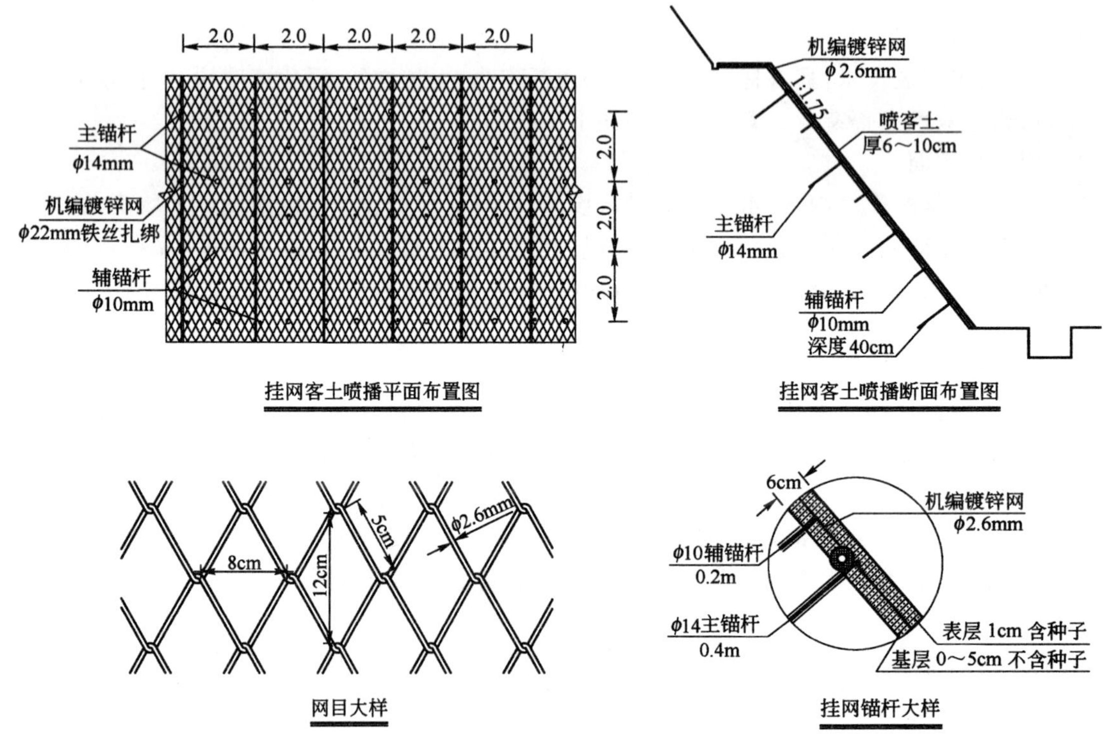

图16-2-1 客土喷播施工图

3.直接喷播草籽

江珠高速公路全线小于6m的填方路段，采用直接喷播灌草种子绿化防护。

(1)边坡处理

边坡平整后，沿等高线挖出高、宽各为5～10cm的水平带，在方便施工的前提下，高、宽度尽量减小，以保持坡面的平整性，然后回填掺配有肥料的肥土，肥料与土壤掺配的比例1∶3。

(2)草种选择

本路段喷播草种以百慕大、百喜草为主，冬季播种可掺配少量黑麦草和高羊茅。也可以百慕大草为主，挖方边坡掺配百喜草，填方边坡掺配黑麦草、高羊茅。播量百慕大、百喜草12～18g/m^2，掺配高羊茅、多年生黑麦草5g/m^{2}左右。

(3)喷料准备

备足草籽、复合化肥、土壤固着剂、改良剂、保水剂、覆盖材料、色素等。草籽需经纯度和种子发芽试验，固着剂、改良剂、色素需做毒性试验。

(4)液压喷播

将上述材料按一定比例混合，加水搅拌，混合均匀后靠机械液压原理将其喷播附着在所要绿化的边坡上，喷洒要均匀，一次不宜太厚，不足可重复喷播2～3次。

(5)覆盖无纺布

扎紧边口(用U形钉或木筷,上下两头用土埋),无纺布幅之间重叠5~10cm。覆盖无纺布的目的,一是防止雨水冲刷,阻滞草籽在发芽生根期的移动损失;二是部分防止水分蒸发,起保温保湿的作用。注意不露边口,轻柔操作,保持布面完好。

(6)炼苗揭布

至草苗长到5~6cm或2~3片叶时,揭掉无纺布。揭布前应适当露苗锻炼,然后逐步揭布,宜在阴天或傍晚揭布,禁止大睛天猛然揭布。

(7)播后管理

根据土壤肥力、湿度、天气情况,酌情追施化肥和灌溉,以后转入常规管理阶段,促使早日成坪。

4.铺植台湾草皮

江珠高速公路填方边坡路面结构层与相应坡面和土路肩一起,铺植台湾草皮。一般路段垂直高74cm,斜高133cm。这样处理一是为了防止灌木在上部生长挡住视线,造成安全隐患;二是为了防止杂草灌木参差不齐,影响路容美观。其施工工艺如下。

(1)平整地块

捡净杂草树根石块,必要时使用除草剂如“草甘磷”,彻底清除杂草根芽,以保证目的草种的纯净。施工地块内不得有明水暗渍存在,必要时铺设透水管。

(2)回填肥土

铺植地块土壤必须肥沃疏松,不得有石块、树根、杂草宿根宿芽,保证30cm以上土层。对于中央分隔带、种植池、花坛等铺植地段,应回填肥土淤泥,整理成略呈凸起的弓形台,施足底肥2kg/m^{2}的有机肥。

(3)起草皮

随铺随起,头天浇水湿润草坪,次日用铲草皮机操作起草皮,一般切成30cm×30cm的方块,也可卷成草皮筒。本地苗圃草源不足可在外地调运,但一定要缩短路途及存放时间。

(4)铺植

将新鲜草皮及时满铺地面,最好是抢阴雨之前进行。铺后浇透定根水,用板锹拍平压紧,使草皮与土壤密接,不得有空鼓、起包现象。加强浇水施肥管理,使之早日密接成坪。

(5)管理

常规管理主要是拔草、治病虫、灌溉、施肥、修剪。特别是拔草,要早日多次进行,将野草消灭在萌芽阶段。施肥用复合肥、尿素,结合灌溉进行。不能让草坪受旱,天热多浇,下雨不浇,一般土层发白即应浇水,冬季多浇可延长草坪现绿期。病虫应注意观察,发现苗头,及时防治。待草坪密接,植株出现拥挤时,应适当修剪1~2次。

5.土壤菌永久绿化技术

江珠公司在K28+745~K28+873右侧边坡,进行土壤菌永久绿化技术的试验段工作。土壤菌永久绿化法是本世纪初从国外引进,在甘肃省兰州市进行了岩石坡面绿化示范工程,在广东尚无工程实例。本项目只进行了试验段的施工。

土壤菌永久绿化法是一种新型岩石坡面防护绿化专利技术,其中土壤菌的培植和生育基盘的形成是绿化的关键。它的原理是用有效土壤菌加速岩石的土壤化进程,快速形成适应草木生存所需的土壤,并模拟自然生态环境,将自然循环应用于绿化中,人为地制造出一个生态循环系统,促使植物生长。土壤菌中含有大量的微生物,如中温菌群、高温菌群、放线菌、丝状菌、水素细菌等,有机物经过这些土壤菌分解后,变成有机酸和无机营养成分。无机养分可以被植物吸收,有机酸能对岩石矿物颗粒进行再分解,使粗颗粒逐渐变细,最终变成黏土,同时它还能供给植物营养。在土壤菌的作用下,人工制造出一个土壤层——生育基盘,这层土壤具有“高次团粒结构”,能栖息多种土壤小动物和各种微生物,最适合植物生长。在生育基盘上,植物分蘖多,生长快,根系发达。由于土壤菌绿化法与自然界的原理相近,所以生育基盘不会衰退，保证了绿化的永久性。其施工工艺同挂网喷播，主要区别是喷播材料中加入了土壤菌。土壤菌绿化法原理见图 16-2-2。

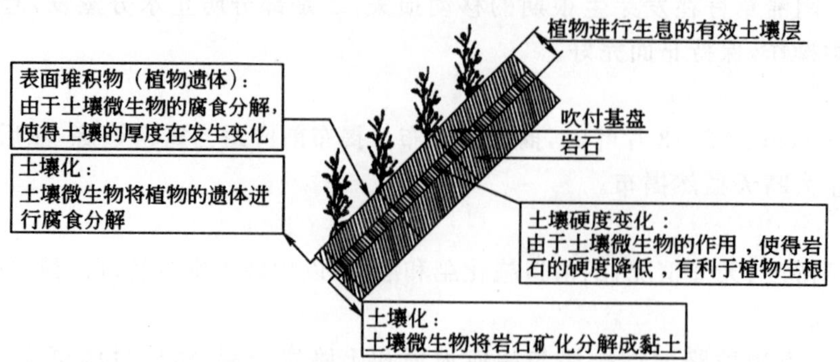

图 16-2-2 土壤菌绿化法原理

四、成 效

江珠高速公路通过优化设计，把全线边坡表面圬工大面积变革为绿色生态防护，经过两个雨季的检验，边坡防护效果和绿色生态效果一起高奏“得胜令”，同步回归大自然，既节约了土地资源，又降低了建设成本，其成效见本书第七章第四节。

后　记

《广东江珠高速公路—项目管理—设计管理—工程技术》一书，在如愿交付人民交通出版社编纂并付梓与读者见面的时候，广东省首条由民营企业独家投融资并全程主持建设的江珠高速公路，横空出世，彩旗飘扬，为民惠民，阳光灿烂。

"有志者，事竟成"，本项目投资者和工程建设者，在创造了物质财富——江珠高速公路的同时，又创造了精神财富——《广东江珠高速公路　项目管理　设计管理　工程技术》著作，彼此相辅相成，给当代人和后来人留下了求真务实、开拓创业的轨迹，并为此而自豪和欣慰！

我国知名教育家陶行知先生有句名言："人生志在创业"。江珠高速公路建成通车，既是工程建设的终结，又是新的起点。在广东省委、省政府关于"建设大交通，促进大发展"的战略指引下，民营企业珠海新长江建设投资有限公司，志存高远，立足珠海，看好"三个西部"——珠海西部、广东西部、泛珠三角西部，进一步利用好、发挥好珠海空港和海港的现有产能，作出了继续延伸江珠高速公路的决策，筹划全额投融资并主持建设珠海机场高速公路以及港珠澳大桥连接线项目，汇入珠海市规划中的"八纵六横"交通运输网络。透过创业的多棱镜，清晰折射出民营企业的志向、价值和奉献。

在江珠高速公路工程建设期间，广东省政府、省发改委、省交通厅、省建设厅和江门、珠海市政府的领导同志，给予亲切关怀和正确指导；项目沿线区、镇政府和广大人民群众给予大力支持和协调帮助。本书编著人员在撰稿过程中，学习和参考了大批专业著作，因篇幅所限，未能诠注于书中，请予理解和原谅。藉本书出版的良机，我们谨代表项目投资者和工程建设者，向所有为江珠高速公路工程建设做出过奉献的人们，致以由衷的感谢，致以崇高的敬意！

编委会

二〇〇七年四月

附录一

阳光总在风雨后

——《江珠宏图》画(邮)册代序

广东江珠高速公路有限公司董事长 左宜莹

(二〇〇七年一月)

这是一条并不长的路。它像雨过天晴后的彩虹,静静落在珠江三角洲西部的水乡泽国,以赤橙黄绿青蓝紫的瑰丽七彩,动感演绎出人与自然的协调和谐;在优美旋律的跳跃中,纵情欢歌着时代巨变与人文特色的完美交融。

这就是江珠高速公路!它的建设看似不经意,实际上却开辟了促进“三个西部”——珠海西部、广东西部、泛珠三角西部经济社会发展的一条通衢。

这条通衢要建设好,江珠人必须跨越横亘在面前的三道难坎。

——桥梁工程大。沿线有通航河流18条,溪涌纵横交错数十条,需要兴建大桥和特大桥21座,中小桥27座,桥梁总长11.61公里,资金投放多,施工难度大。

——软基路段长。沿线地处淤泥沉积平原微丘区,软土路基长35.2公里,占全线总里程65.8%,部分软土深度超过20米,最深达46米,填筑控制难度大,沉降稳定耗时长。

——征地拆迁难。全线征用土地5 225.1亩,拆迁房屋16 881平方米。征地拆迁的政策性强、影响面广、矛盾纠纷多,被称为“农村工作第一难”。又适逢宏观实施最严格的土地管理措施,还有人把这条由民营企业投资建设的高速公路当成“唐僧肉”,使征地拆迁难上加难。

我国著名科学家钱三强先生说得好:“古往今来,凡成就事业,对人类有所作为的,无不是脚踏实地,艰苦奋斗的结果。”

江珠高速公路的建设实践,又一次印证了这位原子物理学大师的至理名言。这条路是由珠海新长江建设投资有限公司独家投融资28.8亿元进行建设的。民营企业无主管部门。江珠人在市场经济利益主体多元化条件下勇敢跨越这三道难坎,经历了几多艰辛曲折,几多悲欢离合,几多甜酸苦辣!难能可贵的是,江珠人上下同心开拓创新在西部,众志成城决战决胜在西部,用心血和汗水,凭意志和毅力,排除万难描绘了雄伟绚丽的江珠宏图,实现了既定的建设目标。

这一切,如同我国文学泰斗鲁迅先生的经典阐述:“什么是路?就是从没有路的地方践踏出来的,从只有荆棘的地方开辟出来的。”

沐浴风风雨雨,迎来灿烂阳光。在江珠高速公路建成通车的喜庆时刻,我作为项目的董事长、总经理,浮想联翩,夜不能寐,禁不住心潮滔滔逐浪高。曾记否,中国女排经过20年的艰苦历炼,再度问鼎奥运冠军,姑娘们流淌着喜泪高歌一曲《阳光总在风雨后》,感动得多少国人为之热泪盈眶。如今江珠人追忆此景,情同此心,跟中国女排姑娘们一样:勇敢的抬头/珍惜所有的感动/喜看乌云过后有晴空/笑迎风雨过后见彩虹/……

欢呼胜利,赞颂辉煌,江珠人心灵深处,荡漾着《阳光总在风雨后》这曲优美而感人的歌曲。

放歌西部,成就西部。江珠人志存高远和顽强拼搏的豪情胜慨,江珠路蜿蜒延伸的难忘岁月和艰辛征程，栩栩如生地凝聚成《江珠宏图》里的最新最美图画，把像“铺路石”一样既平凡又伟大的建设者们的丰硕业绩和历史倩影，翔实记载，定格再现，给建设者留下不可忘却的纪念，给后来者留下可供鉴赏的追思！

为提高《江珠宏图》画册的“含金量”，我提议在画页里镶嵌上党的第一代领导集体、开国十大元帅以及十员大将的纪念邮票，其蕴涵的理念创意是：江珠人深情缅怀老一辈无产阶级革命家的丰功伟绩；江珠高速公路建设成果，是在党的路线方针政策指引下取得的；江珠人必然汇入13亿神州奋斗不止、自强不息的汹涌澎湃历史洪流中，继续高举毛泽东思想、邓小平理论和“三个代表”重要思想的伟大旗帜，在以胡锦涛同志为总书记的党中央坚强领导下，为全面建设小康社会、实现中华民族的伟大复兴而竭尽绵薄之力！

谨以《江珠宏图》画册，献给为项目建设决策指引、排忧解难的各级领导同志；献给为项目建设奉献珍贵土地和家园的沿线人民群众；献给创造江珠高速公路建设辉煌的全体建设者！

历史会记住你们，人民会感谢你们！

附录二

七彩长虹落江珠

——江珠高速公路工程建设电视专题片解说词

（二〇〇七年一月）

珠江口外。伶仃洋畔。

珠海经济特区，一方迷人热土！

有一位时代伟人曾经两次踏上这一方热土，留下了谆谆的教诲和光辉的题词：“珠海经济特区好”。

时代伟人的题词和教诲像浩浩春风，催得改革开放热浪滔滔，经济建设波涛滚滚，各行各业生机勃勃。

在交通基础设施领域，喜讯频仍：珠海港建成了，珠海机场通航了，广珠高速公路通车了……

如今，又传来振奋人心的喜讯：江珠高速公路胜利建成通车了，它像一道七彩长虹，气壮山河，将珠海特区和江门侨乡紧紧地“抱”在一起！

“七彩长虹”落江珠，颇具传奇色彩。

1997 年，江珠高速公路批准立项并通过“工可”评审。1999 年 1 月，民营企业珠海新长江建设投资有限公司，毅然签约投资二十几亿元，独家建设经营江珠高速公路。

江珠高速公路是省重点项目，珠三角外环高速公路网的重要组成路段。它北起江门市江海区四村，经睦洲进入珠海市境内，止于鹤洲北火车站，与珠海大道交汇，全长 53.3 公里，概算总投资为 30.67 亿元。当时，珠海东部有广珠高速公路，正在动工兴建西部沿海高速公路，在江门和珠海两市之间建设一条高速公路究竟有多大价值？“新长江”公司投资决策的依据在哪里？

“新长江”公司董事长左宜莹泰然自若地回答：“我看好西部！”

看 好 西 部

西部有什么值得看好？西部同江珠高速公路有什么关系？要知道，在人们的记忆里西部一直是个交通闭塞、贫困落后的代名词。

极目西部，莽莽苍苍。如果回过头来，再仔细琢磨江珠高速公路的区位和走向，可以发现其中深藏玄机，充满希望！

规划中的江珠高速公路北端，东向经江中高速公路，与广珠高速公路连接，穿越虎门大桥直抵东莞、深圳和粤东地区；西向经江鹤高速公路与广湛高速公路连通，直达粤西和海南经济特区；中段连接西部沿海高速公路，开辟另一条进入粤西的高速通道；西北向与规划中的江肇高速公路相衔接，可经广西梧州和桂林与黔、滇、川三省高速公路联网；南端直通珠海港和珠海机场，往东经珠海大桥抵达澳门，还可经未来的港珠澳大桥直达香港。

江珠高速公路的区位和走向，蕴涵着一种魅力，直接作用着三个不同层次的西部地区：珠海西部地区、广东西部地区和泛珠三角大西南腹地。江珠高速公路按规划将向珠海机场和高栏港口延伸，空港海港现有的产能优势，必将转化为巨大的经济效益和社会效益。这叫做“一路两港海陆空，江珠共享大交通”！江珠高速公路为江门、珠海两市经济发展注入强大的生机活力，投资价值当然看好！

“新长江”公司对江珠高速公路投资效益作了初步评估，财务内部收益率中等看好，具有一定的抗风险能力。

“新长江”公司看好三个西部地区如箭在弦的发展态势和无比广阔的发展前景，看好江珠高速公路在三个西部地区发展中的应有作用和伴随而来的投资回报，看好江珠高速公路与珠海空港海港“海陆空三位一体”凝聚而成的整体效益，毅然按 BOT 模式拍板投资，为“七彩长虹”从理想变成现实迈出了关键一步。

后来，由于上级作出缓建江珠高速公路的决定，直至 2003 年 8 月，“七彩长虹”才拉开建设帷幕。

决战西部

“七彩长虹”要从理想变成现实，绝非易事！

三道难坎横亘在江珠人面前：

——桥梁工程大。沿线河溪纵横交错，有通航河流 18 条，河涌数十条，鱼塘难以胜数，规划建设大桥和特大桥 21 座、中小桥 27 座，桥梁总长 11.61 公里，资金投放大，施工难度大。

——软基路段长。江珠高速公路地处沙泥沉积平原微丘区，地层上部为全新滨海相沉积淤泥，软土路基长达 35.18 公里，占全线总里程 65.8%，部分软土深度超过 20 米，最深达 46 米，填筑控制难度大，沉降稳定耗时长。

——征地拆迁难。全线共征用土地 5225.1 亩，拆迁房屋 16881 平方米。征地拆迁的政策性强、影响面广、矛盾错综复杂，被称为“农村工作第一难”，又适逢实施最严格的土地管理措施，还有人向这条由民营企业全额投融资建设的高速公路漫天要价，使征地拆迁难上加难。

世上无难事，只要肯登攀。

江珠人直面重重困难和阻力，奋力开拓在西部，顽强进取在西部，决战决胜在西部，满怀壮志豪情地接二连三吹响大会战的号角，用心血、汗水、意志、毅力，排除万难建设“七彩长虹”。

与“天”周旋，在恶劣气候条件下抢工期保质量。筑路基、铺路面，天气是重要制约因素。南方盛夏，气温高、雨季长、台风多，特别是在 2006 年 7～8 月间，工程建设进入决战的关键时刻，三次强台风轮番卷来特大暴雨，把工地淹成一片泽国，对工程建设构成严重威胁。待到洪水消退，雨过天晴，工地上迅速掀起维护路基、铺筑路面的大干热潮，把灾害耽误的工期抢回来。全长 1895 米的荷麻溪特大桥，横架于宽 200 多米、一级通航标准的荷麻溪航道上空，通航净高 22 米，净宽 2×160 米，主跨度 230 米，主墩高 83 米，施工技术难度大，质量标准要求高。江珠人发扬艰苦奋斗精神，科学合理安排施工，与恶劣天气斗智斗勇：晴天酷暑，头顶烈日，冒着三四十度高温，顽强进行高空作业；风雨交加，以退为进，加强工程养护，穿插展开其他工序，力保工程质量不受影响。——与“天”周旋，苦中有甜！

与“地”较量，突破软基填筑难关。江珠人发挥聪明才智，全力突破难关，以决战决胜的姿态与软基较量：反复探测软基路段地质状况，掌握充足科学数据；选取最有代表性的路段进行填筑预压试验，探索软基沉降稳定规律和特点；制定科学的施工方案，聘请经验丰富的软基观测单位协助观测，以观测数据指引逐层填筑碾压；江珠公司增加上千万元投入，对填筑难以达标的深厚软基路段重新超载预压，不完全达标不罢休。——与“地”较量，虽苦犹甜！

与“人”为善，营造和谐路地关系。江珠高速公路征地拆迁受到诸多人为因素影响，遇到重重阻力和困难。江珠人始终不逾地遵循构建和谐社会的宗旨，紧紧依靠江门珠海市各级政府，坚定推进征地拆迁“阳光工程”，按照协议标准把征地拆迁补偿费落实到物权人手中，维护好农民群众的合法权益。为了化解错综复杂的利益矛盾，江珠公司配合地方政府派人深入进行耐心的说服工作，动之以情，晓之以理，明之以法，努力营造和谐路地关系，得到了沿线广大人民群众的理解和支持，为工程建设创造比较宽松的外部环境。——与“人”为善，和谐稳定！

放歌西部

三年沐风浴雨艰苦奋战，三年顽强拼搏开拓进取，征途上留下了江珠人多少坚实的脚印、多少辉煌的业绩和多少豪迈的乐章。

唱响主旋律。“科学技术是第一生产力”。江珠人牢记时代伟人的教诲，增加科技投入，仰仗科技威力，提高工程质量，唱响“主旋律”：与华南理工大学等几间名牌院校建立多领域的紧密合作，构建关键项目的技术咨询和专家论证体系；引进国内外高新技术成果，拓展先进施工检测手段；建立工程检测监控信息集成系统，加强重点难点工程检测和监控。其中，桥梁打入桩基础设计施工技术、生态排水技术和高边坡生物菌生态防护技术等多项高新技术，为“七彩长虹”增添了亮丽色彩。

飞越荷麻溪。荷麻溪特大桥为预应力混凝土部分斜拉桥，双薄壁墩，桥型结构简洁，线条流畅，行车舒适，通行视野好，维护费用低，无需连续梁桥型的大吨位支座及体系转换，桥型之新、主桥跨度之大，目前名列国内同类型桥梁第一位。经过江珠人合力奋战，这座特大桥终于横空出世，气贯长虹，飞架于荷麻溪宽阔的航道上，成为江珠高速公路标志性建筑，奏响了一曲响遏行云的华彩乐章。

降服软基路。全线软基路段天然含水量处于饱和状态，地层上部为全新滨海相沉积淤泥，工程上称之为“特殊性路基土层”，各项性能指标差，碾压技术难度大，沉降稳定时间长。然而，这些困难都被江珠人坚强的意志毅力和严格的科学态度一一降服。全线软基路段质量优良，又为“七彩长虹”唱响一曲嘹亮的赞歌。

江珠落虹霓。三年来，江珠人决战西部，力尽艰辛；放歌西部，业绩彪炳：共完成土方 773.4 万立方米，石方 232.9 万立方米，防护工程 20.8 万立方米；处理软土路基 35.18 公里，建成大桥和特大桥 21 座、中小桥 27 座、互通立交 5 座、分离立交 6 座、涵洞 64 道、通道 24 条、短隧道 2 座；铺设水泥混凝土路面 3.1 万平方米，沥青混凝土路面 134.1 万平方米，工程总合格率 100%，优良率在 90 %以上；杜绝重大安全责任事故，安全生产事故死亡率为零。

就这样，一条高速公路结结实实坦坦荡荡地出现在江门珠海两市之间的微丘水网地带，“七彩长虹”从理想的高空落到现实的江珠大地上！

情凝西部

赤橙黄绿青蓝紫，谁持彩练当空舞？

是江珠团队——一个上下一心、和谐团结的团队，一个勇于开拓、奋力进取的团队。

江珠公司员工来自五湖四海，平均年龄 27.8 岁，总共不到 50 人，组成了项目建设的大本营，肩负起计划管理和组织指挥的重任，并且出色完成了任务。

江珠团队的凝聚力和战斗力，归功于颇具江珠特色的领导管理艺术。

像许多优秀现代企业一样，江珠公司按照市场经济规律驾驭企业，建立健全各种科学管理“硬件”，规范员工职业道德和职务行为，实施“有形的管理”。与此同时，江珠公司又推崇“无为而治”，打造体现以人为本的各种无形“软件”，关怀、爱护和尊重员工，精心营造上下一心、亲如手足、相敬如宾的新型人际关系；坚持业绩为主的人才评价标准，放手让员工发挥聪明才智和专长，充分调动主动性、积极性和创造性；弘扬平易近人的领导作风，公司领导成员经常以普通员工身份参与团队各种集体活动，常年同员工一起吃公司饭堂的大锅饭。实施水乳交融的“无形管理”，增进了解，沟通心灵，构建同心同德的企业团队，孕育团结和谐的企业氛围。

请看看江珠员工的一次野外无极限拓展训练活动！

公司领导成员悉数参加，同普通员工一样身穿迷彩服，跳断崖、扑横竿、钻蜘网、攀绝壁，欢欣雀跃，忘情呼唤，相互鼓励，拥作一团。乍一看，谁能辨别哪位是董事长、总经理？哪位是副总经理和总工程师？

公司董事长谆谆告诫员工："要对自己负责，对江珠负责，对历史负责！"

这"三个负责"凝聚了有形管理和无形管理的精髓，变成了江珠团队严格自率的行为规范。员工们十分理解董事长良苦用心：希望大家珍惜参与江珠高速公路建设这一人生际遇，认认真真抓好江珠高速公路建设，向社会向人民交出一份问心无愧的经得起历史检验的优秀答卷。

这种融有形与无形于一体的领导管理艺术，像春风化雨入心田，有效地强化了员工的责任感和归属感，激发了员工自尊、自爱、自重、自强和自律精神，使企业油然进入一种全员参与、高效运行的状态。

《孙子·谋攻篇》有言："上下同欲者胜"。

江珠团队"上下同欲"，情凝西部，爱洒江珠，开拓创新，胜利是必然的。

走过三载秋冬春夏，克服重重困难阻力，江珠高速公路终于胜利建成通车了！

这道"七彩长虹"浇铸了江珠人多少心血和汗水，又凝聚着省市领导多少垂注和关爱！

广东省省长黄华华，时任交通部副部长李居昌，省交通厅厅长张远贻，珠海市委书记邓维龙、市长王顺生、常务副市长冼文，江门市市长王南健、副市长吕德培，先后莅临视察和指导江珠高速公路建设。省市领导对江珠高速公路的垂注和关爱，产生巨大的亲和力、凝聚力、指引力、支持力，汇聚成建设好江珠高速公路的强大外源动力，激励着江珠人弘扬特别能吃苦、特别能忍耐、特别能战斗的精神，众志成城，不负重托，不辱使命，实现"七彩长虹落江珠"的目标！

江珠高速公路胜利建成通车，既是工程建设的终结，又是新的起点。在全省"建设大交通，促进大发展"的战略思想指引下，珠海市七届人大一次会议作出了建设环绕全市主城区快速公路网的重大决策。"新长江"公司志存高远，立足珠海，看好西部，乘势而上，与时俱进，计划全额投融资建设江珠高速公路"延伸工程"，即珠海机场高速公路以及港珠澳大桥快速公路连接线项目，汇入珠海市规划中的"八纵六横"交通运输网络，成为环城快速公路网的主干线。

有了"七彩长虹"江珠高速公路，
有了"八纵六横"交通运输网络，
珠海经济特区的明天，
江门五邑侨乡的明天——
更加兴旺发达，
更加灿烂辉煌！

（本专题片由珠海电视台拍摄、制作、播放）

Analysis Design and Construction of New Space Structures

新型空间结构分析、设计与施工

◎ 董石麟　罗尧治　赵　阳　等著